EL ENEAGRAMA PARA EL CRECIMIENTO PERSONAL Y ESPIRITUAL (2 EN 1):

POTENCIA TU VIAJE DE AUTODESCUBRIMIENTO. ILUMINA TU SOMBRA Y DESPIERTA A TU VERDADERO SER

PERSONALITY HUB

CONTENTS

EL ENEAGRAMA EXPLICADO:

PART TWO
SECCIÓN II

LA GUÍA DEL ENEAGRAMA

PART ONE
LA HERRAMIENTA DEL ENEAGRAMA

PART TWO
TÚ Y EL ENEAGRAMA

PART THREE
PROFUNDIZACIÓN DE LAS RELACIONES

PART FOUR
UTILIZAR EL ENEAGRAMA PARA CRECER EN TODAS LAS ÁREAS

EL ENEAGRAMA EXPLICADO:

POTENCIA TU VIAJE DE AUTODESCUBRIMIENTO, ENCUENTRA TU VERDADERA PERSONALIDAD, COMPRENDE LOS 9 ENEATIPOS Y OBTÉN CONSEJOS Y PRÁCTICAS ÚNICAS PARA LOS 9 TIPOS

OBJETIVO:

Ayudar a las personas a descubrir su Tipo de personalidad. Este libro explica cada uno de los nueve Tipos en detalle y proporciona ejemplos divertidos con los que es fácil identificarse.

Acompañando a cada Tipo encontrarás consejos prácticos sobre los cambios de estilo de vida que puedes hacer y algunas prácticas diarias que son más efectivas para tu Tipo específico.

INTRODUCTION

¿Y si te dijera que tu búsqueda del éxito material y los objetivos actuales que te has marcado no harán más que proporcionarte satisfacción durante un breve periodo de tiempo, tras el cual volverás a sumergirte en ese pozo interminable de inquietud que asola tu vida?

Mira a tu alrededor. El mundo parece más caótico que nunca. Hay mucha pesadumbre en todas partes. Los países siguen guerreando entre sí; la discriminación, la inestabilidad, los trastornos y el odio parecen ser la tendencia. Y los que no están ocupados difundiendo el odio se matan trabajando para ser la próxima gran sensación en Internet.

¿Qué le está pasando a la humanidad? ¿Hemos perdido el rumbo? ¿Nos estamos volviendo peores a medida que los avances tecnológicos continúan? ¿No deberíamos estar más en paz, enamorados, satisfechos y unidos a medida que la globalización se convierte en el orden del día?

Resulta que los seres humanos son grandes en muchas cosas. Podemos resolver grandes problemas, como atravesar el planeta, llegar a la luna, e incluso cosas más complejas como la eliminación de los combustibles fósiles. Pero, por desgracia, somos terribles para resolver el sencillo problema de encontrar la paz y la plenitud. Y a menos que cada ser humano pueda empezar a sentirse pacífico, realizado, feliz y seguro en la propia vida, seguiremos siendo testigos del horrible estado del mundo. Y esto no sólo se aplica a los problemas globales. Piensa en tu propia vida, en tu trabajo, en tu salud, en tus relaciones y en tu estilo de vida actual. ¿Hasta qué punto estás satisfecho, realizado y feliz con lo que ves cuando te miras al espejo?

El hecho es que si hubieras encontrado tu plenitud y paz en la vida, este libro no tendría ningún atractivo para ti. Puede que no conozca tu situación particular, pero permíteme arriesgar la credibilidad de este libro afirmando audazmente lo siguiente.

No importa lo que creas que deseas en la vida; lo que realmente buscas es una sensación de conexión, seguridad y amor incondicional. Buscas paz y plenitud. Quieres la "cosa" que finalmente te hará sentir completo y entero. Desgraciadamente, nunca encontrarás eso persiguiendo una "cosa".

Así que me alegro de que estés aquí porque puedo prometerte esto: si sigues con este libro y te comprometes a aplicar todo lo que aprendes, romperás las cadenas de la esclavitud y levantarás el velo de la ilusión que te tenía persiguiendo los deseos equivocados. Este libro te permitirá tener la libertad de conocerte, ser y amarte a ti mismo.

Y cuando te conoces, amas y vives desde tu verdadero Ser, te vuelves imparable en el campo de juego de la vida. ¿Suena como algo que te interesa? Bien. Entonces empecemos.

CONÓCETE A TI MISMO

"Conócete a ti mismo" suena a cliché, y puede que lo sea, pero aun así lo mantengo. Es el secreto de oro para una vida más allá de tus sueños. Ya en la antigua Grecia se buscaba este conocimiento de uno mismo.

Pocos pueden saciar la sed inquebrantable de entender quiénes somos, qué queremos y qué hace falta para experimentar la felicidad y la plenitud en la vida. Existen disciplinas enteras en torno a este tema de entender más sobre nosotros mismos como humanos. La mayor parte de ellas sólo amplían nuestras diferencias y engendran egos salvajes que causan más daño que bien.

No estoy aquí para ofrecer conferencias científicas. En cambio, quiero presentar una solución sencilla que puede permitirte explorar y descubrir la Verdad por ti mismo.

Nuestro comportamiento es el resultado directo de nuestro carácter y personalidad, que suelen empezar a tomar forma durante los años de nuestra infancia. Las creencias y los valores fundamentales que mantenemos en lo más profundo de nuestro subconsciente nos hacen distintos a la hora de enfocar la vida y reaccionar ante ella. Los gustos, las aversiones, los miedos, los puntos fuertes y las debilidades de un individuo darán lugar a respuestas diferentes en comparación con las de otro, incluso si las dos personas se enfrentan al mismo obstáculo. ¿Qué crea esta diferencia? La forma en que crecemos, las perspectivas y visiones del mundo que tenemos y nuestras creencias, ya sean verdaderas o falsas, afectan a nuestras acciones, nuestra salud, nuestro estilo de vida y nuestro bienestar. Nos convierten en lo que somos.

¿Te imaginas un mundo en el que, en lugar de utilizar el género, el color de la piel, la cultura, etc., para determinar nuestra identidad, nos centráramos en conocer nuestro tipo de personalidad? ¿Qué clase de mundo sería ese?

No me malinterpretes, no digo que la cultura y las creencias sean malas. Pero puedo decir con seguridad que habría mejores relaciones, más compasión y comunidades que funcionaran eficazmente en un mundo así. Este libro no está aquí para señalar con el dedo o establecer reglas en blanco y negro sobre lo que es bueno y lo que es malo. La vida no es binaria. A medida que vayas conociendo tu verdadero yo, descubrirás que el espectro de la vida es lo suficientemente amplio como para dar cabida a todas las diferencias. La búsqueda del autodescubrimiento es transformadora y no tiene precio porque finalmente te permite comprender la unidad y la totalidad. Y cuando uno alcanza ese conocimiento, nada en su mundo vuelve a ser igual.

¿Por qué deseas leer este libro?

¿Estás entre los que se sienten rotos de alguna manera? ¿Existe una inquietud o un vacío interior que estás tratando de resolver? O tal vez te has dado cuenta de que el éxito sólo puede venir de dentro, y ahora estás tratando de averiguar qué significa "dentro".

Me parece una buena práctica preguntarme siempre: "¿Por qué estoy haciendo esto?". Siempre que aclaro mi razón para hacer algo, parece que saco el máximo provecho de esa actividad.

Independientemente de tus razones, me alegro de que estés aquí. Este es el momento y la estación adecuados en tu vida para embarcarte en un viaje de autodescubrimiento, para obtener respuestas sobre quién eres, por qué estás aquí y qué es la vida.

El éxito material, las relaciones románticas y las oportunidades profesionales pueden fluir de forma más natural en tu vida a medida que te conoces más a ti mismo. Pero no te limites a "conseguir cosas"... Si lo que buscas es el amor, no te limites a encontrar un alma gemela. Aunque manifiestes ese amante ideal, no saciará ni llenará ese vacío que te hizo anhelar el amor. Si lo que buscas es la abundancia, no la limites a ganar más dinero porque ninguna cantidad de dinero satisfará el sentimiento de carencia e inseguridad que tienes. Lo que necesitas es abundancia y una verdadera sensación de seguridad, ninguna de las cuales se puede encontrar permanentemente en la adquisición de más dinero. Así que antes de entrar en los detalles de este libro, vamos a aclarar lo que este libro puede hacer por ti y a quién va dirigido.

QUÉ ES ESTE LIBRO Y CÓMO UTILIZARLO

Este libro pretende que tú, querido lector, descubras por fin quién eres realmente. No se trata de identificar superficialmente rasgos comunes ni de dar trucos que te permitan manifestar lo que buscas. Por el contrario, se trata de desbloquear tu potencial. Independientemente de tus experiencias pasadas, de tu educación y de tu entorno, lo que eres es sobre todo un potencial sin explotar. En la medida en que hayas perdido el contacto con tu verdadero yo, experimentarás la inquietud que la mayoría de los humanos intentan encubrir con posesiones materiales y actividades sin sentido.

La recompensa de pasar por este libro:

En este libro encontrarás consejos prácticos y procesos de transformación específicos adaptados a tu tipo de Eneagrama. También aprenderás a cultivar la conciencia del momento presente, a detectar mejor los viejos pensamientos y comportamientos negativos y a disolver suavemente esos comportamientos limitantes. Por último, pero no menos importante, recibirás consejos sobre los cambios de estilo de vida que puedes hacer y algunas prácticas diarias que son más efectivas para tu Tipo específico. Antes de comenzar esta búsqueda, te animo a que consigas un diario privado, una libreta o un diario digital donde puedas tomar notas personales a medida que descubres nuevos ejercicios. Aquí también registrarás las ideas que te surjan a medida que aprendas sobre tu tipo de personalidad y los otros ocho tipos. A lo largo de los capítulos siguientes, encontrarás ejercicios sencillos pero poderosos que te sugiero que realices constantemente. No te desanimes. Recuerda que el objetivo del Eneagrama es descubrir tu verdadero yo. A menos que estés dispuesto a ser honesto y claro sobre tus necesidades y deseos y te comprometas a hacer el trabajo interior, esta herramienta no te aportará mucho. Lo que pongas es lo que obtendrás de la herramienta del Eneagrama. Bien, es hora de aclarar el misterio que hay detrás de la herramienta del Eneagrama, qué es y cómo funciona.

PART ONE
SECCIÓN 1

CHAPTER I

EL SISTEMA DEL ENEAGRAMA

E l Eneagrama es un sistema de tipificación de la personalidad que utiliza un diagrama geométrico de nueve puntas para ilustrar los nueve tipos básicos de personalidad de la raza humana y la relación de cada tipo con los demás. El término *Ennea* significa "nueve" en griego, y *Grammos* significa "figura". Por tanto, es una figura de nueve puntas.

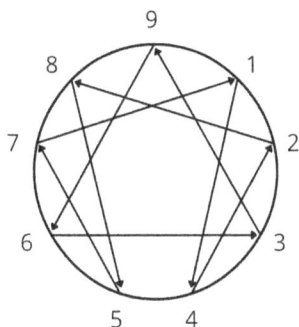

Según el sistema del Eneagrama, cada uno de estos nueve tipos de personalidad se define por una creencia central particular y un marco mental sobre el funcionamiento del mundo. Esa creencia central impulsa los miedos más profundos y las motivaciones más elevadas del Tipo. Cuando descubrimos nuestro verdadero Tipo, podemos ver cómo nuestras creencias básicas conforman nuestra visión del mundo y la lente a través de la cual vemos a los demás, a nosotros mismos y al mundo. El sistema del Eneagrama pretende enseñarnos que, en su mayor parte, trabajamos con creencias básicas limitadas. Las creencias pueden no ser dañinas en sí mismas, sólo excesivamente limitantes, y pueden así convertirse en "anteojeras" que bloquean nuestra mente. El uso de la herramienta del Eneagrama tiene como objetivo aumentar nuestra conciencia de cómo nuestras creencias centrales colorean nuestras percepciones para que, en última instancia, podamos ampliar nuestra perspectiva y enfocar la vida de manera más eficaz. Recurrimos al sistema del Eneagrama para que nos ayude a descubrir y comprender mejor a nosotros mismos (por qué nos comportamos como lo hacemos cuando estamos tristes, estresados, felices, etc.). Y al saber más sobre nosotros mismos, podemos empezar a entender por qué los demás reaccionan y se comportan como lo hacen. Llamarlo sistema de tipificación de la personalidad no le hace justicia. El Eneagrama tiene una larga historia, y ha evolucionado con el tiempo hasta convertirse en la herramienta moderna que hemos adoptado aquí en Occidente. Pero siempre debemos recordar que, en un nivel fundamental, el propósito del Eneagrama es despertar y elevarte a mayores alturas espirituales, no sólo darte información sobre los rasgos de la personalidad.

He aquí una excelente manera de pensar en el sistema del Eneagrama.

Imagínate que te adentras en el océano para darte un baño por la mañana. Cuando sale el sol, todo está en calma en la superficie; el agua está fresca, y la sensación del agua salada en tu piel es vigorizante. Estás nadando en la superficie del océano, y es imposible ver el mundo que existe debajo de ti desde ese punto de vista. Para acceder a ese mundo, se necesita un equipo especial y un profesional capacitado. Pero que no se vea lo que hay bajo la superficie no significa que no exista. Puedes disfrutar del agua del océano en la superficie con tus compañeros, pero si realmente quieres conocer y experimentar las verdaderas maravillas del océano, tendrás que nadar en las profundidades y llegar a donde la mayoría de los humanos no están dispuestos a ir. Si tienes el equipo adecuado y un buen guía, esa experiencia será transformadora. Nunca volverás a mirar el océano de la misma manera.

Aunque se trata de una ilustración trivial, puede permitirte obtener la perspectiva adecuada a la hora de entender el propósito del Eneagrama. Algunas personas sólo quieren quedarse en la superficie, y eso está bien. Para esas personas, el Eneagrama les dirá su Eneatipo y qué rasgos corresponden a su Tipo. Pero la herramienta del Eneagrama también puede utilizarse para descubrir un mundo que no sabías que existía. Eso es lo que espero que estés aquí para explorar y experimentar. Pero me estoy adelantando. Vamos a trazar primero los orígenes y la historia de esta herramienta antes de presentar el eneatipo.

BREVE HISTORIA DE LA HERRAMIENTA DEL ENEAGRAMA

Para entender la historia de la herramienta moderna del Eneagrama, debemos aclarar un malentendido común. El símbolo del Eneagrama y los nueve tipos de personalidad tienen orígenes diferentes. El símbolo del Eneagrama es antiguo, se remonta a

2.500 años o más. De hecho, los orígenes exactos del símbolo se han perdido en la historia. Las raíces de los nueve tipos de personalidad también se remontan a tiempos muy lejanos, quizás al siglo IV d.C. en Alejandría, donde un místico cristiano llamado Evagrius Ponticus identificó los ocho "pensamientos mortales" (o logismoi) y un pensamiento global que se traduce como "amor propio". Ponticus dedicó su vida a explorar estos pensamientos y trabajó para encontrar una solución que contrarrestara los ocho mortales. En aquella época, nadie utilizaba el término Eneagrama, pero al seguir estudiando la herramienta, se establecerá una conexión entre este sistema actual y las obras de Ponticus.

Avanzando rápidamente hasta el siglo XIX, nos encontramos con el hombre al que se le atribuye haber traído el símbolo del Eneagrama al mundo moderno. Su nombre era George Ivanovich Gurdjieff. Gurdjieff era un greco-armenio nacido alrededor de 1875, y de joven se fascinó con el conocimiento esotérico. Gurdjieff creía en la existencia de una ciencia completa para transformar la psique humana y dedicó toda su vida a buscar estas enseñanzas perdidas que permitirían al ser humano encontrar su lugar en el universo y su propósito.

A través de su extenso estudio y del conocimiento que él y sus colegas reunieron, nació una enseñanza sintetizada que integraba la espiritualidad, la psicología y la cosmología. Gurdjieff enseñó que el Eneagrama (que había descubierto durante sus viajes) era el símbolo central y más importante de su filosofía. Aunque Gurdjieff enseñaba utilizando el símbolo del Eneagrama, éste no era todavía un modelo de psicología, sino un modelo de procesos naturales. Gurdjieff explicó que el símbolo del Eneagrama tiene tres partes que representan las Leyes Divinas que rigen toda la existencia. La primera es el círculo, que representa la unidad, la totalidad, la unicidad y la idea de que Dios es Uno. La segunda es el triángulo dibujado dentro del círculo. El triángulo representa la trinidad, o lo que Gurdjieff llamaba la Ley de los Tres, que afirma que todo lo que existe es el resultado de la interacción de tres fuerzas (cualesquiera que sean en una situación o dimensión determinada). Observarás muchas tríadas en las enseñanzas del Eneagrama a lo largo de este libro.

La tercera y última parte del símbolo del Eneagrama es la hexada (la figura que traza los puntos 1-4-2-8-5-7 en nuestro símbolo moderno del Eneagrama). Gurdjieff llamó a esto la "Ley del Siete", que tiene que ver con el proceso y el desarrollo en el tiempo. Enseñaba que todo cambia y se mueve constantemente según su propia naturaleza y las fuerzas que actúan sobre ella. Obtenemos el símbolo del Eneagrama combinando estas tres partes, es decir, el círculo, el triángulo y la hexada. Gurdjieff enseñó esta filosofía a través de las danzas sagradas, explicando que debía considerarse como un símbolo vivo, dinámico y siempre en movimiento. Sin embargo, hay que señalar que Gurdjieff no enseñó la herramienta del Eneagrama como una herramienta de la personalidad. La combinación del símbolo del Eneagrama y los tipos de personalidad tuvo lugar hace sólo unas décadas, en el siglo XX.

La versión moderna del símbolo del Eneagrama y los nueve puntos se ha desarrollado según las enseñanzas de Oscar Ichazo, un maestro, sanador y filósofo boliviano. Ichazo era tan apasionado como Gurdjieff por descubrir el conocimiento perdido. A través de extensos estudios, investigaciones y viajes, sintetizó los muchos elementos del símbolo del Eneagrama y encontró la conexión entre el símbolo y los tipos de personalidad.

Las enseñanzas de Ichazo describen conceptos como la virtud, las ideas sagradas, la pasión y el ego. Todos ellos se consideran rasgos que representan la base de las nueve personalidades del Eneagrama. A Ichazo también se le atribuye la acuñación del término "Eneagrama de la personalidad". Su joven alumno en ciernes,

Claudio Naranjo, desarrolló este método de determinación de la personalidad en las diferentes ramas que vemos hoy. Naranjo, un psiquiatra chileno, tenía una visión diferente del Eneagrama y quería ampliarlo de nuevas maneras. Eso llevó a que otras personas influyentes, como los sacerdotes jesuitas, también tomaran la iniciativa de combinar la espiritualidad cristiana y el Eneagrama de autodescubrimiento y regulación. Otros como Don Richard Riso, Helen Palmer, Richard Rohr y Eli Jaxon Bear fueron influenciados por los trabajos de Naranjo y continúan compartiendo sus propias versiones de la herramienta del Eneagrama.

Para nuestro propio punto de referencia, podemos deducir que el símbolo del Eneagrama que conocemos y amamos aquí en Occidente es una síntesis de muchas tradiciones espirituales y religiosas diferentes. Gran parte de lo que conocemos es una condensación de la sabiduría universal y las filosofías acumuladas por cristianos, budistas, musulmanes y judíos durante miles de años. Aunque se ha transmitido de maestro a maestro a lo largo de los siglos, hay algo que permanece impoluto. Es el acuerdo en todas las ramas del sistema del Eneagrama de que somos algo más que carne y huesos. Somos, de hecho, seres espirituales que tienen experiencias humanas. Debajo de la superficie, a pesar de todas las diferencias que parece que tenemos, por encima de los velos de la ilusión, somos pura luz y amor. Desgraciadamente, hemos dado poder a obstáculos y fuerzas que oscurecen la luz que somos y, por tanto, hemos creado una desconexión que cada uno de nosotros experimenta como una forma de inquietud y vacío. El poeta sufí Rumi fue certero y demasiado sabio cuando dijo: "Tu tarea no es buscar nuestro amor, sino simplemente buscar y encontrar todas las barreras dentro de ti que has construido contra él". Esta es una llamada a la libertad, a tu libertad. Y el sistema del Eneagrama trazará la búsqueda en la que debes embarcarte para alcanzar finalmente esta libertad absoluta. ¿Estás preparado?

En los capítulos siguientes, aprenderás a interpretar el símbolo del Eneagrama y los nueve puntos para que puedas aplicar las enseñanzas para adaptarlas al entorno moderno en el que vivimos.

LO QUE HAY QUE SABER SOBRE EL ENEAGRAMA Y SU FUNCIONAMIENTO

El trabajo del Eneagrama comienza cuando aprendes a identificar tu Tipo. Este sistema de tipificación de la personalidad describe cómo puedes interpretar los sentimientos hacia ti mismo y hacia los demás. Es un marco complejo que consta de nueve tipos de personalidad diferentes, tres subtipos, tres centros de inteligencia y dieciocho alas distintas. No te sientas abrumado por la complejidad de este símbolo cuando veas todos los aspectos diferentes. Piensa en ellos como capas que te permiten profundizar en tu búsqueda de autodescubrimiento. Como he dicho antes, eres libre de decidir si te quedas en el nivel superficial y lo utilizas para determinar tu personalidad únicamente o si te sumerges más profundamente para descubrir quién eres realmente. Lo que hace que el Eneagrama sea único y diferente de otros sistemas de tipificación de la personalidad, por ejemplo, el sistema de tipificación de la personalidad de Myers-Briggs, es que no se te colocará simplemente en una categoría rígida. En su lugar, verás tu espectro de personalidad y las oportunidades de crecimiento que tienes para liberar tu máximo potencial. En otras palabras, el Eneagrama te ofrece el regalo de un verdadero autodescubrimiento y un mayor conocimiento personal.

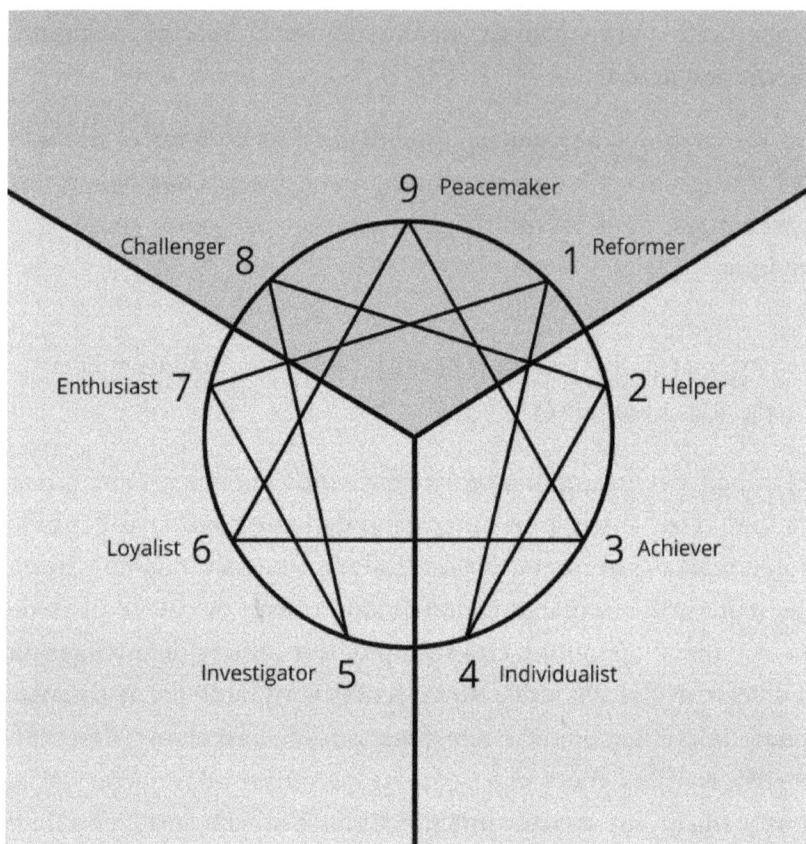

Para entender lo que significa este diagrama, fíjate en el círculo exterior en el que están marcadas las nueve personalidades. Los números están espaciados uniformemente alrededor de este círculo porque el círculo representa la totalidad y la unidad de la vida. Dentro del círculo, un triángulo conecta los números 3, 6 y 9. Fíjate también en la forma hexagonal que conecta los otros números, con cada Tipo unido por dos líneas a otras dos personalidades. Aquí hay otra capa de la que hay que ser consciente. Fíjate en los números de cada lado de cualquier tipo particular (por ejemplo, el Tipo 3 tendrá adyacentes el 2 y el 4). Estos tipos de personalidad adyacentes se convierten en Alas para ese eneatipo en particular. Representan las personalidades que pueden influir en ese Tipo en diferentes circunstancias. Desgranaremos todas estas capas diferentes a medida que se desarrolle el libro, pero por ahora, te invito a que te sientes a observar en silencio durante un momento o dos antes de pasar al siguiente capítulo. Mira si puedes encontrar alguna resonancia con el símbolo anterior.

Hazte preguntas como:

- ¿Siento resonancia con la idea de unidad y totalidad de la vida?
- ¿Tiene sentido para mí el hecho de que no soy una personalidad única y rígida, y que las influencias específicas pueden cambiar mi comportamiento dependiendo de las circunstancias?
- ¿Me parece correcto acercarme a mí mismo como un ser espiritual que tiene una experiencia humana?

Si has respondido afirmativamente a todas o a la mayoría de estas preguntas, que comience el viaje interior.

CHAPTER 2

EL PRIMER PASO ES HACER UN VIAJE HACIA EL INTERIOR

L a búsqueda del autodescubrimiento es un viaje interior que comienza en el momento en que uno se compromete firmemente a dejar de vivir de puertas adentro. Hasta que no decidas dejar de enfocar la vida como lo han hecho otros, no sacarás el máximo provecho de este libro ni de la herramienta del Eneagrama. Creo que estás aquí porque quieres una transformación. Si es así, toma la decisión de que, a partir de este momento, dejarás de jugar como una víctima en la vida y, en cambio, la enfocarás como una experiencia co-creativa. El hecho es que estás co-creando la historia de tu vida, y cuanto más conectado estés con tu ser superior, menos aleatoria será la vida. La herramienta del Eneagrama facilita este cambio de vivir desde fuera hacia dentro. El primer paso es identificar tu tipo de Eneagrama.

PRESENTACIÓN DE LOS NUEVE TIPOS

La herramienta del Eneagrama empezará a servir a su propósito en tu vida a medida que identifiques tu Tipo y comprendas los temas más dominantes de tu Tipo. Si reconoces un poco de ti mismo en más de un Tipo, es perfectamente normal. Hay un poco de nosotros en cada Tipo porque todos estamos conectados, pero nuestras características más definidas están arraigadas en uno de los nueve Tipos. Eso es lo que quieres afinar. Al final de este capítulo, encontrarás un cuestionario desarrollado por Riso y Hudson, llamado Riso-Hudson Quest, que te ayudará a delimitar tu Tipo principal. Luego, a medida que vayas avanzando en cada uno de los capítulos del Eneagrama, tendrás la oportunidad de profundizar y aprender un poco más sobre cada Tipo. Cuando hayas terminado de leer todas las descripciones y de realizar los ejercicios previstos, deberías tener una idea firme de tu tipo de personalidad. Sin embargo, si quieres estar más seguro, puedes ir a Internet y hacer un test final del Eneagrama para ver tu puntuación y si tu autoevaluación coincide con la evaluación profesional. Algunos test son gratuitos, pero los mejores suelen ser de pago. Dejaré algunos enlaces en la sección de recursos de este libro para los tests online gratuitos y de pago.

Por ahora, lee las breves descripciones de cada tipo para ver si puedes identificar dos o tres que te parezcan más típicos de ti mismo. Crear una lista de dos o tres a medida que avanzas en este libro es un excelente primer paso para acotar este proceso. De este modo, podrás prestarles toda la atención posible cuando realices los ejercicios de autodescubrimiento. Ten en cuenta que las características enumeradas en este capítulo son sólo una introducción y no representan el espectro completo de cada personalidad.

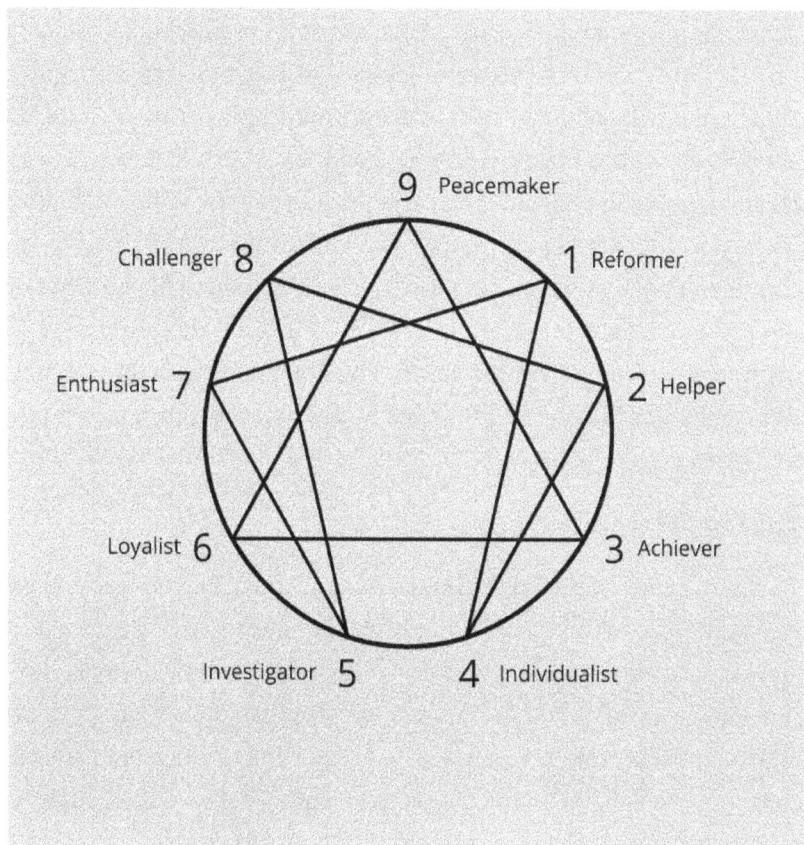

Tipo uno: El reformador.

Son del tipo altamente moral, con principios e idealistas. Son éticos y concienzudos, con un fuerte sentido del bien y del mal. Suelen ser maestros, cruzados y activistas que se esfuerzan por mejorar las cosas y tienen mucho miedo al error. Son organizados, ordenados y meticulosos. Tienen un nivel de exigencia extremadamente alto, lo que puede llevarles al perfeccionismo. Los Unos tienen problemas de ira reprimida e impaciencia. En el mejor de los casos, los "Unos" sanos son sabios, nobles, realistas, perspicaces y moralmente heroicos.

Tipo dos: El ayudante.

Son el Tipo que cuida y nutre. Los Dos son empáticos, cariñosos, sinceros, amables y generosos. Piensa en esa persona abnegada que siempre se pone a sí misma en primer lugar y que es naturalmente genial para desarrollar relaciones sólidas. Los Dos se sienten impulsados a estar cerca de los demás y a menudo hacen cosas por los demás para que los necesiten. Como son muy complacientes con la gente, a los Dos les cuesta establecer límites sanos y a menudo se exceden hasta el punto de descuidarse a sí mismos. En el mejor de los casos, los Dos sanos son altruistas y desinteresados. Rezuman amor incondicional por sí mismos y por los demás.

Tipo tres: El triunfador.

Los Tres son el Tipo adaptable y orientado al éxito. Son atractivos, encantadores, ambiciosos, competentes, seguros de sí mismos y enérgicos, y la mayoría son muy conscientes de su estatus. Los Tres suelen estar preocupados por su progreso personal, algunos incluso más por su imagen y por lo que los demás piensan de ellos. Una lucha fundamental para el Tipo Tres es saber cuándo frenar y relajarse. Por eso muchos tienen problemas con la adicción al trabajo y la competitividad. En el mejor de los casos, los Tres sanos son auténticos, se aceptan a sí mismos y tienden a ser modelos que los demás admiran.

Tipo cuatro: El individualista.

Son el tipo introspectivo y romántico. Los Cuatro son muy sensibles, están en sintonía emocional con ellos mismos y con los demás, son conscientes de sí mismos y son reservados. Algunos pueden parecer muy malhumorados dependiendo de su nivel de desarrollo, pero, en todos los casos, tienden a ser emocionalmente honestos y a revelarse a sí mismos. Los Cuatros suelen tener problemas con la mentalidad de víctima y a menudo se autocompadecen. En su mejor momento, los Cuatros sanos son muy creativos, inspirados y capaces de renovarse y transformar las experiencias de mundanas a mágicas.

Tipo cinco: El investigador.

Son el Tipo intenso, lógico y cerebral, con una curiosidad insaciable y sed de conocimiento. Pensar es la zona de confort de un Tipo Cinco. Los Cinco suelen ser muy despiertos, perspicaces y concentrados. Pueden concentrarse en las cosas durante mucho tiempo y abordar ideas extremadamente complejas a las que el resto de nosotros no nos atreveríamos. Y lo mejor es que lo hacen con tanta gracia y aplomo que no podemos dejar de admirarlos. Tal vez te hayas encontrado con una persona así, o seas tú esa persona.

Los cincos son independientes e innovadores, pero pueden desprenderse fácilmente del mundo y de las relaciones con los demás. Suelen tener problemas de excentricidad, aislamiento y nihilismo. En su mejor momento, los Cincos sanos son pioneros visionarios y a menudo se adelantan a su tiempo. Ven el mundo de una manera totalmente nueva.

Tipo seis: El lealista.

Los lealistas son comprometidos, fiables, trabajadores, responsables y orientados a la seguridad. Suelen ser cautelosos e indecisos, aunque algunos también pueden ser rebeldes, desafiantes y reactivos, especialmente cuando hay mucho estrés. Los Seis tienen problemas para confiar en los demás y en sí mismos, por lo que a menudo luchan contra la sospecha y la duda. En el mejor de los casos, los Seis sanos son seguros de sí mismos, emocionalmente estables, valientes y autosuficientes, y la mayoría disfruta defendiendo a los débiles e indefensos.

Tipo siete: El entusiasta.

Son el Tipo ocupado y productivo, siempre juguetón y de gran espíritu. Los Siete son optimistas, espontáneos, versátiles y ansían la aventura. Buscar experiencias nuevas y emocionantes que amplíen el placer es la zona de confort de un Siete. Aunque los Siete tienden a ser polifacéticos y a apasionarse por sus diversas actividades, pueden excederse fácilmente y volverse dispersos e indisciplinados. Los Siete suelen tener problemas de impulsividad y miedo al compromiso. En el mejor de los casos, los Sietes sanos son alegres, centrados, resueltos, con grandes logros y llenos de gratitud. Saben cómo llevar las cosas hasta el final sin perder su sentido de la libertad y la aventura.

Tipo ocho: El retador.

Los Ocho son poderosos, dominantes, seguros de sí mismos, fuertes, asertivos e ingeniosos. Creen que deben tener el control de su entorno en todo momento y no temen enfrentarse e intimidar si es necesario para ganarse el respeto. También pueden ser orgullosos y dominantes. Muchos Ocho tienen que lidiar con la vulnerabilidad y dejar entrar a sus seres queridos porque, en su mayoría, asocian la intimidad y las emociones con la debilidad. En su mejor momento, los Ocho sanos son heroicos, magnánimos y fuertes. Tienen el fuerte impulso y el potencial de llegar a ser históricamente significativos en la sociedad.

Tipo nueve: El pacificador.

Los Nueve son tranquilos, calmados, confiados, aceptantes y estables. Son bondadosos, gentiles, de buen carácter y muy solidarios, y a la gente le encanta estar con ellos. Algunos Nueve pueden ir fácilmente demasiado lejos y perder su identidad en nombre de "encajar" y mantener la paz. Su fuerte deseo de estabilidad y paz les lleva a menudo a evitar la confrontación a toda costa. Suelen luchar contra la agresividad pasiva, la pérdida de identidad y los problemas de ira ocultos. En el mejor de los casos, los Nueve sanos tienen el poderoso don de llevar la curación y la comprensión allí donde estén. Pueden unir a la gente, curar conflictos y crear una sensación de estabilidad que permite a los demás bajar la guardia.

Ahora que has tenido una breve introducción a los Nueve Tipos del Eneagrama, es posible que te hayas sentido atraído por ciertas cualidades que te parecían muy reales. Si no es así, también es bastante normal. Varios indicadores te permitirán determinar tu tipo de personalidad principal. Estos incluyen las Alas, los Subtipos y los Centros de Inteligencia. Vamos a detallar qué es cada uno de ellos.

¿QUÉ SON LAS ALAS?

Las Alas del Eneagrama son los números situados a cada lado de tu Tipo de Eneagrama. Así, si descubres que eres del Tipo Dos, tus Alas serán naturalmente el Uno y el Tres; si eres del Tipo Seis, tus Alas serán el Cinco y el Siete. ¿Por qué son importantes las Alas? Nuestras Alas nos permiten "tomar prestadas" y ser influenciados por la energía y las cualidades de dichas Alas. Tener Alas añade mucha profundidad a nuestro Tipo de Eneagrama en general. El préstamo de energía se manifiesta en la acción real como rasgos y cualidades similares. No se sabe aún si estamos influenciados por ambas Alas por igual o si sólo dependemos de una de ellas. Algunos profesores hacen hincapié en la teoría de las dos Alas, lo que tiene sentido porque ofrece una sensación de equilibrio. Otros enseñan la teoría de un ala, que afirma que sólo un ala es dominante e influye en la personalidad. Según la teoría de una sola ala, el tipo de Eneagrama completo de una persona se expresa tanto con el tipo principal como con un ala asociada, por ejemplo, un eneagrama tipo dos podría ser 2w1 (un tipo dos con un ala uno) o un 2w3 (un tipo dos con un ala tres).

¿QUÉ TEORÍA ES LA CORRECTA?

El American Journal of Psychiatry señala la validez de ambas teorías: "Los individuos están generalmente más influenciados por un Ala que por la otra, aunque los rasgos de ambas alas pueden surgir en respuesta a diferentes entornos. Aunque el ala de un individuo puede determinar muchos aspectos de su personalidad, el tipo central describe la motivación principal que impulsa el comportamiento" (https://psychiatryonline.org/doi/full/10.1176/appi.ajp-rj.2020.150301).

La cuestión aquí no es qué teoría es correcta o incorrecta, sino cuál es la que más resuena en ti. Las alas pueden verse como sabores de personalidad entre los que puedes alternar dependiendo de tu contexto y nivel de desarrollo.

Una gran analogía que he escuchado para entender la función e importancia de las Alas es la de la sal y la pimienta para dar sabor a un plato. El plato principal no cambia, pero añadir un poco de sal y pimienta eleva el sabor a nuevas cotas. Sin embargo, incluso la mejor comida se vuelve incomestible si está mal hecha (mal condimentada o mal sazonada). Del mismo modo, nuestras alas pueden dar sabor a nuestra personalidad siempre que lo hagamos con el equilibrio adecuado y en niveles saludables de desarrollo.

Es esencial descubrir tu Ala dominante, ya que eso te dará detalles granulares de tu personalidad. Por ejemplo, un Tipo Dos es siempre empático, cariñoso y centrado en ayudar a los demás, pero si su Ala dominante es la Uno, entonces este individuo integrará una fuerte brújula moral y una integridad de principios en su personalidad. Como resultado, el 2w1 se mostrará como alguien con un fuerte sentido del deber. Su naturaleza de ayuda y cuidado puede dirigirse a la construcción de la comunidad y a la defensa de la justicia social en lugar de centrarse sólo en sus seres queridos. En comparación, un tipo Dos con un Ala Tres dominante se mostrará más ambicioso de lo habitual. El 2w3 se preocupa menos por la moralidad y en su lugar enfatiza rasgos como la confianza y la competencia. Este individuo puede no estar tan orientado al servicio y a la comunidad como el otro individuo 2w1. Más bien, el 2w3 estará más preocupado por su imagen. No me malinterpreten, sus objetivos y sus cualidades de crianza siguen siendo los mismos. Seguirán trabajando para satisfacer los deseos de los demás para conseguir lo que quieren. Pero en la observación del comportamiento, verás una diferencia en cómo reaccionan ante diversas situaciones y en qué se centran más.

BREVE DESCRIPCIÓN DE LOS 18 TIPOS DE ENEAGRAMA CON ALAS

Todos los Tipos del Eneagrama tienen Alas; como en el ejemplo anterior, cada Tipo mostrará sabores adicionales y se centrará en ciertas cosas dependiendo de qué Ala sea la más dominante. He aquí un resumen de cómo se mostraría cada Tipo bajo la influencia de sus Alas.

1w9: Perfeccionista tranquilo, práctico y meticuloso, con un don para detectar incoherencias en el razonamiento y el juicio de otras personas. Este individuo sabe escuchar profundamente y tiende a conseguir fácilmente que la gente se abra y confíe en él.

1w2: Activistas y defensores con conciencia social que trabajan incansablemente entre bastidores para mantener las normas de seguridad para los demás.

2w1: Profundamente empático y cariñoso, con fuertes principios morales e integridad. Esta persona se siente satisfecha con la felicidad y el bienestar de los demás.

2w3: Socialmente extrovertido; le encanta quedar bien y estar rodeado de gente. Esta persona es una gran organizadora y conectora de personas.

3w2: Socialmente hábil, encantador y popular que disfruta conociendo gente nueva y haciendo contactos en eventos.

3w4: Carismático, atractivo, impulsivo y organizado; el jefe que siempre está en marcha con nuevas ideas y proyectos empresariales. Este individuo encuentra gran alegría en las recompensas y en ser eficiente.

4w3: Encantador, individualista y artístico, con un sentido de asombro por la belleza subyacente en la naturaleza, así como por el espectro de las emociones humanas.

4w5: Intensos, curiosos y artísticos. Crean constantemente y buscan utilizar su autoexpresión para resaltar la universalidad de la condición humana.

5w4: Profundo, intenso e idiosincrásico. Este individuo valora la autonomía, la autosuficiencia y el dominio de un tema. Disfrutan sobre todo de estar solos y son muy creativos y un poco románticos en el fondo.

5w6: Investigador profundo, intenso, desapegado y voraz que obtiene energía al indagar en temas fascinantes bajo el radar.

6w5: Trabajador en equipo ingenioso y diligente que valora la seguridad y el conocimiento. Esta persona también suele tener un gran sentido del humor.

6w7: Optimista y amante de la diversión, a este individuo le encanta explorar la vida pero sigue buscando la seguridad y la comodidad, lo que a menudo crea contradicciones y confusión.

7w6: El adicto a la experiencia, siempre optimista, enérgico y en busca de nuevos proyectos que emprender.

7w8: Audaz, creativo y a menudo emprendedor, que disfruta experimentando, asumiendo nuevos riesgos y creando con nuevos medios e ideas.

8w7: Es una persona audaz y segura de sí misma a la que le gusta trabajar y jugar duro; suele tener una actitud intrépida.

8w9: Líder servicial y seguro de sí mismo que tiene en cuenta los intereses de los demás (especialmente de los que están a su cargo) para preservar la armonía. Este individuo es más amable y alentador con los demás.

9w8: Vagabundo tranquilo e independiente en una misión silenciosa para descubrir qué es lo que hace de la sociedad un lugar más amable y acogedor.

9w1: Tranquilo, sereno y pragmático. Este individuo valora la cooperación y la justicia y la sensación de estar conectado con los demás en su comunidad.

¿QUÉ SON LOS SUBTIPOS?

Los subtipos instintivos, o variantes instintivas, como también se les conoce, combinan tu Tipo de Eneagrama principal y tu instinto. ¿A qué nos referimos cuando hablamos de instinto? En pocas palabras, es tu mecanismo de supervivencia. Todos estamos conectados de una manera particular, y aunque hay tres instintos fundamentales o fuerzas vitales dentro de cada uno de nosotros, están apilados de manera diferente. El orden en el que están apilados, es decir, del más dominante al menos dominante, influye en nuestras acciones, pensamientos y sentimientos. El modo en que afrontamos las exigencias de la vida se basa en nuestro subtipo.

¿Cuáles son los tres instintos?

Claudio Naranjo enseña que todos tenemos estos tres instintos. A medida que leas las siguientes descripciones, intenta ser consciente de cuál es el que más aparece en tu personalidad y cuál es el que se siente más activo en ella. El instinto dominante suele ser con el que una persona siente mayor resonancia. El segundo instinto puede ser neutro y el tercero estará totalmente reprimido o subdesarrollado.

Autoconservación:

La autoconservación (SP) es uno de los tres subtipos básicos. Esta variante se preocupa principalmente por la seguridad, el confort y, sí, la autoconservación. Las personas con un instinto de auto-conservación dominante dan prioridad a los aspectos básicos de la vida, por ejemplo, la comida, el refugio, las relaciones familiares y el cuidado de su bienestar físico y mental. La gestión de la energía y de los recursos es esencial para estas personas, y normalmente tratan de evitar los factores de estrés en la vida o cualquier cosa que pueda poner en peligro su bienestar.

Social:

El Instinto Social (SO) se ocupa de las relaciones y del sentido de pertenencia a un grupo o comunidad. Las personas con un Instinto Social dominante tienden a ser socialmente conscientes y se preocupan más por el bien común que por las necesidades y deseos personales. Saben cuál es su lugar en un grupo, cómo se les percibe y con quién tienen que entablar amistad. Estas personas encuentran su mayor alegría en los equipos o en los entornos de grupo en los que las personas trabajan para conseguir un propósito compartido o un objetivo común para el bien común. Este instinto valora la conexión y el sentirse involucrado con los demás.

Uno a uno:

El instinto uno a uno, también denominado instinto sexual (SX), está impulsado principalmente por las relaciones (ya sean románticas o platónicas) y por experimentar la vida al máximo. Las personas con una variante instintiva dominante de uno a uno valoran la pasión, la excitación y la intimidad. Poseen una gran energía y buscan activamente experiencias en las que puedan crear vínculos. Con el instinto uno a uno, la construcción de relaciones implica a los individuos, no a los grupos o las comunidades, como ocurre con el instinto social.

En total, la suma de las capas de las variantes instintivas produce 27 subtipos que conocerás para cada tipo de Eneagrama en los capítulos siguientes. Si todo esto parece demasiado abrumador, piensa en los tres instintos a través de la lente de los Centros de Inteligencia. El instinto de autoconservación puede asociarse con el centro de la cabeza; el uno a uno con el centro del cuerpo; el instinto social con el centro del corazón. Y ahora te estarás preguntando qué significa eso, así que vamos a desvelar ese misterio a continuación.

LOS TRES CENTROS DE INTELIGENCIA

A medida que hagas el trabajo interior e identifiques tu verdadero yo, te darás cuenta de que aunque escribas lo mismo que otra persona, nunca serás idéntico. De hecho, es posible que te encuentres con una persona que tenga el mismo tipo de Eneagrama que tú y que, sin embargo, sea drásticamente diferente en su perspectiva y comportamiento. Aparte del hecho de que puedan inclinarse por un ala diferente a la tuya, tenemos que considerar cómo su variante instintiva influye en su tipo básico. Pero, para comprender plenamente el poder y las implicaciones de esta última afirmación, tendremos que discutir cuáles son los centros de inteligencia.

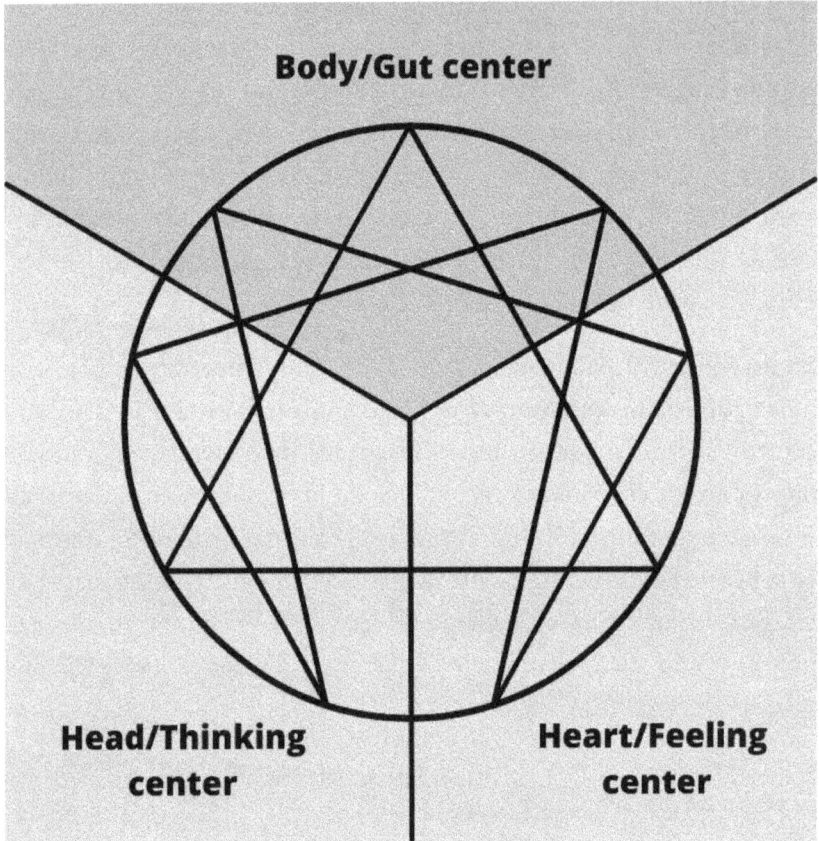

A algunos profesores les gusta llamar a estos centros de inteligencia "la Tríada" porque dividen los nueve puntos en tres partes iguales, como se muestra en la ilustración. Son la cabeza, el cuerpo y el corazón, cada uno de los cuales nos proporciona las habilidades básicas que necesitamos para desenvolvernos en la vida y resolver problemas. También indican los problemas emocionales subyacentes que pueden hacer que nos comportemos de determinadas maneras.

La cabeza, también conocida como el centro pensante, se rige más por la lógica, el análisis de la información y el pensamiento profundo. Los tipos 5, 6 y 7 conforman el centro de la cabeza. Los Tipos de cabeza tienden a ser perceptivos, creativos y reflexivos cuando operan en niveles de expresión saludables. Son naturalmente buenos para realizar tareas cognitivas como la visualización y la imaginación. Sin embargo, si operan en niveles poco saludables, el miedo es la principal emoción subyacente que paraliza su mente. Este miedo puede causar estragos si no se controla. Los Cinco poco saludables reaccionan ante la ansiedad aislándose y replegándose en su propia mente. Los Seis afrontan la situación imaginando los peores escenarios para todo. Los Siete tienden a sacar su miedo hacia fuera, corriendo activamente hacia los escenarios incómodos y reencuadrándolos como algo emocionante o aventurero; ésta es su manera de escapar de su ansiedad.

El cuerpo también se conoce como el centro visceral, y se rige principalmente por las sensaciones físicas. El centro corporal comprende los tipos 8, 9 y 1. Estos tipos son fuertes, estables, tienen los pies en la tierra y están conectados con la vida, especialmente cuando funcionan a niveles saludables. A los tipos corporales les gusta ejercer el control sobre su entorno y ser independientes. Sin embargo, si operan a niveles poco saludables, estos Tipos pueden verse consumidos por su ira incontrolada y pueden actuar inconscientemente de forma negativa. Los Ocho tienden a proyectar su ira arremetiendo contra los demás cuando ésta se acumula. Los Nueve son más propensos a reprimir o rechazar su ira y esconderla bajo la alfombra, fingiendo que no existe. Los Uno tratan sus problemas de ira no resueltos interiorizándolos, lo que a menudo les hace ser demasiado autocríticos. A diferencia de los otros tipos, los Uno serán conscientes de su ira e intentarán canalizarla de formas que a menudo no son saludables para ellos mismos ni para los demás.

El corazón es el centro emocional y está impulsado principalmente por los sentimientos y un fuerte deseo de conectar. El centro de los sentimientos está formado por los tipos 2, 3 y 4. Estos tipos son cariñosos, auténticos, sensibles a las reacciones emocionales y están conectados con los demás. Les encanta ser apreciados y afirmados por los demás, sean conscientes o no de esta tendencia. El asunto emocional no resuelto que este grupo necesita resolver es la vergüenza, y tiende a impactar subconscientemente a cada Tipo de diferentes maneras. Los del Tipo Dos tienden a expresar la vergüenza externamente, excediéndose en actos de servicio a otras personas para recibir elogios y afecto. Los del Tipo Tres pueden volcarse en su trabajo para tener éxito y recibir la admiración de los demás, y es más probable que nieguen su vergüenza. El Tipo Cuatro intenta controlar su vergüenza enfatizando su singularidad para recibir la validación de los demás.

Todos tenemos un Centro de Inteligencia dominante; sin embargo, como todo lo que has aprendido hasta ahora, eso no significa que los otros no estén activos. Todos tenemos los centros de la cabeza, el cuerpo y el corazón, pero a menudo nos decantamos por uno de ellos que es dominante para nuestro tipo específico de Eneagrama. Al identificar tu tipo de Eneagrama, verás en qué grupo te encuentras y qué emoción dominante no resuelta deberás trabajar conscientemente.

No te alarmes por la complejidad de las distintas capas que hemos descubierto en este capítulo. Tu intención debe ser aumentar tu conciencia y notar dónde experimentas más resonancia a medida que se expresan más detalles para cada tipo de Eneagrama. Confía en este proceso y sabe que, a medida que profundicemos en cada tipo en los próximos capítulos, obtendrás más claridad y las cosas empezarán a encajar.

EL PROPÓSITO MÁS PROFUNDO DEL ENEAGRAMA

El verdadero regalo de la herramienta del Eneagrama es su capacidad para invitarnos a reflexionar y observar el misterio de nuestra verdadera identidad. Inicia un proceso de indagación que puede llevarnos a una verdad más profunda sobre nosotros mismos y nuestro lugar en el mundo. Si descubres tu Tipo y lo utilizas como chivo expiatorio, como he observado con algunas personas que dicen: "¡Claro que soy crítico con todo! Después de todo, soy un Uno", o "¡Ya sabes cómo somos los Sietes! El compromiso no es lo mío", entonces simplemente estamos justificando nuestro comportamiento en lugar de reconocer nuestros puntos ciegos y áreas de crecimiento y expansión. Cada vez que usas tu herramienta del Eneagrama para encerrarte rígidamente en un comportamiento limitante, estás perdiendo el propósito de esta herramienta. Conocer tu Tipo es importante, pero sólo es valioso si lo utilizas como punto de partida de tu búsqueda de autodescubrimiento. Tu verdadero yo sólo puede encontrarse más allá de los rasgos de tu tipo de Eneagrama. Tu objetivo, y el mío, es hacer el trabajo interior para poder detener las reacciones automáticas de nuestra personalidad. Queremos abordar la vida y las relaciones desde un lugar más elevado que la mera personalidad. Cuanta más conciencia, perspicacia y claridad aportemos a los mecanismos de nuestra personalidad, más fácil será descubrir nuestro verdadero yo. Y ése es el verdadero propósito del Eneagrama. Dirígete a la sección de recursos para ver el test de Eneagrama online que recomiendo.

CHAPTER 3

CULTIVAR LA CONCIENCIA Y COMPRENDER LAS 9 PASIONES

D urante la introducción y la breve historia del símbolo del Eneagrama y los tipos de personalidad, mencionamos los siete pecados capitales o pasiones a los que se refirió Ichazo para desarrollar el Eneagrama moderno. En este capítulo y en el siguiente, investigaremos qué significan estos términos y por qué son importantes para tu búsqueda de autodescubrimiento. Antes de eso, vamos a hablar de una de las cualidades más importantes que debes cultivar: la conciencia de ti mismo.

CULTIVAR LA CONCIENCIA

Es cierto que comprender los tipos de personalidad del Eneagrama en profundidad y con gran claridad es un requisito previo para la transformación. Pero la información por sí sola no produce el cambio. Como escribió una vez William Shakespeare en El mercader de Venecia: "Si hacer fuera tan fácil como saber lo que somos buenos para hacer, las capillas habrían sido iglesias, y las cabañas de los pobres, palacios de príncipes. Es un buen divino el que sigue sus propias instrucciones: Más fácil puedo enseñar a veinte lo que es bueno hacer, que ser uno de los veinte que siga mis propias enseñanzas". En otras palabras, se necesita algo más que aprender sobre el Eneagrama para transformar tu vida. La mayoría de los estudiantes de desarrollo personal luchan por experimentar nuevos resultados porque no pueden transferir el material aprendido a la vida cotidiana. Es fácil estar tranquilo, ser positivo y pensar en la abundancia en un taller o en un retiro de fin de semana junto al lago. Pero eso no garantiza que finalmente cambies tu vida. Ninguno de nosotros puede querer, pensar o aplicar técnicas para lograr la transformación. El tipo de progreso y éxito con el que soñamos no se produce de forma automática, sólo porque tomes un libro como éste o te apuntes a una clase magistral. Es necesaria la participación activa en una base diaria consistente. Sin ella, no puede producirse ninguna transformación duradera. Entonces, ¿cómo puedes asegurarte de que todo lo que aprendas sobre el Eneagrama transforme positivamente tu vida para siempre? ¿Cómo puedes pasar del reconocimiento intelectual de la Verdad a vivirla como una forma de vida ahora y siempre? Cultivando más conciencia en tu vida. El Eneagrama te capacitará para soltar los mecanismos limitantes de tu personalidad para que puedas experimentar más profundamente quién y qué eres realmente. Y necesitas una enorme cantidad de autoconciencia para atraparte momento a momento. A medida que participes consciente e intencionadamente en la vivencia de tu Verdad, esa práctica te llevará a una transformación permanente.

¿Por qué es fundamental la autoconciencia en esta búsqueda del autodescubrimiento?

Una definición sencilla y consensuada de autoconciencia es "la capacidad de observarse a sí mismo con claridad y objetividad a través de la reflexión y la introspección". En otras palabras, se trata de controlar nuestros mundos interiores, pensamientos, emociones y creencias. Según la mayoría de las tradiciones sagradas de todo el mundo, observarnos a nosotros mismos y estar atentos mientras interactuamos con el mundo es una de las cosas más poderosas que podemos hacer para conseguir la maestría en la vida. Es el camino para nuestro pleno despertar a lo que realmente somos y para darnos cuenta de que somos algo más que seres físicos que viven en un mundo tridimensional. A medida que despertamos, nos hacemos más conscientes y aprendemos a "pillarnos en el acto" cuando nos comportamos de acuerdo con nuestra personalidad y condicionamiento. Cuando somos capaces de darnos cuenta de lo que estamos haciendo en el momento, y estamos dispuestos a experimentar nuestro estado actual por completo, sin juzgarlo, es cuando ocurre la magia.

En la búsqueda del autodescubrimiento, la conciencia es de vital importancia porque nos permite ver nuestros hábitos y condiciones con mayor claridad a medida que se producen. Y cuando podemos verlos en acción, esos viejos patrones pasan del subconsciente, donde no tenemos control sobre ellos, a la mente consciente, donde podemos disolverlos y alterarlos. Analizar el comportamiento pasado es útil, pero nunca puede ser tan poderoso como la observación del momento presente. Permítanme compartir una historia para ilustrar este punto. Una vez me sorprendí a mí mismo en un momento en el que estaba a punto de entrar en una acalorada discusión con mi novia. En aquel momento, este trabajo interior era todavía bastante nuevo para mí, y sólo llevábamos unos meses saliendo. Ella dijo algo que desencadenó algunas emociones perturbadoras, y sentí que todo mi cuerpo pasaba a un estado diferente. Normalmente, habría caído en la trampa de discutir, pero era la primera vez que me observaba a mí mismo y era testigo de las sensaciones de mi cuerpo, de la negatividad que se estaba gestando y del impulso de arremeter. Fue una experiencia increíble porque, en ese momento de conciencia, me di cuenta de que en realidad no quería entrar en una discusión y estropear nuestra escapada de fin de semana. Vi que mi reacción era sólo una forma de justificar algo más profundo. Así que, en su lugar, empecé a cuestionar lo que realmente había detrás de ese comportamiento. ¿Cuál era el punto importante que quería señalar, o qué era lo que estaba tratando de defender y ocultar? Ser más curioso sobre mí mismo disipó por completo la situación y me llevó a dar un paso atrás y a dar un largo paseo meditativo que me reveló mucho más sobre mi enfoque de las relaciones románticas. El truco, sin embargo, es que fui capaz de observar sin juzgar; fui capaz de permanecer en esa incomodidad el tiempo suficiente para cuestionar y conocer mis sentimientos con curiosidad en lugar de encogerme en la vergüenza. A continuación, apliqué algunas prácticas de atención plena que funcionan para mi Tipo -hablaremos más sobre todas estas prácticas para cada uno de los tipos del Eneagrama-.

Cuanta más conciencia de ti mismo cultives, más fácil te resultará observarte y atraparte en el momento, lo que te permitirá tomar decisiones diferentes. También aumentará tu capacidad para regular las emociones. Al principio, puede resultar embarazoso e incómodo; es posible que tengas un fuerte impulso de cerrarte o distraerte para no enfrentarte a esas sensaciones no deseadas, pero si puedes permanecer presente y aceptar esa incomodidad, notarás que surge algo nuevo. Con paciencia y mucha autoaceptación, empezarás a experimentar la autocompasión y la comprensión que trasciende tu personalidad. Es entonces cuando empiezas a aprovechar tu verdadero yo. Es entonces cuando empiezas a despertar.

Un Curso de Milagros dice: "La Biblia dice que un sueño profundo cayó sobre Adán, y en ninguna parte hay una referencia a su despertar". Gurdjieff y muchos otros maestros espirituales han afirmado a menudo que nuestro estado normal actual es parecido a estar dormido, al menos desde la perspectiva del alma. Eso suena extraño para alguien nuevo en el trabajo interior, porque es difícil convencer a tu ego mientras lees esto de que estás dormido. Pero, ¿y si te dijera que hay muchos niveles de conciencia? Considera lo "real" que se siente un sueño cuando te persigue un animal. Tu fisiología responde como si estuvieras despierto, pero tu cuerpo en esta realidad está totalmente inmovilizado en tu cama mientras sueñas. ¿Sería demasiado ridículo abrirse a la posibilidad de que, incluso en este momento, puedas estar dormido en relación con otros niveles de conciencia o realidades superiores? En este nivel de conciencia actual, tu personalidad y tu ego tienden a tener el mayor control. Dominan tu día y determinan tu comportamiento. Sin embargo, mediante la práctica y el cultivo de una mayor conciencia, podrías tender un puente entre tu personalidad y una versión superior de ti mismo que permanece invisible y desconocida. Despertar del trance de la personalidad y ser capaz de desprenderte de esa versión de ti mismo que se deja llevar por los impulsos, el deseo y las emociones, te revela un tú que quizá hayas estado buscando desde la infancia. Así que no se trata de convertir tu personalidad en un villano, sino de darte el poder de elegir cómo aparecerás en cada momento. La mayoría de nosotros, especialmente nuestros líderes políticos, vamos por la vida dirigidos por un niño travieso de seis años. ¿No es de extrañar que estemos continuamente recreando el drama y el caos? Sin embargo, una vez que comprendemos los mecanismos de la personalidad y empezamos a identificar quiénes somos realmente, independientemente de la personalidad, el juego de la vida adquiere un nuevo significado. Cuando reconocemos que somos un Tipo Cinco o un Tipo Ocho, no estamos esclavizados por esa cualidad. En cambio, podemos elegir en cualquier momento cómo dirigir nuestro Tipo, y cuando vemos que no nos sirve, tenemos la opción de anularlo por completo. Una vez que empieces a practicar un mayor conocimiento de ti mismo, estarás listo para enfrentarte a tu mayor maestro: la pasión de tu Tipo.

LAS 9 PASIONES

En el contexto del sistema moderno del Eneagrama para la tipificación de la personalidad, Ichazo rastreó las primeras ideas sobre los antiguos "Nueve Atributos Divinos" desde Grecia hasta los padres del desierto del siglo IV, quienes desarrollaron por primera vez el concepto de los Siete Pecados Capitales (básicamente lo contrario o las distorsiones de los Atributos Divinos) y los incorporaron a nuestro sistema moderno. Aunque la tradición cristiana hablaba de los Siete Pecados Capitales al principio, más tarde se añadieron otros dos: el miedo y el engaño. La enseñanza de Ichazo sobre las Pasiones en el contexto del modelo del Eneagrama que utilizamos nos dice que todos tenemos cada una de estas "Pasiones" dentro de nosotros. Sin embargo, dependiendo de nuestro Tipo de Eneagrama, una pasión particular será más pronunciada. Esa es la pasión que aparece repetidamente a lo largo de nuestra vida y es la raíz de nuestro desequilibrio en la vida. Distorsiona y atrapa a nuestro ego de forma poco constructiva al intentar resolver ese asunto tan arraigado.

La idea de los Pecados Capitales, también conocidos como las Pasiones, tendrá más sentido si se piensa en el pecado de la siguiente manera. Pecado significa "errar el tiro", pero no como lo enseñan la mayoría de las religiones (algo malo o maligno). Así que las 9 Pasiones representan las nueve formas principales en que perdemos nuestro centro y nos distorsionamos en nuestros pensamientos, sentimientos y acciones.

- Pasión para el tipo 1: Ira
- Pasión para el tipo 2: Orgullo

- Pasión para el tipo 3: Engaño
- Pasión para el tipo 4: Envidia
- Pasión para el tipo 5: Avaricia
- Pasión para el tipo 6: Miedo
- Pasión para el tipo 7: Gula
- Pasión para el tipo 8: Lujuria
- Pasión para el tipo 9: Pereza

Cada una de estas pasiones se discute en detalle bajo su correspondiente Tipo de Eneagrama en capítulos posteriores. Como ya se ha mencionado, tu pasión es tu mayor maestro. Cuando reconozcas esta reacción emocional subyacente y cómo se desarrolla en tu vida, empezarás a avanzar hacia tu deseo genuino en la vida y tu naturaleza esencial. ¿Cuál es tu naturaleza esencial? Gran pregunta. Vamos a desempacar eso a continuación.

CHAPTER 4

ESENCIA
PERSONALIDAD EGO

En este punto de tu búsqueda, deberías estar dándote cuenta de que, aunque tu personalidad es importante, no es lo que eres. Si ya has llegado a esa verdad, enhorabuena. La vida está a punto de volverse mucho más intrigante y maravillosa. La verdad fundamental de la vida es que somos mucho más que los conceptos condicionados familiares que llamamos personalidad. Nuestro verdadero potencial es grandioso y permanece mayormente dormido y sin explotar hasta que comenzamos esta búsqueda de autodescubrimiento. Más allá de las limitaciones aceptadas de nuestro ego-personalidad, cada uno de nosotros es un ser magnífico. A Deepak Chopra le gusta referirse a este ser como nuestro Yo Superior. A mí me gusta ese término, así que a partir de ahora, siempre que quiera hacer una distinción entre tu personalidad del ego y tu Yo Verdadero, me referiré a ellos como el yo del ego y el Yo Superior. El Yo Superior no puede ser visto, saboreado, tocado o analizado por la mente lógica, pero hay una forma sencilla de "experimentar" tu Yo Superior.

¿Cómo puedes empezar a discernir la diferencia entre el Yo Superior y el yo del ego?

- El Yo Superior siempre está seguro y claro sobre las cosas. Tu yo del ego está influenciado por innumerables influencias externas, lo que crea confusión.
- El Yo Superior siempre está en paz. Tu yo del ego es inquieto, agitado y se perturba fácilmente.
- El Yo Superior es estable. Tu yo del ego cambia constantemente.
- El Yo Superior es amor. Tu yo del ego, al carecer de amor, lo busca en fuentes externas, incluyendo personas y cosas.

En este momento, mientras lees las palabras de este libro, sé consciente de que estás leyendo. Date cuenta de ti mismo y de tus pensamientos mientras reflexionas sobre mis palabras. Ahora, pregúntate: "¿Quién se da cuenta de que estoy leyendo?".

Si puedes sentarte en autocontemplación con ese pensamiento, llegarás a experimentar la cualidad de Ser o Presencia del observador, también conocido como tu Yo Superior. Tu Yo Superior está siempre presente en el momento, y es lo que los expertos del Eneagrama llaman tu "Esencia". En el lenguaje espiritual, esta Esencia es a menudo referida como la chispa de lo Divino que descansa dentro. Como ya se mencionó en *Un curso de milagros*, la raza humana cayó en un profundo sueño desde la época de Adán, y en ese sueño, olvidamos nuestra verdadera naturaleza. Así es como he llegado a entender esta enseñanza. Mi Yo Superior es la chispa divina, el yo real y poderoso. Mi yo del ego es el pequeño yo cotidiano formado debido a mis creencias, cultura, infancia, normas sociales y entorno. Es el aspecto humano condicionado de mí mismo que he crecido para creer que es quien soy. Cuanto más paso por la vida viviendo sólo desde la perspectiva de mi yo de personalidad egoísta, más distante y desconectado estoy de mi Yo Superior, y de ahí surgen todos los problemas. Esa desconexión engendra la inquietud, el vacío, la soledad, el miedo y la carencia con los que trato de lidiar en mi mundo físico persiguiendo cosas y personas, con la esperanza de que eso resuelva finalmente mis problemas internos. En esta "oscuridad", no experimento mi propia naturaleza divina y ciertamente no puedo percibir la divinidad en nada ni en nadie más. En su lugar, me quedo atrapado en cualquier perspectiva que mi personalidad egoísta mantenga como verdadera.

Fíjate en qué pensamientos, emociones y creencias te han surgido al leer este último párrafo. Oír estas cosas por primera vez es totalmente extraño para muchos de nosotros, así que es fácil que tu ego rechace estas ideas. Sólo te pido que suspendas la incredulidad y mantengas la mente abierta hasta que hayas leído todo el libro. Entonces podrás elegir lo que quieres creer y vivir. En la vida diaria normal, no experimentamos nuestra Esencia y sus muchos aspectos porque nuestra conciencia está dominada por la personalidad del ego. A medida que aprendemos a cultivar la conciencia de la que se habla en el capítulo 4 y nos damos cuenta de nosotros mismos momento a momento, se hace más evidente que hay más en nosotros que nuestra personalidad y nuestros impulsos. Y en esos momentos, podemos vislumbrar nuestra Esencia. Para ser claros, reconectar con tu Esencia no mata tu personalidad ni destruye tu ego; seguirás funcionando como un ser humano en el mundo, pero lo harás por encima de los niveles ordinarios de conciencia humana porque tendrás contacto directo con la Divinidad.

Esta búsqueda es, por tanto, la de recordar. Es recordar quién eres realmente y la magnificencia que hay en ti. Se trata de volver a tu Verdadero Ser. El propósito del Eneagrama es guiarte en este viaje de despertar. Está aquí para darte una visión de tu composición psicológica y espiritual específica, no para que puedas encajar cómodamente en una categoría particular, sino para que puedas ser consciente de las muchas maneras en que estás limitando a tu Yo Superior a través de las expresiones de tu personalidad limitada. Muchas personas piensan que el Eneagrama pretende justificar sus comportamientos o proporcionarles un consuelo por ser de una naturaleza determinada. Esto está muy lejos de la verdad. La herramienta del Eneagrama no se creó para meternos en una caja, sino para mostrarnos la caja en la que ya estamos y proporcionarnos una salida. Así que, si quieres salir de tu antigua forma de vivir y entrar en algo profundamente diferente y más alineado con tu verdadera Esencia, estate tranquilo porque tienes que dar ese primer paso hoy mismo.

¿DEBEMOS DESHACERNOS DE NUESTRAS PERSONALIDADES?

La mayoría de la gente asume que volver a la propia Esencia significa abandonar o rechazar la personalidad y el ego. Esto es una información errónea y ciertamente no es lo que enseña el Eneagrama. No queremos villanizar o incluso eliminar el yo del ego porque lo necesitamos para disfrutar y funcionar en la vida humana. Así que si has tenido miedo de perder tu identidad o de ser menos funcional en la sociedad, no lo tengas. El Eneagrama nos enseña a ponernos en contacto con nuestra Esencia y a reconectar con nuestro Verdadero Ser para poder llegar a ser completos. La plenitud incluye e integra todos los aspectos, incluida la personalidad. Piensa en la inquietud, el miedo, la inestabilidad y la falta de carencia que asolan a nuestro yo del ego. La búsqueda del autodescubrimiento y de la reconexión finalmente cura todos esos problemas porque nuestro ego puede finalmente recibir amor permanente e incondicional, fuerza, estabilidad y una sensación de poder a la que no podía acceder en ningún otro lugar. Eso transforma nuestro yo del ego de niveles poco saludables a la versión más sana y productiva porque se nutre directamente de la Divinidad dentro de nosotros. Los momentos de "flujo" y de máximo rendimiento son típicamente el resultado de un individuo que se ha hecho presente y consciente, alineado con su Yo Verdadero. En esos estados, la actividad que se realiza es más agradable y produce mejores resultados.

La solución, por tanto, no es rechazar nuestra personalidad, sino verla como lo que realmente es: una pequeña parte de lo que somos en su totalidad. La personalidad sigue existiendo, pero hay una inteligencia más activa, una presencia más elevada y poderosa subyacente a esa personalidad que está al mando y en el asiento del conductor de nuestras vidas. Pasamos de una identidad de personalidad a una identidad de Esencia. Esto marca la diferencia en nuestra experiencia humana.

¿Qué tan rápido podemos hacer este cambio?

Sería inexacto afirmar que cambiarás de la identidad de personalidad del ego a la identidad del Ser Superior en un chasquido de dedos, o que es algo único que dura para siempre. La verdad es que se trata de un proceso continuo en el que trabajas momento a momento. Con la práctica, te alejas más de los niveles inferiores de conciencia hacia los niveles superiores. Cada momento de autorrealización te transformará hasta cierto punto, y cuanto más acumules estos momentos, más alto te elevarás hasta que, muy pronto, tu expresión por defecto será una conciencia expandida. A medida que progresas y practicas, tu identidad se abre gradualmente para incluir más de tu Yo Superior. En otras palabras, tu luz interior y tu naturaleza esencial brillarán más día a día a medida que sigas haciendo el trabajo. Mientras no dejes de trabajar para mejorar, seguirás experimentando una autoexpresión divina más profunda y elevada, más allá de lo que puedas imaginar.

MECANISMOS BÁSICOS DE LA PERSONALIDAD

Antes de profundizar en cada tipo de personalidad, aclaremos un poco más los mecanismos fundamentales que la impulsan. Estos son el miedo básico y el deseo básico.

El miedo básico tiene su origen en una sensación de pérdida que cada personalidad siente consciente o inconscientemente. Proviene de la pérdida de contacto con nuestra naturaleza esencial en la primera infancia. Incluso los niños nacidos en las mejores circunstancias no tendrán todas sus necesidades de desarrollo perfectamente satisfechas, por muy buenas intenciones que tengan sus padres. Por diversas razones, los padres tendrán a veces dificultades para hacer frente a todas las necesidades de sus bebés (especialmente en las áreas de las que ellos también carecían cuando eran niños). Por ejemplo, si un bebé expresa alegría y placer por estar vivo, pero su madre está deprimida, es poco probable que la madre se sienta cómoda con la alegría del bebé o incluso que la fomente. Como resultado, el bebé aprende a reprimir su alegría para evitar que su madre se altere más. Hay muchos comportamientos aprendidos que, de niños, adoptamos para poder encajar o proteger a nuestros cuidadores en función del comportamiento observado. Algunos niños se contraen y suprimen sus emociones por completo; otros se van al otro extremo para conseguir una reacción de su cuidador. Pero en todos los casos, nuestro entorno condicionado siempre obstaculiza nuestra verdadera y más plena expresión de un modo u otro. Reaccionamos de maneras que corresponden a nuestra personalidad en formación, dependiendo de nuestro temperamento. A medida que crecemos en nuestros años de formación, nuestras necesidades insatisfechas y los bloqueos subsiguientes se acumulan, y nos hacemos muy conscientes de una desconexión. Algo se siente mal, y eso crea una ansiedad y un miedo muy arraigados, independientemente del tipo de personalidad. Cada tipo tiene su propio miedo básico característico. Aunque no podamos expresarlo con palabras, sentimos el tirón de un miedo y una ansiedad poderosos e inconscientes, especialmente cuando estamos sometidos a las presiones de la vida. Ten en cuenta que parte de lo que impulsa nuestro miedo básico es el miedo de nuestro yo del ego a la nada, que es prácticamente un paradigma universal. A medida que vayas recorriendo cada uno de los nueve tipos, reconocerás que todos estos miedos están presentes en ti en cierta medida, pero el miedo básico de tu propio Tipo destacará mucho más que los demás. Aquí tienes un ejemplo para mostrarte lo que quiero decir.

EJERCICIO 1:

Lee las siguientes frases y fíjate en cuál es la que más destaca (tal vez incluso te despierte recuerdos dolorosos o te haga estremecerte).

- #1: No está bien cometer errores.
- #2: No está bien que tengas tus propias necesidades. No seas egoísta.
- #3: No está bien tener tus propios sentimientos e identidad.
- #4: No está bien ser demasiado feliz o demasiado funcional.
- #5: No está bien estar cómodo en el mundo.
- #6: No está bien confiar en uno mismo.
- #7: No está bien depender de nadie para nada.
- #8: No está bien ser vulnerable ni confiar en nadie.

- #9: No está bien hacerse valer.

¿Cuál de estas afirmaciones ha presionado mucho tu psique?

Toma nota de las ideas que te surjan. Por ahora, sigamos explorando.

Hemos hablado del Miedo Básico y del hecho de que surge de un profundo sentimiento de desconexión de nuestra naturaleza de Esencia. Ahora vamos a hablar del Deseo Básico porque es igualmente importante entender dónde está arraigado también.

El deseo básico surge como mecanismo de defensa para contrarrestar esa sensación de pérdida y desconexión que genera nuestro miedo básico en nuestro interior. Es la forma que tiene el ego de "manejar la situación y hacer que las cosas estén bien". Me gusta imaginar que el yo del ego piensa regularmente para sí mismo: "Si puedo conseguir X, esa sensación/vacío/inquietud/pérdida que estamos experimentando desaparecerá, y por fin podré sentirme completo de nuevo". La X representa lo que más le cuesta a tu tipo de personalidad. Puede ser el amor, la seguridad, la paz, etc. Muchos profesores del Eneagrama se refieren al Deseo Básico como la "agenda del ego" porque es básicamente lo que el ego siempre persigue. Pero aquí está el asunto. Nadie dice que tus deseos del ego estén equivocados. De hecho, cuando profundizas en ellos, te señalan algo maravilloso y correcto. El ego sólo se centra principalmente en las necesidades humanistas superficiales. Por desgracia, el ego tiende a fijarse demasiado en su deseo básico específico hasta el punto de descuidar otras necesidades humanas y espirituales. Las cosas tienden a ir mal cuando intentamos satisfacer nuestro deseo básico de forma equivocada. Supongamos que eres el tipo de personalidad que siempre busca y se obsesiona con la seguridad. Tal vez, siempre quiera sentirse seguro y protegido en todo lo que hace en su vida. En un mundo incierto en el que el cambio es constante, alcanzar ese objetivo es un reto desde la perspectiva del ego. Tal vez te haya hecho presionar demasiado hasta el punto de empezar a autosabotearte y arruinar incluso la misma seguridad que tu ego necesita. Como verás en los próximos capítulos cuando hablemos del Eneagrama Tipo Seis, ésta es una experiencia común para los Seis que operan en niveles inferiores de desarrollo. Del mismo modo, cada tipo de personalidad es capaz de este comportamiento de autosabotaje, que, irónicamente, les roba la misma cosa que persiguen.

Mira el mundo de hoy. Gracias a la tecnología, Internet y las redes sociales, estamos más conectados que nunca. Y, sin embargo, cada vez hay más gente que alega la soledad y la incapacidad de encontrar a su alma gemela. Hay más casos de divorcio que nunca, y la gente incluso se quita la vida por falta de amor en sus vidas. Ese es el triste resultado cuando los individuos persiguen sus deseos básicos de manera equivocada. Y cuando eso sucede, nuestro deseo básico se convierte en una fijación que bloquea involuntariamente nuestra naturaleza esencial, creando una brecha más amplia entre nuestro ser cotidiano y nuestro Ser Superior. La ironía aquí es que cuando estamos fijados en nuestro deseo básico, nuestra personalidad anhela el control. No renunciará a ese control hasta que crea que el deseo se ha alcanzado plena y permanentemente. Desgraciadamente, como ya habrás experimentado, el logro de cualquier objetivo no garantiza la sensación de plenitud o finalización. ¿Cuántas veces has perseguido un objetivo económico pensando que te haría sentir rico, sólo para conseguirlo y seguir sintiéndote pobre e infeliz? ¿O quizás fue una pareja romántica la que perseguiste, pensando que llenaría un vacío, y sin embargo, unos meses o años después, ese mismo vacío persiste?

Volviendo a nuestro ejemplo del Tipo Seis que busca implacablemente la seguridad de todas las maneras equivocadas. Ese individuo querría controlar todo en su mundo, y no se permitiría relajarse y estar presente hasta que sienta que su mundo está completamente seguro. Como sabemos, sin Presencia, no hay retorno a la naturaleza Esencial. Así que, por supuesto, esa persona se sentirá atrapada en un ciclo de ansiedad e inseguridad, esforzándose por controlar el mundo externo y forzar las cosas para sentirse estable y seguro. Entendiendo esto, ¿puedes ver la interrelación entre el miedo básico y el deseo básico? ¿Ves por qué la mayoría de los profesores dicen que la naturaleza humana está impulsada por el miedo y el deseo? En esta construcción, podemos resumir que nuestra personalidad opera en un modelo de huida de nuestro miedo básico y de persecución de nuestro deseo básico. Todo el tono de los sentimientos de nuestro carácter surge de esta dinámica, y se convierte en el impulso subyacente de nuestro ego y sentido del yo.

Es hora de hacer otro ejercicio para profundizar en esta búsqueda. En el ejercicio anterior, nos centramos en las afirmaciones que te permitirían darte cuenta de tu miedo básico más prominente. Esta vez, nos centramos en afirmaciones que pueden ayudarte a identificar tu deseo básico.

EJERCICIO 2:

- #1: Necesito vivir con integridad y hacer lo correcto. Actúo con un fuerte código moral, y así debería hacerlo todo el mundo.
- #2: Necesito ser amado y necesitado por los demás.
- #3: Debo convertirme y demostrar que soy valioso y demostrar a los demás que merezco admiración.
- #4: Debo encontrar mi verdadera identidad y expresar mi singularidad al mundo.

- #5: Necesito ser competente y el más conocedor para poder conocer la Verdad.
- #6: Necesito estar seguro.
- #7: Debo ser feliz todo el tiempo.
- #8: Necesito protegerme del mundo y demostrar que soy fuerte en todo momento.
- #9: Necesito encontrar la paz en mi mente y en mi vida a toda costa.

Después de realizar este segundo ejercicio, ¿puedes encontrar una afirmación de deseo que se corresponda o coincida con el miedo básico que más te ha llamado la atención?

La respuesta que des ya te está iluminando sobre tu tipo de Eneagrama y también sobre el área de tu vida en la que se busca el crecimiento. Como dijo una vez Andrew Harvey: "Las mismas cosas que deseamos evitar, descuidar y huir de ellas resultan ser la "materia prima" de la que procede todo crecimiento real."

¿Preparado para el crecimiento real? Es hora de conocer tu tipo de Eneagrama.

PART TWO
SECCIÓN II

CHAPTER 5

ENEAGRAMA TIPO I

EL REFORMADOR O PERFECCIONISTA

Este capítulo y el siguiente profundizarán en el Eneagrama Tipo Uno, comúnmente conocido como reformador o perfeccionista. El título de reformador encaja perfectamente con este eneatipo porque estos individuos prosperan cuando cambian el mundo que les rodea para mejorarlo. Los del Tipo Uno son idealistas, decididos, autocontrolados y muy concienzudos. Se adhieren a estrictos códigos morales y éticos y operan con estándares extremadamente altos. Como desean que todo lo que les rodea sea "correcto" según sus normas, pueden crear fácilmente fricciones y resistencia cuando interactúan con los demás. Los Tipo Uno del Eneagrama caen en el Centro Tripa o Cuerpo, lo que hace que la ira sea una de las principales emociones que obstaculizan el crecimiento y la evolución personal, especialmente si no se resuelve.

Muchos Unos que aún no están operando en los niveles más altos y saludables de desarrollo suelen caer en hábitos de crítica, juicio y perfeccionismo. Pero aquí está el asunto. Estas grandes expectativas de perfección (por muy poco realistas que sean) no se depositan sólo en los demás. Las personas tienden a establecer estándares excepcionalmente altos para sí mismas, lo que las lleva a vivir en constante autocrítica. Su fuerte crítica interior toma el asiento del conductor, que dicta cómo se comportan y tratan a los demás. Desde el punto de vista de un observador externo, los Tipos Uno pueden ser excelentes en la ejecución, la planificación, la organización y la promoción de cambios positivos, pero también es difícil trabajar con ellos, es imposible complacerlos y, en algunos casos, son unos completos imbéciles.

PUNTOS FUERTES DE UN UNO:

Los Uno son excelentes para hacer las cosas, y no permiten que nadie se interponga en su camino o los detenga. Suelen ser increíbles creadores de cambios, cruzados, maestros y activistas.

Los Uno también son capaces de autodirigirse y de resolver eficazmente los contratiempos y problemas que surgen mientras persiguen sus objetivos.

Uno de los puntos fuertes del tipo Uno es su capacidad de hacer un esfuerzo adicional para asegurarse de que un proyecto o una situación se lleve a cabo de forma excepcional. No se detendrán ante nada para alcanzar la perfección.

Debido a su visión idealista del mundo y a la necesidad de que todo se haga bien, prestan mucha atención a los detalles, se preocupan por los pequeños pormenores y nunca toman atajos. Esto hace que este tipo sea extremadamente diligente, trabajador y fiable.

Rasgos clave de la personalidad del Tipo Uno

- Centrado y resuelto.
- Necesidad compulsiva de tener siempre la razón.
- Meritocracia y organización.
- Trabajo duro.
- Ser bueno o perfecto.
- La cortesía.

Aficiones comunes para un Tipo Uno

- Organizar
- Recaudar fondos
- Dar clases particulares
- Planificar

MIEDOS Y DEBILIDADES

A estas alturas, es evidente que una de las expresiones distintivas de un Tipo Uno es la necesidad de vivir con estándares morales muy altos y hacer las cosas de la manera correcta. Esto proviene de la necesidad de ser bueno y de ser percibido como bueno y digno.

¿Cuál es el miedo básico que impulsa este comportamiento? El miedo a ser malo, corrupto, malvado o defectuoso.

Como tipo Uno, puedes temer ser malinterpretado, acusado, culpado o considerado un fraude por no estar a la altura de los altos estándares que has establecido. La idea de que los demás no te vean como alguien perfecto es insoportable porque eso significará que eres imperfecto y, por tanto, defectuoso. En un sentido más práctico, eres quisquilloso con tu espacio físico y con lo desordenado que lo hacen los demás. Te preocupas por los proyectos poco claros o cuando un ser querido actúa de forma imprudente. Si las expectativas no están claras y hay una falta de calidad en cualquier área, perderás la cabeza. Por ejemplo, un empresario que una vez asistió a nuestros encuentros virtuales compartió que cada vez que entra en la oficina si incluso una sola bombilla está apagada, pierde la cabeza porque es inaceptable que el gerente de su oficina se llame a sí mismo profesional cuando apenas puede atender las tareas de la oficina. Este es un gran ejemplo de lo detallistas y perfeccionistas que pueden ser los Unos. En el fondo, se trata de la necesidad de ser buenos y perfectos. En lugar de criticarte a ti mismo por este hábito de perfeccionismo en un mundo que es cualquier cosa menos perfecto todo el tiempo, es mejor que sientas curiosidad por saber por qué prevalece ese miedo.

¿Quizás en algún momento de tu educación has recibido el mensaje de que tienes que ser perfecto todo el tiempo? Eres un idealista de corazón, así que tiene sentido que todo lo que tiene defectos deba ser arreglado inmediatamente, incluido tú.

¿Cómo se manifiesta a menudo este Miedo Básico?

Sueles ver y captar los más mínimos errores en los demás cuando interactúas con ellos. Si es en tu vida social, puedes dejar de salir con alguien o rechazar una invitación simplemente porque no cumple con los detalles de tu ideal. En el trabajo, puede aparecer como un conflicto constante con los compañeros de trabajo sobre cómo debe hacerse algo y por qué tu idea es la forma correcta de resolver ciertos retos. Pero no se queda ahí. El mayor problema para un Uno es, con mucho, el continuo parloteo negativo en su mente. Parece casi imposible domar a ese crítico interior al que parece imposible complacer. Es posible que te sientas resentido y enfadado contigo mismo, con los demás o con una situación que no es la ideal y que te desconcentra. Y como eres un tipo basado en el cuerpo, lidiar con los sentimientos (especialmente la ira) no es tu fuerte, por lo que es probable que reprimas las emociones que normalmente se filtran de las formas más insanas. Estudiaremos los diferentes niveles de desarrollo para que puedas empezar a identificar en qué punto de tu camino te encuentras y cómo avanzar hacia la versión más conectada y saludable de ti mismo. Pero primero, echemos un vistazo a tu deseo y motivaciones básicas.

DESEOS Y MOTIVACIONES

El deseo básico de un Tipo Uno es ser bueno y honorable. Si te identificas como un Tipo Uno, hay algunas cosas clave que debes reconocer sobre tu personalidad. En primer lugar, llevar una vida con propósito es extremadamente importante para ti, lo cual es digno de elogio. La mejor manera de ascender a niveles superiores de desarrollo es alinear tus objetivos y elecciones laborales con tu propósito. La gente te llama perfeccionista o mandón principalmente porque no entienden del todo lo importante que es para ti que las cosas se hagan de la manera adecuada. Conseguir lo mejor en cada resultado no es sólo un eslogan para ti. Es parte del ADN de tu personalidad, y está bien honrarlo siempre que no te esclavice. Como tipo Uno, eres extremadamente responsable y pragmático y te esfuerzas por hacer del mundo un lugar mejor. Confías en tu juicio para encontrar soluciones y haces un gran trabajo separando las emociones de los hechos para no dejarte abrumar por las emociones como otros tipos. La ética también es un tema importante para ti. De hecho, al desglosar tus valores principales, te darás cuenta de lo conectados que están y de por qué todos son necesarios para permitirte vivir una vida honorable. Vamos a nombrar los valores principales con los que más se identifica tu personalidad.

Valores fundamentales

Como tipo Uno, estos son algunos de los valores fundamentales que puedes tener:

- Integridad
- Honestidad
- Ética
- Deber
- Humildad
- Organización, estructura
- Limpieza, pulcritud, orden
- Servicio por encima de uno mismo

Entre las celebridades y personas famosas del tipo Uno que quizá conozcas se encuentran el cofundador de Apple, Steve Jobs, la cantante canadiense Celine Dion, la actriz Julie Andrews, la actriz Natalie Portman, el nacionalista anticolonialista y eticista político Mahatma Gandhi y la ex primera dama de Estados Unidos, Michelle Obama.

¿Se pregunta si podría ser un tipo Uno? He aquí algunos indicadores de personalidad:

1. Te exiges mucho a ti mismo. Algunos podrían decir que eres irrealmente exigente.
2. Eres muy estricto con las normas. Siempre necesitas tener claro lo que los demás esperan de ti y cuáles son los límites para poder actuar en consecuencia.
3. Ejerces un alto grado de autocontrol y te esfuerzas por civilizar tus instintos naturales. Eso te hace más racional y menos impulsivo.
4. Te preocupas mucho por marcar la diferencia en el mundo y hacer tu parte para mejorar las cosas para ti y para los demás.

5. De niño, es posible que hayas asumido muchas responsabilidades, lo que te ha convertido en el "digno de confianza" en el que todos confían. La gente sabe que puede contar contigo pase lo que pase porque siempre cumples tu palabra y te tomas tus obligaciones muy en serio. Sin embargo, esto viene con un lado oscuro también porque significa que llevas una carga pesada toda tu vida.

6. Tienes un fuerte crítico interno que juzga cada acción que realizas. Esa voz está detrás de tu constante necesidad de perfección en tu mundo. Si no se controla, esta voz puede ser la causa de una gran ansiedad, autocrítica y dudas.

7. Te sientes totalmente frustrado por lo descuidada e insuficiente que es la mayoría de la gente. Como te esfuerzas tanto por alcanzar la perfección y te esfuerzas por vivir con integridad, no soportas que los demás actúen con imprudencia o descuiden sus obligaciones.

8. Te cuesta relajarte y permitirte un poco de espontaneidad.

9. Ser corrupto, malvado o traicionar tu código moral es simplemente inaceptable.

10. Te preocupa que expresar la rabia que a veces surge en tu interior o permitirte explotar emocionalmente te aleje de los ideales y normas que te has fijado. Por eso, en lugar de expresar tus emociones negativas, prefieres contener tu ira y reprimirla bajo los puños cerrados, y la mandíbula y los dientes apretados.

11. Los amigos y familiares podrían llamarte demasiado crítico, un poco prepotente y demasiado estricto si les pidieran que te describieran. Pero no te importa porque sabes que eso es lo que se necesita para crear el tipo de éxito que deseas.

TUS ALAS

Las alas son los números que residen directamente en los dos lados de tu Tipo de Eneagrama. Como eneatipo Uno, tienes -

- El Eneagrama Uno con Ala Nueve: "El idealista".
- El Eneagrama Uno con Ala Dos: "El defensor"

Aunque puedes tener tendencias que se inclinan hacia ambas alas, es probable que seas más dominante en una que en la otra, y ésta será tu Ala dominante.

Significado de tu ala

Si eres un 1w9 (Uno con Ala Nueve), entonces tenderás a ser más introvertido que un 1w2. Eres más bien un idealista de principios y siempre piensas antes de hablar para evitar ir en contra de tu código moral de cualquier manera. A veces, esto lleva a retrasos y procrastinación porque necesitas estar seguro y pensar todo antes de actuar. Un aspecto fuerte de tener esta Ala como la dominante de las dos es que tus decisiones y acciones son casi siempre a prueba de fallos.

Si eres un 1w2 (Uno con Ala Dos), entonces eres más extrovertido y abierto por naturaleza. Eres más empático y comprensivo con los demás en comparación con un 1w9. Te sientes profundamente inclinado a ayudar a las personas que te rodean. Aunque sigues siendo un excelente solucionador de problemas, te cuesta mucho encontrar ese equilibrio entre el control de las cosas y las personas y el apoyo a las mismas.

Las flechas y su significado

Si observas detenidamente el símbolo del Eneagrama, te darás cuenta de que hay líneas dentro del círculo que conectan los puntos de personalidad en el perímetro del círculo. Estas líneas no son arbitrarias. Son, de hecho, flechas que trazan cómo reaccionará cada personalidad en determinadas situaciones. Tu tipo de personalidad está vinculado a otros dos puntos (4 y 7). Una de las flechas indica cómo reaccionarás en situaciones de estrés y presión o cuando te sientas entre la espada y la pared. Explica las acciones o reacciones de una personalidad no saludable. En la terminología del Eneagrama, esto se llama la Dirección del Estrés o la Dirección de la Desintegración. La otra flecha indica cómo reacciona una versión sana de tu personalidad ante las situaciones y cómo crece tu personalidad en diferentes entornos. El término para esto es la Dirección del Crecimiento o la Dirección de la Integración. En resumen, si te mueves en la dirección del estrés (4), serás malhumorado, irracional y temperamental. Sin embargo, si te mueves en la dirección del crecimiento (7), te vuelves más alegre, espontáneo y relajado como un Siete sano.

Para entender la relación de estas flechas y cómo llegamos a los niveles saludables y no saludables, hablemos de los distintos niveles de desarrollo del tipo Uno.

NIVELES DE DESARROLLO

Los Niveles de Desarrollo surgen de las enseñanzas de Riso y Hudson y de los fundadores del Instituto del Eneagrama, que es un gran lugar para hacer el Test del Eneagrama. Su teoría postula que todos los individuos caen en uno de los nueve niveles de funcionamiento. El nivel más bajo es el nueve, y el más alto es el nivel uno. Los niveles se dividen en una tríada que subcategoriza estos niveles como saludables (1, 2, 3), niveles medios (4, 5, 6) y niveles no saludables (7, 8, 9).

Niveles no saludables

Nivel 9: Este nivel de desarrollo es el más destructivo y poco saludable. Aunque todos pasamos por este nivel durante la infancia, cuando estamos puramente interesados en nuestras necesidades y nada más, este nivel debe ser superado lo antes posible. Como bebés e infantes, operar en un nivel 9 en el que no te importa nada más que salirte con la tuya y tener tus necesidades satisfechas es perfectamente normal, pero esto es extremadamente insalubre para los adultos. Así, un adulto Uno que opera en este nivel es cruel, punitivo y condenatorio hacia los demás. Es probable que este tipo de adulto sufra depresiones, crisis nerviosas e incluso luche contra los trastornos obsesivo-compulsivos.

Nivel 8: En este nivel, el tipo Uno se vuelve obsesivo con la imperfección y las malas acciones a su alrededor. En este nivel, el Uno es bastante delirante y compulsivo. También tienden a ser bastante contradictorios diciendo una cosa y luego haciendo lo contrario.

Nivel 7: Este tipo Uno es rígido, intolerante, santurrón y muy dogmático. Cuando tratan con otros que están equivocados, tienden a ser muy severos en sus juicios y poco respetuosos con los sentimientos o los límites personales de los demás. En este nivel de desarrollo, el individuo sólo trata en absolutos, y sólo él conoce "La Verdad".

Niveles medios

Nivel 6: Este nivel de desarrollo avanza hacia el camino de las expresiones saludables, pero sigue siendo muy crítico consigo mismo y con los demás. Este tipo Uno será exigente, crítico y un perfeccionista clásico. Es muy exigente con todo y tiene la habilidad de corregir a las personas y atormentarlas para que hagan "lo correcto" según sus estándares. Este tipo Uno es impaciente, abrasivo y regaña constantemente a todos los que le rodean. En este nivel, el tipo Uno está sobrecompensando y sigue impulsado por el deseo de hacer avanzar sus agendas de ego, aunque sea a costa de los demás.

Nivel 5: Este nivel de desarrollo trae consigo la expresión de mucho comportamiento defensivo. El Tipo Uno en este nivel tiene mucho miedo de cometer errores y de no alcanzar sus ideales. Todo tiene que salir según sus planes o perderlo. Este individuo es más organizado, ordenado y extremadamente trabajador. Son rígidos, emocionalmente constreñidos y muy impersonales incluso con las personas que les gustan. Su principal objetivo es cuidar compulsivamente cada detalle para poder alcanzar sus metas.

Nivel 4: En este nivel medio de desarrollo, hay una fuerte expresión de desequilibrio para el tipo Uno. El individuo se está volviendo altivo y bastante insatisfecho con la realidad. Sienten que depende de ellos mejorar todo y a todos en su mundo, lo que a menudo los convierte en defensores, críticos y cruzados mientras intentan domar ese crítico interior para poder alcanzar sus más altos ideales.

Niveles saludables

Nivel 3: Este nivel de desarrollo nos lleva a las expresiones más saludables de una personalidad de tipo Uno, donde se preocupan por los valores sociales. En este punto, han superado los objetivos puramente egoístas y ahora ven su papel como individuos en la sociedad y en el mundo en general. Aquí es donde el ego empieza a sanar y a funcionar de forma más constructiva. Este tipo Uno tiene unos principios muy firmes y siempre quiere ser justo, ético, objetivo y encarnar la justicia. Tienen un fuerte sentido de la responsabilidad y de la integridad personal.

Nivel 2: Este nivel de desarrollo se alcanza mediante el compromiso de hacer el trabajo interior y aprender más sobre uno mismo.

En este nivel, el ego del Tipo Uno alcanza el Yo Ideal del individuo. Este Tipo Uno es concienzudo, razonable, autodisciplinado, maduro y moderado en todas las cosas. Tiene un intenso sentido del bien y del mal y un propósito que impulsa su vida.

Nivel 1: En este nivel de desarrollo, el Tipo Uno alcanza el santo grial del autodominio y la plenitud. Este es el mejor nivel del Tipo Uno y el nivel de la verdadera libertad. Implica enfrentarse a sus miedos más profundos y comprenderse genuinamente a sí mismo como ser humano y espiritual. Aunque alcanzas tu Yo ideal en el Nivel Dos, la trascendencia y la iluminación ocurren en este nivel. Te vuelves extraordinariamente sabio y exigente, aceptando las cosas tal y como son. Tu capacidad para discernir la verdad y saber qué acción tomar en cada momento es asombrosa, y te vuelves más esperanzado, calmado, aceptante, humano y liberado de adentro hacia afuera. Este es el sueño de todos nosotros en esta búsqueda, y está a tu alcance a medida que continúas recorriendo este camino.

PASIÓN DEL TIPO UNO

Las pasiones (también llamadas pecados capitales) son nuestros maestros. Cada tipo tiene una pasión dominante que puede permitir al individuo descubrir su reacción emocional subyacente y sus problemas no resueltos cuando se reconocen. Al seguir ese hilo, la persona se da cuenta de cómo ha perdido de vista su verdadero deseo y su naturaleza esencial.

Para un tipo Uno, su Pasión es la Ira, aunque muchos maestros están de acuerdo en que una descripción más precisa es el resentimiento. La ira en sí misma no es un problema, por lo que no hay que menospreciar la experiencia de esta emoción. El problema es que, como tipo Uno, tiendes a reprimir la emoción de la ira, lo que conduce a una frustración, insatisfacción y resentimiento continuos. Eso engendra un resentimiento interior que influye en tu forma de relacionarte contigo mismo y con los demás.

Haz una pausa por un momento. Piensa en la frecuencia con la que piensas, sientes o incluso dices las palabras: "Esto no está bien. Nada es como debería ser". Si puedes tomar conciencia de tu pasión por la ira, probablemente verás que es el resultado de una necesidad de cambiar o arreglar todo lo que te rodea. Así que acabas enfadado con alguien (o contigo mismo) por no ser lo suficientemente bueno.

Tomar conciencia de esta Pasión abre una nueva opción. Te permite transformarte y empezar a moverte hacia tu Esencia, lo que te devuelve a tu virtud de la Serenidad.

PATRONES INFANTILES Y EMOCIONALES DEL TIPO UNO

Ahora podemos ver que la Ira es una de las emociones principales para los Tipo Uno y realmente para todos los tipos que forman el Centro de Tripa o Cuerpo. Pero a la mayoría de los Unos les cuesta reconocer que tienen problemas de ira y resentimiento. Así que para aportar aún más claridad para que puedas tomar las medidas adecuadas, hablemos de cómo interiorizas esta emoción y de cómo la experimentan los demás. Como tiendes a reflejar tu ira en tu interior, tiende a filtrarse en forma de críticas, juicios y regaños. Y no sólo se lo haces a los demás, sino que también te lo haces a ti mismo. Así que, a diferencia de un tipo Ocho que también tiene la Pasión de la Ira y tiende a proyectarla hacia el exterior, tú haces todo lo posible para contener y ocultar el sufrimiento que experimentas. Dependiendo de tu Tipo de Ala dominante, algunas cualidades específicas serán más pronunciadas que otras.

Tipo Uno Ala 9 - El idealista

Un tipo Uno con Ala Nueve significa que el individuo tiene todas las cualidades de un Uno y algunas cualidades del tipo Nueve. Aunque puedes estar influenciado por ambas Alas, el Ala más dominante resonará profundamente en ti. Algunos de los rasgos de esa Ala en particular serán fáciles de identificar en ti. A medida que estudies y comprendas más sobre ti mismo, es imprescindible que identifiques qué Ala es más dominante y, si es posible, la proporción de la puntuación de Ala si ambas son activas. El estudio de tus principales tipos de personalidad y de ala también puede darte una mejor comprensión de las heridas de tu infancia y de cómo eso está afectando a tu vida adulta. El tipo 1w9 es típicamente racional, tranquilo y equilibrado, con un sentido del bien y del mal. Hay un fuerte énfasis en la justicia y la equidad, especialmente cuando se trata de personas. ¿Se parece a ti? Aquí hay más detalles de esta personalidad:

- Amigo leal
- Extremadamente orientado al detalle
- Orientado a la mejora
- Defiende a los indefensos y desfavorecidos
- Se esfuerza por marcar la diferencia en la sociedad
- Un fuerte código ético

Los 1w9 también prefieren mantenerse al margen y apenas dejan traslucir sus emociones. Es posible que hayan tenido una relación desconectada con su cuidador durante sus años de infancia. Es probable que hayan crecido en un entorno extremo, ya sea demasiado estricto o demasiado indulgente. Si el hogar era también religioso, este niño probablemente desarrolló la necesidad de complacer a un Dios enojado y caprichoso. Al tener una relación disfuncional con los padres y las figuras de autoridad de su entorno, este niño necesitó crear una personalidad que no se expresara emocionalmente para evitar evocar la ira en los demás.

También tuvo que aprender a crear un conjunto estricto de límites para sí mismo y una forma particular de comportarse en el mundo para preservar una reputación intachable e impecable como niño. El control tuvo que ser dominado en una etapa temprana de la vida. En la edad adulta, lo vemos en las relaciones, la vida laboral y las interacciones sociales. La necesidad de buscar la perfección, mantener el control y permanecer vigilante y racional proviene de las experiencias de la infancia.

La personalidad del tipo 1w9 es extremadamente precavida y protege en exceso su reputación en el trabajo. Como 1w9, algunas de las mejores carreras en las que puedes destacar son:

- Juez
- Trabajador Social
- Periodista
- Consultor
- Consejero de orientación
- Ambientalista
- Especialista en relaciones públicas
- Embajador

Al ser reacios a las críticas, se aconseja a los de este tipo que eviten las opciones profesionales que puedan implicar muchas críticas. Tampoco es una buena idea optar por un trabajo que no crees que marque la diferencia. Si te encuentras en un entorno de trabajo equivocado, la gente te considerará poco adaptable, demasiado exigente y poco realista. Ten en cuenta lo que requiere tu personalidad y el hecho de que te interesa hacer un trabajo que importe y ser reconocido por tu dedicación y compromiso como idealista. Aunque no puedo decirte cuál es tu trabajo ideal, sí puedo animarte a que evites roles como el de Atención al Cliente, Auditor y Asistente de Dirección. Estos roles profesionales no se alinean con tus puntos fuertes y sólo exponen los aspectos de ti que necesitan ser sanados.

Tipo Uno Ala 2 - El activista

La segunda ala influye en el tipo Uno de forma sutil pero significativa. En esta Ala, el énfasis está en el servicio y en el desarrollo de relaciones profundas. ¿Se parece esto a ti? He aquí algunas cualidades más:

- Sensible a las necesidades de las personas que te rodean.
- Amor genuino por la humanidad.
- Interesado en las oportunidades de tutoría y en la construcción de relaciones individuales.
- Siempre defiende lo que es correcto.

Las principales cualidades subyacentes siguen siendo las mismas, pero habrá algunos cambios en la expresión de un 1w2. Observemos las diferencias entre ambos.

Las personalidades 1w9 sanas tienden a ver el mundo de forma imaginativa (tan ideal como desean que sea) y también tienen en cuenta todos los hechos para mantenerse con los pies en la tierra. Se esfuerzan por mantener la paz dondequiera que estén. Como 1w9 sano, estos individuos hacen un mejor trabajo superando algunos de sus defectos, por ejemplo, cuando cometen un error, porque valoran mantener esa sensación de paz. Pero al final, siguen reprimiendo sus emociones. Esta cualidad proviene de la influencia de su Ala Nueve.

En cambio, los 1w2 sanos están más en sintonía con sus emociones y se permiten sentir ira, tristeza, etc. La personalidad 1w2 también es más compasiva y servicial, sobre todo con las personas con las que se relaciona. Para un 1w2, no se trata sólo de hacer lo correcto para el bien común y marcar la diferencia en el mundo; también se trata de desarrollar conexiones reales y profundas.

Las personalidades 1w9 poco saludables tienden a luchar contra la autocrítica y el desapego, especialmente de su entorno. La disociación es uno de sus mecanismos de afrontamiento. Por otro lado, las personalidades 1w2 poco saludables tienden a ser muy mandonas. En lugar de desvincularse y cerrarse, sienten la necesidad de hacerse cargo de cada situación porque creen que saben lo que es correcto. Es posible que se ahoguen en la autocompasión en sus períodos bajos y se quejen de lo maltratados que están. A diferencia de los 1w9 no saludables, estos individuos son increíblemente expresivos en cuanto a su decepción y desaprobación de los demás, incluidos sus seres queridos, lo que puede hacerlos bastante insoportables. Es probable que las personalidades 1w2 poco saludables se conviertan en este tipo de adultos porque, durante su infancia, recibieron un trato injusto por parte de sus padres. Cuando eran niños, los 1w2 se sentían solos y aislados, sobre todo si eran maltratados por la misma persona que debía protegerlos. Sin embargo, cualquier tipo 1 puede desaprender sus patrones emocionales y su forma de pensar poco saludables. Cuando un 1w2 se mueve en la dirección del crecimiento y cura esas viejas heridas, se transforma en un individuo compasivo, lógico y cariñoso con el que la gente adora estar.

En el lugar de trabajo, a la personalidad tipo 1w2 le encanta estar en una posición de liderazgo en la que pueda organizar y dirigir a la gente. Como 1w2, algunas de las mejores carreras a las que puede acceder son:

- Enfermería
- Derecho
- Bienes inmuebles

- Trabajador religioso
- Trabajador social
- Medicina
- Política

Una vez más, ten en cuenta la carrera o el rol laboral que elijas porque algunos roles pueden hacer que te sientas poco apreciado, o pueden cortarte el contacto directo del día a día con la gente a la que puedes servir. Los contables, los representantes de venta al por menor son sólo algunos ejemplos de funciones que podrían no encajar bien con tu personalidad general y tu tipo de ala.

El camino de la ira a la serenidad comienza cuando tomas conciencia de tu ira y de cómo te impulsa y te causa sufrimiento. Como Tipo Uno clásico, puede que no seas necesariamente consciente de la ira subyacente que se manifiesta como irritación y frustración, pero es hora de tomar conciencia. Has aprendido que no está bien expresar tu ira directamente. Por lo tanto, gran parte de ella se esconde en tu cuerpo. Lo que se necesita es que te muevas a la zona de curación y encuentres tu Serenidad. En el lenguaje del Eneagrama, la serenidad es la Virtud del tipo 1.

Si eres un Uno, entonces cuando estás en tu mejor momento, exhibes estas fortalezas:

Eres diligente, responsable, fiable, concienzudo y tienes un alto grado de autodisciplina. Eres muy sincero y tienes un fuerte sentido del idealismo.

Cuando tus puntos fuertes se desequilibran o se utilizan de forma poco saludable, conducen a:

Rigidez. Ser demasiado crítico contigo mismo y con los demás por no estar a la altura de tus elevados estándares. También te vuelves controlador y moralista. Es posible que te exijas demasiado, que te obsesiones con los detalles y con hacer las cosas a la perfección. Desgraciadamente, esto también hace que te descuides y dejes de lado el descanso y la relajación.

SUBTIPOS DEL TIPO UNO

Un subtipo del Eneagrama (también conocido como subtipo instintivo o variante instintiva) combina tu tipo Uno principal del Eneagrama y tu instinto de supervivencia. Hay tres instintos de supervivencia a los que podemos recurrir por defecto, y aunque los tres están presentes en cada uno de nosotros, tendemos a activar uno en un momento dado. Los otros dos permanecen neutrales y poco desarrollados, respectivamente. Es decir, serás demasiado consciente del primer subtipo (dominante), el segundo será neutro (secundario) y el tercero ni siquiera lo sentirás como parte de ti porque está totalmente subdesarrollado, lo que lo convierte en tu punto ciego (terciario).

Así que cuando leas los tres tipos, fíjate en cuál de ellos se siente fuertemente conectado con tu forma de ser y con cuál no sientes ninguna conexión. Eso te dará una idea de cómo se apilan tus variantes en orden de prioridad e influencia.

Uno de Autoconservación (SP)

El Pionero es el instinto de autoconservación para un tipo Uno y está impulsado principalmente por la necesidad de atender las necesidades físicas y la ansiedad. Un SP 1 necesita conquistar su entorno y lograr el orden. Denominaríamos a este subtipo como el perfeccionista más estereotipado porque se preocupan mucho por tener razón y ser correctos todo el tiempo. También se centran en ser ordenados y organizados con su salud, sus finanzas, su hogar y sus asuntos familiares. Los SP 1 se dedican a conseguir logros materiales para superar esos sentimientos de preocupación y ansiedad por la seguridad y la supervivencia. A pesar de la incesante preocupación, el SP 1 sabe "mantener la calma" y suele mostrarse más cálido y amable que los demás subtipos.

Es fácil que un SP 1 se confunda con un tipo Seis. Los SP 1 tienden a reprimir su ira incluso más que sus otros dos subtipos. Un tema común aquí sería el pensamiento: "Necesito ser bueno y honorable con mi familia y satisfacer mis necesidades físicas".

¿Suena esto más parecido a ti? No te preocupes si no es así. Sigue leyendo para identificar tu variante más dominante.

Uno Social (SO)

El Reformador Social es el subtipo Social Uno y se mueve principalmente por la necesidad de pertenecer y ser aceptado en su comunidad o grupo. Todos los tipos son sociales y están a favor del cambio y la reforma, pero este subtipo en particular se interesa más por la justicia social y la equidad. Se esfuerzan mucho por ser modelos de conducta y mostrar a los demás la forma correcta de vivir. Aunque los SO 1 también reprimen la ira, están más de acuerdo en mostrarla.

Es fácil confundir a un SO 1 con un tipo Tres o un tipo Cinco. Desgraciadamente, también pueden ser poco adaptables en su intento de mantener la moral y las normas más elevadas de la sociedad. Un tema común aquí sería el pensamiento: "Necesito ser bueno y honorable con mi comunidad que depende de mí".

¿Suena esto a ti? No te preocupes si no es así. Sigue leyendo para identificar tu variante más dominante.

Uno a uno/Uno Sexual (SX)

El Evangelista es el instinto uno a uno para un tipo Uno, y se dejan llevar principalmente por la necesidad de ser correctos y perfectos con sus conexiones íntimas. Ten en cuenta que el instinto SX se refiere tanto a las relaciones platónicas como a las románticas. Los SX 1 son el contratipo del tipo Uno, lo que significa que no reaccionan ante su lado oscuro como lo haría un Uno típico. En lugar de reprimir su ira y esforzarse por lograr la autoperfección, la proyectan hacia el exterior y se centran en perfeccionar a los demás. Los SX 1 luchan contra los celos si se profundiza en ellos. En la superficie, es posible que muestren mucho autocontrol, pero si se les rodea el tiempo suficiente, filtrarán juicios y envidias. A diferencia de los otros subtipos, los SX 1 mostrarán su ira y resentimiento. Es fácil confundir un SX 1 con un tipo Ocho. Un tema común aquí sería el pensamiento: "Necesito ser bueno y honorable con mis relaciones íntimas".

¿Te suena más a ti? Si no es así, no pasa nada. Sigue explorando el resto del libro y toma conciencia de qué descripciones resuenan más contigo. A veces es necesario indagar un poco más para descubrir tu tipo. Si ya te has identificado como Tipo Uno, te encantará el siguiente capítulo sobre consejos para crecer y mejorar.

CHAPTER 6

CONSEJOS DE TRABAJO Y ESTILO DE VIDA DEL ENEAGRAMA TIPO 1

Antes de que podamos hablar de los cambios positivos que puedes hacer en tu vida, es esencial que abordemos algunas de las formas en que te has estado frenando inconscientemente y las luchas a las que probablemente te enfrentarás en esta búsqueda de la superación personal. No te preocupes, la mayor parte de este capítulo está dedicada a lo que puedes hacer para mejorar las cosas en tu mundo, pero como me gusta decir, antes de disparar una flecha en cualquier dirección, ten claro el objetivo.

Todo Tipo Uno tiene algunos puntos ciegos, y a estas alturas, no debería sorprender que la mayoría de ellos tiendan a ser impulsivos y naturales. La ira es el primero, y estoy seguro de que, como Tipo Uno, lo sabes muy bien. Puede que no te des cuenta de que, a pesar de tus mejores intentos por ocultar tus emociones no resueltas, éstas se filtran en forma de postura corporal, expresiones faciales, tono y otras señales de lenguaje corporal. Una persona presente y observadora, sentirá y leerá tu energía sin importar lo calmado que intentes estar. El enfado que sueles experimentar suele provenir de los elevados estándares y expectativas que tienes en tu mente y que, por desgracia, pocas personas en el mundo pueden cumplir. Otra forma en la que la gente puede saber que tienes problemas sin resolver es a través de tu exceso de crítica. Aunque lo haces con buena intención, a muy poca gente le gusta que la critiquen o la juzguen. Creo que ni siquiera tú disfrutas criticándote a ti mismo, ¿verdad? Por eso muchos consideran que la sobrecrítica es un rasgo negativo. Busquemos un mejor enfoque en el que puedas seguir reformando y mejorando tu entorno sin excederte en las críticas y los juicios. El último punto ciego del que quiero que seas consciente es la tendencia a ser demasiado rígido. Esto tiende a provenir de sentimientos reprimidos. Si tiendes a ver las emociones como una pérdida de tiempo y productividad, es probable que te reprimas a ti mismo y a las emociones de los demás en tus interacciones. Es un rasgo maravilloso abordar las situaciones de forma racional y separar las emociones de los hechos, especialmente cuando se resuelve un problema, así que intentemos crear un equilibrio en este sentido. Las emociones reprimidas nunca acaban bien, y tu vida y tus relaciones mejorarán cuando aprendas a procesar las emociones en el momento adecuado, por supuesto. ¿Cuáles son otras luchas que puedes encontrar en esta búsqueda de autodescubrimiento? Identifiquemos las principales.

LUCHAS DEL ENEAGRAMA UNO

Establecer expectativas poco realistas

La necesidad imperiosa de ser siempre honesto, responsable, ético y trabajador puede llevarte a tener expectativas poco realistas de ti mismo. Estableces unos niveles de exigencia muy altos, lo cual es excelente, pero eso puede convertirse a veces en tu talón de Aquiles. La mayoría de las personas aprecian tu integridad y estarían de acuerdo contigo aunque sólo alcanzaras el 99% de tus objetivos. Sin embargo, sé que para ti nada es bueno si no es 100% correcto. Así que puede que tengas la costumbre de reprenderte y ser demasiado duro contigo mismo. Cuanto más bajo estés en la escala de desarrollo, esta necesidad de ser perfecto se convierte en una personalidad oscura y retorcida que es totalmente insana para ti y para los que te rodean.

Qué hacer: Si reconoces la tendencia a presionarte, castigarte o criticarte demasiado, es hora de aprender algunas prácticas de autoaceptación. Cuanto más crezcas hacia la autoaceptación, menos exigente será ese crítico interior y más fácil será aceptar a los demás.

Nunca ser lo suficientemente bueno

El clásico dolor de "nunca soy lo suficientemente bueno" de tu lado es en realidad una experiencia común para todos los Tipo Uno. Las fallas, los errores y los defectos parecen más abrumadores para un Tipo Uno que para cualquier otro Eneagrama. Por desgracia, vivir en esta energía de no ser lo suficientemente bueno es extremadamente agotador y terrible para la salud.

Qué hacer: El sentimiento de no ser lo suficientemente bueno se encuentra principalmente entre los niveles de desarrollo insalubres y medios. Proviene de la falta de autoperdón. Tómate un momento y observa cómo has sido muy estricto e implacable contigo mismo. Elige cambiar eso para mejor.

La corrupción y la mala gente te abruman

Nuestro mundo puede ser demasiado para una persona idealista y orientada a objetivos que vive con integridad. Hay mucha corrupción y mucho mal queda impune. Sé que es mucho para asimilar e imposible de aceptar. Tu deseo de integridad ética para ti y para los demás es realmente noble. Mientras sirvas para hacer del mundo un lugar mejor de forma sana y que saque la mejor versión de ti mismo, entonces, por supuesto, sigue luchando. Sin embargo, si te encuentras en niveles de desarrollo medios o poco saludables en los que te esfuerzas por superar la adversidad moral a costa de sacrificar tus propias necesidades, tenemos que dar un paso atrás. El deseo de promover valores más elevados es bueno, pero no puedes hacerlo desde un lugar de remordimiento, dolor, ira y resentimiento en el que piensas que los demás están por debajo de ti. Ese tipo de rectitud superficial sólo te convierte en un hipócrita. Te hace cínico, pesimista y negativo. Nada bueno sale de esos estados emocionales.

Qué hacer: Si te encuentras siendo sarcástico, cínico o condescendiente con el mundo y las personas que te rodean y que no están a la altura de tus estándares, es hora de cambiar de marcha. Desarrolla una mentalidad más abierta y una actitud positiva. Encuentra lo bueno que existe en lugar de alimentar sólo lo malo que odias. Y sí, eso podría incluir la supresión de todas las noticias, los cotilleos y el consumo de las redes sociales, o al menos minimizarlo hasta cierto punto. Al mismo tiempo, aumenta el tiempo dedicado a actividades y experiencias positivas y alegres. Encuentra historias de empatía y grandes logros humanos.

Tomarse las cosas demasiado en serio

Otra lucha que tendrás que abordar es la de tomarte a ti mismo demasiado en serio. ¿Eres rígido con tu rutina, tus emociones, tus relaciones y la forma en que los demás deben comportarse a tu alrededor hasta el punto de que resulta desagradable? Tal vez para ti sea normal, pero apuesto a que los que están en tu vida pueden tener una experiencia diferente. Permíteme ser claro aquí, nadie está atacando esa cualidad de trabajador implacable, sin tonterías que tienes porque sirve para un gran propósito. Simplemente te estamos animando a encontrar un equilibrio saludable para que también puedas relajarte y disfrutar de la espontaneidad y de lo "desconocido" de vez en cuando. Al hacerlo, puedes evitar volverte demasiado rígido en la vida y crear montañas de tensión mental y física. ¿Alguna vez te has sentido como una olla burbujeante de agua caliente, hirviendo a fuego lento con pasión y rabia, pero con demasiado miedo de permitir que esas emociones salgan a la luz para poder lidiar con ellas de una vez por todas?

Para la mayoría de las personas, es inaceptable dejar salir sus emociones. Creen en ocultar sus sentimientos y no permitirse revelar nada que no sea una compostura total. Esto hace que tener una relación íntima y abierta con un Tipo Uno sea un verdadero reto.

Qué hacer: Si te das cuenta de que eres demasiado rígido con tu vida, tus relaciones, tus emociones y cualquier otra área de ti mismo, date permiso para abrirte a alguien en quien confíes y compartir tu situación. Permítete romper algunas corazas y dejar salir esa rabia o simplemente gritar a pleno pulmón. Sé que esto será difícil de hacer, especialmente en esos niveles de desarrollo medio e insalubre. Pero la conciencia es el primer paso para la transformación. El simple hecho de reconocer algunas de tus luchas internas y permitirte afrontarlas en lugar de negarlas ya es un progreso. Ahora sigue adelante.

OPORTUNIDADES DE CRECIMIENTO PROFESIONAL

Descubramos algunas de las formas en que puedes empezar a crecer personal y profesionalmente ahora que estás haciendo el trabajo interno de avanzar en tu desarrollo.

- Vuelve a abrazar a tu niño interior y encuentra tu lado lúdico. Todos tenemos una cualidad infantil curiosa en nosotros. Encuentra la tuya. Empieza por algo tan sencillo como jugar con un perro en el parque, apuntarte a clases de Zumba o volver a pintar. ¿Te gustaba hornear cuando eras niño? ¿Por qué no te apunta a una clase de cocina para principiantes? ¿Cuándo fue la última vez que te reíste tanto hasta que se te escapó un poco de pis? Llena tu lista de reproducción de Netflix y Hulu con clásicos que te hagan reír hasta que te duelan las costillas.

- Abraza y procesa todas tus emociones, especialmente tu ira. La ira o cualquier otra emoción no son inherentemente mala de sentir. Es cuando nos detenemos y lo convertimos en nuestro estado dominante cuando las cosas se tuercen. No eres una mala persona porque te emociones o sientas emociones negativas. Fingir que las emociones no lo son en realidad sólo aumenta tu tensión y tu estrés interno. El cuerpo se descompone cuando se suprimen las emociones negativas. Eso crea espacio para el comportamiento pasivo-agresivo, las emociones negativas filtradas y las enfermedades. Es hora de aprender formas saludables de procesar todos los sentimientos. Al final de este capítulo hablaremos de algunos hábitos saludables que pueden permitirte procesar las emociones.
- Aprende a pedir ayuda. Sé que esto parecerá una locura al principio, pero pedir ayuda a los demás te convierte en una persona más fuerte, mejor y, a veces, más responsable. Es lo que saben los líderes. Ser abierto en lo que necesitas ayuda no te hace débil. Enriquece tus relaciones y asegura que no te quemes en el proceso de alcanzar la grandeza. Y cuando recibas ayuda, permite que la persona te ayude y enfoque la situación a su manera. Deja de lado la necesidad de microcontrolar a los demás para que hagan las cosas a tu manera todo el

tiempo. Esto es especialmente importante en tu vida profesional cuando tratas con colegas.

- Silencia a ese crítico interior y reedita tu discurso. Vuelve a entrenar tu mente para que se dedique a hablarte en positivo y conviértete en el animador de tu vida. Tu invitación ahora es empezar a hablarte a ti mismo como lo harías con un amante o con tu hijo. Sé el padre o el entrenador que nunca tuviste al crecer. Acércate a ti mismo con la mayor sensibilidad y compasión, sabiendo que nadie más puede ser bueno contigo a menos que tú seas bueno contigo mismo. Ese crítico interior sólo reproduce un viejo récord establecido por tus cuidadores durante la infancia. Lleva tanto tiempo reproduciéndose que tu cerebro cree que esa es la norma. Es hora de enseñarte algunos trucos nuevos. Cosas como amarte más a ti mismo, perdonarte cuando las cosas van mal y comunicarte eficazmente contigo mismo para obtener el mejor resultado. La relación con el Ser es sagrada; es la relación más importante que tendrás en esta vida. Tú y tu voz interior han estado en este juego llamado vida desde que naciste, y estarán juntos hasta tu último aliento. ¿No tiene sentido que la experiencia sea de amor en lugar de crítica?

ENEAGRAMA TIPO UNO BAJO ESTRÉS

Cuando el Tipo Uno experimenta estrés, el primer recurso son sus rasgos poco saludables, incluyendo el volverse crítico, juzgar y reprender. Si el estrés y la presión persisten, el Tipo Uno cae en el camino de la desintegración, tal y como comentamos en las flechas y su significado, lo que lleva a la expresión de algunos rasgos poco saludables del Tipo 4. Eso convierte a un Uno medio y poco saludable en una persona malhumorada, envidiosa, retraída, melancólica e irritable. Pero no tiene por qué ser así. El perfeccionismo está marcado, y les cuesta aceptar cualquier tipo de defecto o error en ellos mismos o en los demás.

Con esta nueva conciencia de cómo el estrés puede llevarte por el camino de la desintegración y alejarte de tu verdadera y más elevada versión, aquí tienes algunas formas más saludables de lidiar con el estrés y la presión.

- Programa un día o trozos de horas para simplemente relajarte.
- Mientras estés en el trabajo, haz numerosas pausas planificadas entre las actividades para vencer el agotamiento y evitar ponerte demasiado nervioso por el problema.
- Invierte tiempo en alimentar a tu niño interior y en estar rodeado de gente divertida (por ejemplo, amigos, hermanos, etc.)
- Resiste el impulso de ver o escuchar películas y canciones ñoñas o angustiosas. Eso es sólo un intento de los individualistas malsanos (4) de apoderarse de la situación. En su lugar, busca algo optimista y humorístico para ver y reírte lo más posible.

RELACIONES

Tanto las relaciones románticas como las profesionales deben ser honradas cuando eres un Uno del Eneagrama. Así que no debería sorprender que la gente te considere una persona leal, fiable y de confianza. Es posible que sientan que puedes ser demasiado rígido o prepotente, especialmente cuando las cosas no se hacen según los estándares que estableces, pero la mayoría de las personas aceptan los desafíos de salir o trabajar con tu personalidad. A continuación te ofrecemos algunos consejos que te ayudarán a mejorar las cosas.

- No seas tan duro contigo mismo.
- Siempre que estés en desacuerdo con otra persona, intenta recordar que ninguno de los dos tiene el 100% de razón o de error.
- Deja que la otra persona (especialmente en una relación romántica) tome la iniciativa y haga las cosas a su manera sin imponer tus normas. No tiene por qué ser todo el tiempo, pero dale periódicamente una oportunidad.
- Compartir tus sentimientos y expresar las emociones agradables y desagradables es saludable cuando estás en una relación íntima. La vulnerabilidad puede ser algo bueno.
- Permítete (a veces) dejarte llevar y ser tonto. Esto es especialmente importante cuando estás saliendo con alguien. Relájate y disfruta del momento.
- En el trabajo, deja que tus compañeros te entiendan comunicando claramente tus expectativas, cómo te gusta trabajar, qué valoras y cuánto te importa crecer y mejorar. Cuanto más entiendan tus compañeros tu punto de vista, más fácil les resultará apoyarte.

CONSEJOS PARA LA RELACIÓN CON OTROS TIPOS

Esto es lo que puedes esperar y mejorar cuando tienes una relación con otros Tipos del Eneagrama.

Tipo 1 y Tipo 1: Con un compañero del Tipo 1, estás en esa relación perfectamente reflejada en la que se entienden el uno al otro. Tienen un alto nivel de exigencia y fuertes convicciones, y quieren que las cosas se hagan bien. Ambos valoran la integridad, la honestidad y la bondad. Son personas responsables y concienzudas que siempre actúan de forma adecuada, y disfrutan del respeto y la confianza mutuos que han construido. Es estupendo saber que estás con alguien que tiene la misma ética de trabajo, consideración y código moral que tú.

Un reto al que podrían enfrentarse en esta relación es que pueden llegar a ser demasiado críticos el uno con el otro porque son muy parecidos. Cuando sus firmes convicciones caen en lados diferentes, pueden indignarse. Y cuando tienen un acuerdo firme, pueden llegar a juzgar demasiado a los que no ven las cosas a su manera porque creen que es la única manera "correcta". Otro problema es que ambos reprimen la ira, especialmente cuando operan en niveles medios o bajos de desarrollo, y normalmente esas emociones se filtran como resentimiento hacia el otro. Crezcan juntos desarrollando como pareja niveles más altos de expresión. Dense cuenta de que no necesitan preocuparse por los pequeños detalles de cómo el otro no está dando la talla. Además, creen tiempo para la diversión y algo que les permita ser tontos juntos. Una escapada de fin de semana, unas vacaciones de verano o una noche de fiesta pueden ayudarlos a mantener vivo ese aspecto divertido. Y cuando no estén de acuerdo en las opiniones, recuerden suavizar sus perspectivas y permitir al otro la seguridad y la libertad de tener su punto de vista diferente aunque no estén de acuerdo con él.

Tipo 1 y Tipo 2: Con el Tipo 2, tienes una relación cálida y enriquecedora. Los dos son emprendedores y se preocupan por servir a los demás y mejorar el mundo. Tu pareja aporta una gracia y una suavidad que son beneficiosas para tu personalidad más rígida. Se les da bien ocuparse de las cosas prácticas de la vida y prestar una atención detallada a las cosas, lo que hace que los dos se sientan valorados. Ambos están presentes el uno con el otro, disfrutan completando tareas y trabajando juntos hacia un propósito compartido.

Un reto al que podrían enfrentarse es durante el conflicto. Tú crees que mantenerte racional es la mejor manera de avanzar, y tu pareja tiende a ser más emocional. Otro problema podría surgir debido al deseo de los dos de establecer una conexión emocional más profunda, lo que podría parecerte abrumador, creando cierta distancia. Crezcan juntos comunicando abiertamente lo que ambos necesitan en la relación. Sean más intencionados y descriptivos para evitar malentendidos. Dediquen tiempo a cultivar y discutir su relación sin hablar de otros proyectos.

Tipo y Tipo 3: Con el Tipo Tres, la relación es dinámica y orientada a las tareas, y disfrutan realizando cosas juntos. Admiras la actitud de los Tres y su capacidad para hacer las cosas, mientras que tu pareja aprecia tu sentido de la responsabilidad y tu compromiso inquebrantable. Se apoyan mutuamente en sus esfuerzos y, cuando surgen conflictos, ambos creen que la mejor manera de resolverlos es siendo racionales.

Uno de los retos a los que te puedes enfrentar en esta relación es que te consuman tanto tus proyectos y conversaciones que las noches de cita puedan parecer una reunión de negocios. En otras palabras, es posible que no estés alimentando la relación en sí misma incluso cuando pasan tiempo juntos. Otro problema es que los Tres son cambiantes, lo que puede hacer que sientas que tu pareja es manipuladora o superficial. Por otro lado, tu pareja puede sentir que eres demasiado rígido o asfixiante, y tu perfeccionismo puede no ser bien recibido, sobre todo si das opiniones críticas. Crezcan juntos dando prioridad al tiempo de descanso. Dedica tiempo a tu relación fuera de los proyectos y las tareas. Mantengan una comunicación abierta en todo momento y eviten que los desacuerdos se les vayan de las manos.

Tipo 1 y Tipo 4: Con un Cuatro, pueden cultivar una relación profunda y significativa. Ambos son idealistas con una visión de cómo podría ser el mundo. Tú ayudas a los Cuatro a crear límites en su vida y a ser un poco más estructurados, y ellos te ayudan a ti a soltarte un poco y a pensar fuera de la caja. Aunque son opuestos en muchos aspectos, sus energías se complementan bien, especialmente cuando operan bajo niveles saludables de desarrollo.

Un reto al que podrían enfrentarse en esta relación es el impacto negativo de interiorizar las críticas. Puedes sentirte fácilmente abrumado por las emociones de los Cuatro y volverte resentido. Por otro lado, los Cuatro pueden arremeter contra tu crítica y corrección constante, aunque tú sólo estés tratando de ayudarlos a mejorar. Crezcan juntos aceptando sus diferentes enfoques de la vida. Destaquen las cosas que tienen en común y encuentren valor en las cosas que los hacen diferentes.

Tipo 1 y Tipo 5: Con un Cinco, tienes una relación estable y fiable con alguien que presta atención a los detalles casi tanto como tú. Tú y tu pareja son rápidos para observar cosas que otros suelen pasar por alto. Son reflexivos, trabajadores y se entienden bien. El Cinco aporta consideración, curiosidad, competencia y profundidad a la relación. Tus elevadas exigencias y tu firmeza son deseables para los Cinco. Les gusta ser independientes y estructurar los límites en su relación porque eso significa que nunca se abruman el uno al otro.

Un desafío que podrían encontrar en su relación es cuando tienen una diferencia de opinión. Crees en la objetividad, así que no hay forma de cambiar tu opinión una vez que encuentras la Verdad. Por otro lado, los Cincos están abiertos a evolucionar todas sus ideas a medida que aprenden más información. Esta diferencia puede crear frustración, ya que tu pareja te percibe como demasiado rígido, mientras que tú puedes sentir que no es predecible. Otro problema que puede surgir es que tu consejo pueda parecer más bien una crítica para un Cinco que es muy sensible a las críticas, lo que puede hacer que se retraiga y guarde silencio. Este silencio puede hacer que te sientas inseguro en tu relación. Crezcan juntos comunicándose abiertamente y aprendiendo a considerar las ideas del otro como válidas incluso cuando no estén de acuerdo. Afírmense mutuamente y recuérdense que están ahí para el otro.

Tipo 1 y Tipo 6: Con un Seis, tienes una relación comprometida, responsable y segura. Ambos valoran el deber y la lealtad. La comunidad les importa y ambos quieren hacer del mundo un lugar mejor. El Seis es ingenioso y te ayuda a aligerar, y tú ayudas a tu pareja a sentirse más arraigada y segura. La relación prospera porque sienten que pueden contar el uno con el otro y se esfuerzan por mostrarse amor.

Un desafío que puedes enfrentar en esta relación es durante los conflictos, ya que tiendes a volverte crítico y resentido, haciendo que el Seis, ya ansioso, se sienta inseguro y temeroso de la relación. Esto convierte al Seis en una persona dudosa y escéptica, lo que puede frustrarte porque parece inconsistente e irracional cuando los niveles de inseguridad aumentan. Crezcan juntos manteniendo la calma durante los conflictos. Trate de mantener la calma y anime al Seis a expresar lo que siente sin reaccionar de forma exagerada. Deberían encontrar regularmente pequeñas formas de ser espontáneos juntos y añadir más diversión a su vida.

Tipo 1 y Tipo 7: Con un Siete, la relación es dinámica y aventurera, y hay mucha espontaneidad que los saca de su zona de confort. En muchos sentidos, son opuestos, pero cuando funcionan en niveles saludables de desarrollo, la relación prospera porque se complementan bien. El Siete te ayuda a celebrar la vida cada día y a encontrar la diversión en todo lo que haces. Tú ayudas a que el Siete se apoye en la tierra y creas el sentido de estabilidad y conciencia que necesita.

Un desafío que pueden experimentar es cuando la relación entra en un bache. Los Siete se aburren muy rápido y tienden a sentirse atrapados cuando tienen que estar en una rutina predecible, que es lo tuyo. Puedes sentirte como si estuvieras en una relación con un niño que no quiere crecer, y tu pareja puede sentir que estás siendo un matón. En niveles medios y poco saludables, los Sietes no saben cómo manejar los bajones u obstáculos, por lo que tienden a huir de cualquier tipo de conflicto o malestar. Mientras que tú intentas ser racional y solucionar las cosas, ellos pueden estar completamente poco dispuestos a solucionar los problemas. Inviertan tiempo en aprender a procesar juntos las emociones desagradables. Tengan esas conversaciones duras y luego recompénsense por hacerlo. Aprecien el equilibrio que aporta el otro. Crezcan juntos trabajando para alcanzar niveles más altos de desarrollo.

Tipo 1 y Tipo 8: Con un Ocho, tu relación es veraz, fiable y profunda. Se mantienen firmes en sus convicciones y ambos asumen la responsabilidad de corregir los errores del mundo que los rodea. El Ocho es intensamente leal y protector de ti y de la relación, y eso te encanta. Eres digno de confianza, detallista, sistemático, justo y veraz, y eso es muy atractivo para un Ocho. Esta puede ser una relación muy intencional y profundamente satisfactoria cuando se cultiva correctamente.

Un reto al que podrían enfrentarse es el de sus diferentes energías y el modo en que manejan las tensiones o los conflictos. Tú priorizas el autocontrol y eliges tus palabras con cuidado, pero el Ocho es más expresivo y, a veces, explosivo con la ira. Su franqueza puede ser malinterpretada, lo que puede resultar muy frustrante para ti. Ambos necesitan tener el control, lo que a menudo conduce a una batalla de voluntades durante los conflictos. Crezcan juntos recordándose que están en el mismo equipo. Busquen actividades como las prácticas de atención plena que disfruten haciendo juntos para ayudarse a estar más presentes y tranquilos.

Tipo 1 y Tipo 9: Con un Nueve, tienes una relación cómoda, estable, armoniosa y fácil de llevar. Ambos son éticos, considerados y abnegados, y están impulsados por un profundo sentido de propósito. El Nueve te permite ser más auto-aceptante y auto-perdonado porque siempre son reconfortantes y aceptantes. Tú ayudas a traer el sentido del deber y la ética del trabajo a los Nueve para que puedan crear más de lo que desean.

Un reto al que podrían enfrentarse en esta relación es la forma de manejar la ira y los conflictos. Aunque ambos están en la tríada del cuerpo, donde está la herida emocional, la procesan de manera muy diferente. El Nueve lo evita y trata de reprimir la ira para mantener la paz, mientras que tú la suprimes y haces todo lo posible por ser adecuado en todo momento. Toda esta ira reprimida se filtra de vez en cuando, sobre todo cuando hay tensión. La terquedad, el resentimiento y la agresividad pasiva son problemas que tendrás que superar para mantener una relación sana. Crezcan juntos encontrando formas sanas de afrontar los conflictos y despejar el aire. Afírmense el uno al otro y a la relación siempre que estén resolviendo un conflicto. Anima a tu pareja a expresar su problema y a dejarlo pasar una vez resuelto.

AFIRMACIONES PARA EL ENEAGRAMA TIPO 1

Lee las siguientes afirmaciones y encuentra un puñado de ellas que te ayuden a cambiar a una versión más saludable de ti mismo.

- Me abrazo y me acepto completamente.
- Me perdono fácilmente y sigo adelante.
- Perdono a los demás con facilidad y sigo adelante.
- Acepto quién soy.
- Elijo centrarme en encontrar lo bueno en los demás y prestar atención a lo que funciona.
- Elijo ser amable y compasivo con aquellos con los que trabajo.
- Acepto que todo el mundo hace lo mejor que puede con su nivel de conciencia.
- Elijo ver los errores como oportunidades de aprendizaje.
- Me quiero y me apruebo a mí mismo.

Recuerda que las afirmaciones sólo funcionan cuando lo que dices y sientes está sincronizado.

RUTINAS DIARIAS PARA EL CRECIMIENTO Y LA FELICIDAD

- Practica el autocuidado a diario. Al hacer del autocuidado una prioridad, te permites disolver los aspectos críticos de tu personalidad. Puedes hacer una lista de diferentes actividades de autocuidado para cada día de la semana, como tomar un baño de burbujas y regalarte una sesión de spa o un masaje. Sé creativo y demuéstrate a ti mismo un poco de amor.

- Para asegurarte de que la tendencia a la perfección no te estresa, sigue el camino de la integración y adopta hábitos saludables y divertidos con los que disfrutes. ¿Te gustan los juegos de mesa? Genial. ¿Por qué no juegas el fin de semana con un amigo? ¿Y el baile? Plantéate apuntarte a unas clases de baile o prueba a cocinar una nueva receta.
- Practica la atención plena. Algunas personas prefieren meditar o hacer algo de yoga como parte de su práctica de atención plena. Prueba ambas cosas y comprueba cuál se ajusta a tu estilo de vida. Si ninguna de los dos te lleva a ese estado presente de atención plena, experimenta con paseos o duchas de atención plena. No hay una forma correcta o incorrecta de centrarse y estar plenamente presente. Lo único que importa es que lo hagas con constancia.
- Sigue invirtiendo en tu crecimiento personal y profesional. No tengas miedo de salir de tu zona de confort y participar en actividades educativas que no estén necesariamente relacionadas con tu trabajo. Cuanto más alcance te des a ti mismo, más ampliarás tu conciencia y tu perspectiva. Una perspectiva en constante expansión es la clave del desarrollo para un Tipo Uno.
- Dedica tiempo a procesar tus emociones. Nada cambiará más tus experiencias vitales que elegir afrontar y procesar todos tus sentimientos con valentía. Puedes programar un tiempo semanal para las emociones, en el que des un paso atrás y te encuentres con todas las emociones que has tenido que revisar durante la semana. Eso te permite tener más control sobre tus sentimientos en lugar de ser controlado por ellos. También elimina el peligro de caer en el estrés y la desintegración.

CHAPTER 7

ENEAGRAMA TIPO 2

EL AYUDANTE O DADOR

E ste capítulo y el siguiente profundizarán en el Eneagrama Tipo Dos, comúnmente conocido como el ayudante o el dador. El título de ayudante encaja a la perfección con este eneatipo porque estos individuos prosperan cuando cuidan y nutren a los demás. Los del Tipo 2 son empáticos, afectuosos, amables, generosos, cariñosos y amistosos por naturaleza. Su necesidad de sentirse y ser amados se basa en lo mucho que los demás los necesitan y aprecian. Los ayudantes tienden a sacrificarse hasta el punto de descuidarse a sí mismos porque creen firmemente que su valor proviene de ayudar a los demás en primer lugar. El Eneagrama Tipo Dos cae en el corazón o Centro de Sentimientos, lo que hace que la vergüenza sea una de las principales emociones que obstaculizan el crecimiento y la evolución personal, especialmente si no se resuelve. Uno de los grandes dones de un Eneagrama Tipo Dos son sus habilidades interpersonales. Los encontrarás en el centro de la acción, ya sea en el trabajo o en la familia, haciendo todo lo posible para que todas las partes tengan lo que necesitan. Eso puede ser todo, desde echar una mano en un proyecto, ofrecer un hombro para llorar o cuidar de tu hijo para que tú puedas tener una hora de descanso. No hay tarea demasiado grande para que un Dos diga que sí y, a veces, esto puede volverse en su contra, creando una gran confusión interna.

Aunque los Dos siempre son amables, positivos y cariñosos con los demás, tienen un lado oscuro que a veces se manifiesta en arrebatos temperamentales, especialmente cuando se sienten infravalorados. La mayoría de la gente se sorprende de que los Dos puedan enfadarse y, de hecho, esto no ocurre muy a menudo. Sin embargo, es bueno darse cuenta de que incluso el amable Dos puede ser empujado hasta su punto de erupción emocional. ¿Reconoces alguno de estos signos en ti? Si ya has hecho un test de Eneagrama que te ha clasificado como un Dos, sigue leyendo para aprender más sobre algunos patrones inconscientes que quizás no hayas reconocido. Me gusta combinar el autoestudio con el Test del Eneagrama porque me permite concentrarme más en mi eneatipo y descubrir más de mí mismo sin perder tiempo. Pero incluso si no realizas el test, puedes tipificarte con precisión si lees cada capítulo del libro y reflexionas honestamente. Con la información que aprendas aquí, comienza a notar tus patrones e incorpora las sugerencias y recomendaciones que se dan en el siguiente capítulo para que puedas dejar de descuidarte.

Como Tipo Dos, tu mayor deseo es ver a los demás felices, y esa es una gran intención. Sólo hay que asegurarse de que la consecución de ese objetivo no se produzca a costa de tu bienestar y evolución personal.

Muchos Dos que aún no están operando en niveles de desarrollo más altos y saludables, a menudo caen en el auto-descuido y en los hábitos de complacer a la gente. Es una pendiente resbaladiza cuando se sacrifica la propia necesidad por ayudar a los demás. El resultado final suelen ser emociones de resentimiento, ira, frustración y decepción. Esto ocurre especialmente cuando los Dos no reciben las recompensas o el crédito que creen merecer por todos sus esfuerzos.

PUNTOS FUERTES DE UN DOS

Los Dos tienen una capacidad natural para reconocer las necesidades de los demás. Desempeñan un fuerte papel de apoyo y estímulo para los que los rodean.

Los Dos tienen una enorme empatía, especialmente con las personas solitarias, marginadas e infravaloradas de su entorno. Siempre actúan desde la generosidad y el amor. Nada es demasiado pedir para un Dos, por lo que a la gente le encanta estar cerca de ellos.

El Tipo Dos sabe cómo construir hogares acogedores para sí mismo y para los demás.

Rasgos clave de la personalidad del Tipo 2

- Cálido, accesible y amable.
- Excelente jugador de equipo.
- Amable y cariñoso.

Aficiones habituales de un Tipo Dos

- Cocinar
- Jardinería
- Voluntariado
- Socializar

MIEDOS Y DEBILIDADES

A estas alturas, ya tienes bastante claro que un Tipo Dos necesita ser y sentirse amado y cómo eso está ligado a su autoestima. El amor es una de las necesidades humanas más altas e importantes que todos tenemos. Para el Tipo Dos, tener esa sensación de ser amado por los demás es fundamental para su identidad y felicidad.

A veces, este empuje para recibir amor porque lo dan a otros primero está en realidad arraigado en el miedo.

¿Cuál es el miedo básico que impulsa este comportamiento? El miedo a no ser digno de recibir amor incondicional.

Como Tipo Dos, quieres ser necesitado por otras personas porque eso te reafirma tu lugar en sus vidas y afectos. Gran parte de este pensamiento proviene de las experiencias de la infancia, que abordaremos en breve. Sin embargo, ahora nos damos cuenta de que complacer a la gente y cuidar de los demás para poder recibir amor no es una forma sostenible de experimentar el amor incondicional. Una debilidad fundamental que debes superar es la continua necesidad de buscar la aprobación de los demás. Eso sólo perpetúa tu autoduda y causa más daño a tu autoimagen.

Tu sensibilidad a las emociones y necesidades de los demás es una fortaleza, pero sólo si no anula tus propias necesidades. Sé que decir "No" es una de las cosas más difíciles que podrías hacer porque nada es más importante que mantener buenas relaciones. Aun así, ya es hora de que aprendas que, a veces, para ser un buen cuidador y criador hay que decir NO. Y para que lo sepas, eso no te hace menos querible o digno de amor.

Nuestro objetivo es llevarte más alto en tu desarrollo, hacia los niveles saludables de expresión donde finalmente puedes encontrar el equilibrio entre ayudar a los demás y satisfacer tus necesidades y propósito.

Crecer en un entorno en el que tus necesidades emocionales básicas (especialmente el amor incondicional) eran escasas significa que tuviste que adaptarte a las expectativas de otras personas y reprimir tus propios deseos para sobrevivir. Tal vez, en algún momento de tu crianza, hayas recogido el mensaje de que sólo puedes recibir afecto cuando haces algo bueno por los que te quieren. Ahora que has superado esa etapa de tu vida, es el momento de curar algunas de estas heridas y dar un paso hacia tu verdadero poder.

¿Cómo se manifiesta a menudo este Miedo Básico?

La creencia condicionada de que manifestar tus necesidades es incorrecto ha hecho que temas decir "NO" a alguien porque tienes miedo al rechazo o a perder el amor. Así que sigues diciendo que sí aunque te duela. Eso disuelve todos los límites personales y probablemente conduce al autodescuido.

También es posible que tengas dificultades para manejar la tensión, los conflictos en las relaciones y los desacuerdos. Muchos Dos comparten que cada vez que se meten en una discusión con un ser querido, no pueden concentrarse en el trabajo o en cualquier otra cosa hasta que esa situación se resuelva. También sabemos que este tema de abordar las necesidades es un poco difícil de afrontar para un Tipo Dos. Si estás sintiendo todo tipo de incomodidad mientras lees esto, está bien. No estás solo. Es posible que te hayan educado con la creencia de que tus necesidades no importan, e incluso puede que te sientas avergonzado de tenerlas (tengo una amiga que una vez compartió que se sentía avergonzada de pedirle algo a su marido). Algunos miedos se manifiestan de forma extrema, cuando la persona se vuelve resentida porque reconoce que tiene necesidades insatisfechas. Sin embargo, se sienten demasiado avergonzados para pedir lo que necesitan con valentía, por lo que se limitan a odiar a los demás. Algunos se vuelven inconscientemente manipuladores. Ofrecen ayuda y sirven a los demás simplemente porque quieren obtener algo a cambio. Estas son las personas que se encuentran en los niveles más bajos de desarrollo. Como Tipo Dos, es esencial ser honesto contigo mismo, tener claro dónde estás cuando se trata de satisfacer tus necesidades, y luego comenzar el trabajo de moverte a través y fuera de ese estado de miedo. Es entonces cuando finalmente dejarás de vivir a merced de los demás y de su aprobación y, en cambio, descubrirás tu verdadero valor y tu amor incondicional.

DESEOS Y MOTIVACIONES

El deseo básico de un Tipo Dos es ser amado. Con ese deseo viene la motivación básica o la energía que empuja a un individuo hacia adelante en la vida. Al comprender las motivaciones que hay detrás de tu eneagrama Tipo Dos, puedes identificar mejor dónde estás destinado a estar en la vida o a qué propósito servirías mejor. Para el Tipo Dos, el deseo de lograr un sentido de pertenencia y de ser amado y necesitado por los demás es inherente a sus pensamientos y acciones. Como Dos, has visto lo fácil que es para ti entrar en cualquier situación e identificar inmediatamente lo que otros están sintiendo y lo que necesitan. Eres la persona que siempre está ahí para animar a los demás y apoyarlos en su camino. Se necesita una gran atención y cuidado para responder a las necesidades de los demás. Fiel a tu personalidad, tu propósito está estrechamente ligado a nutrir y construir relaciones. Al ser el amigo que todos desearían tener, tienes mucho que dar. Así que, al comenzar tu viaje de autocuración y crecimiento, no descartes estas cualidades que te hacen excepcional. Por el contrario, encuentra formas saludables de integrarlas en tu vida de manera sana para que promuevan el amor incondicional. Fíjate en lo importante que es el amor en tu vida. De hecho, al desglosar tus valores fundamentales, te darás cuenta de que ser más tú mismo no anula tus relaciones. Sólo te permite servir y cuidar a los demás desde un lugar de sobrecarga en lugar de dependencia y carencia. Vamos a nombrar algunos de los valores principales con los que más se identifica tu personalidad.

Valores fundamentales

- Amor
- Familia y amistad
- Bondad y empatía
- Altruismo, desinterés
- Compasión
- Servir a los demás
- Reflexión
- Apreciación
- Generosidad

Entre las celebridades y personas famosas del Tipo Dos que podrías conocer se encuentran la cantante Dolly Parton, el matemático y escritor Lewis Carrol, el cantante y productor musical Stevie Wonder, la actriz y primera dama de los Estados Unidos Nancy Reagan, la monja católica y líder misionera Madre Teresa, el presentador de televisión Sr. Rogers y la actriz Debbie Reynolds.

¿Te preguntas si podrías ser un Tipo 2? He aquí algunos indicadores de personalidad:

1. Valoras las relaciones por encima de todo. Nada es más importante para ti que la familia, los amigos e incluso los conocidos.

2. Ofrecer apoyo, ayudar y servir a los demás es algo que disfrutas genuinamente.

3. Te atraen las carreras orientadas al servicio y a las personas.

4. Te sientes profundamente herido cuando la gente no corresponde a tu generosidad y ayuda.

5. Eres sensible a las críticas.

6. Tienes una habilidad innata para saber lo que la gente busca en un amigo y siempre pareces saber exactamente qué decir y hacer

7. Una de las cosas con las que luchas es el concepto de egoísmo. No quieres dar nunca la impresión de ser egoísta, pero tampoco te gusta en los demás.

8. Tiendes a comprometerte en exceso y te cuesta establecer límites claros.

9. Tener un hogar cálido y acogedor es extremadamente importante para ti.

10. A veces te preocupa no valer nada si no das a los demás o les ayudas de alguna manera.

11. En tu mejor momento, te sientes creativo, auténtico, cómodo con lo que eres y disfrutas mucho de la expresión creativa.

TUS ALAS

Las alas son los números que se encuentran directamente junto a tu Tipo de Eneagrama. Como Tipo Dos, tienes -

- El Eneagrama Dos con Ala Uno
- El Eneagrama Dos con Ala Tres

Aunque muchos creen que ambas alas están activas en cada uno de nosotros, un ala tiende a ser más dominante e influyente en nuestras vidas. El estudio de las flechas y su significado puede permitirte averiguar qué Ala está influyendo en tu comportamiento y en tus patrones de pensamiento en cualquier etapa de la vida.

Significado de tu ala

Si eres un 2w1 (Dos con Ala Uno), entonces te preocupas más por apoyar a los demás y ser visto como una figura responsable. Con esta Ala, tu moral juega un papel importante a la hora de comportarte y relacionarte con los demás. Estás dispuesto a hacer cualquier cosa por un amigo o un ser querido, siempre que se ajuste a tu moral. Por desgracia, también tiendes a ser demasiado crítico contigo mismo, como es habitual en un eneatipo Uno. Tienes muchos problemas para expresar abiertamente tus necesidades.

Si eres un 2w3 (Dos con Ala Tres), eres más ambicioso que el 2w1 y mucho más extravertido. También eres un excelente líder porque tienes un poco de esa mentalidad competitiva y ganadora que está influenciada por el eneatipo Tres.

Las flechas y su significado

Si observamos detenidamente el símbolo del Eneagrama, podemos ver las líneas y flechas de conexión de tu tipo, lo que nos da una idea más clara de cómo reaccionas al estrés y a los desafíos y de las oportunidades de crecimiento que tienes en un momento dado. Así, moviéndote hacia la desintegración o el estrés insano (8), serías demasiado necesitado, agresivo e incluso un poco dominante en el Ocho. Sin embargo, al avanzar hacia el crecimiento y la integración (4), transformas esa cualidad orgullosa y te vuelves más cuidadoso de ti mismo y emocionalmente consciente como un Cuatro saludable. Aunque puedes moverte en dirección a la desintegración o a la integración en cualquier momento de tu vida, el principal influyente de tu comportamiento y de lo que expresas está determinado por tu nivel de desarrollo actual. Veamos si puedes detectar dónde te encuentras para empezar a ascender hacia la versión más elevada de ti mismo.

NIVELES DE DESARROLLO

Los Niveles de Desarrollo surgen de las enseñanzas de Riso y Hudson, y de los fundadores del Instituto del Eneagrama, que es un gran lugar para hacer el Test del Eneagrama. Su teoría postula que todos los individuos caen en uno de los nueve niveles de funcionamiento. El nivel más bajo es el nueve, y el más alto es el nivel uno. Los niveles se dividen en una tríada que subcategoriza estos niveles como saludables (1, 2, 3), niveles medios (4, 5, 6) y niveles no saludables (7, 8 ,9).

Niveles no saludables

Nivel 9: Este es el estado más bajo y destructivo en el que se encuentra un Tipo Dos, a menos que todavía esté en la infancia. Como adultos, si una persona todavía está atrapada aquí, se siente víctima, abusada e impotente. Pueden excusar y racionalizar sus acciones, por muy horribles que sean, porque están resentidos y enfadados con el mundo y con los demás. Los Dos en esta etapa luchan con muchos problemas de salud, ya que se reivindican a sí mismos al "desmoronarse" y agobiar a los demás.

Nivel 8: En este nivel, un Tipo 2 poco saludable es muy orgulloso y se atribuye derechos. Son dominantes, agresivos y coercitivos. Este individuo opta por utilizar la manipulación para conseguir lo que quiere de los demás. Nada de lo que dan proviene de un lugar de generosidad porque siempre esperan algo a cambio.

Nivel 7: Este es el nivel menos peligroso para un Dos no saludable. Un Tipo 2 en este nivel es altamente engañoso y egoísta en su comportamiento. Aunque pueden ser manipuladores y egoístas, no son extremos ni excesivamente agresivos. En cambio, utilizarán la culpa para conseguir lo que quieren, menospreciarán y socavarán a los demás, y abusarán de cosas como la comida y la medicación para conseguir simpatía.

Niveles medios

Nivel 6: Un Tipo Dos en este nivel es prepotente, condescendiente, presuntuoso y camina con un aire de autosuficiencia por todo el bien que hace. Este Dos tiende a sobrevalorar el bien que hace y se siente indispensable (como si la gente le debiera algo). Aunque sus esfuerzos se dirigen a los demás, lo hacen para obtener elogios, amor y afecto.

Nivel 5: En este nivel de desarrollo, el Tipo Dos expresa su necesidad volviéndose demasiado posesivo, codependiente e intrusivo. Este Tipo Dos quiere que los demás dependan de él, pero al mismo tiempo espera algo a cambio. Simplemente exageran sus actos de bondad hasta el punto de entrometerse y controlar, todo en nombre del amor.

Nivel 4: Este Tipo 2 promedio anhela una conexión con los demás y es el que más lucha por complacer a la gente. Son excesivamente amables, emocionalmente demostrativos y llenos de "buenas intenciones" sobre todo. Mostrar y recibir amor es de suma importancia para este Dos. Se desgastarán tratando de conseguir la aprobación y de hacer cosas para los demás que demuestren lo cariñosos que pueden ser.

Niveles saludables

Nivel 3: En este nivel, comenzamos a ver un crecimiento y una transformación reales a medida que este Tipo Dos expresa un aspecto más nutritivo, generoso y genuinamente amoroso de su naturaleza. Este individuo es despierto, alentador y agradecido. Pueden ver el bien en los demás, y aunque servir a los demás sigue siendo súper importante, también atienden sus propias necesidades. Esto los hace bastante estables y genuinamente amables en sus actos.

Nivel 2: En este nivel de desarrollo, la transformación total ha ocurrido para un Tipo Dos, y vemos el surgimiento de un individuo más empático y compasivo. Este Dos sabe establecer límites claros y atender sus propias necesidades y deseos. No depende del afecto o la aprobación de nadie, sino que da desde un lugar de plenitud. Este Tipo Dos tiene un corazón cálido, es indulgente, sincero, considerado y es maravilloso estar con él.

Nivel 1: Este es el santo grial para un Tipo Dos. Es donde el individuo trasciende y se convierte en su versión más elevada y espiritualmente madura. Este Dos sabe cómo amarse a sí mismo y a los demás. Son altruistas, humildes, desinteresados y están llenos de un amor incondicional que irradian allá donde van.

PASIONES DEL TIPO DOS

Tu pasión dominante como Tipo Dos es el orgullo. En este contexto, el orgullo se refiere a la incapacidad o falta de voluntad para reconocer el propio sufrimiento (algo de lo que todos los Dos son muy culpables). Las Pasiones (también conocidas como los Pecados Capitales) son nuestros maestros. A la mayoría de nosotros se nos enseñó a escondernos, evitar y huir de los aspectos que no son agradables. Pero aquí se nos anima a enfrentarnos con valentía a las partes de nosotros que necesitan curación para poder disolver y transformar lo negativo en positivo. También se puede pensar en esta Pasión como una vanagloria porque es esencialmente el orgullo de la propia virtud.

Como un Dos, ayudar a los demás incluso a costa de tu propio bienestar y hasta el punto de descuidarte a ti mismo es algo de lo que te sientes muy orgulloso. Sin embargo, hay una profunda carencia en todo ese "dar" porque viola tu integridad. Siguiendo el hilo presentado por tu Pasión, te das cuenta de dónde estás en relación con tu Yo más elevado y tu naturaleza esencial.

Haz una pausa por un momento y piensa en la frecuencia con la que sientes la injusticia o la "falta de equidad" de los demás cuando sientes que el otro no te aprecia o no te corresponde lo suficiente. ¿No viene de un sentimiento de derecho y orgullo? ¿Como si te "debieran" lo que hiciste por ellos? Si puedes ser más consciente de tu Pasión por el Orgullo, probablemente verás que está arraigada en esta sensación de sentirte poco amado o indigno de recibir amor. Así que acabas dando y asegurando que los demás te necesitan para garantizar que te aprueben y te quieran. Aumentar tu conciencia de esto abre una nueva opción. Te permite transformar y empezar a moverte hacia tu Esencia, lo que te devuelve a tu virtud de la Humildad.

LA INFANCIA Y LOS PATRONES EMOCIONALES DEL TIPO DOS

El Eneagrama Tipo Dos forma parte del Centro de Sentimiento o Corazón de la Inteligencia, donde la vergüenza es una emoción dominante que necesita ser sanada. El pecado mortal para un Dos es el orgullo, pero el orgullo tiene varios sabores. No es sólo una cuestión de derecho. También puede ser un aire de autosuficiencia y la necesidad de ser alabado y apreciado externamente por su fuerte apoyo y buen trabajo. La visión del mundo de que, para obtener amor y aprobación, hay que dar a los demás y ser necesitado por ellos, hace que atribuyas tu sentido del valor a esta validación externa. Y aunque ser una pareja, un amigo, un colega, un jefe o un padre generoso, solidario y atento es algo excelente, si lo haces desde un lugar de carencia y desconexión, su expresión puede no ser saludable. Podrías acabar descuidándote y volviéndote demasiado necesitado y codependiente. Lo que se necesita para el crecimiento es la humildad para que puedas liberarte de la necesidad de dar a los demás para sentirte amado y valorado. Se trata de darte cuenta de que eres íntegro, digno de amor y completo tal y como eres. El camino del orgullo a la humildad es el camino de la integración y el crecimiento saludables.

Tipo Dos Ala 1- El Compañero

Un tipo Dos con Ala Uno significa que el individuo tiene todas las cualidades de un Dos y algunas del Eneagrama Uno. Aunque puedes estar influenciado por ambas Alas, la más dominante resonará profundamente en ti cuando leas estas descripciones y aprendas cómo se manifiesta en el comportamiento. El estudio de tu personalidad primaria y la identificación de tu tipo de ala te permitirán conocer mejor tu comportamiento, los traumas de tu infancia y cómo afectan a tu vida adulta. El tipo 2w1 se presenta como optimista y cálido, con altos estándares y expectativas. ¿Se parece a ti? Aquí tienes más detalles de esta personalidad:

- Cariñoso
- Responsable
- Trabajador
- Empático
- Excelente oyente
- Extremadamente simpático y accesible
- Las amistades y las relaciones son más prioritarias que cualquier otra cosa, incluso sus propias necesidades

Desgraciadamente, les cuesta estar a la altura de sus propias expectativas. Ese perfeccionismo suele ser una fuente constante de angustia. Se esfuerzan por no decepcionar a nadie porque temen el rechazo y el fracaso, ya que eso demostraría su creencia oculta de no ser lo suficientemente buenos. El Compañero antepone las necesidades de los demás a las suyas propias para hacer frente a sus miedos y mitigar la constante preocupación de estar solo. Esta necesidad constante de hacer cosas por los demás convierte a un 2w1 en una persona totalmente pusilánime en niveles extremos.

El comportamiento puede tener su origen en una infancia muy estricta en la que los padres o cuidadores exigían mucho a este tipo. A menudo nos encontramos con que al 2w1 se le dio mucha responsabilidad a una edad muy temprana, lo que le hizo aprender a asumir los problemas de los demás y a sentirse culpable cuando las cosas van mal. También les hizo asociar el hecho de recibir amor y aprobación con el hecho de dar primero a los demás.

Tipo Dos Ala 3- El Anfitrión

El Anfitrión es la variante encantadora y elocuente del Eneagrama Dos. Esa podría ser una de las razones por las que tienden a ser súper populares en su grupo social y en el trabajo. A diferencia del 2w1, más preocupante y temeroso, este tipo Dos es audaz, ambicioso e intrépido. A pesar de esta audacia, el 2w3 sigue teniendo una fuerte necesidad de ser amado y necesitado por los demás. Por ello, tienden a ser más extravagantes y extrovertidos que la variante 2w1 de su tipo. También se sienten más impulsados a asumir papeles de liderazgo y pueden llegar a ser un poco rebeldes para destacar entre la multitud y demostrar su valía. Los 2w3 pueden ser menos sensibles emocionalmente. A pesar de las muchas similitudes que tendrán estos dos tipos de Alas, el 2w3 experimenta menos angustia personal que el 2w1. Por un lado, eso aumenta rasgos como:

- Confianza
- Audacia
- Decisión

La capacidad natural del tipo Dos de establecer relaciones profundas se expresa de forma saludable cuando un 2w3 está en el Camino de la Integración, lo que hace que los demás confíen en él y lo sigan de forma natural. Por otro lado, les hace ser más arrogantes, pretenciosos, insensibles y obsesivos, especialmente en los niveles más bajos de desarrollo. Sin embargo, en sus mejores momentos, los 2w3 son más conscientes y seguros de sí mismos. Saben apoyar a los demás incluso cuando persiguen sus propias ambiciones. Desarrollan un mayor sentido del equilibrio entre el trabajo y el juego.

Si eres del tipo Dos, entonces expresas estas fortalezas en tu mejor momento:

Eres generoso, servicial y te encanta dar apoyo, orientación y consejo a los demás. Eres un romántico de corazón y mantienes fácilmente conexiones relacionales duraderas. Sintonizar con las necesidades y los sentimientos de las personas es algo natural para ti. Siempre sabes lo que necesitan los demás. Eres enérgico, atractivo, entusiasta y se te da muy bien hacer las cosas.

Cuando te acercas a los aspectos poco saludables de tu personalidad, exhibes estas características

Te sientes poco amable e indigno si no das a los demás. Cuando no te sientes necesitado, experimentas una profunda preocupación y miedo de que ya no eres valioso o amado. Eres propenso a avergonzarte, juzgarte y compararte con los demás. A veces oscila entre el autodesprecio y el sentirse superior a los demás. Te sientes resentido y enfadado cuando sientes que tu entrega no es recíproca. Eres propenso al autodescuido crónico.

Te agotas dando demasiado e invirtiendo demasiado en las relaciones.

Eres cariñoso, enérgico, querido por todos y bastante popular en el trabajo porque la gente disfruta trabajando contigo. Tu capacidad para elevar a cualquiera y a todos es admirable. Cuando operas desde un nivel de desarrollo saludable, conviertes fácilmente la energía negativa en positiva. Los clásicos Tipo 2 tienen una gran inteligencia emocional y siempre trabajan de forma productiva y eficiente.

Las mejores y peores carreras para los Tipo Dos

Para cualquier Tipo Dos, es muy recomendable una carrera que implique el trabajo en equipo y el apoyo a los demás. Elige una carrera que satisfaga tus necesidades sociales y te permita influir directamente en los demás, ya que ese es uno de tus puntos fuertes. Tu deseo de aprobación y seguridad se verá saciado si trabajas con superiores y compañeros de trabajo que no temen expresar su aprecio por ti. Un entorno en el que se promueve la alta energía, la colaboración y la alegría. Algunas carreras que pueden ofrecer esta experiencia son la enseñanza, el asesoramiento, la terapia, la psicología, convertirse en líder religioso, trabajador social, trabajador sin ánimo de lucro o incluso médico.

Las carreras que deben evitarse son las de vendedor, corredor de bolsa, actor, modelo o cualquier industria que probablemente esté llena de rechazo, críticas y alta competencia. Estos trabajos pueden no ser tan satisfactorios para un Dos clásico.

SUBTIPOS PARA EL TIPO DOS

Tu Tipo Dos primario del Eneagrama se combina además con tus instintos naturales para crear subtipos generalmente apilados en orden de dominación.

Hay tres instintos de supervivencia a los que podemos recurrir por defecto, y aunque los tres están presentes en cada uno de nosotros, tendemos a activar uno en un momento dado. Los otros dos permanecen neutrales y poco desarrollados, respectivamente. Por lo tanto, serás demasiado consciente del primer subtipo (dominante), el segundo será neutro (secundario) y el tercero ni siquiera lo sentirás como parte de ti porque está totalmente subdesarrollado, lo que lo convierte en tu punto ciego (terciario).

Así que cuando leas los tres tipos, fíjate cuál de ellos se siente fuertemente conectado con tu forma de ser y con cuál no sientes ninguna conexión. Eso te dará una idea de cómo se apilan tus variantes en orden de prioridad e influencia.

Dos de Autoconservación (SP)

La cualidad principal es el Privilegio. Los Dos de Autoconservación se expresan como individuos "lindos" y encantadores con una energía muy infantil. Este Dos es el contratipo del grupo y tiende a mostrar un comportamiento que hace que se le confunda con otro Tipo del Eneagrama, como un 6 o un 7. Este individuo es tímido, encantador y quiere ser amado y atendido. Sin embargo, se resiste a depender de los demás y tiende a ser un poco más retraído en un intento de autoprotección. Los Dos de autoconservación son más autoindulgentes y hedonistas, y siempre buscan experiencias placenteras para distraerse de los sentimientos de autoabandono y privación interior.

El Dos Social (SO)

La ambición es la principal cualidad de este subtipo. El Dos SO está más interesado en utilizar su poder de seducción intelectual para influir y atraer a grupos, comunidades y sistemas más amplios. Les gusta destacar entre la multitud y suelen buscar papeles de liderazgo. A estos individuos les gusta estar al tanto de las cosas y establecer sus conexiones y competencias. Menos infantil que los otros subtipos, es fácil confundir este SO Dos con un Ocho o un Tres.

El Uno a Uno/ Dos Sexual (SX)

La seducción es la principal cualidad de esta variante. Este Tipo Dos se centra más en su talento, en sus habilidades de seducción y en el uso de su energía para atraer y construir relaciones sólidas. Se preocupan más por las conexiones estrechas de forma individual, ya sea en un entorno romántico o platónico. Este Dos puede expresar mejor sus necesidades personales en un entorno íntimo. Los Dos de SX son apasionados, flexibles, de carácter fuerte e incluso un poco salvajes de corazón, lo que a veces los lleva a confundirse con un 4.

CHAPTER 8

CONSEJOS DE TRABAJO Y ESTILO DE VIDA DEL ENEAGRAMA TIPO 2

A ntes de hablar de cómo puedes mejorar en esta búsqueda de autodescubrimiento, debemos explorar algunas de las luchas que puedes experimentar en tu viaje. Para algunos de ustedes, las luchas ya dominan su vida, y si ese es el caso, encontrarán las sugerencias ofrecidas bastante útiles.

LUCHAS DE UN ENEAGRAMA DOS

Aprender a decir "NO."

La mayor lucha del Tipo Dos es aprender a añadir el NO a su vocabulario. Al no aprender a decir "no", también crea oportunidades para que personas poco amables se aprovechen de su bondad. El deseo central de ser amado y sentirse digno está muy ligado a ayudar y servir a los demás. Por eso, cuando alguien te pide algo, te parece una batalla decir que no puedes o no quieres ayudar. Desgraciadamente, cuando no aprendes a establecer límites claros y saludables para ti mismo, te desgastas y das de más a costa de tu bienestar personal. Como Dos, tu autoestima gira en torno a dar y ser desinteresado, pero necesitas saber la diferencia entre la generosidad, en la que das por exceso, y la entrega egoísta, en la que das porque crees que te dará el amor, el afecto y la seguridad que necesitas.

Qué hacer: Aprende a dar generosamente desde un lugar de desbordamiento y amor incondicional, no de necesidad. Aquellos que te aman genuinamente no cambiarán su actitud o su relación simplemente porque hayas dicho que no a una petición. Y cuando te hagan un favor o una demanda que vaya en contra de tus valores o ponga en peligro tu bienestar, ten el valor de decir que no.

Sentirse poco querido

Si creciste en un entorno en el que te enseñaron que el amor tiene un precio, sólo te sentías querido cuando hacías algo por alguien. Esta emoción no resuelta probablemente influirá en tu vida adulta. Los Tipo 2 medios y poco saludables son los que más luchan con este sentimiento, que a menudo conduce a todo tipo de enfermedades. Haz una pausa por un momento y piensa honestamente en cómo te sientes. ¿Te preocupa constantemente que la gente sólo te quiera por lo que haces y no por lo que eres como ser humano?

Qué hacer: Trabaja para aumentar tu comprensión del amor. Es hora de aprender que la gente te quiere por lo que eres, no por lo que haces.

Sentirse incomprendido

Los Tipo Dos son naturalmente empáticos, muy atentos a las emociones de los demás y perceptivos. Al ser tan sensibles y tener tanto tacto, tienden a saber lo que los demás necesitan incluso antes de que lo admitan o reconozcan. Y aunque esto es estupendo para los que te rodean, también puede provocar mucha desatención porque la mayoría de las veces prestas más atención e incluso priorizas las necesidades que reconoces en los demás. Con el tiempo, eso hace que comuniques aún menos tus necesidades.

Tengo una amiga que estuvo atrapada en una relación infeliz durante cinco años porque no encontraba el momento adecuado para romper con su novio. Parece una tontería para el resto de nosotros, pero como Tipo Dos, probablemente entiendas lo que es vivir una vida vacía y sin visibilidad. Si te has pasado la vida sintiéndote como un vertedero del equipaje emocional de otras personas, es hora de ponerle fin.

Qué hacer: Si te sientes incomprendido o que se aprovechan de ti, cultiva el valor de expresar tus necesidades y emociones. No dejes que el resentimiento se encone.

Abordar el tema del egoísmo

¿Qué se considera egoísta en tu mundo? Esta es una pregunta que debes responderte a ti mismo si quieres crecer de verdad. Está bien reconocer que te cuesta cuidarte o darte un respiro porque no quieres parecer egoísta. Muchos Dos dicen que se sienten culpables cuando se enferman o no pueden ayudar a un amigo. Eso despierta más sentimientos de indignidad, y a algunos incluso les preocupa que las personas a las que quieren les abandonen si alguna vez actúan de forma egoísta. Nadie puede decirte lo que debes creer, pero sí te animo a que reescribas tus reglas sobre cómo es el egoísmo por tu propio bien.

Qué hacer: Evalúa tu concepción del egoísmo y asegúrate de que te permite cuidar de ti mismo y priorizar tus necesidades.

OPORTUNIDADES DE CRECIMIENTO

Descubramos algunas de las formas en las que puedes empezar a crecer personal y profesionalmente ahora que estás haciendo el trabajo interno de pasar a niveles superiores de desarrollo.

Prioriza tus necesidades

La mayor área de crecimiento para ti y la oportunidad que se te presenta es aprender a atender primero tus necesidades. Si tú no lo haces, nadie más lo hará. Dar a otra persona la responsabilidad de mantenerte feliz y satisfecho cede demasiado poder y siempre resulta en decepción e incomprensión. La clave del éxito en las relaciones, la sensación de plenitud y el aumento de la autoestima es hacerse cargo por completo de tus necesidades. Así que aprende a cuidar tu mente, tu cuerpo y tu espíritu. Averigua qué necesitas para llevar una vida feliz, equilibrada y saludable. Si necesitas ayuda con los recursos o con determinadas actividades, pídela, pero nunca cedas la responsabilidad.

Una vez que hayas hecho el trabajo interior de determinar qué es y qué no es el egoísmo, empieza a aplicarlo en tus compromisos diarios. Por ejemplo, si en el trabajo esta semana un colega te pide que le ayudes a completar una tarea durante la hora del almuerzo, ¿qué deberías hacer? Bueno, antiguamente, dirías inmediatamente que sí sin pensarlo. Pero ahora que estás creciendo y aprendiendo a ser la mejor versión de ti mismo, recuerda que tu cuerpo necesita alimentarse. ¿Qué impacto tendrá en tu energía, tu concentración, tu estado de ánimo y tu salud en general el hecho de saltarte la comida? A menos que se trate de una emergencia, la respuesta adecuada sería: "No, siento no poder ayudarte durante el almuerzo, pero puedo tratar de encontrar una opción diferente si te viene bien".

Esto no es un acto de egoísmo. Es un comportamiento de sentido común de alguien que tiene sus prioridades claras.

Analiza tus motivos

Los Tipo Dos pueden ser muy desinteresados y dar por todas las razones equivocadas. No estoy aquí para juzgar, sino para ampliar tu conciencia para que puedas juzgar por ti mismo cuáles son tus motivos en un momento dado. ¿Ayudas con frecuencia a alguien porque esperas que te corresponda de alguna manera? Si es así, ese es un motivo arraigado en la carencia y el egoísmo que no servirá a tu sentido de valía. Es fácil que los Dos promedio y poco saludables se vuelvan manipuladores en sus buenas acciones, así que siempre querrás comprobar que estás haciendo el bien porque te sientes bien, no porque quieres algo a cambio.

Sintoniza con tu valor real

La mayor parte de la agitación interna y de las luchas que experimentas con la gente se evaporarán a medida que te eleves en tu desarrollo personal. Esto se debe a que cuanto más descubras tu verdadero Ser, más aprenderás tu verdadero valor. Muy pronto, dejarás de depender de los demás para que te quieran. Si haces algo bueno por alguien, no lo haces para que te validen, te den afecto o para sentirte valioso. De hecho, sólo lo haces porque estás rebosante de amor incondicional. Y si la persona reconoce tus esfuerzos o no, no te importará porque tu valor y sentido de valía ya no están ligados a lo que los demás piensan de ti, sino a lo que tú crees que eres. ¿Sientes la diferencia? Este es un cambio muy poderoso para un Dos, y transformará tu vida, así que sigue trabajando en esto. Sigue recorriendo este camino de autodescubrimiento hasta que conozcas tu valor y quién eres realmente.

ENEAGRAMA TIPO DOS BAJO ESTRÉS

Los Tipo Dos se sumergen en versiones poco saludables de sus rasgos, incluyendo el orgullo, la manipulación y el martirio, cuando están bajo estrés, ya sea personal o profesional. Si el estrés persiste, a menudo entrarán en el camino de la desintegración de la que hablamos antes y adoptarán los rasgos medios y poco saludables del Tipo 8. Esto incluye volverse agresivo, insistente, controlador, exigente, discutidor y tirano. Como Tipo 2, es posible que hayas notado que ni siquiera te sientes o te comportas como tú mismo en ciertas condiciones de estrés. Por ejemplo, tu habitual naturaleza bondadosa y generosa y tu profundo deseo de ayudar a los demás pueden ser secuestrados por una fuerza oscura desconocida. Te encuentras más duro y contundente que de costumbre. Es probable que te vuelvas nervioso y más agresivo, que te importen menos los sentimientos de los demás e incluso que arremetas contra ellos cuando te sientas invalidado. Esto a menudo te causa dolor y pena, ya que alejas a las personas que te importan o incluso evitas a ciertas personas en tu vida que te necesitan sólo porque estás tratando de demostrar un punto. Esto no es fiel a tu naturaleza. Entonces, ¿cómo puedes vencer las situaciones estresantes que desencadenan este lado oscuro?

Las cosas que suelen estresar a un Dos incluyen:

- Ser dado por sentado
- Demasiado tiempo a solas
- Sentirse excluido
- No recibir afirmación o gratitud por sus buenas acciones
- Decir "sí" a demasiadas cosas hasta el punto de agotarse.
- No sentirse necesitado

Una de las cosas más importantes que puedes hacer por ti mismo cuando te sientes estresado o irritado es hacer una pausa, salir de ese entorno estresante y simplemente estar contigo mismo durante un rato.

A menudo el estrés se desencadena por asumir demasiadas cosas a la vez o por centrarte demasiado en los demás y descuidarte a ti mismo. Cuando puedes alejarte durante una hora o un día y atender primero a tus propias necesidades, sueles recuperar la sensación de equilibrio y armonía que el estrés ha interrumpido.

Algunas de las actividades que puedes realizar para salir de esa frecuencia de estrés son la musicoterapia, la pintura o algún tipo de expresión artística. Incluso puedes darte un capricho yendo a recibir un masaje, de compras o reservando una mesa para una persona en tu restaurante favorito. Cualquier cosa que te eleve y centre tu energía es imprescindible si quieres procesar el estrés rápidamente y de forma saludable.

Cuando te tomes un tiempo libre para reponer tus necesidades, recuerda comunicarte con los demás. Hazles saber que te estás tomando un tiempo a solas para sanar, crecer y nutrirte y que volverás a comunicarte en un momento determinado. Eso permite que la gente te dé un poco de espacio.

RELACIONES

Los Tipo 2 son intuitivos, empáticos y cariñosos por naturaleza. Por eso, cuando se trata de amistades, relaciones de equipo profesional y compañerismo, los Dos siempre sobresalen.

Como Dos, eres un padre, jefe, líder de equipo y amigo maravilloso por tu naturaleza compasiva y de apoyo. Eres la persona a la que la gente acude cuando se siente herida o preocupada por algo. La gente se abre de forma natural y tu calidez es muy tranquilizadora. En el trabajo, siempre pondrás a los demás primero. Para empezar, tu inteligencia emocional está fuera de serie, por lo que sabes cómo manejar diferentes personalidades y facilitar un trabajo en equipo y una colaboración saludables. Eso te permite ser eficiente, productivo y edificante incluso en situaciones poco ideales. Pero sólo puedes ser esta luz cálida y tranquilizadora cuando has alcanzado niveles más saludables de tu propio desarrollo.

CONSEJOS DE RELACIÓN CON OTROS TIPOS

Como Dos, te entregas libremente en todas y cada una de las relaciones porque deseas cultivar una asociación divertida, apasionada y feliz. He aquí algunas formas de mejorar tus relaciones con otros tipos de Eneagrama.

Tipo 2 y Tipo 1: Con un Uno, ambos son hacedores que quieren mejorar el mundo. Ven las necesidades de los demás y actúan rápidamente. El Tipo Uno es bueno para ocuparse de las cosas prácticas, y tú, como Dos, ofreces suavidad y gracia, algo con lo que los Uno suelen tener problemas. Dado que tienen diferentes enfoques del conflicto emocional, puede ser abrumador para el Tipo Uno entender tu profundo deseo de conexión. Así que crezcan juntos encontrando tiempo para ser intencionales en su relación. Mantengan un diálogo abierto que trate estrictamente de su relación y del equilibrio entre las necesidades emocionales de ambos.

Tipo 2 y Tipo 2: Esta es una pareja ideal con un compañero Dos, porque sabes intuitivamente lo que el otro necesita. Son generosos y atentos el uno con el otro, de buen corazón y afectuosos. Se reafirman constantemente el uno al otro, haciéndose sentir queridos, valorados y vistos. Ten cuidado con agotarte y gastar toda tu energía en ayudar a los demás, especialmente si eso empieza a afectar a tu relación. No tengas miedo de admitir que ambos necesitan ayuda para aprender a atender sus necesidades individuales. Nunca dejes que el orgullo o el resentimiento se interpongan en el camino de cultivar el amor incondicional en tu relación. Crece aprendiendo a identificar tus propios sentimientos y a priorizar el autocuidado.

Tipo 2 y Tipo 3: Con un Tres, eres una pareja de poder encantadora, apasionada, atractiva e impactante. Tú aportas calidez, afirmación y aceptación al Tres y ese tipo de amor le recuerda al Tipo 3 que no tiene que rendir para ser valioso. Los Tres aportan ambición, energía y vivacidad a su relación, lo que les inspira a seguir sus sueños. Su confianza, su atractivo y su energía radiante hacen de ustedes una pareja dinámica. El desafío consiste en reconocer y comprender los propios sentimientos. Tu utilidad y tu deseo de una conexión emocional más profunda pueden resultar abrumadores para los Tres. Si empiezas a sentirte ignorado, u olvidado por tu ambicioso Tres, orientado a las tareas, habla. Crezcan juntos aprendiendo a mantener un diálogo abierto e íntimo. Hagan preguntas de calidad y participen en conversaciones reflexivas que les ayuden a ponerse en contacto con sus propios sentimientos.

Tipo 2 y Tipo 4: Con un Cuatro, son una pareja íntima, profundamente conectada y emocionalmente satisfactoria. Tú ves las necesidades del Cuatro y le ofreces una energía amistosa, comprensiva y de apoyo, mientras que el Tipo Cuatro aporta creatividad, humor y honestidad que tú disfrutas profundamente. Hay grandes expectativas en esta relación, pero no siempre son buenos comunicando estas expectativas entre ustedes. Como un Tipo Cuatro es naturalmente reflexivo, puede no darse cuenta de tus necesidades. Así que crezcan juntos afirmando al otro, estando atentos a las necesidades emocionales del otro pero sin estar demasiado absorbidos por ellas.

Tipo 2 y Tipo 5: El viejo dicho de "los opuestos se atraen" es cierto con un Cinco. Tú eres todo calidez, comodidad, comunicación y cariño, mientras que el Tipo 5 es prácticamente lo contrario. Sin embargo, a pesar de estas diferencias, la sabiduría, el compromiso y la fiabilidad del Cinco te resultan muy atractivos. Los Cinco prestan gran atención a los detalles y, una vez que "dejan entrar" a un compañero, se entregan por completo. Eso les hace sentirse muy especiales e importantes. El profundo misterio y la lealtad entre los dos les hace emprender un viaje de por vida para saber más del otro y de la vida. El mayor reto es cómo respondes al estrés y al conflicto. Eres emocionalmente expresivo, mientras que el Cinco es tranquilo y siempre racional. Esto a menudo puede dejarte con la sensación de que no están tan comprometidos en una conversación. Puedes ser bastante abrumador para un Tipo Cinco, lo que hace que se aleje y se aísle durante un tiempo, dejándote a menudo la sensación de abandono y rechazo. Crezcan juntos dándose cuenta de que tienen algunas similitudes en el sentido de que ambos son sensibles a su manera y sus necesidades no están reñidas. Aprendan a trabajar con sus diferencias y encuentren formas de comunicarse que no abrumen a los Cinco y que, al mismo tiempo, sean lo suficientemente atractivas para que también se sientan comprendidos.

Tipo 2 y Tipo 6: Una relación con un Seis es profunda, firme, leal y basada en el servicio mutuo. Tu naturaleza empática y afectuosa es muy reconfortante para los Seis porque sienten que alguien les cubre la espalda en todo momento. Se esfuerzan en la relación para crear una sensación de estabilidad para ti, lo que te hace sentir priorizado y valorado. Quizá lo mejor de esta relación sea la fuerte amistad que existe, que crea un tipo de relación de apoyo, atención y responsabilidad que puede ser extremadamente satisfactoria para ti.

Uno de los retos a los que te puedes enfrentar con un Seis es su tendencia subconsciente a poner a prueba a su pareja. A veces pueden apartarte y volverse fríos sin motivo. Su constante necesidad de que le asegures que lo quieres y confías en él puede llegar a agobiarte, sobre todo si sientes que has hecho todo lo posible por demostrar tu amor. Por otro lado, los Seis pueden malinterpretar fácilmente tu constante insistencia y tu ayuda prepotente como si fueras agresivo y controlador. A ti le gusta "arreglar" las cosas cuando ves un problema, pero un Seis tiende a resolver sus preocupaciones verbalizándolas. Así que crezcan juntos trabajando continuamente en su amistad y conexión. Mantengan un diálogo abierto sobre sus necesidades y sobre cómo les gustaría que se cubrieran.

Tipo 2 y Tipo 7: Con un Tipo Siete, la vida es una aventura interminable y la espontaneidad es la norma. La energía, la diversión, el entusiasmo y la naturaleza agradable que irradia el Tipo Siete te inspira a estar más en sintonía con tus propios deseos. Aportas generosidad, empatía y una preocupación por el bienestar de los demás que fundamenta al Siete de forma saludable. Les recuerda que deben frenar y prestar atención a sus seres queridos. Tu naturaleza generosa inspira a los Siete a pensar más en los demás en lugar de centrarse siempre en sus propias necesidades. Puedes ver cómo se atreven a perseguir sus propios sueños y a pensar de forma innovadora. Eso te contagia de forma positiva.

Uno de los retos a los que se enfrentan en la relación es la tensión creada por su conexión emocional o la falta de ella. Desde tu punto de vista, un Siete no está tan presente como te gustaría, especialmente cuando surgen los sentimientos y eso puede hacer que te sientas invisible. Puedes reaccionar a esto exigiendo que el Siete preste más atención a tus necesidades o intentando "arreglar" al Siete porque sientes que sólo necesita ayuda para mejorar. En cualquiera de los dos casos, el resultado suele ser más tensión porque los Siete suelen sentirse demasiado enjaulados o acorralados y pueden huir, temiendo quedar atrapados y perder su libertad. Crezcan juntos dando prioridad al diálogo abierto. No reprimas ni pases por alto los conflictos y los pensamientos desagradables. Anima a tu pareja a enfrentarse a estas emociones desagradables con valentía porque forma parte de una experiencia humana sana. Asegúrense el uno al otro su compromiso antes de entrar en temas difíciles, y luego prémiense por tener conversaciones difíciles.

Tipo 2 y Tipo 8: Con un Ocho, la atracción es fuerte porque ves algo en el otro que te hace falta. El Ocho necesita la naturaleza suave y cálida que puede proteger, y tú te sientes profundamente atraído por el poder y la tenacidad que admiras en el Ocho. Suavizas algunas de las asperezas del Ocho. El Ocho te ayuda a establecer límites sanos y a aprender a decir audazmente "NO". Juntos, sacan lo mejor del otro y se convierten en personas cariñosas y apasionadas.

Un gran reto en esta relación es la diferencia de perspectivas para definir la independencia. Un Tipo Ocho es precavido, autosuficiente y disfruta mucho de la autonomía, pero como Dos, buscas constantemente afecto y afirmación. La vena independiente del Ocho a veces puede parecer poco cariñosa porque rara vez te irías a hacer tus cosas sin tener en cuenta a tu pareja, aunque eso te ocurre a menudo. Supongamos que la relación es entre dos tipos de Eneagrama medios o poco saludables. En ese caso, las cosas pueden ponerse bastante feas, ya que ambos se vuelven autoritarios y exigentes. Crezcan juntos abrazando la seguridad y la consistencia que se proporcionan mutuamente.

Tipo 2 y Tipo 9: Con un Tipo Nueve, la relación es cariñosa, cálida y serena. Las cosas son cómodas y siempre fáciles de llevar. El Nueve es tolerante y comprensivo y te permite la libertad de ser tú mismo. Eso te ayuda a sentirte seguro en la relación porque te sientes amado sin tener que trabajar para ello. Tu naturaleza servicial y empática y la atención que le prestas al Nueve pueden ayudarle a sintonizar con sus propios deseos y a encontrar su voz en la relación.

Un desafío que podrías experimentar en esta relación sería encontrar el equilibrio entre tu naturaleza activa, orientada a la acción y emocionalmente expresiva y la forma relajada de los Nueve de moverse por la vida. A veces, tu energía vibrante y servicial puede ser demasiado para los Nueve. Como no les gusta el conflicto, puede llevarles a evitarlo y a tener un comportamiento pasivo-agresivo. Eso puede crear distancia en su relación y hacer que se vuelvan resentidos e indignados.

AFIRMACIONES PARA EL ENEAGRAMA TIPO 2

Las afirmaciones pueden ser una gran herramienta cuando empiezas a sustituir tus pensamientos y hábitos negativos. Aprende a convertirte en tu propio animador y a dirigir parte de ese tierno y cariñoso cuidado hacia tu interior pronunciando palabras que te eleven y animen. Aquí tienes una lista para que la pruebes.

- Soy mi mejor yo cuando ayudo a los demás.
- Me quiero y me apruebo a mí mismo.
- Soy digno de todo el amor del universo simplemente porque existo.
- Doy y recibo amor incondicional.
- Amar a los demás es más fácil cuando me amo a mí mismo primero.
- Conozco mi verdadero valor.
- Me tomo tiempo para atender mis propias necesidades.

Recuerda que estas afirmaciones sólo funcionan si sientes y crees en lo que dices. Escoge unas cuantas que resuenen contigo emocionalmente y úsalas tan a menudo como sea necesario.

CONSEJOS DE ESTILO DE VIDA DIARIO PARA EL CRECIMIENTO Y LA FELICIDAD

Invierte tiempo diariamente en ti mismo

Es hora de empezar a invertir tiempo en tu crecimiento y desarrollo. Cuanto más te eleves a niveles de desarrollo más saludables, mayor será tu impacto en los demás. Pregúntate: "¿cuándo fue la última vez que atendí mis propias necesidades y deseos?". Si no puedes responder a esta pregunta con rapidez, necesitas autor-reflexionar y tomar nuevas medidas. Haz algunos ajustes y pide ayuda cuando la necesites para poder nutrirte de una vida equilibrada. Tu entrega debe provenir de un lugar de desbordamiento y amor incondicional.

Abre tu mente para recibir

Puede parecer fácil para otras personas, pero sé lo difícil que debe ser para ti. A los Dos les cuesta recibir porque parece egoísta pedir a otro que haga algo por ti. Sin embargo, pedir ayuda y abrir tu corazón a la bondad de los demás no es egoísta. Es un acto de amor. Cuanto más cultives tu valor esencial de la humildad, más fácil será recibir. Para ayudar a tu mente a cambiar hacia la apertura, hazte las siguientes preguntas ¿Recibir esta ayuda o cosa hará realmente feliz a la persona que la proporciona? ¿Amarme a mí mismo me ayudará a interactuar con los demás en un nivel más emocional? ¿Es posible que experimente la misma alegría al recibir que al dar?

Crea una rutina diaria de autocuidado

Querido Dos, es esencial que te des cuenta de que tu capacidad de ayudar, apoyar y amar a los demás debe provenir de un lugar de desbordamiento, no de codependencia. Cuanto más trabajes en elevarte a niveles más altos y saludables de desarrollo, más verás que no puedes verter desde una taza vacía. Tu copa debe llenarse primero hasta el borde, por lo que practicar el autocuidado es imperativo.

Algunos rituales de autocuidado que puedes integrar en tu vida son los paseos matutinos, el yoga, los estudios de desarrollo personal y las meditaciones encarnadas. También debes prestar más atención a tu autoconversación y al tono que utilizas. Asegúrate de que el diálogo interior conlleva la misma compasión, amor y gentileza que extiendes a los demás. Una última sugerencia que puedo ofrecer para el autocuidado es darse un capricho con regularidad. Si te gustan los masajes o la pedicura, date un capricho lo más a menudo posible. Recuerda que tus amigos y familiares te quieren por lo que eres, no por tu disponibilidad y hospitalidad.

Realiza alguna actividad en solitario que te guste

¿Te gusta hornear, cocinar, pintar, bailar o la poesía? Apúntate a una clase presencial o virtual y aprende algo nuevo para ti. Acurrúcate con una nueva novela un sábado por la noche o ve tu comedia favorita en la cama. Haz una lista de actividades que puedas disfrutar haciendo a solas y aprovecha ese tiempo para estar en tu propia compañía. Te sorprenderá la transformación que eso puede darte.

Practica la atención plena

La atención plena forma parte de las prácticas de autocuidado y puede incluir varias actividades, como los paseos de atención plena, la meditación, las prácticas de gratitud, la alimentación de atención plena, etc. Piénsalo así: cada vez que practiques la conciencia del momento presente y estés totalmente absorto en la actividad que estés realizando, estarás practicando la atención plena. Si lo haces cada día de forma sistemática, podrás experimentar nuevos niveles de amor propio y autoaceptación, que son fundamentales para la salud de tu bienestar mental, emocional y espiritual.

Diario

Utilizar un diario privado para registrar tus pensamientos, expresar tus emociones y practicar la gratitud es una forma poderosa de conectar con tu mundo interior. Al anotar tus sentimientos en un diario, creas una vía de escape y una forma más objetiva de reconocer lo que realmente ocurre. Puede permitirte ver cómo reaccionas ante las situaciones y los pensamientos subyacentes para saber qué es lo que impulsa tu comportamiento. Otro beneficio añadido de llevar un diario es practicar la gratitud diaria. Los beneficios de la gratitud son ampliamente conocidos y están científicamente probados, incluyendo la reducción de la presión arterial, la mejora del estado de ánimo y la mejora de la salud mental en general. Practica la gratitud a diario y te sentirás naturalmente más querido y amoroso.

CHAPTER 9

ENEAGRAMA TIPO 3

EL TRIUNFADOR O EL EJECUTOR

E n los dos capítulos siguientes, profundizaremos en mi Tipo favorito. El Eneagrama Tipo Tres se conoce comúnmente como el triunfador o el artista. El título es bastante apropiado porque, como Tres (sí, yo soy un Tres), estamos orientados al éxito, nos impulsamos y nos esforzamos por ser los mejores. Los Tres quieren ser significativos y distinguidos a través de sus logros personales. Debemos seguir avanzando y alcanzando logros en la vida porque eso aumenta nuestra sensación de valía. Es fácil detectar a un Tres porque suele ser el individuo del grupo más seguro de sí mismo, ambicioso, consciente de su imagen y orientado a la consecución de objetivos, que no teme hablar. Los Tres tienden a ser encantadores, atractivos, elocuentes, enérgicos, diplomáticos y equilibrados. Cuando opera en niveles superiores de desarrollo, un Tipo Tres es auténtico, se acepta a sí mismo, es inspirador y es un gran modelo para los demás.

Una cualidad esencial que define a un Tres es su deseo innato de lograr grandes cosas en la vida. Los Tres sueñan a lo grande, elaboran un plan y luego emprenden acciones masivas para alcanzar dichos objetivos. Si eres un Tres, tu palabra y tu reputación importan, y consideras que son activos de valor incalculable. Es esencial dejar una marca en cualquier proyecto en el que trabajes, y quieres que te recuerden por ser único. La gente te admira, y eso te gusta, así que sigues empujando a la gente hacia adelante, motivándola para que tenga éxito. Tienes una habilidad natural para identificar los puntos fuertes y débiles de las personas. Eso te permite colocar a la gente en posiciones que tienen más probabilidades de éxito.

En el sistema del Eneagrama, los Tres son una de las personalidades más exitosas y populares porque tienen naturalmente una gran seguridad en sí mismos y se esfuerzan mucho por desarrollar sus habilidades y talentos.

Muchos Tres que aún no están operando en niveles de desarrollo más altos y saludables luchan con la adicción al trabajo y la competitividad, lo que puede llegar a ser perjudicial para su bienestar y sus relaciones. Pueden verse atrapados en la conciencia de la imagen y en tratar de mantener un estatus que los demás admiren incluso cuando las cosas no van bien, lo que puede pasarles factura. Esta necesidad de tener un buen aspecto y salvar la cara crea mucha presión para los Tres medios y poco saludables, lo que los lleva a una espiral descendente y a una desconexión interior. Cuando esa energía natural está fuera de control y es negativa, los Tres pueden ser altamente destructivos. Los Tres promedio y no saludables pueden parecer maliciosos, ensimismados, engreídos, narcisistas e incluso poco confiables desde un observador externo. Por eso debemos trabajar para elevarnos más en nuestro desarrollo.

PUNTOS FUERTES DE UN TRES

Los Tres son emprendedores y muy inteligentes. Buscan constantemente formas de mejorar y perfeccionar su juego. Aunque cada individuo tiene su propia definición de éxito, para la mayoría de los Tres, el éxito consiste en tener las mejores cosas de la vida, estar rodeado de la gente adecuada y estar cerca del poder. Para tener todo esto, los Tres van más allá cada día y aprovechan sus puntos fuertes, que incluyen algunos de los siguientes:

- Adaptabilidad y pivotar rápidamente en las situaciones para poder seguir avanzando en la dirección del objetivo.
- Un carisma y entusiasmo contagiosos y atractivos.
- Compromiso y dedicación a la consecución de objetivos.
- Estar abierto a nuevas oportunidades y no tener miedo a la responsabilidad y a rendir cuentas.
- Fuerte voluntad, capacidad de pensar de forma crítica y actuar de forma pragmática.

Rasgos clave de la personalidad del Tipo Tres

- Carisma
- Enfoque
- Productividad y eficiencia
- Ética de trabajo intensa

Pasatiempos comunes para un Tipo Tres

- Bailar
- Modelar
- Cantar
- Deportes competitivos
- Desarrollar talentos

MIEDOS Y DEBILIDADES

A estas alturas, es evidente que una de las expresiones distintivas del Tipo Tres es la necesidad de lograr grandes cosas y ser muy admirado y querido por todos sus logros. El mayor miedo de un Tres es ser inútil, insignificante y un fracaso.

¿Cuál es el miedo básico que impulsa este comportamiento? El miedo a no valer nada o a no tener un valor inherente. Para muchos Tipo Tres, existe la creencia subconsciente de que para ser amados y dignos a los ojos de los demás, deben tener éxito o al menos parecer exitosos. En el fondo, todo lo que quieren es ser valiosos, por lo que los Tres hacen cualquier cosa para demostrarlo. Muchas veces, este miedo básico se expresa de dos maneras. La primera es a través de una actividad constante. Siempre haciendo cualquier cosa y todo para mover la aguja. La segunda es a través de la negligencia emocional. Puedo dar fe de ambas cosas porque luché contra la hiperactividad durante mucho tiempo. Adapté mi vida a cumplir ciertas expectativas que percibía que me permitirían mantener una determinada imagen de éxito. Me involucraba en proyectos que ni siquiera disfrutaba ni me importaban sólo porque pensaba que me darían más logros y reconocimiento. Y cuando los proyectos no eran tan buenos, los abandonaba rápidamente porque no quería que esos fracasos dañaran mi imagen. El otro problema que tenía era lidiar con mis emociones. Siempre intentaba dejarlas en suspenso o aparcarlas en la medida de lo posible porque "no tenía tiempo" para ocuparme de ellas. Pero la verdad es que no quería lidiar con mis sentimientos. Si estas son luchas que has tenido, sigue leyendo porque te mostraré cómo superar este nivel de desarrollo.

DESEOS Y MOTIVACIONES

El deseo básico de un Tipo Tres es sentirse valioso y digno. Los Tres quieren ser aceptados, amados y deseados. Ahora, sé lo que estás pensando. ¿No es ese un deseo egoísta? Si eres un Tres, comprenderás que es todo menos egoísta. Esta abrumadora preocupación por ser valioso y deseado se traduce en el deseo de ayudar a los demás. Puedo decir con confianza que estoy ansioso e impulsado a ayudar a otros tanto como quiero ayudarme a mí mismo. Al fin y al cabo, ayudar a los demás significa que puedo cumplir mis propios objetivos. Muchos Tres lo hacen inconscientemente porque saben de forma innata que cuanto más eleven a los demás, más alto llegarán ellos. El respeto y la admiración que anhelamos se ganan. No tenemos miedo de trabajar por ello. Por supuesto, cuando se trata de niveles de desarrollo poco saludables, ese anhelo de tener éxito se vuelve oscuro. Puede implicar el engaño, la manipulación y otros medios que pueden no ser para el mayor bien de nadie. Pero cuando se trata de Tres sanos, el éxito significa éxito para todos los que los rodean.

Valores fundamentales

- Productividad
- Orientación a objetivos y resultados
- Crecimiento personal
- Competencia
- Respeto
- Adaptabilidad, flexibilidad
- Prestigio, reputación

Entre las celebridades y personas famosas del Tipo Tres que puedes conocer se encuentran la presentadora de programas de entrevistas, autora, actriz y empresaria estadounidense Oprah

Winfrey, el actor y rapero Will Smith, la ex superestrella profesional de la NBA y empresario Michael Jordan y el actor Tom Cruise.

¿Te preguntas si podrías ser un Tipo Tres? Estos son algunos indicadores de personalidad

1. Ganar lo es todo. Necesitas ganar y ser el mejor en cualquier cosa que te propongas.
2. Estás impulsado internamente y motivado para ser productivo.
3. Odias y posiblemente incluso temes el fracaso, ya que va en contra de tu deseo principal.
4. Te preocupa mucho tu imagen. Incluso en niveles saludables, los Tres se preocupan por cómo se presentan al mundo.
5. Tu visión de lo que quieres es clara y piensas constantemente en el futuro y en cómo podría ser mejor.
6. Eres un líder natural y te resulta fácil motivar, inspirar y guiar a otros hacia su grandeza.
7. Te encanta establecer grandes objetivos, cumplirlos y volver a hacerlo.
8. Te cuesta tener tiempo de inactividad y relajarte, especialmente cuando tienes un objetivo emocionante en mente.
9. Te cuesta celebrar tus éxitos. Ya estás persiguiendo el siguiente gran proyecto tan pronto como alcanzas un objetivo.
10. Tienes la habilidad natural de leer una sala y adaptarte para encajar con el público al que quieres conquistar. Eso te da ventaja sobre los demás y hace que sea fácil establecer conexiones con casi todo el mundo.

TUS ALAS

Las alas son los números adyacentes a tu número primario del Eneagrama. Como Tres, tienes

- El Eneagrama Tres con Ala Dos: "El Encantador"
- El Eneagrama Tres con Ala Cuatro: "El profesional"

Aunque puedes tener tendencias que se inclinan hacia ambas alas, es probable que seas más dominante en una que en la otra. Eso se convertirá en tu Ala Dominante. El Encantador, también conocido como Cautivador, es muy afable, extrovertido, cariñoso y compasivo. Estará más orientado a la comunidad y le apasionará el desarrollo de la misma. Aunque está orientado a la consecución de objetivos como cualquier otro Tres, el encantador está más interesado en hacer que las relaciones tengan éxito y en motivar a los demás hacia la grandeza.

El Profesional (a veces llamado el experto) está muy orientado al éxito y se centra más en los objetivos personales que en los comunitarios. Tienden a tener límites estrictos y claramente definidos entre las distintas partes de su vida, como el trabajo, la amistad, etc., y generalmente les gusta ser admirados desde lejos. Este particular Tres está más en sintonía con sus emociones. A diferencia del encantador, tienen un grupo de amigos y familiares más unido.

Significado de tu ala

Si eres un 3w2 (Tres con Ala Dos), estás naturalmente orientado a las personas y te preocupas genuinamente por construir relaciones. Por supuesto, sigues siendo muy consciente de tu imagen y ambicioso en cuanto al éxito, pero tienes la ventaja añadida de no tener que esforzarte demasiado o "fingir" cuando se trata de relaciones. Tus esfuerzos y tu deseo de alcanzar la grandeza se centran intensamente en la familia, los amigos y la comunidad que te importa. En otras palabras, es probable que dediques más energía al éxito en las relaciones que al éxito en el mundo.

El tipo 3w2 se siente atraído por las carreras que ofrecen autoridad y la oportunidad de progresar. Su competitividad a menudo significa que prosperarán en campos en los que este aspecto de su personalidad es una ventaja en lugar de un obstáculo. Esto incluye:

- Abogado
- Periodista
- Político
- Planificador de eventos
- Presentador de televisión
- Consultor publicitario
- Emprendedor

Bienvenido a mi mundo. Si eres un 3w4 (Tres con Ala Cuatro), entonces tu tipo de personalidad es uno de los más complejos. Como Tres con Ala Cuatro, nuestra personalidad es un poco contradictoria porque, por un lado, podemos ser camaleones, cambiando de color para pasar desapercibidos cuando sentimos la necesidad de hacerlo. Pero con un Ala Cuatro dominante, la autenticidad es una influencia masiva. Encontrar esa alineación entre ser un Tres y el fuerte impulso de ser auténticamente yo mismo ha sido uno de los aspectos más desafiantes de mi viaje de autodescubrimiento. Así que si te da miedo y te resulta difícil pasar por esto, estate tranquilo. No estás solo. La intención es crecer en tu desarrollo hasta el punto en que tu enfoque se desplaza de lo superficial a las cosas significativas en las que puedes aprovechar todas tus habilidades naturales, incluyendo ese don perceptivo de cambio de forma.

Como tipo 3w4, ciertos roles serán más adecuados para tu personalidad, incluyendo:

- Abogado
- Analista financiero
- Arquitecto
- Publicista
- Capitalista de riesgo
- Mercadotecnia
- Banquero de inversiones
- Político

Las flechas y su significado

Tu tipo de personalidad del Eneagrama está vinculado a otros dos puntos que vale la pena discutir. Estas líneas se llaman flechas, y cada una indica cómo te muestras en tu mejor y peor momento. Esto significa simplemente que puedes conocer todo el espectro de tu personalidad y el mejor camino hacia el crecimiento, alertándote de las banderas rojas de las que debes ser consciente para poder hacer una pausa, dar un paso atrás y evitar estrellarte y arder de nuevo. Una flecha se llama Flecha de la Desintegración, que muestra nuestro número de estrés. La otra se llama Flecha de la Integración.

Para nosotros, como Tres, tenemos el 9 como flecha de la Desintegración y el 6 como flecha de la Integración. Cuando nos movemos hacia el camino malsano de la Desintegración, adoptamos rasgos de un Nueve malsano porque nuestra necesidad dominante de atención y significación ha sido desafiada. Esto puede expresarse como retraimiento, ansiedad, miedo e incertidumbre. Si alguna vez te has enfrentado a demasiada presión en el trabajo y has caído en el agobio, en la culpa por no haber cumplido tus objetivos o en la ira hacia todo el mundo, eso es que estás en el camino de la Desintegración. Muchos Tres poco saludables que se encuentran en este camino beben en exceso, se vuelven demasiado agresivos y se involucran en todo tipo de abuso de sustancias para hacer frente a la situación.

Por otro lado, cuando avanzamos hacia la Integración, cultivamos y activamos las cualidades más saludables de un Seis. Eso hace que nos movamos por las situaciones y la vida sintiéndonos más seguros y aceptándonos a nosotros mismos y a los demás. Ya no sentimos la necesidad de que los demás nos validen porque estamos contentos con lo que somos y con las elecciones que hemos hecho en la vida. Al desarrollar más rasgos de un Seis sano, nos centramos más y perdonamos más. Establecemos límites claros que nos permiten atender nuestras necesidades emocionales. Para entender la relación de estas flechas y cómo llegamos a los niveles saludables y no saludables, hablemos de los distintos niveles de desarrollo del Tipo Tres.

LOS 9 NIVELES DE DESARROLLO, DE MENOR A MAYOR

Los niveles de desarrollo surgen de las enseñanzas de Riso y Hudson y de los fundadores del Instituto del Eneagrama, que es un gran lugar para hacer el Test del Eneagrama. Su teoría postula que todos los individuos caen en uno de los nueve niveles de funcionamiento. El nivel más bajo es el nueve, y el más alto es el nivel uno. Los niveles se dividen en una tríada que subcategoriza estos niveles como saludables (1, 2, 3), niveles medios (4, 5, 6) y niveles no saludables (7, 8, 9).

NO SALUDABLE

Nivel 9:

Este es el nivel más oscuro, más bajo y más peligroso que puede vivir un adulto para cualquier número del Eneagrama. Está bien en la infancia estar aquí -de hecho, aquí es donde todos empezamos cuando somos bebés-. Sin embargo, muchos adultos nunca han superado esta etapa o, peor aún, siguen cayendo en este nivel. Para los tipos Tres, que son ambiciosos y conscientes de su imagen y estatus, estar en este nivel es altamente destructivo para ellos y para quienes los rodean. En esta etapa del desarrollo de un Tres, son vengativos, implacables y obsesivos en destruir todo lo que les recuerde sus propios defectos y fracasos. La persona probablemente exhibirá un comportamiento psicopático, generalmente mostrando un Trastorno de Personalidad Narcisista.

Nivel 8:

En este nivel no saludable, los Tres se han desarrollado un poco, pero todavía están atascados en niveles de expresión dañinos, por lo que son altamente tortuosos y engañosos. El individuo en este nivel hará cualquier cosa para encubrir sus errores y fracasos porque quiere mantener esa fachada de que está ganando en la vida. Este Tres también es ilusoriamente celoso de los demás, no es confiable, es malicioso y tiende a sabotear y traicionar a la gente si eso es lo que se necesita para ganar.

Nivel 7:

Este Tres lucha sobre todo con el miedo al fracaso y está impulsado por ese impulso innato de evitar el fracaso. Por lo general, eso significa hacer lo que sea necesario para ganar y preservar su ilusión de superioridad. El individuo en este nivel no es realmente exitoso, pero "finge" las cosas en su mundo para parecer más exitoso de lo que realmente es. Esto los hace muy oportunistas y explotadores, buscando codiciar el éxito de los demás en cualquier oportunidad que tengan.

PROMEDIO

Nivel 6:

En este nivel, el Tres del Eneagrama se ha desarrollado lo suficiente como para llegar a niveles medios de expresión. Este Tres está centrado en sí mismo, es arrogante, grandioso, narcisista y tiene nociones infladas sobre su éxito y sus talentos. La lucha contra los celos sigue siendo frecuente, y hacen cualquier cosa para impresionar a los demás con su superioridad. Es fácil detectar a estos Tres porque siempre son los más ruidosos de la sala, intentando demostrar a los demás que son los mejores aunque no lo crean.

Nivel 5:

En este nivel medio, el Tipo Tres está más preocupado por lograr lo máximo posible y ganarse la admiración de los demás. En una nota más positiva, este Tres es pragmático y eficiente. Se centran únicamente en aplastar su objetivo y conseguir lo que quieren. Intimar con otro o "dejar entrar a alguien" es un reto. La suave fachada que utilizan para ganarse a la gente los mantiene fuera de sintonía con su auténtico ser, y evitan lidiar con sus sentimientos.

Nivel 4:

Este Tipo Tres está centrado en la carrera y el rendimiento. Quieren ser los mejores y se esfuerzan constantemente por alcanzar metas cada vez más grandes. El miedo al fracaso sigue siendo un reto considerable. A veces, pueden compararse con otros que tienen más éxito.

SALUDABLE

Nivel 3:

El ascenso en el desarrollo del Tipo Tres a esta fase saludable es liberador. Si bien el Tres sigue siendo ambicioso, esforzándose por ser sobresaliente y lo mejor que puede ser, está más orientado a convertirse en un ser humano excepcional y no sólo a ganar en su carrera. Este Tres se esfuerza por encarnar cualidades ampliamente admiradas e invierte mucho en su crecimiento personal. También son muy eficaces, y los demás los siguen de forma natural y se sienten motivados al estar cerca de este individuo.

Nivel 2:

En este nivel, el Tipo Tres es seguro de sí mismo, deseable, encantador, gracioso, adaptable y posee altos niveles de autoestima. Es competente y cree en sí mismo y en el valor que aporta.

Nivel 1:

Este es el nivel más alto y avanzado que un Tres puede esperar alcanzar. En este nivel, la trascendencia ha ocurrido, y los Tres realmente están operando en su mejor momento (en completa alineación con su Ser divino). Son auténticos, se aceptan a sí mismos, son gentiles, benévolos, modestos y llenos de corazón en todo lo que hacen. La gente ama y sigue a este individuo.

LA PASIÓN DEL TIPO TRES

El Eneagrama identifica la Pasión o el vicio de un Tres como el engaño o, mejor dicho, la vanidad y la falsa imagen de sí mismo.

Veo la Pasión como la principal herramienta de afrontamiento de nuestro ego para reconectarse con la esencia. Aunque no es el mejor camino y a menudo conduce a la desintegración y a hábitos poco saludables, la intención subyacente es encontrar nuestro camino de vuelta a casa. Por lo general, esta Pasión nace de experiencias de la infancia o de alguna herida que nos hizo llevar una máscara y protegernos del mundo. Cuanto más llevábamos esta máscara, más difícil es reconocer nuestro verdadero yo. Como miembros de la Tríada del Corazón, perder nuestra esencia y nuestro verdadero yo significa también perder el contacto con nuestras emociones y la alegría y el amor innatos que sabemos que merecemos. Así que en un intento de tener algo de ese sentimiento de plenitud, tendemos a engañarnos a nosotros mismos y a los demás. Para un Tres, la pasión del engaño se expresa en las actitudes y el comportamiento de convertirse en lo que otros admiran y desean. Puede ser en forma de imitación de otra persona, promoviendo el éxito personal por encima de todo lo demás mientras se ignoran los fracasos, disimulando los defectos percibidos y estando excesivamente obsesionado con la imagen y el estatus. Tómate un momento para reflexionar con franqueza sobre las siguientes preguntas:

- ¿Creo que tengo que ganarme el amor siendo digno?
- ¿Tengo tendencia a cambiar de forma y convertirme en lo que otros quieren que sea sólo para conseguir lo que quiero?
- ¿Me identifico demasiado con mi personalidad y mi imagen exterior?
- ¿Adopto a menudo las ideas de los demás, especialmente los modelos de conducta, y las llevo como mi identidad personal?

La respuesta honesta que obtengas de este sencillo ejercicio te hará avanzar hacia tu virtud y dar un paso más hacia tu verdadera esencia. ¿Qué es la virtud? Tu virtud representa la expresión más precisa y auténtica de ti mismo. Es típicamente lo opuesto a tu Pasión o fijación del ego. Para un Tres, esa virtud es la Verdad y la Integridad. Y se expresa en el comportamiento como:

- ser auténticamente tú mismo sin importar lo que piensen los demás
- ralentizarte con frecuencia para reconocer y procesar tus emociones
- ser más auto-aceptante y contentarte con ser tú mismo
- sentirte íntegro y confiado en tu Verdad

LA INFANCIA Y LOS PATRONES EMOCIONALES DEL TIPO TRES

Los patrones emocionales de un adulto suelen estar formados por las experiencias de la primera infancia y por cómo uno interpreta su educación. Cada uno de nosotros tiene un filtro a través del cual entiende el mundo que lo rodea. Para los Tres del Eneagrama, ese filtro está asociado al éxito externo. Cuando eran niños, los Tres estaban profundamente conectados con la figura que los nutría y aprendían a intuir las necesidades de esa persona antes de que se las plantearan expresamente. En mi caso, fue mi madre, e hice todo lo posible para satisfacer esas necesidades porque no había "hombre de la casa", y yo tenía que intervenir para llenar el vacío dejado por esa presencia protectora. Algunos Tres formaban parte de una gran familia y no recibían la atención que necesitaban, así que utilizaban la actuación para destacar y llamar la atención. También tengo amigos del Tipo Tres que crecieron con padres increíbles que los elogiaban por sus logros. Así que, de niños, aprendieron a asociar el amor con "hacer" en lugar de "ser".

Todos los Tres nos esforzamos por ganar o lograr algo porque obtenemos esa mirada de aprobación que nos encanta recibir desde la infancia. No importa qué tipo de configuración familiar hayas tenido. Si el mensaje que recibió tu cerebro es que ganar te da amor y atención, haces lo que sea para mantener esa realidad. Eso puede ser en los deportes, en los estudios e incluso en una carrera ahora que eres adulto.

No hay nada malo en querer ganar y tener éxito en la vida, pero las cosas se complican cuando se basan en un falso sentido de ti mismo. Supongamos que sólo buscas el éxito en la vida porque lo has vinculado a tu autoestima y al amor. En ese caso, te enfrentas al miedo al rechazo y al abandono. Eso es lo que el Eneagrama intenta ayudarte a descubrir para que puedas curar esas heridas emocionales y vivir tu ambiciosa vida desde un lugar de plenitud. En lugar de utilizar los logros y los éxitos externos como distracciones y máscaras para encubrir la desconexión de tu verdadero Ser, haz el cambio y sana desde dentro hacia fuera. Vamos a profundizar un poco en tu tipo de personalidad particular hablando de los subtipos para permitir esta transformación. Luego cubriremos los consejos de estilo de vida y los cambios que puedes integrar.

SUBTIPOS PARA EL TIPO TRES

El sistema de perfiles del Eneagrama permite 3 subtipos en cada Tipo. Estos son las variantes de Autoconservación, Social y Uno a Uno (Sexual). Recuerda que las tres variantes instintivas existen en todos nosotros. Sin embargo, el orden en el que se apilan determina su influencia en nuestras vidas. Una de ellas será la más dominante y la que más fácilmente resuene en ti y la observes como patrones de comportamiento y pensamiento en tu vida. La segunda se sentirá un poco neutral y menos influyente, y la tercera será la menos significativa. El tercer instinto se convierte en un punto ciego para muchos porque está totalmente subdesarrollado y fuera de su reconocimiento consciente. Dependiendo de cuál sea el instinto más dominante, conformará tu personalidad única y la forma en que abordas la vida como un Tres.

Tres de Autoconservación (SP)

La seguridad es el foco principal de este Tres del Eneagrama, que también es el contratipo del grupo. Como el contratipo, este Tres actuará de manera que es fácil confundirlo. Los Tres SP tienen una energía ilimitada y un gran impulso, que utilizan para lograr sus objetivos personales, como la compra de hermosas casas y el establecimiento de la seguridad financiera. A diferencia de los Tres clásicos, a este individuo no le gusta presumir. Prefieren no hacer publicidad de sus logros y fortalezas.

Aunque siguen valorando el hecho de ganar y tener una buena apariencia, no quieren que se los vea como personas orientadas a la imagen. No me malinterpreten, este Tres desea ser reconocido por su trabajo duro y su excelencia, pero no de la manera vana y a menudo materialista que disfrutan otros Tres.

Este subtipo es fiable, eficiente y productivo y aspira a hacer lo correcto para sí mismo y para los demás. Su búsqueda de la seguridad y la autosuficiencia a través del trabajo duro puede conducir a luchas con la adicción al trabajo.

Tres Social (SO)

El prestigio es el objetivo principal de este individuo. Impulsado por la vana necesidad de tener un buen aspecto, impresionar a los demás y hacer el trabajo, el Tres Social disfruta estando en el escenario, bajo los focos. Los Tres Sociales saben cómo ascender en la escala social y alcanzar el éxito. De todos los subtipos, el de los Tres Sociales es el más agresivo y competitivo. El éxito y la obtención de influencia son fundamentales para estos Tres y pueden incluso tomar atajos o encubrir el fracaso con tal de obtener el resultado deseado.

Uno a Uno/ Tres Sexual (SX)

El carisma es el foco principal de este Tres, y se expresa en la cantidad de tiempo, energía y atención que ponen en su apariencia física. Mientras que este Tres no es tan obvio y abierto sobre su vanidad como en el caso de un Tres Social, tampoco están en conflicto con ella como es el caso del Tres de Autoconservación. Su vanidad y atractivo personal se emplean para hacer sentir bien a los demás. A los Tres sexuales les cuesta más hablar de sí mismos y suelen poner el foco en las personas a las que quieren promocionar. Los Tres Sexuales tienen algunas tendencias a complacer a la gente, especialmente en torno a la familia, los amigos o los miembros del equipo que les importan. Puede ser fácil confundir este subtipo Tres con un Dos, porque tienden a pensar y actuar en la línea de "Si los que me rodean logran el éxito, entonces yo soy más exitoso".

CHAPTER 10

CONSEJOS PARA EL TRABAJO Y EL ESTILO DE VIDA DEL ENEAGRAMA TIPO 3

H ay mucho que cubrir sobre las oportunidades de crecimiento para todos los Tres del Eneagrama. Antes de eso, vamos a abordar algunas de las luchas a las que te enfrentarás en algún momento de tu viaje. Las luchas son ya una realidad actual para algunos de mis lectores. Es posible que eviten este tema por completo. Si ese es tu caso, es hora de enfrentarte a los demonios y ponerlos a descansar.

LUCHAS DE UN ENEAGRAMA TIPO 3

La sensación de que el éxito está siempre fuera de alcance

Este es un sentimiento con el que todos los Tres pueden relacionarse de alguna manera, principalmente cuando operan en niveles de desarrollo medios o poco saludables. La persona se esfuerza por subir la escalera y dar en el blanco, pero es un blanco en constante movimiento. Y si mira a su alrededor, siempre hay alguien más hábil, exitoso, famoso, más guapo, etc. Para los Tres medios y poco saludables, este objetivo en constante movimiento les hace sentir que no tienen éxito y que no valen nada, por lo que necesitan seguir subiendo de nivel y alcanzar lo siguiente mejor. Cuando se maneja mal, este sentimiento se convierte en un caldo de cultivo para mucho dolor y falta de gratitud.

Qué hacer: Dediquemos unos momentos a escribir tus objetivos para el próximo año, cinco años y diez años respectivamente. ¿Son esos objetivos realmente tuyos? ¿Los has elegido porque quieres competir con alguien o demostrarle algo a alguien? ¿Tienes algún objetivo que hayas elegido porque crees que alcanzarlo te permitirá convertirte en la mejor y más elevada versión de ti mismo? ¿Qué objetivos tendrías para el próximo año si no hubiera recompensas y la gente te quisiera por ti mismo?

Comparaciones

Otro comportamiento poco útil para los Tres medios y poco saludables es el hábito de comparar su éxito con el de los demás. No importa lo bien que lo consigan, si sienten que otra persona lo tiene mejor, se sienten inmediatamente inseguros. Cuando están rodeados de personas con menos éxito, se sienten orgullosos y competentes, pero quizás aburridos porque no hay ningún reto. Hace falta mucho crecimiento personal para deshacerse de este hábito de comparación y dejar de sentirse inseguro cuando se está cerca de personas con más éxito.

Qué hacer: Considera la posibilidad de realizar actividades que te saquen de esa mentalidad competitiva y te permitan ver que estás en un camino único, al igual que todos los demás. Incluso podrías colaborar en una actividad benéfica, como cocinar para niños con necesidades especiales o construir un centro educativo para una escuela local (con las personas con las que tiendes a compararte). Es importante que te des cuenta de que tu éxito es tuyo y nadie puede quitártelo. Y lo mismo ocurre con las personas que te rodean. La mentalidad de escasez de la comparación es más perjudicial que útil para tu éxito en este planeta abundante.

Estar siempre "encendido".

Esto es muy común en todos los Tres porque no sabemos cómo "desconectar". De hecho, muchos Tres odian esa palabra. Cuanto más bajo es el nivel de desarrollo (niveles medios y no saludables), más problemático se vuelve esto porque esta tendencia lleva a la vanidad, a las imágenes falsas y a las exageraciones. Cuando un Tres comienza a "fingir", ya sea emocional, físicamente o a través de su estatus, sólo para aparentar que está "en marcha", es un gran problema. Porque sólo amplifica sus inseguridades ocultas y los obliga a sobrepasarse tratando de salvar la cara.

Qué hacer: Está bien ser entusiasta, enérgico y estar siempre en marcha, siempre y cuando provenga de un lugar auténtico. Asegúrate de que controlas el interruptor de encendido.

Agotamiento

Otro problema importante para los Tres medios y poco saludables es el exceso de trabajo hasta el punto de sufrir un colapso. Como la persona tiende a obsesionarse demasiado con el éxito y el logro de objetivos, puede perder rápidamente el contacto con sus necesidades físicas y emocionales. Esto lleva a una deuda de sueño, a una mala alimentación, a la falta de ejercicio y a problemas de salud en general debido a la falta de atención. Los tres pueden sobrecargarse fácilmente en nombre de la realización de sus sueños. La otra área que suelen descuidar es la de las relaciones. Cuando se centran en un objetivo, lo ignoran todo y a todos, incluso a sus seres queridos, si no ven cómo la relación les ayuda a conseguir su objetivo.

Qué hacer: Da prioridad a tu rutina de autocuidado. Haz un chequeo diario contigo mismo para asegurarte de que todo está bien internamente. Detente y respira profundamente de vez en cuando. Permítete dormir la siesta, comer y cenar tranquilamente, dar largos paseos, etc. Planifica tu apretada agenda en consecuencia para poder dormir lo suficiente cada noche e incluye algo de vida familiar y social de vez en cuando para dar a las personas de tu vida un poco de atención y afecto.

Sentirse poco querido y estar en conflicto con la autoaceptación y el amor propio

Este es el santo grial para un Tres. El viaje hacia el autodescubrimiento no es para que tus ambiciones y deseos sean algo malo, sino para que puedas experimentar el amor verdadero e incondicional. Ese amor viene de dentro aprendiendo a aceptarte y amarte a ti mismo primero. Luego permite que los demás te amen. Sé que esto es difícil y definitivamente requiere un serio desarrollo personal. Sin embargo, una vez que lo consigas, ya no te obsesionarás con perfeccionar tu imagen exterior o con impresionar a la gente.

Los premios, los coches de lujo, las casas y el estatus social serán agradables de tener, pero no te definirán. La lucha por el amor comenzó a una edad temprana. La mayoría de los Tres no se sentían amados por lo que eran y, a su vez, se convirtieron en personas que enjaulan sus emociones y se esfuerzan por conseguir logros. Es un mecanismo de supervivencia que cumplió su propósito. Si quieres expresar y experimentar la mejor y más elevada versión de tu vida, es hora de deshacerte de esta creencia y encontrar tu verdadero yo.

Qué hacer: Invierte tiempo en conocer quién eres realmente. Participa en algunas actividades de amor propio, lee un libro o asiste a un seminario que te introduzca en los aspectos de ti que están más allá de lo que conoces. Una vez que sepas quién eres realmente, más allá de tu personalidad egoísta, aprenderás a amarte y aceptarte. Esto puede llevar tiempo, pero cuanto más te muevas en esta dirección, antes encontrarás tu "yo perdido".

OPORTUNIDADES DE CRECIMIENTO

Descubramos algunas de las formas en las que puedes empezar a crecer personal y profesionalmente ahora que estás haciendo el trabajo interior de pasar a niveles superiores de desarrollo.

Desarrolla la intención de aceptarte y amarte a ti mismo

Puedes cambiar a rasgos más positivos desafiando tu sistema de valores actual. Elige dejar de depender de los logros y el reconocimiento. Según las enseñanzas del Eneagrama, el camino integrado de crecimiento está influenciado por el Seis del Enea-grama. Así que como un Tres que se mueve hacia niveles más altos de desarrollo, estas líneas de crecimiento influenciadas por el Seis te permitirán darte cuenta de que tu valor no está determinado por otras personas. Su aprobación o falta de ella no tiene nada que ver con tu autoestima. Sigues poseyendo un valor tremendo, tanto si ganas elogios como si no. Este camino de crecimiento te ayuda a abrazar lo que realmente eres, y te vuelves más honesto, auténtico y leal a tu verdadero yo.

Practica la escucha activa

Como Tres, puedo dar fe de que escuchar los consejos de los demás no es fácil. Me he entrenado para desarrollar esta cualidad porque es esencial. Nuestra naturaleza obstinada tiende a estar en desacuerdo con las sugerencias de otras personas sobre cómo deben hacerse las cosas. Cuando se trabaja en un entorno de equipo o incluso con un cónyuge, permitir la comunicación bidireccional es saludable y fundamental para que las relaciones prosperen. Esta es un área de crecimiento para todos los Tipo Tres, así que sé amable contigo mismo y nota cada vez que rechazas las ideas de alguien porque tu mente ya está decidida. Aprender a escuchar las ideas de los demás y su versión de la historia te da una perspectiva más amplia y te hace parecer menos egocéntrico.

Deshacerte del impulso de mentir

La pasión o pecado principal de un Tipo Tres es el engaño. Cuanto más alto sea tu desarrollo, más fácil será resistir la tentación de engañar, mentir o tergiversar las cosas en tu beneficio. A medida que encuentres tu auténtico yo y te reconectes con esa versión superior de ti, la vanidad y el engaño se desvanecerán naturalmente. No sentirás la necesidad constante de mantener una imagen falsa o llevar una máscara engañosa.

Aclaremos algo. Alcanzar el éxito y seguir tus ambiciones y sueños es correcto, y es maravilloso desear un mejor estilo de vida, esos ingresos de ocho cifras y viajes mundiales para ti. Pero no "persigas" estas cosas para impresionar a los demás o como mecanismo de supervivencia para ocultar tu vergüenza. Si el éxito que buscas es sólo una cáscara para cubrir los sentimientos de vacío, entonces no hay crecimiento. Sana primero tu interior, encuentra quién eres realmente, y luego haz que se manifieste lo que tu Yo Superior considere correcto.

Devuelve a tu comunidad

Encuentra una causa dentro de tu comunidad que resuene contigo. Hacer contribuciones a la sociedad puede ser una gran manera de entrenarse para compartir el centro de atención y ver la abundancia en diferentes niveles de la vida. Tu perspectiva del éxito se ampliará al interactuar con otras personas totalmente diferentes a ti y que, sin embargo, tienen éxito por derecho propio.

Asociamos el éxito con el poder, los logros materiales y el estatus como Tres. El éxito en este nuevo descubrimiento se expande también a otras áreas. Aprenderás a abrazar el trabajo en equipo y el altruismo, y es una gran manera de inspirar y cuidar a las personas de tu comunidad. Considera la posibilidad de ofrecerte como voluntario para un proyecto o actividades que resuenen contigo.

ENEAGRAMA TIPO 3 BAJO ESTRÉS

Cuando los Tipo 3 nos estresamos, nos desconectamos y caemos en niveles medios y poco saludables. Expresamos un comportamiento que está típicamente influenciado por la flecha Nueve. Cuando esto sucede, las cosas entran en una espiral descendente porque, como puedes imaginar, estar influenciado por las malas cualidades de un Nueve del Eneagrama, como la procrastinación, la pereza y la indiferencia, significan la perdición para nuestra personalidad típicamente energética. Así que sentirás una desconexión dentro de ti mismo y te darás cuenta de que te estás quedando atrapado en un trabajo ocupado que no significa nada para ti y que realmente no mueve la aguja en tu vida. También empezarás a dejar las cosas en suspenso y los sentimientos de apatía aumentarán exponencialmente.

Como Tres, nos estresan mucho algunas de las siguientes cosas:

- Sentirnos incompetentes en algo que nos importa.
- Estar rodeados de gente incompetente.
- Perder
- No ver el progreso hacia un objetivo o meta establecida.
- Estar rodeados de personas que carecen de visión.

- No ser reconocidos por nuestro trabajo duro y nuestros logros.
- Sentirse indeseable o sin valor.
- No ser lo suficientemente desafiado.

Cómo facilitar la vuelta a un estado saludable:

La mejor manera de salir de ese estado paralizante e insalubre de estrés y desintegración es reconocer que te estás comportando como un Nueve insalubre. Y hacer una pausa y tomarte un tiempo para descomprimir y dejar salir las cosas que te agobian. Busca a alguien en quien puedas confiar y cuéntale lo que te pasa y por qué estás tan estresado. Si no confías en nadie, considera la posibilidad de escribir todo en un diario privado. Lo importante es que reconozcas que está ocurriendo y lo liberes inmediatamente de tu sistema.

Respira profundamente y sintoniza con tu cuerpo. ¿Qué está pasando ahí? ¿Estás cansado? ¿Tienes hambre? ¿Tienes dolor? ¿Qué podrías hacer ahora por tu cuerpo para que se encuentre en un estado de tranquilidad y buena salud? Una vez que hayas liberado el estrés, ya sea verbalmente o a través de un diario, y hayas atendido tus necesidades corporales, cambia tu atención a algo creativo que puedas hacer para iniciar un nuevo impulso. Para la mayoría de los Tres, la expresión creativa es fácil. Siempre hay algo que nos gusta hacer, como escribir, dibujar, pintar, tocar un instrumento, la cerámica, escuchar música, etc. Ya sabes lo que te gusta, así que reserva tiempo inmediatamente y dedícate a esta actividad hasta que te consuma y cambie tu energía. Ahora que ya tienes un nuevo impulso, sigue añadiendo actividades para seguir avanzando hasta que vuelvas a estar en marcha.

RELACIONES

El Tipo Tres es naturalmente enérgico, devoto y valora el cuidado genuino. Cuando se trata de relaciones personales y profesionales, un Tres suele asumir un papel competitivo, de aliado o de mentor con la otra persona. El lugar que ocupan determina el desarrollo de la relación.

En las relaciones románticas, los Tres suelen buscar parejas capaces de aportar algo único y beneficioso a la relación. Dependiendo del nivel de desarrollo, los Tres se sentirán atraídos por diferentes cualidades en el otro, ya sea inteligencia, intereses mutuos o algún tipo de apoyo. En el trabajo, los Tres se sienten atraídos por las personas que pueden darles acceso para alcanzar el objetivo que han elegido. Dependiendo de la situación, puede ser el gerente, un ejecutivo o el dueño de la empresa. Cuando son menos saludables, los Tres se preocupan demasiado por los logros y el éxito, a veces a expensas de las personas que los rodean. Por eso es esencial ser consciente de ti mismo y seguir creando ese equilibrio como un Tres para que tus seres queridos no se sientan desatendidos o pierdan el interés en formar parte de tu viaje.

CONSEJOS PARA LAS RELACIONES CON OTROS TIPOS

Como un Tres, deseas a alguien que te ame y te aprecie, que complemente o iguale tu intensidad y que te mantenga desafiado en todas las formas correctas. Aquí tienes algunas formas de mejorar tus relaciones con otros tipos de Eneagrama.

Tipo 3 y Tipo 1: Tienes una pareja que apoya genuinamente tus esfuerzos con un Tipo Uno. Alguien que también cree, al igual que tú, que mantenerse racional es la mejor manera de afrontar los conflictos y resolver las cosas. El Tipo Uno admira tu actitud de poder hacer las cosas y el hecho de que siempre las haces. Tú aprecias el compromiso, el sentido de la responsabilidad y la exigencia del Tipo Uno. Cuando ambos operan en niveles superiores de desarrollo, esta puede ser una hermosa relación.

Algunos de los desafíos que podrían enfrentar juntos es salir de esa mentalidad seria, estricta y orientada a las tareas y entrar en la amistad y el romance. El Uno también podría ver tu cambio de forma como algo manipulador y superficial, mientras que tú podrías ver el enfoque de principios del Uno hacia todo, incluyendo la noche de cita, como demasiado rígido, aburrido y sofocante.

Pueden crecer juntos suavizando los nervios del otro y aprendiendo lo que significa realmente descansar, relajarse y restablecerse. Practica esto en tu relación.

Tipo 3 y Tipo 2: Son una pareja encantadora y apasionada con un Tipo 2. El Dos aporta mucha calidez, aceptación y afirmación a tu mundo, lo cual te encanta. Tú aportas la ambición, la energía y la vivacidad que inspiran al Dos a seguir sus sueños. Hay mucha atención, afecto y conexión interpersonal cuando funciona a niveles saludables entre tú y tu pareja. Es fácil mantener compromisos sociales saludables y positivos. Su atractivo y confianza combinados irradian una energía dinámica que la gente no puede dejar de admirar.

Algunos de los retos a los que puedes enfrentarte son la falta de comprensión de tus propios sentimientos. Seguro que puedes captar la energía y los sentimientos de la otra persona, pero ¿inviertes suficiente tiempo en hacer lo mismo con tus sentimientos internos? Cuando hay autodescuido interno, la relación se enfrenta a muchos problemas. Puede que te sientas abrumado por la ayuda y el deseo de conexión emocional del Dos, especialmente cuando está estresado. El Dos puede sentirse descuidado mientras tú te ahogas en tu ambición y tus tareas.

Pueden crecer juntos si aprenden a mantener un diálogo abierto con preguntas de calidad que les permitan reflexionar sobre lo que realmente ocurre en su interior. Ponte en contacto primero con tus propios sentimientos. Eso enriquecerá tus relaciones mucho más que cualquier terapia.

Tipo 3 y Tipo 3: Con otro Tres como compañero, es como estar con un espejo perfecto que les permite hacer cosas extraordinarias juntos. Sacan lo mejor del otro. Son encantadores, exitosos y agradables, y simplemente se entienden. Una pareja de Tres en una relación significa que ambas partes entienden la importancia de ser destacados y admirados. Sin embargo, por debajo de todo eso, puedes ver detrás de la máscara y darte cuenta de que hay una persona cariñosa, genuina y afectuosa debajo de todo ese trabajo duro y esa gran ambición.

Aunque creo que los Tres en una relación son una pareja perfecta, el mejor momento para estar en una relación con otro Tres es en los niveles más altos de desarrollo. De lo contrario, el reto al que te enfrentarás será chocar contra un muro con tu pareja cuando se agote por la apretada y exigente agenda que ambos llevan. Con días tan ajetreados y grandes ambiciones que los impulsan a ambos, es fácil descuidar los sentimientos o el tiempo de inactividad juntos. Eso tiende a crear lagunas en su relación, y a menudo se encontraran atrapados en ciclos opuestos de logros y agotamiento. El hecho de que no te guste admitir un fracaso o incluso disculparte cuando algo es culpa tuya también puede convertirse en un gran problema.

Crezcan juntos dando prioridad a la parte de los "sentimientos" de su relación tanto como a todo lo demás. Entrénate para soportar la incomodidad de lidiar con las emociones hasta que deje de ser demasiado incómoda. Cuando tengas ganas de retirarte, haz un esfuerzo por hacer lo contrario y comunicarte con tu pareja. Date cuenta de que pedir disculpas no es un signo de fracaso o debilidad.

Tipo 3 y Tipo 4: Con un Tipo Cuatro, la relación es seria e intensa y facilita mucha comunicación abierta. El Cuatro aporta introspección, profundidad y significado a la relación, lo cual es excelente para ti porque te ayuda a frenar y hacer tu trabajo interior. Tu ambición, energía y estructura son deseables para los Cuatro. Les ayuda a estar más presentes en el mundo y a aumentar su confianza en sí mismos. La relación es muy equilibrada, y tú te vuelves más sensible y te sientes más cómodo expresándote.

El principal reto al que puedes enfrentarte con un Cuatro es lo diferente que es su temperamento emocional del tuyo. Es posible que el exceso de "emoción" te resulte abrumador o irracional. Puede que te vean como "falso" o apático porque no te emocionas tanto como ellos. En otras palabras, a veces simplemente no los entiendes, y ellos sienten lo mismo por ti.

Crezcan juntos estableciendo expectativas realistas en su relación. Cuando surjan tensiones, enfréntate a ellas tan pronto como notes su fea cabeza. Sé abierto y claro sobre hasta dónde estás dispuesto a llegar para priorizar las necesidades emocionales de tu pareja y permítele hablar con su corazón. Escucha con la cabeza y el corazón si realmente quieres mantener esa conexión duradera.

Tipo 3 y Tipo 5: Con un Cinco, tu relación es eficiente y estable. Ambos brillan a medida que se vuelven más inventivos y competentes juntos. Los Cinco aportan creatividad, profundidad y objetividad a la relación. Admiran el trabajo que realizas para ser el mejor en lo que haces porque eso es algo que valoran. Tu energía, confianza y sociabilidad también son muy atractivas para los Cinco y les ayudan a salir de su caparazón. Cuando tu asertividad se combina con la consideración de tu pareja y su inclinación por la investigación exhaustiva, la relación rebosa de una firmeza dinámica que te mantiene con ganas de más.

Un reto común al que se enfrentarán es la forma en que operan las cosas y se mueven por la vida. Los cincos tienden a moverse a un ritmo reflexivo. Su enfoque mesurado les ayuda a conservar la energía, manteniéndose firmes y equilibrados. Como un Tres, siempre estás pensando en tus pies, por lo que la velocidad es el nombre de tu juego. A menudo, esto puede crear frustración, sobre todo si estás operando a niveles medios y poco saludables. Puedes sentirte como si estuvieras en un tira y afloja tirando en direcciones opuestas.

Crezcan juntos siendo lo suficientemente abiertos para aprender del otro. Entren en contacto con sus sentimientos de forma significativa y hablen de ellos juntos. Trabajen para alcanzar niveles más altos de desarrollo como pareja.

Tipo 3 y Tipo 6: Con un Seis, tienes una relación transparente, estable y resistente. El Seis es alentador, fiel, cumplidor y sabe cómo mantenerte con los pies en la tierra y animado. Sabe cómo sacar lo mejor de las personas, por lo que al destacar lo bueno de su pareja, ésta se siente más animada a perseguir sus pasiones. La relación es cómoda y te facilita encontrar una conexión emocional con su pareja. Con un alto nivel de responsabilidad y trabajo duro, te vuelves imparable una vez que confías en el otro.

El principal reto que puede encontrar es la diferencia de valores fundamentales. Un Seis valora la lealtad por encima de todo, y tus tendencias cambiantes pueden hacerles dudar de tu fiabilidad. También son bastante cautelosos, lo que puede entrar en conflicto con su personalidad, que es más dura y menos cuidadosa. Y a veces, puedes sentir que te están frenando.

Trabajen sus sentimientos como pareja. Pueden crecer juntos validando el foco de atención del otro y estando presentes en la relación. Mantén un diálogo abierto y hazle saber a tu pareja que respetas sus valores aunque la forma en que expresas la confianza no sea la que está acostumbrada.

Tipo 3 y Tipo 7: Nunca hay un momento aburrido en la relación con un siete. Los Siete son aventureros, valientes y vibrantes, lo cual es excelente porque esa energía divertida y espontánea mantiene las cosas interesantes para un Tres. Eres capaz de ayudar al Siete a ser más centrado, sensible y equilibrado. Es una relación llena de diversión y alta energía.

El desafío que podrías enfrentar es la negligencia emocional y la evasión que puede acumularse con el tiempo. Tiendes a estar ocupado, y a los Sietes no les gusta la confrontación ni la negatividad, por lo que podrían dejar pasar las cosas, creando lagunas en su relación. Tu pareja también puede sentirse frustrada por tu constante deseo de productividad. Como ambos son sensibles a los sentimientos de pérdida o rechazo, es probable que dejen de evitar el abandono.

Crezcan juntos compartiendo sus sentimientos y dedicando tiempo al diálogo abierto, incluso a las cosas incómodas. Aprendan a bajar el ritmo de vez en cuando.

Tipo 3 y Tipo 8: Te espera una relación intensa y viva con un Tipo Ocho. El Ocho aporta tanta o más asertividad y pasión, lo cual es genial porque te permite ser la versión más completa de ti mismo sin juzgarte. Ayuda a tu pareja a dejar de lado la necesidad de controlarlo todo porque sienten que eres competente, responsable y lo suficientemente poderoso como para confiar en ti. Les aleja de esa energía de "lobo solitario" que intenta hacerlo todo solo. Es una relación poderosa e influyente, y pueden construir juntos un fuerte sólido e infranqueable.

El reto, por supuesto, es lo extremas que son las personalidades de ambos. Así como coinciden en lo positivo, también lo hacen en la tensión y el conflicto. Los Ochos temen ser vulnerables o traicionados y, dada la facilidad con la que pueden cambiar de forma, esto puede alarmar a un Tipo Ocho. También es posible que te cueste lidiar con los problemas de ira de tu pareja.

Crezcan juntos dejándose llevar y trabajando en su nivel de confianza. Diviértanse y permítanse estar en situaciones en las que no tengan el control total.

Tipo 3 y Tipo 9: Con un Nueve, estás en una relación serena, decidida y fácil de llevar. Los Nueve ofrecen amor, aceptación y una sensación de calma que te hace sentir que te quieren sólo por ser. Les das el estímulo que necesitan para encontrar su voz y seguir sus sueños porque puedes ver el potencial sin explotar. La relación es muy recíproca, equilibrada, estable y pacífica. Son los animadores uno del otro.

El principal desafío al que podrían enfrentarse es el conflicto de energías. Puede que sientas que el Nueve te frena y que tu pareja se sienta desatendida porque siempre estás ocupado persiguiendo el siguiente gran objetivo. También está la cuestión de la procrastinación y la inacción en la que suelen caer los Nueve, lo que puede ser totalmente frustrante para ti. Sin embargo, presionar a tu pareja para que pase a la acción conduce al retraimiento y al resentimiento reprimido.

Pueden crecer juntos si se escuchan más con la mente abierta. Si tu pareja te dice que necesitas ir más despacio, recuerda que es bien intencionado. Puede haber algo de verdad en su preocupación.

AFIRMACIONES PARA EL ENEAGRAMA TIPO 3

Las afirmaciones pueden ser una gran herramienta cuando empiezas a sustituir tus pensamientos y hábitos negativos. Aprende a convertirte en tu propio animador y a dirigir parte de ese tierno y cariñoso cuidado hacia tu interior pronunciando palabras que te eleven y animen. Aquí tienes una lista para ayudarte.

- Soy más paciente y encuentro mi propio flujo en la vida.
- Me acepto y me quiero a mí mismo.
- Estoy lleno de energía y vida.
- Me permito respirar y relajarme.
- Me abrazo a mí mismo a pesar de mis errores e imperfecciones.
- Agradezco todos mis éxitos.
- Adopto un liderazgo centrado en la verdad, la integridad y la compasión.
- Soy auténtico.

Recuerda que estas afirmaciones sólo funcionan si sientes y crees en lo que dices. Escoge unas cuantas que resuenen contigo emocionalmente y úsalas tan a menudo como sea necesario.

CONSEJOS DE ESTILO DE VIDA DIARIO PARA EL CRECIMIENTO Y LA FELICIDAD

Programa un tiempo regular para desconectar y reiniciar

Nuestro trabajo es vital para nosotros, y nadie te pide que renuncies a lo que crees. Sin embargo, es bueno para tu bienestar mental, emocional, físico y espiritual tener algunos períodos de descanso y relajación. Eso no significa pasar semanas tumbado en una hamaca sin hacer nada (eso me volvería loco). Significa averiguar qué te ayuda a sentirte relajado y descansado y añadirlo a tu horario como parte de tu tiempo de inactividad. Crear un espacio para "desconectar" del mundo y de las exigencias diarias es bueno. Encuentra formas de disfrutar de la desconexión. Para mí, es ir a nadar. Todos los días doy unas vueltas antes de volver a casa por la tarde. Sin teléfono, sin gente, sólo yo y el agua durante 30 minutos. Eso me hace volver a la normalidad.

Practica la atención plena

Puedes practicar la atención plena al comer, ducharte con atención plena o incluso asistir a clases de yoga o meditación, si te parece bien. Aprender a ser más consciente también mejorará tu capacidad de estar presente en cada momento.

Céntrate en una relación que te interese

Tu agenda es muy ajetreada y apenas tienes tiempo para hacerlo todo. Lo entiendo. Pero si tienes algunas personas en tu vida que te importan, busca la manera de darles la atención y el amor que se merecen. Puedes optar por centrarte en mejorar una relación a la vez. Prioriza algún tiempo esta semana para interactuar con alguien a quien quieres. Debes estar presente durante la interacción y demostrarle lo mucho que lo quieres y lo aprecias. Comunica tus sentimientos y hazles saber que te estás esforzando por implicarte más en la relación. A continuación, la próxima semana o el próximo mes, añade una persona más a tu lista. Las relaciones son fundamentales para nuestro éxito, así que tenemos que encontrar la manera de darles prioridad en nuestra búsqueda de él.

Lleva un diario de gratitud

Me tomo cinco minutos al día para escribir tres cosas por las que me siento agradecido. Esta sencilla práctica ha transformado mi vida. Muchos de los Tres se ven atrapados en la competencia y en el logro de la próxima gran cosa. Esa tensión y estrés constantes pueden convertirse rápidamente en malos hábitos y enfermedades para el cuerpo. Me parece que la gratitud me permite mantener ese delicado equilibrio entre sentirme satisfecho con lo que soy (lo que tengo) y abrazar el deseo de más. Las pruebas científicas demuestran que la gratitud ayuda a la mente y al cuerpo de diversas maneras, como la reducción de la presión arterial, la gestión del estrés y el mantenimiento de la homeostasis. Como Tres, quiero mantener una mente y un cuerpo sanos para poder seguir creciendo y avanzando hacia mis sueños.

Explorar la espiritualidad

El tema de la espiritualidad no es fácil, y no todo el mundo está preparado para ello. Pero debes saber que no necesitas ser religioso para tener una fuerte conexión espiritual. Todos los Tres se beneficiarían significativamente de la exploración de la iluminación espiritual porque la mayoría de nosotros caemos en niveles de expresión medios y poco saludables debido a una desconexión con nuestro Yo Superior. Para encontrar tu verdadero yo, necesitarás caminar por ese misterioso camino de la iluminación espiritual porque cualquier cosa menos que eso es sólo el discurso de tu ego. Luchamos con la imagen falsa, la fijación del ego, la vanidad o el uso de demasiadas máscaras porque no estamos en contacto con nuestro verdadero yo. Así que tenemos que actuar e inventar cosas porque es la única manera que conocemos de obtener el amor que anhelamos en el fondo.

Pero una vez que encuentras tu verdadero yo y experimentas el amor incondicional, tu personalidad se transforma en una que no necesita fingir nada. Aprendes a ser tú mismo pase lo que pase y, al hacerlo, dejas de vincular tu valía a los logros o a las posesiones externas. También resulta fácil manejar tus emociones. La imagen que llevas de ti mismo es incluso más atractiva que cualquier cosa que hubieras creado antes de la transformación espiritual. Es mucho para asimilar, así que empieza poco a poco y considera seguir a maestros espirituales como Deepak Chopra o Neale Donald Walsch, según tu preferencia personal.

CHAPTER 11

ENEAGRAMA TIPO 4

EL INDIVIDUALISTA O ROMÁNTICO

En los dos capítulos siguientes, cubriremos todo lo que necesitas saber sobre el Eneagrama Tipo 4, a menudo conocido como el Romántico o el Individualista. Este tipo de Eneagrama, acertadamente llamado así, es el que más se preocupa por expresar su individualidad y encontrar su verdadera identidad. Al igual que los tipos 2 y 3 del Eneagrama, los Cuatro también forman parte de la tríada del corazón. Su emoción principal es la vergüenza, pero a diferencia de los otros Tipos, los Cuatro realmente abrazan y casi se ahogan en esta emoción, expresándola más como una sensación de profunda tristeza o melancolía.

Los Cuatro creen que son innatamente diferentes y que tienen un talento único; por lo tanto, nadie puede comprenderlos realmente a ellos ni a sus dones únicos. También son muy sensibles y muy conscientes de sus carencias. La creatividad es natural y abundante en todos los Cuatro. Cuando operan en niveles altos de desarrollo, hablan con franqueza, son sinceros consigo mismos y con los demás, y poseen una gran profundidad emocional. Estos Cuatro se sienten cómodos siendo vulnerables y mostrando quiénes son sin pedir disculpas. Esta autenticidad e intensidad suele ser muy atractiva. Sin embargo, en los niveles de desarrollo más bajos y poco saludables, los Cuatro pueden ser difíciles de soportar, demasiado temperamentales, erráticos, llenos de dudas sobre sí mismos e inclinados a jugar la carta de la víctima como mecanismo de afrontamiento.

PUNTOS FUERTES DE UN CUATRO

Los Cuatro son muy sensibles a los sentimientos de los demás. Valoran las emociones, y conectar con los demás emocionalmente es una de las formas en que se vinculan con la gente. Esto hace que un Cuatro sea un gran oyente. La gente suele encontrar consuelo y comprensión genuina cuando interactúa con este Tipo.

Los Cuatro también son creativos y confían mucho en su imaginación. Sus mentes se adentran en lugares que otros temen o son incapaces de explorar. Por eso, algunos de los mejores artistas de la historia de la humanidad son del tipo Cuatro. Cuando un Cuatro encuentra su expresión artística, puede crear sin parar. Cada creación es una magnífica actuación que les permite encontrar y expresar continuamente quiénes creen que son.

Otro punto fuerte que encontrará en un Cuatro es lo auténticos y conscientes que son de sus propias emociones, fortalezas y debilidades. Esto les da el beneficio de un crecimiento constante y un aprendizaje continuo, lo cual es común entre los Cuatro sanos. Los Cuatros no sanos tienden a verse obstaculizados por esta cualidad de introspección, lo que les hace ser demasiado conscientes de sí mismos hasta el punto de paralizarse. Pueden frustrarse fácilmente por sus carencias o debilidades, y cuando fracasan, les resulta más difícil recuperarse.

Rasgos clave de la personalidad del Tipo Cuatro

- Creativo
- Auténtico
- Compasión
- Apasionado

Aficiones comunes para un Tipo Cuatro

- Diseñar
- Fotografía
- Leer
- Actuar
- Escuchar música y/o ver películas

MIEDOS Y DEBILIDADES

Los Cuatro tienen una relación muy compleja con sus emociones. Por un lado, no tienen miedo de enfrentarse a sus sentimientos. Sin embargo, se sienten completamente abrumados y se pierden en la melancolía de sus asuntos no resueltos. Aunque anhelan ser amados y aceptados por lo que realmente son, también creen que es imposible. Hablando de caos emocional. Los Cuatro tienen miedo de ser demasiado defectuosos y de que algo esté mal en ellos o falte, por lo que el amor incondicional y la felicidad duradera son imposibles. Para hacer frente a este miedo, amplifican lo que es diferente y único en ellos, lo que pueden hacer que otros no pueden. Al destacar y señalar lo especiales que son, evitan enfrentarse al verdadero problema subyacente, como hacemos todos.

Otro problema que experimentan los Cuatro es la sensación de que nadie los entiende. Se sienten incomprendidos por los demás y, de alguna manera oscura y retorcida, algunos incluso asumen que son demasiado "únicos" y extraordinarios para que los demás los entiendan. Cuando este pensamiento lo tiene un individuo que opera en niveles inferiores de desarrollo, puede llegar a ser realmente destructivo para el bienestar y las relaciones de la persona. Los Cuatro no saludables pueden volverse retraídos, erráticos e insoportables porque no pueden dejar de sentir lástima por sí mismos y crear fiestas de compasión dondequiera que vayan.

Es habitual escuchar afirmaciones como: "Lo que hago es tan difícil y tan especial que nunca me entenderías".

¿Cuál es el miedo básico que impulsa este comportamiento? El miedo a no tener una identidad única o un significado personal.

Los Cuatro son personas idealistas, con sentimientos profundos y sinceros. Son intensos y todo aquello en lo que se centran tiende a amplificarse. La sensación de inadecuación o de que les falta algo les hace volverse ensimismados, cínicos, pasivo-agresivos y, a veces, incluso manipuladores.

¿Cómo se manifiesta a menudo este miedo básico?

Dependiendo del nivel de desarrollo de los Cuatro, hay muchas formas de expresión que se pueden observar en el comportamiento. Por ejemplo, puede tratarse de emociones abrumadoras que se manifiestan en forma de locos cambios de humor. También podrían ser celos y envidia constantes, especialmente cuando ven a otros felices, prósperos y que consiguen las cosas con las que sueñan. Otra expresión negativa es manipular a la gente para poder mantener una relación por miedo al abandono o compararse demasiado con los demás y mostrar lo deficientes que son en un área concreta. Pero como he dicho, todo depende del grado de desarrollo del Tipo Cuatro, así que estudiaremos más sobre los diferentes niveles de desarrollo en breve. Pero primero, vamos a centrarnos en los deseos impulsores de un Cuatro.

DESEOS Y MOTIVACIONES

El deseo básico de un Cuatro es expresar su individualidad única y encontrar su verdadera identidad. Para la mayoría de los Cuatro, la identidad es el aspecto más importante de todo su ser. Sin una identidad única, la vida no tiene sentido para este tipo de Eneagrama. Por eso trabajan incansablemente para encontrar y expresar esta verdad sobre quiénes son realmente. Los Cuatro se sienten impulsados a destacar y ser espectaculares en lo que hacen porque son diferentes. Todos los que les rodean son allí "mundanos" y poco originales. Odian a las personas que consideran falsas y se avergüenzan de las que sólo parecen seguir las tendencias. Debido a esta exagerada necesidad de autenticidad, mantenerse en su individualidad y continuar con esa búsqueda personal de la verdad y la singularidad está siempre en el centro de todo lo que hacen.

Valores fundamentales

Como Tipo Cuatro, estos son algunos de los valores fundamentales que puedes tener.

* Originalidad y creatividad
* Autenticidad
* Romanticismo
* Belleza, estética
* Imaginación
* Conciencia de ti mismo
* Profundidad e intensidad

Entre las celebridades y personajes famosos del Tipo Cuatro que podrías conocer se encuentran la actriz Kate Winslet, la cantante Taylor Swift, el escritor Edgar Allen Poe, la actriz Dakota Fanning, el poeta Rumi, el compositor y pianista Frédéric Chopin, la escritora Virginia Wolf, la cantante y actriz Cher, el compositor Pyotr I. Tchaikovsky, el actor Johnny Depp, la actriz Angelina Jolie, el actor Nicholas Cage, la cantante Alanis Morrisette y el cantante y compositor Prince.

¿Te preguntas si podrías ser un Tipo Cuatro? He aquí algunos indicadores de personalidad:

1. Desde que tienes uso de razón, siempre has sentido que eras diferente, incluso cuando eras pequeño.
2. Con frecuencia tienes días en los que tus emociones y pensamientos son tan fuertes que apenas puedes concentrarte en el mundo exterior.
3. En el fondo, sientes que tu capacidad para navegar por lo más profundo de la experiencia humana es un don único que sólo tú puedes ofrecer al mundo y, por eso, no lo cambiarías ni aunque pudieras.
4. Te consideras una persona compasiva y en sintonía.
5. Estás increíblemente en sintonía con los pensamientos, las emociones y las motivaciones tuyas y de tus allegados, y es fácil detectar incluso los cambios más sutiles en el estado de ánimo de los demás.
6. Lo peor que te puede pasar es no sentir nada o carecer de emociones. De hecho, prefieres sentir cualquier cosa antes que ser neutral.
7. Odias las cosas, experiencias o personas mundanas que carecen de originalidad.

8. Siempre buscas el lado mágico de todo. Más que nada, disfrutas perdiéndote en el mundo de tu propia imaginación.
9. Luchas con la envidia y con la sensación de que siempre te pierdes algo mientras otros tienen lo que tú quieres.
10. Te motiva la búsqueda de la belleza, la originalidad y la verdad.
11. Dejar atrás el pasado, especialmente la infancia o los traumas dolorosos, es extremadamente difícil para ti.
12. Fantaseas secretamente con conocer a alguien que te comprenda y te ame tan completamente que pueda, por fin, salvarte de la soledad y el vacío que has sentido durante tanto tiempo.

TUS ALAS

Las alas son los números adyacentes a tu Tipo de Eneagrama. Como Cuatro, tienes...

- El Eneagrama Cuatro con Ala Tres: "El Aristócrata"
- El Eneagrama Cuatro con Ala Cinco: "El Bohemio"

Aunque puedes tener tendencias que se inclinan hacia ambas alas en varias etapas de tu vida, es probable que seas más dominante en una que en la otra. Esta será tu Ala más influyente y dominante.

Significado de tu ala

Si eres un 4w3 (Cuatro con Ala Tres), eres más entusiasta, trabajador y te preocupas más por el mundo exterior que un Cuatro clásico. Tu inteligencia y creatividad se aplican en todas las cosas, incluidos los negocios y otros logros. Al operar en niveles saludables, la influencia de esta Ala te permite ser más práctico, y equilibra el estado soñador y melancólico con la confianza, la fijación de objetivos y la ejecución. Por desgracia, los niveles medios y poco saludables podrían elevar los rasgos negativos como la envidia, la competencia y la obsesión por la validación y el aprecio de los demás.

Como 4w3, probablemente quieras estar en un entorno de trabajo en el que se sacie tu sed de conocimiento y curiosidad. También quieres trabajar con jefes y gerentes que aprecien y reconozcan todo tu trabajo duro, porque eso te importa. Las carreras más adecuadas para ti incluyen, entre otras, las siguientes:

- Orador motivacional
- Entrenador personal
- Periodista
- Artista (Bailarín, Poeta, Actor, Pintor)
- Diseñador gráfico
- Diseñador de interiores
- Novelista
- Psicólogo
- Asesor de carrera
- Fotógrafo

Si eres un 4w5 (Cuatro con Ala Cinco), eres más autoanalítico, de espíritu libre y valoras tu espacio. Las relaciones con los demás y el hecho de mostrar tus habilidades o motivar a otros no es lo tuyo, a diferencia del tipo 4w3. Cuando operas en niveles saludables, eres emocionalmente seguro, perspicaz, inteligente, observador y te gusta entender a la gente y al mundo que te rodea. La influencia de esta Ala en niveles saludables es casi como una combinación perfecta del corazón y la cabeza, lo que te hace muy sabio y profundo. Ves más allá de lo que el común de los mortales podría ver. Por eso las ciencias sociales y las artes te llaman naturalmente. Eso no significa que te importen las opiniones de los demás. De hecho, prefieres crear cosas por ti mismo para satisfacer tus auténticos deseos. Disfrutas de la soledad, y algunos podrían incluso llamarte un poco excéntrico. Sin embargo, a niveles medios y poco saludables, la influencia de este Ala puede hacer que te vuelvas distante y te llenes de dudas.

Como 4w5, es probable que quieras estar en un entorno de trabajo en el que no necesites tener demasiada interacción con la gente porque las conversaciones triviales te aburren. Sin embargo, necesitas un entorno en el que seas libre de expresar tu creatividad, reflexionar y buscar el conocimiento y la verdad. Las carreras más adecuadas para ti son, entre otras, las siguientes:

- Arquitecto
- Actor
- Videógrafo
- Diseñador gráfico
- Músico
- Bibliotecario

Las flechas y su significado

Tu tipo de personalidad del Eneagrama está vinculado a las líneas o flechas que muestran el camino de crecimiento o desintegración dependiendo de dónde te encuentres en la vida. Cuando se mueve en un camino de desintegración, un Cuatro caerá en las trampas negativas de la flecha Dos (2), y se volverá más inseguro y pegajoso. Esto se conoce como la Dirección del Estrés o la Dirección de la Desintegración y suele ocurrir ante la presión o el estrés superador. La otra flecha indica cómo reacciona y crece una versión sana de su personalidad en entornos más saludables. En este caso, un Cuatro desarrolla más las cualidades más saludables de la flecha Uno (1), volviéndose más objetivo y con principios. Para entender el concepto que hay detrás de los niveles sanos y no sanos, repasemos los distintos niveles de desarrollo de un Cuatro.

LOS 9 NIVELES DE DESARROLLO, DE MENOR A MAYOR

Los niveles de desarrollo surgen de las enseñanzas de Riso y Hudson y de los fundadores del Instituto del Eneagrama, que es un gran lugar para hacer el test del Eneagrama. Su teoría postula que todos los individuos caen en uno de los nueve niveles de funcionamiento. El nivel más bajo es el nueve, y el más alto es el nivel uno. Los niveles se dividen en una tríada que subcategoriza estos niveles como saludables (1, 2, 3), niveles medios (4, 5, 6) y niveles no saludables (7, 8, 9).

Niveles no saludables

Nivel 9: Este es el nivel más bajo y peligroso para un adulto Cuatro. Normalmente, todos nos encontramos en este nivel durante la infancia. Si no alcanzamos niveles más altos, experimentamos cualidades y condiciones poco saludables. Para un Tipo Cuatro, es cuando la persona se siente desesperada, deprimida y altamente autodestructiva. Algunos abusan de las drogas o el alcohol para evadirse, y otros tienen grandes colapsos emocionales y se vuelven suicidas.

Nivel 8: Aunque este nivel es ligeramente superior al anterior, este Tipo Cuatro sigue atrapado en las oscuras mazmorras de su propia mente. Son delirantes, culpables, se odian a sí mismos y tienen un pensamiento morboso. Todo les atormenta y la vida no tiene color ni belleza. Ayudar a un individuo así es un reto, sobre todo porque intentan hacer todo lo posible para alejarte.

Nivel 7: Los Cuatro son un poco más productivos en este nivel, pero tienen dificultades para lidiar con el fracaso o los contratiempos. Cuando algo sale mal, no pueden manejar ese sentimiento de vergüenza. Les hace caer en la depresión, se alejan de los demás y se paralizan emocionalmente.

Niveles medios

Nivel 6: En este nivel, vemos a un Cuatro algo funcional, aunque lleno de melancolía, desprecio, autocompasión y envidia. Este Cuatro se siente diferente a los demás, y odia ver a los demás llevando una vida que presume ser mejor. Aunque pueden revolcarse en la autocompasión, no se sienten realmente movidos a tomar medidas para mejorar lo que no soportan de sus deficiencias.

Nivel 5: Este Cuatro es malhumorado, hipersensible, tímido, demasiado cohibido y tiende a ser retraído. Es el tipo de persona que se toma cada comentario, observación y retroalimentación como algo personal. Los arrebatos emocionales son habituales y no controlan del todo sus cambios de humor.

Nivel 4: En este nivel, vemos a un individuo funcional más capaz de ser sano y productivo en su mundo. Este Cuatro es artístico, romántico y está obsesionado con la belleza. Se centran en cultivar un entorno que sea estéticamente bello y que esté en sintonía con sus fantasías e imaginación internas.

Niveles saludables

Nivel 3: En este nivel, el Cuatro es emocionalmente honesto, humano y fiel a sí mismo. Son muy personales e individualistas, con una visión algo irónica de la vida y de sí mismos.

Nivel 2: Este Tipo Cuatro es autoconsciente, introspectivo, intuitivo, amable, compasivo y muy consciente de sus emociones y las de los demás. La búsqueda del "yo" es prominente en esta etapa de su desarrollo, pero lo hacen de manera saludable y vivificante.

Nivel 1: En este nivel, el Tipo Cuatro está en su mejor momento. Este individuo es inspirador para observar, abundantemente creativo, y puede transformar cada experiencia que ha tenido en algo valioso. Han trascendido a su máxima expresión y conocen su verdadera identidad.

LA PASIÓN DEL ENEAGRAMA CUATRO

La pasión o el pecado mortal del Tipo Cuatro es la envidia. Normalmente se expresa como un sentimiento de carencia. Los Cuatro tienen la sensación de que les falta algo y que los demás lo tienen, pero que ellos, de alguna manera, se han quedado fuera. Eso hace que miren a los demás como más felices, mejores en cierto modo y, hasta cierto punto, incluso más merecedores. Desgraciadamente, esto sólo crea una sensación de deficiencia interior, de superioridad y de complejo de inferioridad.

Lo que los Cuatro necesitan es ecuanimidad. Esta es la virtud que traerá el tan necesario equilibrio, la paz interior, la plenitud y la curación para los Cuatro. Con la ecuanimidad, los Cuatro aprenderán a desprenderse de las emociones y dejarán de ser controlados por ellas. Estarán enraizados en sus cuerpos y reconocerán que ya tienen todo lo que necesitan para una deliciosa experiencia humana. Si estás leyendo esto y te das cuenta de que eres un Cuatro, este es el trabajo que debes hacer. Devuélvete a la plenitud, a la ecuanimidad.

PATRONES INFANTILES Y EMOCIONALES DEL TIPO CUATRO

Uno podría preguntarse, ¿cómo desarrollaron los Cuatro esta creencia de carencia? La mayoría de las veces, comienza en la infancia. Cuando eran niños, los Cuatro se sentían desconectados de las dos figuras parentales de sus vidas. Para algunos, se debió a razones extremas como el abuso, y para otros, fue más leve. Independientemente de los motivos, los Cuatro sentían que sus cuidadores no les veían como realmente eran.

En muchos casos, sentían que los consejos o el consuelo que les ofrecían eran demasiado genéricos y estaban destinados a un niño totalmente diferente a ellos. Este sentimiento de no ser visto e incomprendido dentro de la unidad familiar creó un mecanismo de afrontamiento para los Cuatro. Aprendieron a lidiar con los sentimientos de rechazo, aislamiento y soledad, aprendiendo a aceptar lo que sentían que les hacía diferentes. Más que nada, un Cuatro quiere encontrar su identidad. Cuando son adultos, muchos Cuatro confiesan que tienen la fantasía de conocer a alguien que realmente les vea por lo que son y los ame incondicionalmente, algo que han anhelado toda su vida.

Sin embargo, para experimentar ese tipo de conexión se requiere cierta madurez por parte de los Cuatro, por lo que este trabajo del Eneagrama es vital. Los Cuatro deben darse cuenta de que idealizar el amor incondicional y centrarse más en lo que les hace diferentes no es beneficioso. En cambio, deben aprender a ver dónde se pueden formar vínculos con los demás, lo que requiere un esfuerzo consciente. Las emociones intensas y casi incontrolables que experimentan los Cuatro medios y poco saludables pueden transformarse mediante el autoconocimiento y la autoaceptación. Ese es también el camino para descubrir que no falta nada. No tienes ningún defecto y puedes experimentar la plenitud que has deseado toda tu vida.

Para sanar la herida de la infancia, los Cuatro deben reconectarse con su Yo Superior y reconocer que son dignos. Necesitan abrazar la retroalimentación positiva y aprender a ignorar las emociones negativas inútiles que a menudo los ahogan.

SUBTIPOS PARA EL TIPO CUATRO

El sistema de perfiles del Eneagrama permite 3 subtipos en cada tipo. Se trata de las variantes de Autoconservación, Social y Uno a Uno (Sexual). Recuerda que las tres variantes instintivas existen en todos nosotros. Sin embargo, el orden en el que se apilan determina su influencia en nuestras vidas. Una de ellas será la más dominante y la que más fácilmente resuene en ti y la observes como patrones de comportamiento y pensamiento en tu vida. La segunda se sentirá neutral y menos influyente, y la tercera será la menos significativa. El tercer instinto se convierte en un punto ciego para muchos porque está totalmente subdesarrollado y fuera de su reconocimiento consciente. Dependiendo de qué instinto sea el más dominante, dará forma a tu personalidad única y a tu forma de abordar la vida como Cuatro.

Cuatro de Autoconservación (SP)

La tenacidad es la cualidad distintiva de este subtipo. También es el contratipo del Cuatro, así que en lugar de revolcarse en la autocompasión, este Cuatro quiere ser reconocido por ser "duro". Aunque son bastante sensibles, prefieren no quejarse ni compartir su dolor y sufrimiento con los demás. En cambio, son empáticos y se preocupan por los demás e intentan apoyarlos. Es fácil confundir a este Cuatro con un Tipo Uno o un Tipo Siete.

Cuatro Social (SO)

Los Cuatro sociales son emocionalmente sensibles y están más conectados con su sufrimiento. Para los Cuatro sociales, la agonía es una sensación de confort y familiaridad. Disfrutan deleitándose con la dulzura de la poesía triste y la dolorosa belleza de la música melancólica. Los Cuatro sociales lo sienten todo profundamente y de alguna manera piensan que su sufrimiento es también lo que les hace únicos y especiales. La vergüenza es una cualidad distintiva, y encuentran consuelo en expresar su dolor y sufrimiento a los demás, atrayendo a menudo apoyo y admiración. La fuerte emoción de la vergüenza desencadena mucha envidia y comparación. Los Cuatro sociales se culpan a sí mismos por ser inadecuados e inferiores, lo que sólo los hunde más en la vergüenza.

Uno a Uno/Cuatro Sexual (SX)

El Cuatro Sexual es intenso y tiene una cualidad distintiva de competencia. Es fácil confundirlos con un Tres o un Ocho del Eneagrama por lo exigentes y competitivos que suelen ser. Los Cuatro SX buscan escapar de su sufrimiento siendo los mejores en lo que hacen y exigiendo reconocimiento por su trabajo. Sorprendentemente, estos individuos son más desvergonzados que vergonzosos en cuanto a sus rasgos de personalidad y no tienen ningún problema en ser extremadamente ruidosos en cuanto a sus necesidades insatisfechas. La mayoría de las veces, la ira o la naturaleza exigente de los Cuatro SX es una máscara para encubrir lo tristes o confusos que se sienten realmente.

CHAPTER 12

CONSEJOS PARA EL TRABAJO Y EL ESTILO DE VIDA DEL ENEAGRAMA TIPO 4

C omo parte de tu descubrimiento y transformación, es esencial que reconozcas tus desencadenantes, las áreas con las que más luchas y dónde están tus oportunidades de crecimiento.

LUCHAS DE UN ENEAGRAMA CUATRO

Envidia

Todos los Cuatro luchan con sentimientos de envidia en varios matices. Se deriva de esa sensación de ser deficiente o de carecer de algo. El Cuatro medio o insano siente que la plenitud, la amistad y la facilidad están siempre fuera de su alcance.

Qué hacer: Tómate el tiempo para darte cuenta de lo que tienes y de las cosas en las que has destacado. En lugar de criticarte o compararte con los demás, reconoce y céntrate en la abundancia que tienes y deja que se expanda. Practica la gratitud y sí, cuenta tus bendiciones. Donde vaya tu atención, fluirá la energía.

Alimentar la creatividad con el dolor

La creatividad y la originalidad sólo pueden llegar a través de un gran sufrimiento para muchos Cuatro medios y poco saludables. Muchos creen que deben experimentar la intensidad emocional para producir su mejor trabajo, por lo que pueden buscar la angustia y el dolor para canalizar sus obras creativas. Esto puede ser una experiencia atormentadora, por no decir bastante destructiva.

Qué hacer: Entrénate para darte cuenta de que la creatividad es posible incluso con energía positiva. No es necesario quedarse con lo negativo para ser la energía. No necesitas quedarte en lo negativo para ser el genio creativo que has nacido para ser.

Encontrar gente que "te vea".

Cuando pasas toda tu vida sintiéndote incomprendido y diferente, eso se traduce en una vida en la que sólo te sientes invisible y posees un fuerte deseo de conectar con alguien que pueda ponerse a tu nivel en cuanto a sentimientos, luchas y valores. Ese anhelo crea una existencia terrible, y tú mereces y puedes tener algo mejor.

Qué hacer: Esfuérzate por conectar con personas en las que confíes y formar vínculos genuinos. Cree en tu capacidad para atraer el amor a tu vida. Cuanto más aprendas a quererte a ti mismo, más fácil será que los demás aprecien todas las partes de ti ignoradas durante mucho tiempo. Aun así, debes dejar de idealizar cómo debería ser esa relación en tu imaginación.

EL ENEAGRAMA TIPO CUATRO BAJO ESTRÉS

Los Cuatro del Eneagrama suelen estresarse cuando hay demasiada presión externa. Odian ser microgestionados o que se les obligue a seguir muchas reglas y directrices. Cuando sus sentimientos son ignorados o si no pueden expresar sus verdaderos sentimientos, los Cuatro tienden a aislarse y a rumiar sus emociones negativas y su desgracia.

Los Cuatro tampoco soportan estar en un entorno en el que tienen que poner una cara feliz cuando tienen problemas emocionales. Supongamos que están trabajando en algo y tienen un bloqueo de creatividad, o hay una falta de progreso en sus objetivos. En ese caso, caerán rápidamente en el estrés y aterrizarán en el camino de la desintegración.

Si eres un Cuatro y el estrés va en aumento, no esperes a que las cosas se te vayan de las manos. En su lugar, busca a alguien de confianza y habla de todo. Si no hay nadie con quien hablar, escribe un diario. Una vez que hayas vaciado tu mente y tu corazón, recuerda que, aunque las emociones son importantes, no siempre son precisas en la vida. Vuelve a recordar tus puntos fuertes, tus talentos y lo que está funcionando. Permanece en el momento presente y realiza algunas prácticas de atención plena. Ten un conjunto de notas adhesivas o recordatorios en tu teléfono para animarte durante este tiempo.

RELACIONES

El tipo Cuatro es profundo, novedoso y apasionado. En lo que respecta a las relaciones personales y profesionales, un Cuatro anhela ser reflejado, comprendido profundamente y afirmado por su pareja. Pasan mucho tiempo pensando en su propia identidad y en quiénes son en la pareja.

En las relaciones románticas, los Cuatro suelen buscar parejas que les den la afirmación, el amor y la comprensión que les falta en su vida.

Los Cuatro se esfuerzan por hacer que el lugar de trabajo sea significativo y especial. Un líder que es un Cuatro suele ser auténtico, empático, creativo, expresivo y estético. Todos los Cuatros anhelan recibir aprecio y reconocimiento por las grandes obras que producen en todos los niveles de la organización.

CONSEJOS PARA RELACIONARSE CON OTROS TIPOS

He aquí algunas formas de mejorar tus relaciones con otros tipos de Eneagrama.

Tipo 4 y Tipo 1: La relación es profunda y significativa con un Tipo Uno. Ambos tienen una visión de cómo podría ser el mundo. Aunque son opuestos en muchos aspectos, sus energías se complementan bien cuando operan desde niveles saludables. El Tipo Uno te ayuda a crear algunos límites y a centrarte más, y tú ayudas a tu pareja a relajarse y a aflojar un poco. La animas a pensar de forma diferente y a adoptar un poco de creatividad.

El principal reto al que puedes enfrentarte es la crítica interiorizada y la autoconversación negativa que te acosa, especialmente si te encuentras en niveles medios o poco saludables. Tu pareja puede verse fácilmente abrumada por tus emociones, provocando resentimiento porque cree que estás siendo inadecuado. Por otro lado, puedes empezar a sentir que te critican constantemente por ser diferente y expresivo, y puedes arremeter en su contra cuando todo lo que está haciendo es intentar ayudarte. Crezcan juntos comunicando abiertamente sus expectativas y priorizando el crecimiento hacia niveles más altos de desarrollo juntos.

Tipo 4 y Tipo 2: Disfrutas de una relación profunda y emocionalmente satisfactoria con un Tipo Dos. El Dos aporta una energía afectuosa, amistosa y cálida a la relación. Te preocupas por comprender la profundidad del corazón de tu pareja, lo que te ayuda a estar más en sintonía con tus propios sentimientos. La atención que prestas a tu pareja también es bien recibida. Puede sacarte de tu mundo interior y llevarte al mundo físico, donde puedes establecer verdaderas conexiones con los demás.

Un reto importante al que podrían enfrentarse es la falta de comunicación, sobre todo porque esperan mucho el uno del otro, pero no siempre son buenos para expresarlo. Hay muchas suposiciones, y a veces éstas pueden crear puntos ciegos.

Crezcan juntos afirmando al otro, estando más atentos a las necesidades reales del otro y declarando explícitamente lo que necesitan en la relación, para que no haya lugar a malentendidos.

Tipo 4 y Tipo 3: Con un Tres, tendrás una relación fuerte, dinámica, con mucha energía y sensible. La comunicación suele ser transparente y sincera con un Tres. Aportan mucha ambición, practicidad y estructura a la relación, y eso es bueno para ti. Tus dudas y negatividad tienden a pasar a un segundo plano cuando estás con un Tres, porque son excelentes para sacar lo mejor de ti y animarte. Tu creatividad y profundidad emocional son estupendas para los Tres porque les ayuda a reflexionar más, a frenar y a encontrar un significado más profundo en el mundo.

Un desafío importante que pueden encontrar es sus diferentes temperamentos y cómo se mueven individualmente por la vida. A veces no se entienden. A menudo, los Tres te encuentran emocionalmente abrumador e irracional, y puedes considerar a tu pareja falsa o apática. Siempre se mueven rápido y persiguen algo que, a veces, puedes considerar una distracción y algo inútil que se interpone en el camino para disfrutar de la belleza de la vida.

Crezcan juntos estableciendo expectativas realistas el uno para el otro y noten cuando surja la tensión. Si te sientes emocionalmente abandonado, no permitas que se convierta en algo terrible.

Mantengan un diálogo abierto y encuentren la manera de vivir las experiencias que quieran.

Tipo 4 y Tipo 4: Con un Tipo Cuatro, estás esencialmente en una relación de espejo que es romántica, reflexiva, apasionada y profunda. Es como compartir tu vida con alguien que tiene el mismo anhelo de significado, belleza y comprensión. Puedes hablar durante horas de tus pensamientos más profundos y perderte en tus mundos de fantasía. Ves cómo las cosas podrían ser perfectas y te lamentas por lo que falta.

El principal reto de esta relación es que ambos luchan contra las mismas debilidades. Eso significa que ambos se ponen de mal humor, son muy sensibles al rechazo y experimentan las críticas como una confirmación de que son fatalmente defectuosos.

Pueden crecer juntos si cambian su estilo de vida y alcanzan niveles más altos de desarrollo. Incorpora prácticas de atención plena, escribe un diario y practica la gratitud. Encuentren formas divertidas y saludables de manifestarse activos juntos. Conviértanse en compañeros de responsabilidad y ayúdense mutuamente a evitar la espiral de negatividad cuando algo va mal.

Tipo 4 y Tipo 5: Con un Cinco, tienes una relación estable, compleja y cómoda. El Cinco es bien razonado y emocionalmente presente, aportando mucha sabiduría objetiva, racionalidad y reflexión. Disfrutas de largas conversaciones y te encanta explorar temas oscuros de interés. Permites que tu pareja se sienta más cómoda con su lado emocional y su autoexpresión.

El principal reto al que te enfrentas con un Cinco es que ambos viven en sus propios mundos, por lo que tienen que hacer un esfuerzo para mantenerse con los pies en la tierra. También es posible que luches contra la objetividad y el distanciamiento constantes de tu pareja, y que el Cinco encuentre tus emociones abrumadoras.

Crezcan juntos apreciando el equilibrio que se aportan mutuamente. Respeten las necesidades del otro y encuentren la manera de estar juntos sin dejar de darse el espacio necesario.

Tipo 4 y Tipo 6: Con un Seis, la relación es afectuosa, sensible y reconfortante. Un Seis es leal y práctico, y puede perseverar mucho cuando hay confianza. Aportas mucha compasión, emotividad y autoconciencia a la relación. Tu deseo de profundizar y descubrir más ayuda al Seis a encontrar más de lo que es.

El deseo del Seis de ser predecible y estable puede ser difícil para ti. Es posible que te enfrentes a un desafío cuando el Seis sienta que vas demasiado lejos o que eres demasiado impráctico y poco realista. Eso puede ser profundamente hiriente para ti y puede hacer que te resientas o rechaces a tu pareja.

Crezcan juntos aprendiendo a expresar sus verdades de forma que no hieran al otro. Pregúntate: "¿Necesito expresar esto ahora? ¿Será útil para nosotros?"

Tipo 4 y Tipo 7: Con un Siete, son más bien lo contrario, pero de alguna manera funciona porque a los dos les gusta pensar fuera de la caja. El Siete ve todas las cosas positivas y bonitas que tienes, lo que aumenta tu confianza. Y tú ayudas al Siete a mantener los pies en la tierra y a sentirse más cómodo experimentando todo tipo de emociones. Nunca hay una temporada aburrida o estancada en esta relación.

Uno de los principales retos a los que puedes enfrentarte es cuando surgen conflictos. A tu pareja le gusta evitar cualquier tipo de emoción negativa, e incluso puede sentirse ahogada por tu necesidad de conexión emocional en todo momento. Puede que incluso te considere un aguafiestas que sólo quiere mantenerlos a raya.

Crezcan juntos aprendiendo a estar presentes el uno con el otro incluso cuando no estén de acuerdo, en lugar de escapar o interiorizar sus emociones. También los puede beneficiar dejar atrás el pasado, especialmente las cosas que no funcionaron.

Tipo 4 y Tipo 8: Con un Ocho, es una relación altamente intuitiva, intensa y apasionada. El Ocho ofrece un sentido de protección, fuerza y practicidad que tú anhelas. Hay una atracción magnética entre ustedes porque ambos están en una búsqueda para entender o conquistar el misterio en el otro. Tu sensibilidad y vulnerabilidad emocional son algo que el Ocho sabe que necesita. Aprecian lo intenso que puedes ser a tu manera.

Un desafío que enfrentarás en esta relación es lo reactivos, intensos y explosivos que pueden ser tus conflictos y desacuerdos. Aunque parezca que está bien, ésta no es la versión saludable de ti mismo. A ninguno de los dos les gusta ser controlados. No soportan sentirse incomprendidos, por lo que es probable que haya constantes peleas y ciclos de reconciliación.

Crezcan juntos elevando los niveles de desarrollo para poder disfrutar de su conexión magnética sin crear constantemente un campo de batalla. Comienza siempre cada conflicto o desacuerdo con compasión.

Tipo 4 y Tipo 9: Tienes una relación profunda, sensible y fácil de llevar con un nueve. El Nueve no juzga y te ofrece una sensación de aceptación que te permite avanzar hacia el amor propio. Tu pareja te mantiene con los pies en el suelo, por así decirlo, y te permite soñar. Tu energía y creatividad son inspiradoras para tu pareja. La ayuda a estar más en sintonía con sus emociones y a reconectar con el mundo.

Un reto al que podrían enfrentarse es durante los conflictos debido a sus respuestas opuestas al estrés. Los Nueve se desentienden durante los conflictos porque mantener la paz es lo único que les importa. Puedes ver esto como una negligencia o una falta de presencia, lo que le hace ser más reactivo emocionalmente. Esto puede ser abrumador e inquietante para un Nueve.

Crezcan juntos aprendiendo a ser más reflexivos durante los conflictos y desacuerdos. Recuerda lo brutal que es la confrontación para su personalidad. Piensa en tus palabras antes de usarlas y permite a tu pareja el espacio para expresar sus palabras también, pero sé amable en este enfoque.

AFIRMACIONES PARA EL ENEAGRAMA TIPO 4

Las afirmaciones pueden ser una gran herramienta cuando empiezas a sustituir tus pensamientos y hábitos negativos. Aprende a convertirte en tu propio animador y a dirigir parte de ese tierno y cariñoso cuidado hacia tu interior pronunciando palabras que te eleven y animen. Aquí tienes una lista para ayudarte.

- Me curo de mi pasado.
- Aprecio el momento presente.
- Veo la belleza y la abundancia a mi alrededor.
- Mi vida es buena y estoy agradecido.
- Utilizo mis experiencias para crecer.
- Me quiero y me acepto.
- Soy completo y abundante.
- Merezco amor incondicional.
- Estoy dispuesto a ver a los demás como iguales.
- Me libero de los pensamientos excesivos.

- Estoy dispuesto a hacer que sentirme bien sea una prioridad.
- Soy suficiente.

Recuerda que las afirmaciones sólo funcionan cuando lo que dices y lo que sientes está sincronizado.

CONSEJOS DE ESTILO DE VIDA DIARIO PARA CRECER Y SER FELIZ

Practicar la atención plena

Incorpora la atención plena a tu rutina diaria buscando actividades y técnicas que te ayuden a conectar con el momento presente. Las prácticas de atención plena te permiten ser más tolerante, honesto y sin prejuicios contigo mismo. Considera la posibilidad de experimentar con la meditación de atención plena o el yoga.

Haz algún trabajo de voluntariado

El trabajo voluntario es una de las mejores formas de devolver a tu comunidad y ayudar a las personas que necesitan y aprecian tu ayuda. Al volcar tu energía en la caridad, estás poniendo tu energía en los lugares adecuados. Será recibida con profunda gratitud. También experimentarás una fuerte sensación de paz al saber que estás haciendo algo significativo y con propósito.

Cultivar una actitud positiva

Adoptar una mentalidad positiva no significa fingir. Significa mantener una visión optimista de la vida. Fíjate en tu diálogo interior y en la lente a través de la cual ves la vida. ¿Es optimista o pesimista la mayor parte del tiempo? Una actitud positiva te permite atraer mejores personas y oportunidades a tu vida. De hecho, te permite ser más amable y perdonarte a ti mismo cuando cometes errores.

Practica la autodisciplina

Caer en hábitos poco saludables es súper fácil para un Cuatro, pero como has aprendido en este libro, caer en una espiral de negatividad no es la mejor manera de descubrir tu verdadera identidad y reconectar con tu ser superior. Así que quiero animarte a practicar más la autodisciplina. Abstente de caer en comportamientos y patrones de pensamiento poco saludables para tu crecimiento. No es necesario que dejes de divertirte, pero sí que elimines el comportamiento autodestructivo. Haz este compromiso contigo mismo, y empezarás a ver cambios significativos a nivel interno.

CHAPTER 13

ENEAGRAMA TIPO 5

EL INVESTIGADOR U OBSERVADOR

Ha llegado el momento de descubrir los profundos misterios del Eneagrama Tipo 5, comúnmente denominado Investigador u Observador. A algunos también les gusta utilizar el término "bastante especialista", y a medida que vayas leyendo, pronto descubrirás por qué todos estos nombres encajan con esta personalidad. Los cincos pertenecen al centro pensante de la inteligencia o a la tríada "basada en la cabeza". Son del tipo cerebral, siempre van con la cabeza y la lógica. El tipo Cinco es intenso, mentalmente alerta, curioso, perceptivo, reservado, innovador y prefiere mantenerse al margen. Son excepcionales a la hora de concentrarse y desarrollar habilidades e ideas complejas. Cuando operan en niveles saludables de desarrollo, los Cincos son pioneros visionarios, a menudo adelantados a su tiempo. Pueden ver el mundo y el universo de formas que el resto de la humanidad no puede. Eso los hace verdaderamente extraordinarios.

Una cualidad esencial que define a un Cinco es el profundo e insaciable deseo de comprender más el mundo o el universo. Tienen sed de conocimiento y de verdad. Muchos Cinco que aún no están operando en niveles de desarrollo más altos y saludables tienden a luchar con el desapego y a lidiar con las interacciones humanas o incluso con las obligaciones diarias de la sociedad. Esto puede ser muy destructivo y poco saludable para ellos y para los que se relacionan con ellos, ya que parecerán despistados, distantes, tacaños y excéntricos. Por eso es imperativo seguir trabajando en el crecimiento personal como un Cinco.

PUNTOS FUERTES DE UN CINCO

Los Cinco son pensadores independientes con una habilidad natural para pensar y resolver problemas. Mientras que a otros tipos de personalidad les cuesta entender un problema complejo, los Cinco tienden a entusiasmarse con él. Les encantan los retos y prefieren los entornos en los que son libres de hacer lo que sea necesario para encontrar soluciones a un problema.

De hecho, los cinco se aburren y caen fácilmente en hábitos destructivos cuando las cosas no son lo suficientemente desafiantes. Su naturaleza innovadora e inventiva les lleva normalmente a seguir nuevos terrenos no explorados y a explorar conceptos aún desconocidos para la sociedad. El Tipo Cinco puede aprender continuamente y adquirir nuevas habilidades a una velocidad increíble. Por eso muchos se convierten en maestros en más de una materia. Otra cualidad importante de un Cinco es su frialdad y serenidad, independientemente de las condiciones externas. Esto se debe principalmente a su inclinación natural a centrarse en la resolución de problemas en lugar de en la carga emocional de cualquier situación. Otros puntos fuertes que los Cinco aprovechan en su favor son los siguientes:

- La capacidad de atravesar fácilmente ideas y problemas intelectuales complejos
- La creación de excelentes límites para sí mismos para proteger su tiempo y sus recursos
- Mantener la confidencialidad y la confianza
- Respetar los límites y el espacio de los demás

Rasgos clave de la personalidad de un Cinco

- Curiosidad
- Perceptivo
- Calma
- Objetivo y emocionalmente sereno en una crisis
- Perspicacia
- Autónomo y totalmente independiente
- Reflexivo
- Confiable
- A menudo introvertido
- Extremadamente conocedor de temas específicos de interés

Aficiones comunes para un Cinco

- Trabajar con ordenadores
- Jugar a juegos de mesa
- Aprender nuevas trivialidades
- Leer libros de no ficción
- Participar en deportes en solitario

MIEDOS Y DEBILIDADES

A estas alturas, es evidente que una de las expresiones distintivas del Tipo Cinco es la búsqueda del conocimiento, la verdad y la comprensión de su mundo. Los Cinco valoran el tiempo como su recurso más preciado porque es lo único que necesitan (que es limitado) para lograr sus objetivos. Eso significa que se preocupan por hacer todo lo posible para materializar este deseo, lo que indica que uno de sus mayores temores es su falta de consecución. Para muchos Cinco, cualquier persona o cosa que amenace este recurso es algo que evitan por completo. Se sienten fácilmente abrumados cuando los demás les exigen demasiado. Incluso sus propias necesidades pueden llegar a ser abrumadoras si sienten que están drenando demasiado su precioso recurso. Los cincos tienden a alejarse de las relaciones y a mantener un estilo de vida minimalista para centrarse únicamente en su intelecto y escapar de las exigencias del mundo como forma de hacer frente a este miedo.

¿Cuál es el miedo básico que impulsa este comportamiento? El miedo a ser incompetente, incapaz, ignorante e inútil.

Los Cinco obtienen su fuerza y se ganan el respeto por sus conocimientos y las perspectivas objetivas que ofrecen. En ausencia de esto, los Cinco creen que no obtendrían el respeto que les corresponde. El miedo a ser ignorante, indefenso y a que se invada su intimidad es conmovedor para un Cinco. A menudo se expresa como un alejamiento de las personas, los entornos o las situaciones que entran en conflicto con sus deseos. Cuando algún asunto mundano reclama su atención, intentará aplazarlo y desviar esas necesidades y deseos el mayor tiempo posible. En otros casos, un Cinco se enfadará mucho si se le interrumpe o se le saca de su pensamiento o trabajo interior. Cuando se hace una demanda, el primer impulso de un Cinco es analizarla y disec-cionarla al máximo, es decir, pensar demasiado. Esto funciona cuando se trata de grandes problemas, pero crea una parálisis de análisis para las cosas cotidianas.

Dependiendo de su nivel de desarrollo, algunos de los puntos débiles que puede experimentar un Tipo Cinco son la desconexión de sus propios sentimientos, la dificultad para relacionarse con las emociones de los demás y la condescendencia al interactuar con los demás.

DESEOS Y MOTIVACIONES

El deseo básico de un Tipo 5 es ser competente, conocedor y capaz. Los Cinco están motivados por la necesidad de poseer comprensión y conocimiento, de entender las cosas y de encontrar la verdad objetiva. Por eso, los Cinco se sienten llenos de energía y vigor cuando aprenden algo nuevo. Puede ser una nueva habilidad, un concepto o cualquier otra cosa que no hayan aprendido antes. Cuanto más desafiante sea, mejor. También son más felices cuando descubren algo nuevo y cuando están solos, pensando y reconectando con su propia mente. De todos los tipos del Eneagrama, los Cinco son los más introvertidos y analíticos. Encuentran un gran placer en centrar toda su energía en el interior y en perseguir el conocimiento en lugar de las relaciones, como la mayoría de los otros tipos de personalidad. Dado que destinan tan poca energía a las exigencias externas, los Cinco se cuidan mucho de conservar su energía para las cosas que importan. Aunque esto hace que las relaciones con los demás sean un reto, las pocas personas a las que dejan entrar experimentan la riqueza, la estabilidad y el compañerismo que aporta este tipo de personalidad. Los Cinco también aprecian recibir los elogios y la validación de las pocas personas que atraen a su mundo.

VALORES FUNDAMENTALES

• Libertad y autosuficiencia

- Conocimiento y comprensión
- Competencia y productividad
- Reputación
- Respeto
- Prestigio
- Éxitos, logros y realizaciones
- Reconocimiento y valoración

Entre las celebridades y personas famosas del Tipo Cinco que podrías conocer se encuentran el multimillonario y fundador de Microsoft Bill Gates, el célebre científico y Premio Nobel Albert Einstein, la poetisa Emily Dickenson, el físico teórico Stephen Hawking, la política y científica alemana retirada Angela Merkel, Stephen King, el geólogo y biólogo Charles Darwin y el pintor holandés Vincent van Gogh.

¿Te preguntas si podrías ser un Tipo 5? Estos son algunos indicadores de personalidad

1. Odias las conversaciones triviales.
2. Ves el mundo y a las personas como cosas que hay que entender poco a poco y no dejarás de aprender hasta conseguirlo.
3. La gente suele subestimar la intensidad de tus sentimientos, ya que siempre pareces muy tranquilo.
4. No te abres a la gente a menudo, pero eres ferozmente leal y comprensivo cuando lo haces.
5. Te encanta observar y tomar nota de cada detalle de tu entorno.
6. Ser autosuficiente y autónomo no es negociable en la vida.

7. Las emociones rara vez se sienten en público y sólo se exploran adecuadamente en la intimidad de tu hogar. Y si ocurre delante de alguien, confías realmente en él.
8. Se te ocurren teorías sobre básicamente todo.
9. Disfrutas imaginándote en la fortaleza de tu propia mente, viendo a tu "avatar" interactuar con los humanos.
10. Aunque la vida puede parecer demasiado infinita para entenderla de verdad, sabes que, en última instancia, la vida no examinada no merece la pena ser amada. Y la gente te ama por ello.

TUS ALAS

Las alas son los números adyacentes a tu Tipo de Eneagrama. Como un Cinco, tienes...

- El Eneagrama Cinco con Ala Cuatro: "El Iconoclasta"
- El Eneagrama Cinco con Ala Seis: "El solucionador de problemas"

Aunque puedes tener tendencias que se inclinan hacia ambas alas en varias etapas de tu vida, es probable que seas más dominante en una que en la otra. Esta será tu Ala más influyente y dominante.

Significado de tu ala

Si eres un 5w4 (Cinco con Ala Cuatro), eres más bien un filósofo que posee creencias únicas. Tus creencias te ayudan a romper con tu entorno y con los puntos de vista de la sociedad. Te gusta desafiar las normas, y a través del conocimiento, estás en una búsqueda para confrontar las formas convencionales. Verdadero innovador de corazón, la oscuridad te atrae. Lo desconocido es lo que más te gusta explorar, y los tabúes y límites sociales no significan nada para ti. De hecho, la mitad de las veces ni siquiera entiendes por qué la gente se limita a lo conocido. Junto con tu amor por las ciencias oscuras, ocultas y desconocidas, tiendes a ser más artístico que un Cinco con Ala Seis clásico.

Como Cinco con Ala Cuatro, estás más en contacto con tus emociones, lo que te da más profundidad que un Cinco clásico, permitiéndote ser sensible, reflexivo y muy creativo. Tienes la combinación perfecta de intuición y conocimiento cuando operas en niveles saludables. Sin embargo, en niveles poco saludables, la combinación de los aspectos excesivamente sensibles del Ala Cuatro y la mente analítica y desapegada del Cinco puede conducir a mucho aislamiento, odio a ti mismo y desprecio por los demás.

Los tipos de carrera más comunes que se adaptan a un 5w4 incluyen:

- Inventor
- Profesor
- Escritor
- Artista
- Compositor
- Emprendedor
- Ingeniero

Si eres un 5w6 (Cinco con Ala Seis), eres más un solucionador de problemas que un filósofo. Tiendes a ser más práctico, disciplinado y organizado. Tu mayor don es la capacidad de utilizar tu mente, y eres un poco más social que el 5w4. Aun así, te cuesta mucho sintonizar con tus sentimientos o manejar el estrés. Eres muy observador del mundo que te rodea, pero no especialmente introspectivo. Tener la influencia del Ala Seis significa que puedes utilizar tu mente analítica en cosas prácticas que aseguren que el mundo sea más fácil de navegar, más predecible y quizás incluso un poco más seguro.

Los tipos de carrera más comunes que se adaptan a un 5w6 incluyen:

- Programación informática
- Contabilidad
- Aplicación de la ley
- Matemáticas
- Ingeniería

Las flechas y su significado

Tu tipo de personalidad del Eneagrama está vinculado a otras dos "líneas" o puntos que vale la pena destacar. Estas líneas se denominan flechas, y cada una de ellas indica cómo te muestras en tu mejor y peor momento. Una flecha llamada Flecha de la Desintegración muestra las líneas del estrés (tu camino de destrucción), y para ti, ese camino se encuentra en el número 7. A medida que te desintegras, adquieres los hábitos poco saludables de un Siete del Eneagrama y te vuelves más disperso, desapegado e hiperactivo. Hablaremos más sobre el estrés y cómo evitar caer en la desintegración en el próximo capítulo.

La otra línea conectada a tu tipo de Eneagrama es la 8, la Flecha de la integración. Esto significa que al avanzar en el camino del crecimiento y la integración, adoptas rasgos saludables de un Ocho que te hacen ser decisivo y más seguro de ti mismo como un Ocho saludable. Para entender la relación entre estas flechas y cómo caemos en patrones poco saludables o nos elevamos a los saludables, vamos a hablar de los nueve niveles de desarrollo. El objetivo es identificar dónde puedes estar y avanzar hacia el nivel más alto, es decir, el nivel 1 saludable.

LOS 9 NIVELES DE DESARROLLO, DE MENOR A MAYOR

Los niveles de desarrollo surgen de las enseñanzas de Riso y Hudson y de los fundadores del Instituto del Eneagrama, que es un gran lugar para hacer el test del Eneagrama. Su teoría postula que todos los individuos caen en uno de los nueve niveles de funcionamiento. El nivel más bajo es el nueve, y el más alto es el nivel uno. Los niveles se dividen en una tríada que subcategoriza estos niveles como saludables (1, 2, 3), niveles medios (4, 5, 6) y niveles no saludables (7, 8, 9).

No saludable

Nivel 9: Como el nivel más bajo y oscuro para un Cinco, vemos a un adulto desquiciado y autodestructivo si sigue atascado en este nivel. La persona es suicida con brotes psicóticos, y todo lo que ve es el olvido. Eso es porque el nivel Nueve es donde comenzamos como infantes. Para un Cinco, crecer como adulto mientras está atascado en este nivel de crecimiento interior resulta absolutamente perjudicial para él mismo y para los que lo rodean.

Nivel 8: En este nivel, el Cinco insano está obsesionado y a la vez asustado por sus propias ideas. Son extremadamente fóbicos con todo y son presa de burdas distorsiones. Todo les asusta y son bastante histéricos.

Nivel 7: En este nivel, el Cinco sigue siendo muy inestable y temeroso de la agresión. Son nihilistas y excéntricos y sienten repulsión por los demás y por todos los vínculos sociales. Esta persona hace todo lo posible para evitar la realidad.

Promedio

Nivel 6: El ascenso a los niveles medios significa que ahora estamos ante una persona cínica, discutidora, radical en sus opiniones y abrasiva. Dan prioridad a su mundo interior y a su visión personal por encima de todo y pueden volverse bastante antagónicos con cualquier cosa que interfiera.

Nivel 5: En este nivel, nos encontramos con un Cinco desapegado que está más preocupado por sus visiones e interpretaciones que por la realidad. Son muy intensos y siguen estando bastante desconectados del mundo. Su fascinación se centra más en los temas esotéricos poco convencionales.

Nivel 4: En este nivel, el Cinco es más intelectual y estudioso e invierte mucho tiempo en la construcción de modelos, la preparación, la práctica y la recopilación de más recursos. A este tipo de Cinco le encanta conceptualizar y afinar las cosas antes de pasar a la acción.

Saludable

Nivel 3: Al llegar a este nivel, el Cinco alcanza el dominio de lo que le interesa. A este individuo le entusiasma el conocimiento y la búsqueda de la verdad y la comprensión. Tiende a convertirse en un experto en algunos campos. El Cinco es inventivo, innovador, altamente productivo, independiente, idiosincrático e incluso un poco caprichoso.

Nivel 2: En este nivel, el Cinco es extraordinariamente perceptivo y posee una excelente perspicacia. Pasan gran parte de su tiempo observando todo y dándose cuenta de los detalles más pequeños. Su capacidad de concentración y la insaciable curiosidad que envuelve su personalidad son notables.

Nivel 1: Este es el santo grial para un Cinco, y en este nivel, alcanzamos la más alta y mejor versión de la expresión de este individuo. Este Tipo Cinco es un visionario. Tiene la mente abierta y es pionero en los descubrimientos, encontrando formas totalmente nuevas de hacer y percibir las cosas.

LA PASIÓN DEL TIPO CINCO

Los Cinco sienten que carecen de suficientes recursos internos para invertir en los demás, especialmente para la interacción social. Piensan que demasiada interacción les llevará a un agotamiento catastrófico, lo que les lleva a abstenerse del contacto con el mundo. En la enseñanza del Eneagrama, esta Pasión o empobrecimiento del ego se denomina avaricia, aunque algunos prefieren codicia. Simplemente significa que los Cinco tienen un deseo insaciable de ganancia o riqueza. Para un Cinco, sus recursos internos y su tiempo son los recursos más preciados que posee si quiere lograr todas sus grandes metas. Desgraciadamente, el acaparamiento excesivo de recursos y energía por miedo apaga el corazón. Hace imposible que los Cinco reciban o den.

Lo que se necesita es que los Cinco crezcan y activen la virtud del no apego. Cuando esto ocurra, los Cinco estarán más sincronizados con el flujo de la vida. Se darán cuenta de que no hay necesidad de acumular nada porque la vida es abundante. Siempre hay suficiente tiempo, conocimiento, energía y todo lo que necesitan para completar su misión. Los Cinco se liberarán por fin del miedo que endurece su corazón, haciéndolos más abiertos de corazón y generosos.

INFANCIA Y PATRONES EMOCIONALES DEL TIPO CINCO

Los cincos crecieron en un entorno que les hizo sentir ambivalencia hacia sus padres. Sentían que era poco lo que hacían que fuera querido o necesitado por la familia. Por una u otra razón, los Cinco siempre se sintieron como un "extraño" que miraba hacia adentro en lugar de ser nutridos y aceptados como uno más del grupo. A veces esto se debía a que tenían padres abusivos o alcohólicos. Otras veces, eran el niño menos favorecido, por lo que se sentían como el patito feo. En otras situaciones, puede ser simplemente que no se sintieran comprendidos o que captaran pistas que les hicieran sentir de una manera determinada, aunque sus padres no lo pretendieran. Por ejemplo, algunos Cinco querían sentirse iguales a sus padres, por lo que se dedicaron a aprender y a utilizar sus habilidades de resolución de problemas para dominar su entorno.

Sea cual sea el caso, los Cinco se sentían "raros", por lo que se retiraban del mundo exterior y de sus familias para hacer frente a esta soledad. Pasaban la mayor parte del tiempo escondidos en sus habitaciones, buscando una asignatura que pudieran dominar o un área de especialización que les permitiera encontrar su lugar en su familia o en la sociedad. Pero siempre buscaban algo único para ellos. Así, si sus hermanos aprendían a tocar el piano, ellos aprendían a tocar el violonchelo. También aprendieron que hay mucha seguridad, estabilidad y comodidad en estar perdidos en su propia mente.

Al crecer, los cincos se vuelven buenos para expresar, de forma verbal o no verbal, lo mucho que valoran la independencia. "No me pidas demasiado, y yo no te pediré demasiado". Incluso cuando son adultos, los Cinco odian la intrusión, y el afecto físico cercano puede resultarles abrumador y molesto. Tampoco les gusta sentirse abrumados por los pensamientos y emociones que experimentan al pasar demasiado tiempo con la gente. Por eso, incluso los que se interesan por la gente que les rodea prefieren mirar y observar desde la distancia para procesar sus comportamientos y entender más sobre ellos.

Ya sea en la escuela o en el trabajo, los Cinco necesitan todo el tiempo posible para dedicarse a dominar sus temas de interés. Están más metidos en su cabeza y se identifican más con sus pensamientos que con sus emociones.

En un nivel medio o no saludable, los Cinco creen que aislarse de los demás y tener poca o ninguna interacción con el mundo les conducirá a la felicidad.

Para curar la herida de la infancia, los Cinco deben volver a conectar con su Yo Superior y reconocer que la abundancia es la única verdad. Necesitan participar en actividades que fomenten la conexión mente-cuerpo-espíritu.

SUBTIPOS DEL TIPO CINCO

Cinco de Autoconservación (SP)

Al Cinco SP se le llama "Defensor del Castillo" porque este individuo es muy protector con su hogar, su espacio personal y su privacidad. Este Cinco tiene límites claros y fuertes y disfruta de una vida relativamente solitaria con sólo unos pocos amigos cercanos. Este Cinco prefiere observar la vida social que participar en ella. Los Cinco SP son los clásicos introvertidos, que prefieren revelar muy poco sobre su mundo interior.

Cinco Social (SO)

El Cinco SO es llamado "el profesor" y se caracteriza por una profunda e insaciable sed de conocimiento y sabiduría. A este Cinco le encanta centrarse en las grandes cuestiones, dominar los idiomas y los símbolos secretos de una sociedad o grupo. A un Cinco social le gusta relacionarse con pequeños grupos y expertos que comparten su brillantez y su elevado ideal. Sin embargo, suelen estar desconectados de los problemas y las emociones cotidianas. Este Cinco está más que contento y entusiasmado por compartir valores, ideas e ideales, pero no le gusta demasiado compartir el espacio, el tiempo o los recursos internos. También corren el riesgo de dejarse llevar por el exceso de análisis y de pensamiento.

Uno a Uno/Cinco Sexual (SX)

El Cinco SX es el llamado "agente secreto" o "confidente". Este también es el contratipo del grupo -algunos de sus comportamientos expresados pueden resultar contraintuitivos para un Cinco. Este individuo es frío, analítico y apasionado. Sin embargo, su pasión se limita a sus objetivos vitales y a una o dos personas en una vida por lo demás reservada. Una vez que experimentan "química" con otra persona, disfrutan de la conexión, la confianza y la franqueza que fomenta la relación. Los Cinco SX corren el riesgo de depender del otro para obtener esa sensación de vitalidad y vivacidad, lo que puede llevarlos a resistirse a compartir a esa persona con los demás.

CHAPTER 14

CONSEJOS DE TRABAJO Y ESTILO DE VIDA DEL ENEAGRAMA TIPO 5

E n este capítulo, repasaremos las luchas y el estrés que un Tipo 5 puede encontrar. También cubriremos algunas estrategias para reducir o eliminar el estrés, y consejos para el éxito personal y en las relaciones.

LUCHAS DE UN ENEAGRAMA CINCO

Indisponibilidad emocional

Como Tipo Cinco, priorizas la intimidad sobre todo lo demás. También sabes desconectar de las emociones en tiempo real. Estas cualidades hacen que sea un reto extra formar vínculos o experimentar la intimidad en cualquier tipo de relación.

Qué hacer: Aunque no es necesario que te abras y dejes entrar a todo el mundo, haz un esfuerzo por "dejar entrar" a los pocos que elijas para tener una relación. Explora tus emociones más abiertamente y en el momento en que las sientes, especialmente cuando estás con la persona que amas.

Distracciones

Todos los Cinco de cualquier nivel pueden relacionarse con esto porque todos odian ser interrumpidos por el mundo exterior. Lidiar con el ruido del mundo exterior suele ser abrumador y desagradable. Prefieres perseguir ideas y teorías en un espacio tranquilo y seguro, sin interrupciones, obligaciones ni personas. Necesitas tiempo para trastear con ideas, inventos, arte u otras exploraciones.

Qué hacer: Está bien que protejas tu espacio, pero también te animo a que hagas sitio a las personas en las que confías. En lugar de ver a todas las personas y actividades como distracciones, considéralas como inversiones. Elige a las personas en las que vas a invertir y algunas actividades que les gusten a los dos, y luego inclúyelo en tu estrategia a la hora de planificar tu vida.

Lucha contra las actividades sin sentido

Una de las mayores luchas que experimentará un Cinco medio y poco saludable es la sensación de falta de propósito y de falta de sentido en la vida. Esto ocurre especialmente si se permiten volverse pesimistas y cínicos sobre el mundo, la gente y el universo. Es difícil ver el bien en el universo cuando todo lo que te rodea parece aleatorio y absurdo.

Un Cinco tendrá esta experiencia si no encuentra un área de dominio e interés que lo consuma, convirtiéndose en un individuo agitado y estresado.

Qué hacer: Encuentra tu propósito y dale sentido a todo lo que haces. Elige un área de dominio y sigue explorando.

Que tu tiempo a solas no sea respetado

Como Cinco, es más probable que seas introvertido, lo que significa que prefieres estar solo más que la mayoría de la gente.

También odias las conversaciones triviales y a las personas que irrumpen en tu vida sin previo aviso. La mayoría de la gente te abruma, y es fácil que te sientas sobreestimulado e irritado cuando la gente secuestra tu tiempo con charlas y socialización.

Lo que hay que hacer: Separarte sanamente. Eso significa que tienes que dedicar tiempo a la socialización y, al mismo tiempo, dejar un tiempo sólido y sin estructurar para estar contigo mismo todos los días. Comunica esto a tus amigos y seres queridos para que se abstengan de irrumpir y traspasar tus límites.

Sentirte incomprendido

Es habitual que la mayoría de los Cinco se sientan incomprendidos por la familia y la gente en general. Tu profundo e insaciable deseo de dominio y competencia no es algo que muchos entiendan. En niveles medios e insalubres, este sentimiento puede dar un bajón y hacer que sientas que lo que quieres alcanzar está siempre fuera de tu alcance.

Qué hacer: Si te encuentras sintiendo eso, trabaja en tu juego interior para que no se convierta en una debilidad que te lleve por el camino de la desintegración.

Enfrentarse a tu oscuridad y ser perseguido por ella

Como Cinco, puedes notar una peculiar atracción por los aspectos más oscuros de la vida. En niveles saludables, esto no supone una gran lucha; en niveles medios y poco saludables, puede convertirse en una obsesión incontrolable. Algunos Cincos pasan mucho tiempo pensando en las cosas que más les asustan. Incluso pueden hacer de ello una carrera estudiando o creando obras de arte a partir de las cosas que les asustan.

Qué hacer: Aunque aprender a controlar y anular el miedo es algo bueno, hay una forma mejor y más sana de enfrentarse al lado oscuro. Cuanto más alto sea tu desarrollo, más fácil será enfrentarte a tus miedos y al lado oscuro de forma saludable.

ESTRÉS Y OPORTUNIDADES DE CRECIMIENTO

Los Cinco suelen caer en una espiral de pensamientos y comportamientos poco saludables cuando aumenta el estrés. Si no son capaces de conectar con su mundo interior, se produce una falta de claridad que les hace estar confusos. Si esto no se controla, el Cinco desarrollará rasgos de un Siete poco saludable. Podrían comportarse de forma imprudente, volverse impulsivos y encontrar formas poco saludables de distraerse de su estrés como forma de cerrar el "pensamiento".

¿Qué estresa a un Cinco?

- Sentir que la vida no tiene sentido ni propósito
- La desnutrición y el abandono físico
- No encontrar un área de especialización que dominar
- Sentirse incompetente o incapaz
- Volverse dependiente de los demás
- Ser invadidos en su tiempo o en su intimidad
- Aislamiento extremo y falta de conexión
- No tener suficiente tiempo a solas

Oportunidades de crecimiento y formas de evitar la desintegración

- Realiza actividades que te permitan reconectar con tu cuerpo y tus emociones. Experimenta con el yoga, tocar un instrumento, la escritura creativa o cualquier idea que te entusiasme, siempre y cuando involucre tus emociones y te acerque a la comprensión de tu lado físico y emocional.

* Prioriza el tiempo al aire libre para conectar con la naturaleza o dedica algo de tiempo a socializar con otras personas.
* Lee libros y mira vídeos sobre inteligencia emocional, y luego busca algunas personas con las que practicar estas habilidades.
* Da prioridad a tu salud desarrollando un estilo de vida saludable y haciendo ejercicio regularmente.

RELACIONES

Como Cinco, adoptas un enfoque más intelectual y objetivo de todo. En las relaciones, esa naturaleza curiosa, investigadora e independiente es atractiva, pero también puede crear problemas si no te esfuerzas por expresar intimidad y abrirte con tus seres queridos.

CONSEJOS PARA LAS RELACIONES CON OTROS TIPOS

Tipo 5 y Tipo 1: Con un Uno, tienes una relación estable y fiable en la que cada miembro de la pareja respeta los límites y la estructura. El Uno aporta curiosidad, independencia, trabajo duro, altos estándares, ética e intereses mutuos. Tú aportas ese sentido de autosuficiencia, independencia, firmeza y un ambiente libre de juicios que le da a tu pareja una gran comodidad.

Un reto que podrían encontrar en esta relación se reduce a los valores. Los Uno creen en la objetividad, pero se aferran a sus convicciones una vez que encuentran la verdad. En cambio, tú eres muy abierto de mente y flexible, por lo que tus verdades pueden evolucionar a medida que aprendes más. Esta "rigidez" con tu pareja suele ser frustrante, y tiendes a parecer "imprevisible". Los constantes consejos y la ayuda de tu pareja también pueden sentirse más como una crítica porque eres sensible a la retroalimentación, lo que podría hacer que te retraigas. Sin embargo, eso sólo hace que el Tipo Uno se sienta inseguro en la relación. Crezcan juntos apreciando las diferentes perspectivas y validando los puntos de vista del otro. También deberían recordarse con frecuencia que están ahí para ayudarse mutuamente, sobre todo cuando no coinciden.

Tipo 5 y Tipo 2: Con un Dos, tienes una relación leal, nutritiva, cálida y confortable. El Dos pone sus sentimientos en primer plano y te permite estar más arraigado en el momento presente. Tu compromiso, fiabilidad, sabiduría y competencia son muy deseables para un Dos. Recordar hasta el más mínimo detalle de tu pareja le hace sentirse especial y querida.

Un reto que puedes encontrar con tu pareja es su temperamento emocional y cómo responde al estrés y a los conflictos. Los Dos son apasionados y expresivos por naturaleza, mientras que tú eres siempre tranquilo y racional. Esto puede hacer que tu pareja sienta que estás desvinculado y distante. Por otro lado, tú puedes sentirte abrumado por toda esa emoción o como si tu pareja fuera demasiado intrusiva. Es esencial trabajar estas diferencias y encontrar formas sanas de lidiar con el estrés y los malentendidos. Crezcan juntos reconociendo que sus necesidades no están reñidas a pesar de sus diferencias. Recuérdale a tu pareja que no la estás abandonando o rechazando cuando pareces distante.

Tipo 5 y Tipo 3: Con un Tres, la relación es dinámica, llena de energía, estable y llena de creatividad. Tu pareja aporta confianza, gran energía y sociabilidad, y tú admiras su experiencia y sus logros. El Tres admira tu creatividad, profundidad, objetividad y consideración. Tú estabilizas a tu pareja y ésta te ayuda a salir de tu caparazón.

Un desafío que pueden encontrar es la forma en que ambos se mueven por la vida. Los tres son rápidos y tienden a pensar sobre la marcha. Tú eres más estable y prefieres conservar tu energía. Esto puede generar frustración, creando un tira y afloja en direcciones opuestas. Crezcan juntos poniéndose en contacto con sus sentimientos y comunicando abiertamente sus expectativas. Elijan aprender el uno del otro y aprovechen los puntos fuertes de cada uno.

Tipo 5 y Tipo 4: Con un Cuatro, la relación es profunda, significativa y llena de nuevas exploraciones. Ambos disfrutan de largas conversaciones sobre temas de interés. El Cuatro está emocionalmente presente y es imaginativo y te permite sentirte más cómodo con tus emociones y tu autoexpresión. Tú ayudas al Cuatro a ser más racional y reflexivo sobre sus ideas y acciones. Esto ayuda a mantener a tu pareja con los pies en la tierra y estable.

Un desafío común ocurre cuando los Cuatro se frustran con tu desapego y objetividad. Pueden sentir que no estás presente o que no comprendes sus emociones. Puede que te sientas abrumado por las emociones de un Cuatro, especialmente cuando caen en niveles medios o poco saludables. Crezcan juntos respetando y comunicando abiertamente las necesidades de cada uno.

Tipo 5 y Tipo 5: Con un compañero del Tipo Cinco, la relación es estable, se basa en un profundo respeto por la intimidad del otro y se enriquece con la sed de conocimiento que ambos tienen. Tener una pareja que realmente te entienda y valore las mismas cosas que tú valoras puede ser extremadamente reconfortante.

Uno de los retos a los que se enfrentarán en esta relación es cómo se retraen ambos cuando las cosas se ponen difíciles. Dado que ambos aman el espacio y la privacidad, es fácil que se vuelvan complacientes, y las cosas pueden desmoronarse naturalmente debido a la negligencia mutua. Aunque traten los conflictos con calma, objetividad y racionalidad, puede ser difícil tener una conexión emocional y, a su vez, una verdadera intimidad. Crezcan juntos tendiendo la mano y conectando emocionalmente a nivel humano. Está bien ejercer algo de energía social y emocional, así que pon un poco más de esfuerzo en esto.

Tipo 5 y Tipo 6: Con un Seis, tienen una relación equilibrada y segura que les permite a ambos ser ustedes mismos sin temor a sentirse abrumados. El Seis aporta consideración, lealtad y atención. Disfruta de lo cuidadoso y atento que eres con tus palabras, acciones y enfoque de la vida. Tu pareja te permite estar más conectado y estar menos aislado.

Un reto al que podrías enfrentarte con esta relación podría ser la forma de abordar los problemas y las situaciones. El Seis confía en las reglas y procedimientos más que en sus propios pensamientos, y tú eres un pensador fuera de lo común que sólo confía en su propio intelecto. Esto puede crear mucha frustración para ambos. Así que crezcan juntos aceptando las diferencias del otro y dediquen un tiempo cada semana a hacer algo que les guste a los dos y sobre lo que les guste aprender. Practiquen la resolución de las pequeñas diferencias con frecuencia para que, cuando aparezcan los grandes problemas, puedan superarlos sin enfrentarse el uno al otro.

Tipo 5 y Tipo 7: Con un Siete como compañero, la vida es una aventura emocionante con más cosas por descubrir cada día. Su relación es antojadiza y nunca hay un momento aburrido. El Siete aporta espontaneidad, frescura e incluso un poco de vena rebelde.

Te gusta tener a alguien lleno de curiosidad para explorar el mundo juntos. También ayudas a tu pareja a tener un poco más de fundamento y seriedad en sus actividades.

Esta relación puede suponer un reto cuando ambos están estresados. Cuando el estrés te golpea, te retraes y optas por conservar tu energía volviéndote poco exigente y concentrándote en las cosas que importan. Tu pareja va en la dirección opuesta y se vuelve más exigente, gastando más energía y persiguiendo otra cosa nueva. Esto puede dar lugar a importantes malentendidos. Crezcan juntos manteniendo un diálogo abierto sobre cómo van a gestionar juntos las situaciones de estrés e incorporen los puntos fuertes de ambos.

Tipo 5 y Tipo 8: Con un Ocho como compañero, encuentras algo que necesitas en él y viceversa. Tu pareja te ayuda a estar más en sintonía con tu intuición y tu poder. Te hace centrarte en ser más práctico y atender a tus necesidades. La ayudas a ser más consciente de su impacto en los demás y de la importancia de frenar de vez en cuando. La relación es profunda, segura de sí misma, leal y rica en conversaciones que invitan a la reflexión.

Un reto que pueden encontrar con regularidad es qué pasa cuando ese buen debate se vuelve demasiado intenso o qué ocurre cuando surge un conflicto. Ambos odian ser cualquier cosa menos autosuficientes. La vulnerabilidad no es fácil, así que hay una tendencia natural a que la comunicación y la conexión se rompan. Crezcan juntos haciendo un esfuerzo para que no se abra una brecha entre ustedes. Trabajen en la búsqueda de una conexión emocional profunda y admitan sus propias necesidades. Sean vulnerables juntos y proteja ese espacio seguro.

Tipo 5 y Tipo 9: Con un Nueve como pareja, la relación es reconfortante y estable, y simplemente te aceptan tal y como eres por todo lo que eres. Tu pareja aporta facilidad, amabilidad y paciencia a la relación, y tú permite aportas al Nueve la reconexión con su curiosidad infantil interior. La relación permite el autoconocimiento, la paz y la autonomía.

Un desafío que puedes encontrar es que tu pareja puede volverse pasivo-agresiva y obstinada cuando surgen conflictos. Tu enfoque racional y objetivo tiende a hacer que tu pareja se sienta distanciada. Además, como tu pareja prefiere evitar los conflictos a toda costa, es posible que no diga nada, lo que puede crear resentimiento. Crezcan juntos manteniendo un diálogo abierto en todo momento, especialmente durante los desacuerdos. Dense tiempo y espacio para procesar sus pensamientos y sentimientos, pero mantengan siempre la conversación para ventilar las cosas. También debes encontrar formas de mantenerte conectado a tierra y presente haciendo algo que te guste.

AFIRMACIONES PARA EL ENEAGRAMA TIPO 5

- Estoy presente y atento
- Hago las paces con la incertidumbre
- Mi vida tiene un gran significado y propósito, y lo estoy viviendo
- Apoyo a los demás con amor
- Me siento seguro sabiendo lo que se necesita, y confío en que recibiré lo que necesito
- Practico estar en flujo y aprovechar la generosidad del universo porque la vida es abundante

Recuerda que las afirmaciones sólo funcionan si lo que dices y sientes está alineado.

CONSEJOS DIARIOS PARA EL CRECIMIENTO Y LA FELICIDAD

Encuentra tu propósito. Esto no ocurrirá al instante, pero con un poco de autodescubrimiento, puedes descubrir el propósito que ilumina tu vida.

Practica la atención plena a diario

Encuentra una práctica que resuene contigo. Piensa en ello como una exploración o un experimento y prueba con el yoga, la meditación, pilates, la escritura de un diario, la gratitud o simplemente dando largos paseos a diario. Cualquier cosa que te permita entrar en el momento presente y reconectar mente-cuerpo-espíritu es lo que necesitas para crecer y ser feliz.

Dedica tiempo a conectar con tus emociones

Al principio te parecerá un reto porque es fácil ocultar las emociones o no ocuparse de ellas, así que hay dos maneras de trabajar en este sentido. La primera es escribir en un diario cómo te sientes al final de cada día. La segunda es hacer una pausa cuando experimentes esa emoción y luego hacer el método STOP. STOP significa: DETENTE; respira profundamente tres veces; observa tu respiración y tu cuerpo; procede desde este nuevo estado de calma. Mientras observas tu cuerpo, fíjate en la emoción y en cómo la estás experimentando, y luego suéltala. Deja que fluya como el agua que fluye río abajo.

Dedica tiempo a las relaciones que te importan. Y si no tienes ninguna relación, es hora de permitir una en tu vida. No digo que conozcas el mundo, pero te animo a que te acerques a alguien en quien sientas que puedes confiar y permitas que ese vínculo se forme con el tiempo.

CHAPTER 15

ENEAGRAMA TIPO 6

EL LEALISTA O ESCÉPTICO

E l lealista, a veces denominado escéptico, es uno de los paradigmas más interesantes de las enseñanzas del Eneagrama. Suelen ser complejos e intrigantes. A menudo es fácil confundirlos con otros tipos de personalidad debido a la complejidad de su carácter. Los lealista son ingeniosos, prácticos y siempre piensan en todo lo que podría salir mal en cualquier situación. El título de escéptico es bastante acertado porque este tipo de personalidad tiene serios problemas de confianza y duda constantemente de todo, incluso de sus propios pensamientos. Les cuesta confiar en nadie, por lo que siempre necesitan que les tranquilicen los pocos que consideran con autoridad. Es inherente a su personalidad la tendencia a estar ansiosos y nerviosos por todo. Pero supongo que eso tiene sentido dada su necesidad de considerar los peores escenarios en cada nuevo giro.

Los lealista pertenecen a la tríada de cabeza del centro de pensamiento junto a los Cinco y los Siete. Necesitan sentirse seguros e intentan hacerlo a través de relaciones significativas. La seguridad y la protección son primordiales para los Seis, por lo que la mayoría de sus decisiones se basan en la necesidad de estar en un espacio seguro con personas en las que puedan confiar.

PUNTOS FUERTES DE UN SEIS

Los lealistas son inquisitivos y siempre tienen curiosidad por aprender cosas nuevas. Son grandes solucionadores de problemas y muy perceptivos. Los Seis tienden a ser grandes pensadores estratégicos. Son organizados y muy queridos porque tienen cierta calidez.

Otro punto fuerte de un Seis es su confianza y la calidez que aporta a sus relaciones.

Rasgos clave de la personalidad de un Seis

- Comprometido
- Solucionador de problemas
- Confiable
- Responsable
- Orientado al detalle y preciso
- Excelente jugador de equipo

Pasatiempos comunes para un Tipo Seis

- Voluntariado
- Escribir ficción
- Leer
- Hacer listas
- Escuchar música

MIEDOS Y DEBILIDADES

Los Seis temen que las cosas vayan mal en su vida. Independientemente de dónde se encuentren o de lo que ocurra, los Seis desean tanto la seguridad y temen no tener el apoyo y la orientación que necesitan hasta el punto de no confiar en nadie. Por un lado, anhelan la seguridad, el apoyo y la tranquilidad, pero por otro, no confían en que nadie, ni siquiera ellos mismos, se los proporcione cuando es importante. Así que buscan constantemente cerrar esta brecha buscando algún poder externo de autoridad.

¿Cuál es el miedo básico que impulsa este comportamiento? El miedo a no ser apoyado y a carecer de la orientación adecuada.

Este miedo se manifiesta en el comportamiento como ansiedad constante y planificación excesiva para prepararse para lo peor. El cerebro de un Seis está en constante sobremarcha, siempre pensando y repensando planes para encontrar todas las soluciones posibles.

DESEOS Y MOTIVACIONES

El principal deseo de un Seis es ser apoyado y sentirse seguro. Por eso los lealistas se rodean de personas que creen que los apoyarán incondicionalmente. A su vez, el Seis también es extremadamente leal y digno de confianza. Aunque pueda parecer un poco necesitado, porque necesita seguridad y apoyo constantes, los Seis son amigos y compañeros maravillosos.

Valores fundamentales

* Compromiso
* Confianza
* Seguridad

- Fiabilidad

Entre las celebridades y personajes famosos del Tipo Seis que podrías conocer se encuentran el escritor Mark Twain, la actriz y modelo Marilyn Monroe, el director y productor Woody Allen, la actriz Jennifer Anniston, la actriz Julia Roberts, la comediante Ellen DeGeneres, el actor Tom Hanks y los ex presidentes de Estados Unidos George H. W. Bush y Richard Nixon.

¿Te preguntas si podrías ser un Tipo Seis? He aquí algunos indicadores de personalidad:

1. Necesitas mucha seguridad en casi todo lo que haces.
2. Eres crítico contigo mismo porque te preocupa constantemente haber defraudado a los demás.
3. Te aferras a las relaciones/amistades durante mucho más tiempo del que deberías.
4. La toma de decisiones es una tarea desalentadora porque ves un número infinito de opciones.
5. Temes ser abandonado por los demás y quedarte solo.
6. Te gusta la estabilidad y la previsibilidad.
7. Se te da bien descifrar entre la lógica y la emoción.

TUS ALAS

Las alas son el número adyacente a tu Tipo de Eneagrama. Como Seis, tienes...

- El Seis del Eneagrama con Ala Cinco: "El Defensor"
- El Seis del Eneagrama con Ala Siete: "El Compañero"

Aunque puedes tener tendencias que se inclinan hacia ambas alas en varias etapas de tu vida, probablemente serás más dominante en una que en la otra. Esta será tu Ala más influyente y dominante.

Significado de tu ala

Si eres un 6w5 (Seis con Ala Cinco), eres más independiente, analítico y estás más interesado en seguir aficiones solitarias que comunitarias. Los Seis con esta Ala descubren que tienen una mayor necesidad de tiempo a solas si pueden concentrarse en las cosas que necesitan resolver, ya sean personales o profesionales. Les gusta trabajar en sistemas fijos, como los académicos o los trabajos analíticos, en los que las reglas están bien establecidas y un camino predecible está claramente trazado.

Como 6w5, también se te da muy bien cuidar de tu familia y servir a los demás, hacer las cosas bien y asegurarte de que los que te son fieles sean felices.

Eres increíblemente fiable, responsable, intelectual y excelente en la resolución de problemas. Las carreras más adecuadas para ti incluyen, entre otras, las siguientes

- Banquero
- Desarrollo web
- Paralegal
- Profesor
- Consultor empresarial
- Analista financiero

Si eres un 6w7 (Seis con Ala Siete), eres mucho más extrovertido y juguetón que el Seis con Ala Cinco. La influencia del Ala Siete te permite ser más desenvuelto y aventurero. Estás dispuesto a asumir un poco más de riesgo, y no tienes miedo de fracasar y cometer errores mientras creces. Aunque sigues siendo precavido, tiendes a acercarte al mundo con más ligereza. Los Seis con esta

Ala son más empáticos y están más conectados con los demás. Tienen un fuerte deseo de crear vínculos y relaciones de las que puedan depender, lo que hace que sus relaciones sean enriquecedoras y dinámicas. Desgraciadamente, esto les hace menos independientes que los 6w5; sin embargo, esta necesidad social no hace sino aumentar su confianza en sí mismos y alimentar su energía a niveles saludables.

Eres enérgico, un gran jugador de equipo y bastante social en el trabajo. Las carreras más adecuadas para ti incluyen, entre otras, las siguientes:

- Nuevo presentador
- Agente inmobiliario
- Profesor
- Enfermero
- Actor
- Autor
- Representante de ventas

Las flechas y su significado

Tu tipo de personalidad del Eneagrama está vinculado a las líneas o flechas que muestran el camino de crecimiento o desintegración dependiendo de dónde te encuentres en la vida. Cuando se mueve en un camino de desintegración, un Seis caerá en las trampas negativas de la flecha Tres (3), y se volverá competitivo y arrogante. Esto se conoce como la Dirección del Estrés o la Dirección de la Desintegración y suele ocurrir ante la presión o el estrés superador. La otra flecha indica cómo reaccionas y crece una versión sana de tu personalidad en entornos más saludables. En este caso, un Seis desarrolla más las cualidades más saludables de la flecha Nueve (9), volviéndose más relajado y optimista. Para entender el concepto que hay detrás de los niveles saludables y no saludables, repasemos los distintos niveles de desarrollo de un Seis.

LOS 9 NIVELES DE DESARROLLO, DE MENOR A MAYOR

Los Niveles de Desarrollo surgen de las enseñanzas de Riso y Hudson y de los fundadores del Instituto del Eneagrama, que es un gran lugar para hacer el Test del Eneagrama. Su teoría postula que todos los individuos caen en uno de los nueve niveles de funcionamiento. El nivel más bajo es el nueve, y el más alto es el nivel uno. Los niveles se dividen en una tríada que subcategoriza estos niveles como saludables (1, 2, 3), niveles medios (4, 5, 6) y niveles no saludables (7, 8, 9).

No saludable

Nivel 9: Este es el nivel más peligroso para cualquier ser humano. Es el punto más bajo para un Seis, especialmente si son adultos que van por la vida en este nivel. El Seis adulto en este nivel es histérico, autodestructivo y busca cualquier medio (incluso el suicidio) para escapar del castigo. Suelen enfrentarse a ello recurriendo al alcoholismo y a la drogadicción.

Nivel 8: Todavía bastante poco saludable, este Seis es violento, temeroso y completamente irracional. Se sienten perseguidos y creen que los demás van por ellos. Por desgracia, están atrapados en un ciclo de tortura autofabricado en el que lo que temen se convierte en su experiencia.

Nivel 7: Los Seis temen por su seguridad y protección en este nivel. Tienen pánico, son volátiles y se sienten impotentes. Esta persona suele buscar una autoridad o creencia más fuerte que actúe como su red de seguridad. También critican a todos los que no forman parte de su zona de seguridad.

Promedio

Nivel 6: A medida que el Seis se eleva a los niveles medios de funcionamiento, vemos que la persona compensa la agitación interna y las inseguridades. Culpan a todo el mundo de sus problemas y desconfían de todo y de todos, excepto de aquellos en los que buscan seguridad. Esta persona puede mostrarse autoritaria y a la vez temerosa de la autoridad, y a menudo utiliza el miedo para silenciar a los demás.

Nivel 5: En este nivel, la persona es indecisa, cautelosa, ambivalente, ansiosa y tiende a dar señales contradictorias. La confusión interna les hace reaccionar de forma imprevisible.

Nivel 4: Este Seis invierte todo su tiempo y energía en lo que cree que lo mantendrá seguro y creará estabilidad en su vida. En este nivel, el Seis está constantemente pensando y analizando todo en exceso. Son más organizados y estructurados. Anticipan los problemas a cada paso y encuentran consuelo en sus alianzas.

Saludable

Nivel 3: Este es el comienzo del viaje hacia la mejor y más elevada versión de un Seis del Eneagrama. Este individuo es un constructor de comunidades. Es responsable, fiable, digno de confianza y trabajador, e invierte su energía en trabajos que ayudan a los demás.

Nivel 2: En este nivel, el Seis puede inspirar a otros y es un gran líder. Son afectuosos, adorables y crean fuertes vínculos con los demás.

Nivel 1: Este es el nivel más alto y mejor para un Seis. En este nivel, el individuo se reafirma en sí mismo, es independiente pero simbióticamente interdependiente y cooperativo. Tiene un gran valor, optimismo y amor por servir a los demás, una verdadera inspiración para todos en su mundo.

LA PASIÓN DEL SEIS DEL ENEAGRAMA

La pasión del Seis o su pecado capital es la angustia o la ansiedad. Normalmente se expresa como la necesidad subconsciente de protegerse de todo lo que ocurre a su alrededor. Los Seis tienden a descontrolarse mentalmente al preocuparse por todo lo que puede salir mal.

Lo que el Seis necesita es valor. Esta es la virtud que le devolverá el poder y la seguridad de que puede manejar la vida y cualquier desafío que se le presente. Te permitirá ver que la única seguridad absoluta que puedes tener es la que tú mismo creas y ese poder existe dentro de ti.

Si estás leyendo esto y reconoces que eres un Seis, este es el trabajo que debes hacer. Devuélvete a la plenitud, a la valentía.

PATRONES INFANTILES Y EMOCIONALES DEL ENEAGRAMA SEIS

Tal vez te preguntes cómo desarrollaron los Seis esta ansiedad y de dónde vino la fijación del ego. De niños, los Seis sentían que su entorno era demasiado impredecible y peligroso. Aunque tenían una figura protectora, la protección que recibían también experimentaba constantes amenazas por cualquier motivo. Esto puede deberse a que el protector era abusivo a veces, o tal vez luchaban contra la adicción o los problemas de salud mental, lo que los hacía muy volátiles. También puede ser que el protector fuera demasiado estricto con castigos ilógicos y exagerados cada vez que el niño cometía un error. Independientemente de la causa de fondo, el niño aprendió a depender de la protección del cuidador, que a veces traicionaba la esencia misma de la seguridad en la que el niño creía. Eso hizo que el niño desarrollara el hábito del análisis constante para prepararse para cualquier situación desagradable. También condicionó al niño a considerarse impotente.

En la edad adulta, este condicionamiento conduce a un adulto que busca constantemente esa misma figura protectora y autoritaria porque no está acostumbrado a ser su propia fuente de seguridad. Al mismo tiempo, tienden a ser escépticos con todo y con todos, con la esperanza siempre de lo mejor pero esperando lo peor.

Los Seis se sienten separados de su guía interna. Los atormenta la necesidad de encontrar el curso de acción correcto y de estar rodeados de su "gente", lo que los hace muy divisivos. La duda y la ansiedad constantes son perjudiciales para su éxito en la vida y sólo pueden eliminarse mediante el crecimiento y el trabajo interior.

Para curar la herida de la infancia, los Seis deben recorrer el camino del autoempoderamiento y el amor propio. Necesita aprender a depender de la seguridad de su Yo Superior en lugar de depender de los demás.

SUBTIPOS DEL ENEAGRAMA TIPO SEIS

El sistema de perfiles del Eneagrama permite tres subtipos en cada tipo. Se trata de las variantes de Autoconservación, Social y Uno a Uno (Sexual). Recuerda que las tres variantes instintivas existen en todos nosotros, pero el orden en que se apilan determina su influencia en nuestras vidas. Una de ellas será la más dominante y la que más fácilmente resuene en ti y la observes como patrones de comportamiento y pensamiento en tu vida. La segunda se sentirá neutral y menos influyente, y la tercera será la menos significativa. El tercer instinto se convierte en un punto ciego para muchos porque está subdesarrollado y fuera de su reconocimiento consciente. Dependiendo de qué instinto sea el más dominante, dará forma a tu personalidad única y a tu forma de abordar la vida como Seis.

Seis de Autoconservación (SP)

Para este subtipo, la calidez es la cualidad esencial que destaca. Aunque son los más temerosos e inseguros de los subtipos, los Seis SP también son cálidos en sus interacciones con los demás. Reprimen su ira y tienden a ser demasiado cautelosos con todo porque no quieren cometer errores ni decepcionar a los demás. Se centran en construir fuertes alianzas familiares como mecanismo de supervivencia para crear una fuerte fortaleza para ellos mismos y para sus seres queridos.

Seis Social (SO)

Los Seis SO son obedientes. Es fácil confundirlos con el Tipo Uno debido a su fuerte brújula moral y su tendencia a ver las cosas en blanco y negro. Estos individuos son racionales y prefieren seguir las reglas y hacer las cosas de la manera correcta.

Uno a Uno/Seis Sexual (SX)

Como contratipo del subtipo Seis, los Seis SX son intimidantes. Se presentan como audaces, asertivos y un poco rebeldes. Es fácil confundirlos con el Tipo Ocho del Eneagrama porque siempre corren en dirección a sus miedos como forma de contrarrestar su ansiedad. Como los Seis desconfían naturalmente de la gente, los Seis SX buscarán ideologías concretas y pragmáticas porque se sienten más veraces y con los pies en la tierra.

CHAPTER 16

CONSEJOS PARA EL TRABAJO Y EL ESTILO DE VIDA DEL ENEAGRAMA TIPO 6

A ntes de hablar de cómo puedes mejorar en esta búsqueda de autodescubrimiento, debemos explorar algunas de las luchas que puedes experimentar en tu viaje. Para algunos de ustedes, las luchas ya dominan su vida, y si ese es el caso, encontrarán las sugerencias ofrecidas bastante útiles.

LUCHAS DE UN SEIS DEL ENEAGRAMA

La relación de amor-odio con la autoridad

Con esto quiero decir que te encanta la seguridad que te proporciona el hecho de buscar la autoridad de los demás, pero al mismo tiempo, eres escéptico con respecto a las personas que se autodenominan autoridad. Las personas que parecen seguras de sí mismas y confían en que su camino es el único correcto parecen "demasiado buenas para ser verdad".

Qué hacer: La única solución real a la cuestión de la seguridad y la autoridad se reduce a confiar en tu guía interior. Sé que es mucho pedir, pero por eso estás leyendo este libro, ¿no?

La batalla contra la incertidumbre

¿Hay algo de lo que no dudes? Cuanto más abajo estés en tu desarrollo, más altas y abrumadoras serán tus dudas. Por fuera, la gente ve a una persona encantadora, de buen humor o incluso segura de sí misma, pero tú sabes la verdad. En el fondo, vives en un mundo que se tambalea constantemente. Tienes miedo al abandono, al rechazo, a la decepción, a la traición, a la muerte y a todo lo que hay en medio. Te preocupa arruinar tus relaciones, tu trabajo o el proyecto que te han asignado. Es una dura batalla, y te enfrentas a ella a diario. Mientras que otros tipos del Eneagrama pueden conseguir distraerse de sus miedos, tu miedo parece vivir cara a cara contigo.

Qué hacer: La única manera de superar el miedo es encontrar tu Yo Superior y vivir desde esa fuerza y verdad fundamental. Trabaja en desarrollarte a niveles más altos en tu conexión espiritual. Cuanto más trabajes en tu mente y en tu espíritu, más arraigado estarás, y el miedo ya no se interpondrá en tu camino.

Perfeccionismo y rigidez

A menudo, como Seis, puedes sentir que sólo puedes relajarte y sentirte seguro cuando todos tus problemas estén resueltos. En otras palabras, estarás feliz y tranquilo cuando ocurra X (X es la cosa en la que estás trabajando o que te preocupa). También es posible que luches contra el perfeccionismo, especialmente en tus relaciones. Esto podría deberse a que tiendes a ser demasiado crítico para evitar cometer errores o decepcionar a las personas que te importan. Ambos problemas tienen su origen en la misma falsa creencia, y es debido a esa incesante ansiedad que te vuelves tan rígido en tu comportamiento.

Qué hacer: Reconocer y cuantificar cuánto tiempo te dedicas a preocuparte y catastrofizar todo. Fíjate en el tiempo que esto te quita para ser feliz, estar presente y ser eficaz en tu vida diaria. Incorpora algunas prácticas de atención plena, para aprender a aceptarte a ti mismo y silenciar el parloteo mental que te roba el momento.

No confiar en ti mismo

De niño, puede que hayas recibido deliberadamente o sin querer el condicionamiento de que no debes confiar en tus instintos. Como resultado, pasas la mayor parte de tu tiempo mirando a los profesores, mentores, entrenadores e instituciones para que te digan lo que es correcto. Por desgracia, ceder tanto poder erosiona tu capacidad de convertirte en todo lo que has nacido para ser. Crea un caldo de cultivo para la desconfianza. Si no puedes confiar en ti mismo en primer lugar, nunca podrás confiar de verdad en nadie más, porque la Verdad siempre es desconocida para ti.

Qué hacer: Invierte en todo lo que te permita cultivar una sana e inquebrantable creencia en ti mismo. Esta no debe ser una creencia basada en el ego, sino una creencia del Yo Superior. Conocerás la libertad absoluta cuando aprendas a confiar en esa voz por encima de lo que digan los demás, sin importar la autoridad que tengan.

ENEAGRAMA TIPO 6 BAJO ESTRÉS

Los Seis suelen estresarse cuando se sienten inseguros o hay un desorden en su entorno. Tampoco soportan ese desorden, la corrupción, la falta de estructura o de claridad y el comportamiento impreciso de los demás.

Cuando el estrés es más de lo que pueden manejar, los Seis se desintegran naturalmente en la flecha 3, lo que significa que adoptan comportamientos poco saludables del Eneagrama Tres. Eso hace que ignoren sus valores y se centren en encubrir sus inseguridades, el miedo al rechazo, al fracaso y al abandono. Incluso pueden llegar a presumir mucho de sus logros, especialmente ante las personas a las que quieren impresionar. Supongamos que están estresados porque no sienten la seguridad y el apoyo necesarios de su grupo o de una figura de autoridad. En ese caso, pueden volverse demasiado egocéntricos y arrogantes, haciendo de abogados del diablo. Todo ello tiene su origen en el estrés interno y los crecientes temores que intentan ocultar.

Si eres un Seis y te preguntas cómo afrontar el agotamiento o el miedo al caos y la incertidumbre, aquí tienes algunas cosas que puedes hacer:

Cuando la idea del peor escenario se apodere de tu mente, en lugar de sucumbir a ese miedo, reprodúcelo como una película en tu cabeza. Pregúntate: "si ocurre lo malo, ¿entonces qué?". Sigue haciéndote esa pregunta hasta que compruebes que no vas a morir por esa situación, y tu cerebro se entregará de forma natural a un estado más tranquilo y optimista. Encontrarás calma y solidez evaluando la situación de forma realista.

También puedes plantearte jugar al sencillo juego "¿y si me equivoco y ocurre lo contrario?". Al hacer esta pregunta, le das a tu cerebro permiso para considerar los aspectos opuestos (los positivos) de las cosas. Se trata de un juego sencillo pero poderoso para los Seis, ya que a menudo el cerebro salta a los peores escenarios para todo.

RELACIONES

Los Seis son atentos y protectores con sus seres queridos. Son grandes compañeros, especialmente cuando operan en niveles saludables de desarrollo. Sin embargo, si el Seis no está bien desarrollado en su autodominio, tiene problemas de confianza.

Eso hace que la relación sea un reto porque pueden ser considerados controladores y demasiado escépticos.

Como Seis, sabes muy bien lo difícil que puede ser confiar en alguien, especialmente en una pareja romántica. La coherencia, el compromiso, la responsabilidad y la devoción son importantes para ti, por lo que tu pareja ideal debe aportar un cierto nivel de compasión, amabilidad y confianza a la relación. Es necesario que sean transparentes para que las cosas funcionen bien.

A continuación encontrarás consejos para cultivar una relación sana y cariñosa con otros tipos y lo que puedes esperar. Si ninguna de las sugerencias resuena, está bien. Esto es para aumentar tu curiosidad y conciencia de tus puntos fuertes y débiles en las relaciones.

CONSEJOS PARA LAS RELACIONES CON OTROS TIPOS

Tipo 6 y Tipo 1: Con un Uno, tienes una relación en la que puedes confiar porque ambos están comprometidos, son responsables y valoran la lealtad. Tú y tu pareja son cumplidores y quieren mejorar el mundo. El Uno te apoya y crea una red de seguridad que calma tu escepticismo. Tu ingenio ayuda al Uno a aligerarse y eres capaz de ver varios resultados posibles en cualquier escenario, lo que puede ser útil para el Eneagrama Uno, que tiende a ser rígido en sus elecciones.

Aunque la seguridad en sí mismo y la decisión del Eneagrama Uno pueden inspirarte a cultivar las mismas cualidades que conducen a una relación enriquecedora, puedes encontrar un desafío cuando tu pareja se vuelve resentida o te critica demasiado. Esto podría volverte reactivo y ansioso, haciéndote parecer hipócrita ante tu pareja. Los Seis y los Uno se sienten muy incómodos con los conflictos, lo que lleva al juego de la culpa. Crezcan juntos manteniendo una comunicación abierta y recurriendo a su lado divertido. Encuentren formas de ser espontáneos juntos y no se tomen demasiado en serio los errores del otro.

Tipo 6 y Tipo 2: Con un Dos, tienes una relación de apoyo, cálida y atenta. Su conexión se basa en la amistad y la responsabilidad. El Dos aporta empatía, afecto y comodidad, haciéndote sentir que tu pareja siempre te cubre la espalda. Tu deseo de estabilidad ofrece al Dos la sensación de sentirse priorizado y valorado.

Un reto al que podrías enfrentarte en esta relación es tu ambivalencia. La tendencia a poner a prueba a tu pareja acercándola y luego alejándola sólo amplifica su inseguridad. Los Dos podrían entrar en el modo "arreglar", tratando de ayudarte a recuperar tu amor. Desgraciadamente, eso puede hacerte sentir que son demasiado controladores.

Crezcan juntos encontrando tiempo para seguir aumentando su amistad y conexión. Ambos tienen que verbalizar sus necesidades y cómo pueden satisfacerlas. No juegues al juego de las suposiciones en tu relación.

Tipo 6 y Tipo 3: Con un Tres, la relación es dinámica, obediente, responsable y resistente. Confían el uno en el otro y forman un gran equipo. El Tres aporta ambición, una gran ética de trabajo, ánimo y optimismo que te inspira a perseguir tus pasiones. Mantienes a tu pareja con los pies en la tierra y le ayudas a frenar un poco más.

Un reto al que podrían enfrentarse en esta relación se reduce a sus valores. Como Seis, puedes tener problemas con la naturaleza cambiante de un Tres, lo que te hace tener problemas de confianza. La energía de los Tres, que son muy activos, también puede entrar en conflicto con tu naturaleza cautelosa y conservadora. Esto puede hacer que el Tres sienta que lo estás frenando.

Crezcan juntos validando el foco de atención del otro y manteniéndose presentes en la relación. Tengan un diálogo abierto sobre sus emociones y asegúrense de resolver los problemas menores que podrían crear grietas en la relación.

Tipo 6 y Tipo 4: Con un Cuatro, tienes una relación profunda. El Cuatro siempre quiere profundizar emocionalmente, y tu compromiso con la relación facilita ese nivel de expresividad y exploración. El Cuatro aporta compasión y conciencia de sí mismo, y tú eres práctico, leal y sensible. Tienen muchas similitudes, y eso puede ser bastante reconfortante.

Un reto al que podrías enfrentarte aquí es que tú eres extremadamente práctico mientras que tu pareja tiende a dejarse llevar por sus pasiones. Esto puede crear conflictos, especialmente cuando no coinciden en algo. Los Cuatro también pueden tener problemas con el hecho de que tú quieres que todo sea predecible y con límites estrictos, y a ellos no les gusta estar encajonados o limitados en la vida. Crezcan juntos manejando mejor sus conflictos. Reconoce que, a veces, la búsqueda de autenticidad de tu pareja puede no coincidir con tu necesidad de coherencia. Y eso está bien. Trabaja con estas experiencias y sé reflexivo en tus respuestas. Pregúntate: "¿Necesito expresar esto ahora mismo? ¿Será útil para nuestra relación?".

Tipo 6 y Tipo 5: Con un Cinco, tienes una relación profunda que te permite ser tú mismo sin miedo a ser juzgado o abrumado. Tu consideración, lealtad, atención y equilibrio permiten al Cinco estar más conectado y menos aislado del mundo. La firmeza, la estabilidad, la cautela y la fiabilidad del Cinco te atraen.

Un reto al que podrías enfrentarte en esta relación es cuando se trata de tomar decisiones. Tu tendencia a confiar en las normas y procedimientos existentes puede resultar frustrante para tu pareja, ya que los Cinco confían más en su intelecto que en las opiniones de otras personas. Aunque los dos son analíticos en sus planteamientos, cuando no coinciden, las cosas pueden complicarse bastante porque pueden empezar a desmenuzar la relación en lugar de centrarse en el asunto en cuestión.

Crezcan juntos aprendiendo a dar un paso atrás en una situación acalorada y dándose un poco de espacio para realinearse internamente, y luego vuelvan y trabajen las diferencias con compasión. Encuentren algo que les guste a los dos y sobre lo que quieran aprender y dediquen tiempo a esa actividad cada semana.

Tipo 6 y Tipo 6: Estar en una relación de espejo es fácil y cómodo, y es como tener un mejor amigo que simplemente te entiende. Establecer la profunda confianza necesaria para una asociación duradera puede llevar tiempo porque ambos son Seis, pero nada puede separarlos una vez que la encuentran. Pueden relajarse, divertirse juntos y saber que se cubren las espaldas mutuamente. No hay conjeturas sobre tu posición en la relación.

Un reto al que se enfrentarán es la forma de afrontar los conflictos. Es posible que, en el calor del momento, digan cosas que no quieren decir, lo que puede resquebrajar la confianza que tanto les ha costado construir. Crezcan juntos expresando compasión con regularidad y apártense del calor del momento para evitar decir cosas de las que se arrepentirán después.

Tipo 6 y Tipo 7: Tienes una relación divertida con un siete. Son almas gemelas que se aprovechan de los puntos fuertes del otro. El Siete aporta aventura, desenfado y diversión a la relación, y tú ofreces estabilidad, equilibrio y ligera cautela, lo que permite al Siete tener los pies en la tierra.

Un reto al que pueden enfrentarse en esta relación es que ambos luchan profundamente contra la ansiedad, el miedo y las inseguridades. Pero la forma de afrontarlos difiere significativamente. Tú creas estructura, estabilidad y sistemas para lidiar con tu ansiedad y tus miedos, mientras que el Siete se las arregla buscando constantemente distracciones externas y cosas que enciendan su energía. Tu pareja puede cansarse rápidamente de tu pesimismo y de tu deseo de liberarte de las reglas y de las consideraciones "tontas" que tú tienes. Sean respetuosos con la forma de ser del otro y encuentren ese punto medio en el que puedan estar de acuerdo. Crezcan juntos reconociendo que las perspectivas de ambos en la vida tienen un valor significativo.

Tipo 6 y Tipo 8: Con un Ocho, tienes una relación protectora y fiable. Se complementan bien. El Ocho aporta claridad, decisión y transparencia, permitiéndote confiar en él. Tu calidez y amabilidad hacen que el Ocho se sienta abrazado y cuidado.

Un reto al que podrían enfrentarse aquí es que ambos son reactivos en los conflictos, y cuando las cosas van mal, no sienten que puedan confiar el uno en el otro. Es posible que el enfoque bullicioso del Ocho te resulte un poco desagradable, y que tu pareja vea tus preocupaciones y cuestionamientos como una falta de confianza. Si eres contrafóbico, los conflictos pueden volverse explosivos, ya que ninguna de las partes se echará atrás fácilmente. Crezcan juntos desarrollando su autocontrol y reconociendo que ambos son un trabajo en progreso. Ser vulnerable es una decisión difícil para ambos, y eso está bien. Apóyense el uno al otro y ofrézcanse seguridad porque ambos buscan seguridad, no control. Recuerden que están juntos en esto.

Tipo 6 y Tipo 9: Con un Nueve, tienes una relación solidaria, afectuosa y leal con muchos valores compartidos. Comparten una devoción y un confort mutuos. El Nueve aporta amabilidad, aceptación y estabilidad a la relación. Tu naturaleza orientada a la acción puede ayudar al Nueve a ser más activo en su propia vida.

Un reto al que podrías enfrentarte es durante los periodos de estrés, ya que el Nueve tiende a retirarse, lo que puede sentirse como un abandono. Tu reactividad emocional también puede ser perjudicial porque al Nueve le gusta evitar todo conflicto y prefiere pasar de puntillas por las cosas, lo que también puede dar la sensación de que no está siendo transparente. Crezcan juntos apoyándose mutuamente a la hora de expresar sus necesidades y deseos. Descubre lo que realmente quieres en una relación y anima a tu pareja a hacer lo mismo, luego comparte abiertamente esta visión para que puedan avanzar juntos hacia ella.

AFIRMACIONES

- Estoy seguro en este momento presente
- Estoy dispuesto a confiar más
- Conozco mi valor
- Soy compasivo con los demás y conmigo mismo
- Elijo ver lo mejor de los demás

Recuerda que las afirmaciones sólo funcionan cuando lo que dices y lo que sientes está sincronizado. Utiliza sólo afirmaciones con las que resuenes profundamente.

CONSEJOS DIARIOS PARA EL CRECIMIENTO Y LA FELICIDAD

- Trabaja en tu autoconversación. El parloteo mental es una de las principales causas de los problemas de estrés y de salud que puedes experimentar. Cuanto más trabajes en tu mentalidad y entrenes a tu cerebro para mantener una autoconversación saludable y amorosa, más fácil será mantener la calma. Considera la posibilidad de aprender a meditar. Es una de las mejores maneras de calmar una mente preocupada y elevar tu estado fisiológico.

- Invierte un tiempo diario en descomprimirte y sintonizar con tu cuerpo. Utiliza técnicas de respiración profunda para conseguir una sensación de calma en todo tu cuerpo.
- Aprende a dejar de lado las responsabilidades no esenciales que te abruman. No hay nada malo en dejar que otros se encarguen de un proyecto. Reconoce cuándo estás asumiendo demasiado y di que no.
- Mueve tu cuerpo a diario. Hacer ejercicio es una forma estupenda de aumentar las endorfinas que reducen el estrés en el cerebro. Busca ejercicios que te gusten y suda a diario o al menos tres veces por semana.

CHAPTER 17

ENEAGRAMA TIPO 7

EL ENTUSIASTA O AVENTURERO

E l Entusiasta o Aventurero es el Tipo Siete del Eneagrama. Esta personalidad es conocida por su comportamiento despreocupado y aventurero. Son burbujeantes y rebosan de energía. En este capítulo y en el siguiente, profundizaremos en la personalidad, los miedos, los deseos, los puntos fuertes, las luchas y las formas de reconectarse con tu Yo Superior mientras aumentas la felicidad en tu vida.

El eneagrama siete es un idealista y un visionario. Son enérgicos, carismáticos, creativos y les encanta correr riesgos. Un Siete es un pensador global y prefiere vivir fuera de los consejos convencionales. La mayoría de los Siete son polifacéticos y les apasionan varias cosas. Tienen una preocupación genuina por el crecimiento y el progreso de la humanidad y, al mismo tiempo, tienen poca consideración por el estatus social o la etiqueta.

Los Siete tienen un fuerte deseo de aprender más sobre sí mismos y descubrir cosas nuevas. Pueden ser bastante impulsivos y abstractos en su comunicación, pero son grandes narradores. A los Siete les encanta animar todo lo que dicen y buscan constantemente lo bueno de la vida y de los demás. De hecho, tienden a esforzarse por lidiar con cualquier cosa en ellos mismos o en los demás que no sea positiva. Pero más adelante hablaremos de ello.

El eneagrama Siete forma parte de la tríada de la cabeza o centro pensante, lo que les hace ser ingeniosos e intelectuales. Al igual que los Cinco y los Seis, son muy observadores de su entorno y utilizan su imaginación creativa para tomar decisiones. Sin embargo, la principal diferencia es que, a diferencia de los Cinco y los Seis, que son muy centrados y cuidadosos con sus elecciones, los Siete tienden a ser más impulsivos con sus decisiones y acciones.

PUNTOS FUERTES DE UN SIETE

Uno de los mayores puntos fuertes de un entusiasta es su creencia en los aspectos positivos de la vida y de las personas. Son buenos buscadores en el sentido más estricto de la palabra, siempre alentando, levantando y animando a los demás a perseguir sus sueños.

Los Siete son excelentes para ver el panorama general de casi todo. Tienen una mente ágil que puede cambiar entre varias cosas rápidamente. Si estás con un Siete, las cosas siempre son dinámicas y divertidas porque saben cómo alegrar el ambiente y levantar el ánimo de todos los que los rodean.

Otro punto fuerte es que los Siete nunca se toman demasiado en serio a sí mismos. Eso les permite recuperarse rápidamente ante un contratiempo o un fracaso.

Rasgos clave de la personalidad de un Siete

- Versátil
- Curioso
- Atrevido
- Juguetón
- Energético
- Alegre
- Resiliente

Aficiones comunes para el tipo Siete

- Hacer podcasts
- Comedia stand-up
- Actividades que inducen a la adrenalina
- Probar nuevas comidas

MIEDOS Y DEBILIDADES

Los Siete temen perderse la buena vida o quedar atrapados y atascados en la rutina. Esto se debe al miedo fundamental a sufrir privaciones o a experimentar dolor. Buscan constantemente experiencias emocionantes, novedosas y divertidas para hacer frente a este miedo.

La idea de limitaciones y restricciones es muy poco atractiva para un Siete. Desafortunadamente, esto puede llevar a comportamientos como el escapismo, la impaciencia, la evasión y la sobreindulgencia, especialmente cuando el individuo no está operando a niveles saludables.

¿Cuál es el miedo básico que impulsa este comportamiento? El miedo a quedar atrapado en el dolor o a que le falte algo.

Este miedo puede manifestarse en una actividad constante, que trae consigo la fatiga. También se manifiesta en la falta de seguimiento y en el abandono de los compromisos sin previo aviso. Sin embargo, el Siete prefiere aguantar el cansancio antes que enfrentarse a experiencias mundanas o al dolor.

Algunos Siete se van al extremo opuesto y planifican excesivamente sus aventuras divertidas. Este exceso de entusiasmo y la necesidad constante de movimiento y entretenimiento es también una manifestación malsana del mismo miedo central

DESEOS Y MOTIVACIÓN

Como personalidades que buscan el placer, todos los Siete tienen un deseo fundamental de estar libres de estrés, felices y satisfechos. Los Siete están motivados por el deseo de ver satisfechas sus necesidades. Si se enfrentan a experiencias monótonas, aburridas o aterradoras, los Siete hacen todo lo posible para retirarse de ese entorno. Suelen hacer todo lo posible para encontrar la felicidad y la emoción. Cuando funciona a niveles medios o poco saludables, un Siete saltará de una cosa excitante a otra, persiguiendo el siguiente gran subidón.

Valores fundamentales

- Diversión
- Placer
- Optimismo
- Flexibilidad

Entre los famosos del Tipo Siete que podrías conocer se encuentran el cantante y compositor Elton John, el empresario Richard Branson, la cantante Katy Perry, la actriz Elizabeth Taylor, el cómico Eddie Murphy, el presidente John F. Kennedy, el actor Jack Black y Robin Williams.

¿Te preguntas si podrías ser un Tipo Siete? He aquí algunos indicadores de personalidad:

1. Te resulta fácil adquirir nuevas habilidades, pero no te esfuerzas mucho en dominar ninguna de ellas.
2. Te sientes rápidamente deprimido si tus recursos son limitados de alguna manera. Eres más feliz cuando puedes experimentar y lograr lo que quieras.
3. La mayor parte del tiempo, encuentras el presente bastante aburrido.
4. A pesar de tu actitud aparentemente despreocupada, sabes exactamente lo que quieres de la vida y no vas a parar hasta conseguirlo.
5. Tu nivel de entusiasmo refleja el de un niño de cinco años, independientemente de tu edad real.
6. La paciencia no es algo que manejes bien porque quieres que todo lo que has planeado ocurra cuanto antes.
7. ¡El miedo a perderte algo es real y está vivo!
8. No soportas a la gente que te dice: "Sé realista".
9. Te apasiona y te obsesiona el futuro y sus posibilidades. De hecho, pasas la mayor parte de tu tiempo pensando y planificando el futuro.

TUS ALAS

Las alas son el número adyacente a tu Tipo de Eneagrama. Como Siete, tienes...

- El Eneagrama Siete con Ala Seis: "El entretenedor"
- El Eneagrama Siete con Ala Ocho: "El realista"

Aunque puedes tener tendencias que se inclinan hacia ambas alas en varias etapas de tu vida, es probable que seas más dominante en una que en la otra. Esta será tu Ala más influyente y dominante.

Significado de tu ala

Si eres un 7w6 (Siete con Ala Seis), la influencia de esta Ala te hace más centrado y responsable. Tu espontaneidad y la necesidad de ser constante, seguro y centrado te convierten en el tipo de personalidad más sociable de todo el sistema del Eneagrama. También te vuelves más disciplinado, productivo y organizado con mayor previsión.

En el trabajo, te llevas bien con prácticamente todo el mundo. Eres encantador, divertido, adulto e infantil al mismo tiempo y, a veces, un poco descarado. A la gente le encanta trabajar y estar cerca de ti. También sienten que pueden confiar en ti. Algunas de las mejores carreras por las que puedes optar son, entre otras:

- Fotógrafo
- Periodista
- Planificador de medios
- Agente de viajes
- Guía de turismo
- Publicista
- Escritor de viajes

Si eres un 7w8 (Siete con Ala Ocho), la influencia de esta Ala te hace más asertivo y decidido. No te preocupan tanto las relaciones como a los 7w6 porque te centras en crear tus propias experiencias y ganar en la vida. Si te apetece tener éxito material y poder, tu fuerza de voluntad es lo suficientemente fuerte como para conseguirlo. Sin embargo, tendrás que ser consciente de no caer en hábitos poco saludables como la adicción al trabajo, los juegos de poder y la sobreestimulación, que suelen ser la perdición de un

8 del Eneagrama. Vivir al límite de la vida es excelente, pero asegúrate de que estás operando a altos niveles de desarrollo, de los que hablaremos en breve.

Las carreras más adecuadas para ti son:

- Presentador de televisión
- Directos de ventas
- Promotor
- Agente de viajes
- Orador motivacional
- Bombero
- Paramédico
- Escritor de viajes

Las flechas y su significado

Tu tipo de personalidad del Eneagrama está vinculado a las líneas o flechas que muestran el camino de crecimiento o desintegración dependiendo de dónde te encuentres en la vida. Cuando se mueve en un camino de desintegración, un Siete caerá en las trampas negativas de la flecha Uno (1), y se volverá más autocrítico y perfeccionista. Esto se conoce como la Dirección del Estrés o la Dirección de la Desintegración y suele ocurrir ante la presión o el estrés superador. La otra flecha indica cómo reacciona y crece una versión sana de tu personalidad en entornos más saludables. En este caso, un Siete desarrolla más las cualidades más saludables de la flecha Cinco (5), volviéndose más centrado y curioso sobre la vida. Para entender el concepto que hay detrás de los niveles saludables y no saludables, repasemos los distintos niveles de desarrollo de un Siete.

LOS 9 NIVELES DE DESARROLLO, DE MENOR A MAYOR

Los niveles de desarrollo surgen de las enseñanzas de Riso y Hudson y de los fundadores del Instituto del Eneagrama, que es un gran lugar para hacer el test del Eneagrama. Su teoría postula que todos los individuos caen en uno de los nueve niveles de funcionamiento. El nivel más bajo es el nueve, y el más alto es el nivel uno. Los niveles se dividen en una tríada que subcategoriza estos niveles como saludables (1, 2, 3), niveles medios (4, 5, 6) y niveles no saludables (7, 8, 9).

No saludable

Nivel 9: En este nivel, los Siete están en su estado más bajo y destructivo como adultos. Aquí es donde la persona está completamente quemada, con pánico, deprimida y en profunda desesperación. Pierden la salud y la energía, y algunos se vuelven suicidas o adictos a las drogas. Es bastante común que sufran una sobredosis en esta etapa de su vida porque están completamente fuera de control.

Nivel 8: En este nivel, la persona sigue estando fuera de control, con un comportamiento errático y compulsivo. Tienen enormes cambios de humor y sienten que nunca entenderán del todo la vida ni conseguirán lo que quieren. Esta persona no puede poner los pies en la tierra ni estabilizar sus emociones.

Nivel 7: Este Siete del Eneagrama es narcisista, llamativo y exuberante. Saltan de un lugar a otro y de una persona a otra, desesperados por calmar su insuperable ansiedad. Muchos tienden a sobrellevarla a través de las drogas y otros comportamientos adictivos.

Promedio

Nivel 6: El ascenso a este nivel supone cierto alivio, pero los Siete siguen luchando contra la adicción. Se involucran en una serie de actividades constantes, tratando de buscar el siguiente "subidón" a través de la aventura y los nuevos proyectos. Como adicto a la adrenalina, este Siete no sabe cuándo parar y carece de seguimiento en cualquier tarea que comience. Se muestra insistente, exigente, hastiado e insensible.

Nivel 5: Este Siete está constantemente ocupado porque teme aburrirse. Son grandes narradores, extravagantes y siempre tienen toneladas de ideas. Desgraciadamente, todavía no tienen la suficiente base o concentración para completar lo que empiezan, lo que les hace poco fiables. Incapaz de discriminar lo que necesita, esta persona tiende a exagerar y a excederse en casi todo.

Nivel 4: En este nivel, la persona está orientada al futuro y casi siempre se entusiasma con algún plan nuevo. Siempre quiere tener más opciones y elecciones disponibles, y le gusta estar al día con las últimas tendencias de la sociedad. Esta persona es aventurera y conocedora del mundo.

Saludable

Nivel 3: En este nivel, el Siete se adentra en el camino de la integración, convirtiéndose en un individuo más práctico, productivo y fiable. Puede canalizar sus múltiples talentos de forma prolífica y convertirse rápidamente en un triunfador que generalmente hace muchas cosas bien.

Nivel 2: En este nivel, nos encontramos con un Siete que es inspirador y contagioso debido a su gran energía positiva y entusiasmo. Este individuo es confiable y está ansioso por aprender, y finalmente ha aprendido a tener los pies en la tierra sin dejar de disfrutar de su espíritu aventurero.

Nivel 1: El santo grial para un Siete del Eneagrama es cuando el individuo se eleva a su mejor versión reuniéndose con su lado espiritual. Esto, a su vez, aumenta su curiosidad, su sed de conocimiento y de nuevas experiencias, mientras que al mismo tiempo está conectado a tierra y agradecido en el presente. Desarrollan una mayor profundidad en la vida y se asombran alegremente por las simples maravillas de la vida. Y lo que es mejor, encuentran el equilibrio perfecto entre el trabajo y la vida privada, a la vez que tienen tiempo para vivir nuevas aventuras.

LA PASIÓN DEL SIETE DEL ENEAGRAMA

La pasión o el pecado mortal del Siete es la gula. Suele expresarse como un exceso de indulgencia en la vida y la búsqueda de más. Los Siete tienden a saltar de una experiencia a otra, buscando siempre probar un poco de todo.

Lo que el Siete necesita es sobriedad. Esa es la virtud que le hará entrar en contacto con su Yo Verdadero y con el momento presente. Al llegar a la parte más profunda del Ser, te vuelves más arraigado al momento, menos distraído y temeroso del aburrimiento o de las emociones desagradables. Te das cuenta de que puedes disfrutar plenamente de la vida y tenerlo todo sin excederte.

Si estás leyendo esto y reconoces que eres un Siete, ese es el trabajo que debes hacer. Volver a la plenitud, volver a la sobriedad.

PATRONES EMOCIONALES Y DE LA INFANCIA PARA LOS SIETE DEL ENEAGRAMA

Uno podría preguntarse cómo el Siete desarrolló esta cualidad imprudente, despreocupada y glotona. La fijación del ego puede remontarse a la infancia, cuando la desconexión tuvo lugar gracias a lo que se denomina "deficiencia de crianza". Cuando eran niños, los Siete experimentaron una negligencia que resultó en una falta de vínculo con el supuesto cuidador. Ya sea porque el cuidador principal era abusivo, luchaba contra la adicción o tenía problemas de salud mental, el niño desarrollaba una profunda sensación de vacío. Los niños llenaban esa soledad con distracciones, actividades, objetos y posibilidades que excitaran sus sentidos y los mantuvieran ocupados. Perseguían cualquier cosa y todo lo que creían que les haría felices porque sentían que eso compensaría la crianza que siempre sintieron que estaba fuera de su alcance.

En la edad adulta, los mismos patrones emocionales se manifiestan en forma de optimismo excesivo, aventuras constantes y persecución de lo que creen que los mantendrá estimulados y felices. Desgraciadamente, no saben cómo enfrentarse a problemas de larga duración ni a situaciones incómodas. Los Siete temen estar solos o que les hagan daño y, a veces, se alejan de proyectos o de una relación por el mero hecho de tener miedo a ser decepcionados.

Para curar la herida de la infancia, un Siete debe volver a conectar con su Yo Superior y aprender a recibir amor, atención y afecto de los demás. Necesitan disfrutar del momento presente y dar prioridad a la creación de relaciones significativas.

SUBTIPOS DEL ENEAGRAMA TIPO SIETE

El sistema de perfiles del Eneagrama permite 3 subtipos en cada tipo. Se trata de las variantes de Autoconservación, Social y Uno a Uno (Sexual). Recuerda que las tres variantes instintivas existen en todos nosotros, pero el orden en que se apilan determina su influencia en nuestras vidas. Una de ellas será la más dominante y la que más fácilmente resuene en ti y la observes como patrones de comportamiento y pensamiento en tu vida. La segunda se sentirá neutral y menos influyente, y la tercera será la menos significativa. El tercer instinto se convierte en un punto ciego para muchos porque está subdesarrollado y fuera de su reconocimiento consciente. Dependiendo de qué instinto sea el más dominante, dará forma a tu personalidad única y a tu forma de abordar la vida como Siete.

Siete de Autoconservación (SP)

El Siete SP es un maestro de las redes y los contactos, y siempre busca construir una "familia" fuerte de personas que puedan aprovechar para alimentar su destreza en la búsqueda de aventuras. Estos individuos adoran las cosas buenas de la vida y todas las personas de su mundo desempeñan un papel vital para satisfacer sus necesidades. Son el tipo de personas que presumen de tener amigos por todas partes a los que pueden llamar en cualquier momento. Se les da bien conseguir lo que quieren y son quizás los más prácticos y racionales de los tres subtipos.

Siete Social (SO)

Como contratipo del subtipo, el sacrificio es la cualidad clave de los Siete sociales. Actúan en contra de su glotonería sirviendo para crear un mundo mejor. Es fácil confundir este Siete SO con un Tipo 2 porque son cálidos y a menudo ponen las necesidades de los demás (o de un grupo al que apoyan) por delante de las suyas. El espíritu aventurero y amante de la diversión sigue vivo, pero tienden a dirigir su energía hacia la misión de ayudar a todos a disfrutar más de la vida.

Uno a Uno/Siete Sexual (SX)

Con los Siete SX, la cualidad clave es la fascinación. Este Siete experimenta la vida a través de lentes de color rosa. Tienen un entusiasmo y un optimismo contagiosos y sólo ven lo bueno en todas las personas y en todas las cosas. Los Siete SX creen que la vida es una novela de fantasía, y son muy buenos para ayudar a quienes les interesan a "encajar en el traje mágico" que los Siete crean para ellos. En otras palabras, los Siete SX saben cómo hacer que los demás se sientan especiales, y eso atrae mucho interés. Desgraciadamente, dejarse llevar por el encanto, la intensidad y los destellos de un Siete puede llevar a la angustia porque su atención suele ser temporal. En cuanto encuentran un nuevo objeto de atención, desaparecen inmediatamente, lo que puede resultar profundamente chocante para la persona que interactúa con un Siete. Otra cosa que hay que tener en cuenta es que los Siete no soportan nada que consideren aburrido y monótono, y suelen alejarse de las relaciones demasiado predecibles.

CHAPTER 18

CONSEJOS PARA EL TRABAJO Y EL ESTILO DE VIDA DEL ENEAGRAMA TIPO 7

C omo parte de tu descubrimiento y transformación, es esencial que reconozcas tus desencadenantes, las áreas con las que más luchas y dónde están tus oportunidades de crecimiento.

LUCHAS DE UN ENEAGRAMA 7

Aburrirse

Te aburres la mayor parte del tiempo porque estás gestionando mal tu energía y tu concentración. Sin embargo, este aburrimiento está arraigado en la deficiencia a niveles medios y poco saludables, y suele conducir a acciones muy poco saludables. Casi todos los Siete lucharán con esto porque la verdad es que incluso los sanos necesitan esa sensación de aventura y desafío en su vida.

Qué hacer: Estudia tu aburrimiento. ¿Qué tan pronto luego de que te aburres buscas distracciones? ¿Qué emociones hay en tu aburrimiento? ¿Qué sientes en tu cuerpo? ¿Qué recuerdos te trae tu aburrimiento? ¿Hay algún dolor asociado que intentas evitar?

Anota en un diario cualquier revelación que obtengas. Escribir lo que realmente sientes puede ayudarte a ser más consciente de ti mismo y a curar algunas de esas heridas ocultas. De nuevo, no será fácil, pero cambiará tu vida.

Sentirse atrapado

La libertad es uno de los valores fundamentales y el deseo básico de un Siete. El mundo es un tesoro interminable de actividades y experiencias, por lo que los compromisos pueden hacerte sentir como un pájaro atrapado en una jaula. Aunque anheles el matrimonio, los contratos de trabajo largos y los compromisos familiares, estas cosas también te producen una tremenda ansiedad.

Qué hacer: Abre tu mente a la posibilidad de que el compromiso, la disciplina y la libertad puedan ir de la mano. Las relaciones y las oportunidades de trabajo pueden durar mucho tiempo pero seguir facilitando la sensación de novedad y aventura que ansías. Busca este tipo de compromisos.

Sentirse distraído y desconcentrado

Es fácil que los Siete medios y poco saludables se vean invadidos por demasiadas ideas y posibilidades. Muchos se quejan de sentirse fuera de control e incluso abrumados. Entonces, centrarse se convierte en una tarea ardua.

Qué hacer: La meditación es una forma estupenda de ayudar a tu mente a calmarse. También te permite practicar el estar en el momento presente, reforzando tu concentración. Encuentra prácticas de meditación que te entusiasmen y conviértelas en un ritual diario.

No seguir el camino

Este comportamiento suele tener su origen en la falta de concentración y disciplina. Cuando un Siete se distrae o se aburre, tiende a abandonar lo que estaba haciendo y a encontrar algo nuevo que le entusiasme.

Qué hacer: Cultivar la disciplina en tu vida. No será fácil, pero debes hacerlo. Si puedes entrenar a tu cerebro para seguir con algo hasta completarlo, cambiará tu vida y mejorará tu percepción profesional.

ENEAGRAMA TIPO SIETE BAJO ESTRÉS

Los Siete tienden a estresarse mucho cuando son microdirigidos, se aburren o cuando sienten que no tienen suficiente libertad personal. Tampoco les gusta estar encerrados durante mucho tiempo ni quedarse atrapados en el mismo sitio. Otras cosas que estresan mucho a los Siete son los problemas económicos por no poder hacer y tener todo lo que quieren. Tampoco les gusta estar atascados en el trabajo de detalle o hacer cosas de fondo, porque son pensadores de gran alcance. Supongamos que le das a un Siete demasiada responsabilidad o plazos rígidos. En ese caso, pueden caer fácilmente en niveles de estrés elevados, lo que, con el tiempo, puede hacer que se desintegren en los hábitos poco saludables de un Tipo Uno. Esto es bastante alarmante para todos los que rodean a este individuo porque pasan de ser una persona despreocupada, amante de la diversión y optimista a un rígido fanático del control. Pueden volverse excesivamente críticos y enterrarse en el trabajo o en proyectos para olvidarse de sus luchas.

Si eres un Siete y te preguntas cómo lidiar con los altos niveles de estrés, considera la meditación y otras prácticas de atención plena. Éstas te llevarán al momento presente y te calmarán. También puedes utilizar la música para ayudarte a reflejar tus emociones. Una vez que determines qué emociones están creando esa sensación desagradable, no corras y te escondas. En su lugar, busca formas saludables de procesar esas emociones. Escribir un diario sobre tus sentimientos es una buena manera de liberarlos. Date cuenta de que tanto las emociones positivas como las negativas son esenciales para la experiencia humana completa.

RELACIONES

Los Siete son divertidos, entusiastas, enérgicos y espontáneos. Cuando se trata de relaciones personales y profesionales, un Siete nunca quiere sentirse enjaulado o restringido.

En las relaciones románticas, suelen buscar parejas que les permitan sentirse conectados y con los pies en la tierra, sin sentirse asfixiados.

Los Siete se esfuerzan por hacer que el lugar de trabajo sea divertido y emocionante. Disfrutan con los nuevos acontecimientos, compartiendo sus ideas creativas y levantando la moral, pero necesitan apoyo para seguir siendo responsables y cumplir con sus tareas.

CONSEJOS PARA RELACIONARSE CON OTROS TIPOS

He aquí algunas formas de mejorar tus relaciones con otros Tipos del Eneagrama.

Tipo 7 y Tipo 1: Con un Uno, te encuentras en un caso de "los opuestos se atraen", que puede ser profundamente satisfactorio si ambos operan a niveles saludables. En muchos sentidos, se complementan porque aportan curiosidad, fiabilidad y trabajo duro a la dinámica de la relación. El Uno te ayuda a ser más constante y concienzudo, y tú le ayudas a ver las pequeñas formas en que la vida cotidiana puede ser digna de celebración.

Un reto al que puedes enfrentarte en esta relación es la sensación de estar atrapado en el aburrimiento de la rutina, las reglas estrictas y la previsibilidad que tu pareja adora. Mientras tanto, tu pareja puede sentirse como el "adulto" de la relación.

Crezcan juntos desarrollando niveles de conciencia más elevados para poder apreciar el equilibrio que aporta el otro.

Tipo 7 y Tipo 2: Con un Dos, la relación es cálida, nutritiva, espontánea y divertida. Los Dos aportan generosidad, preocupación por el bienestar de los demás y una atención y dedicación amorosas a tus necesidades. Tú los inspiras a soñar en grande y a pensar de forma innovadora. En esta relación, los Dos te muestran que está bien pensar más allá de tus necesidades personales.

Un desafío al que podrían enfrentarse es la diferencia de perspectivas con respecto a la conexión emocional. El Dos puede sentir que tú no estás lo suficientemente presente, especialmente cuando surgen los sentimientos. Esto hará que tu pareja responda exigiendo que entiendas sus necesidades o tratando de "arreglarte". En cualquier caso, esto no termina bien porque hace que te sientas atrapado en la relación. Crezcan juntos aprendiendo a hablar de los conflictos en lugar de mantener una actitud positiva y evitar las conversaciones difíciles. Asegúrense mutuamente su compromiso y, cuando tengan esas conversaciones desagradables, recompénsense con algo divertido.

Tipo 7 y Tipo 3: Con un Tres, la relación es aventurera y gregaria, y se aprovechan los puntos fuertes del otro. Nunca hay un momento aburrido. El Tres es ambicioso, centrado, equilibrado y sensible a la relación. Eres relajado, valiente y resistente, y sabes cómo mantener las cosas interesantes, lo que te hace súper atractivo.

Un reto al que podrían enfrentarse, ya que ambos están constantemente haciendo cosas y manteniéndose ocupados, es que pueden evitar tratar con los sentimientos y los conflictos. También es posible que tu pareja se sienta avergonzada por tu carácter naturalmente bullicioso y la tendencia a decir todo lo que se te ocurre. Mientras tanto, tú podrías sentirte frustrado por el constante deseo de productividad y trabajo del Tres. Crezcan juntos compartiendo sentimientos. Sé abierto y sí, será incómodo, pero hazlo de todos modos. Aprendan a bajar el ritmo de vez en cuando y a disfrutar de la compañía del otro.

Tipo 7 y Tipo 4: Con un Cuatro, estás en una relación colorida y emocionalmente expresiva. El Cuatro te ayuda a mantener los pies en la tierra y crea un espacio seguro para explorar tus emociones. Tú ayudas a tu pareja a ver todas las cosas maravillosas y positivas de la vida, lo que ayuda a aumentar su confianza. Aunque son opuestos en muchos aspectos, ambos tienden a pensar de forma innovadora y están constantemente intrigados y fascinados por la forma de vida del otro.

Un reto al que podrían enfrentarse en esta relación es la forma de manejar los conflictos. Dadas sus diferentes reacciones a las emociones y a los conflictos, tu pareja puede sentir que no te preocupas por ella o que no respetas sus sentimientos. Mientras tanto, la necesidad constante de exploración y conexión emocional puede parecerte un poco asfixiante y, a veces, tu pareja puede sentirse como un aguafiestas que sólo quiere mantenerte abajo. Crezcan juntos practicando mucho más la atención al momento presente. En lugar de escapar o interiorizar las decepciones o los momentos desagradables, háblenlo y dejen que las cosas pasen. Cuando las cosas no salgan como las habías planeado, aprende a estar bien con eso.

Tipo 7 y Tipo 5: Con un Cinco, te encuentras en una relación reflexiva con aprendizaje constante, investigación y profundización en aficiones y cosas de interés. El Cinco aporta conocimientos y curiosidad que te resultan muy atractivos. Tu espontaneidad es bastante refrescante para tu pareja y le hace salir de su cabeza para poder disfrutar un poco más de la vida.

Un reto al que podrían enfrentarte es lo opuestos que son cuando el estrés los golpea. A ti te gusta correr hacia el futuro sin cuidado. El Cinco es más conservador y autosuficiente. Aunque ambos quieren satisfacer sus propias necesidades, la forma de abordarlas es muy diferente y a menudo da lugar a malentendidos. Crezcan juntos comunicando abiertamente sus necesidades y aprovechando los puntos fuertes del otro. La combinación de conocimiento e intriga puede funcionar a su favor siempre que se tomen el tiempo necesario para integrarlo en la relación.

Tipo 7 y Tipo 6: Con un Seis, su relación es estable y predecible, y disfrutan jugando con los puntos fuertes del otro. El Seis aporta la estabilidad, la precaución y el pragmatismo que tú aprecias, y tu espíritu divertido y aventurero aligera su cuidadosa disposición. Tu pareja aprecia el hecho de que le cubras las espaldas.

Un reto al que podrían enfrentarse en esta relación es que ambos luchan profundamente con la ansiedad, el miedo y las inseguridades. Pero la forma de afrontarlos difiere mucho. Tú te aburres rápidamente y la estructura y la perspectiva pesimista de tu pareja pueden resultar frustrantes. Mientras tanto, los Seis podrían ver tu actitud despreocupada como demasiado inestable y poco fiable, creando grietas en la relación. Crezcan juntos reconociendo que las perspectivas de ambos en la vida tienen un valor significativo. Sean respetuosos con la forma de ser del otro y encuentren el punto medio en el que ambos estén de acuerdo.

Tipo 7 y Tipo 7: Con un Siete, estás en una relación de espejo donde entiendes la necesidad de independencia del otro. Se suben a las olas de la diversión y la posibilidad, la relación es alegre y llena de energía, y están constantemente intercambiando ideas. Pueden disfrutar de una conexión resistente, profundamente cariñosa, próspera y alegre.

Es posible que esta relación suponga un reto cuando surjan conflictos o acontecimientos adversos. Tu impulso natural es evitar todas las experiencias desagradables. También pueden tener dificultades para encontrar un terreno común en lo que quieren de la relación y de la vida. Crezcan juntos siendo más intencionales en la relación. También deberían priorizar el tiempo de inactividad juntos y conectar emocionalmente a un nivel más profundo, especialmente cuando surgen conflictos.

Tipo 7 y Tipo 8: Con un Ocho, la relación es cautivadora, dinámica e intensa. El Ocho te mantiene conectado a la realidad, atento a los asuntos prácticos y centrado. Tú ayudas a tu pareja a relajarse un poco y a divertirse más en la vida.

Un reto al que puedes enfrentarte es que te frustras rápidamente cuando no consigues lo que quieres. Los Ocho necesitan sentir que tienen el control y que las cosas se hacen a su manera, así que cuando te vas por tu cuenta, eso puede ser un poco intenso. Tu carácter alegre también puede parecer poco auténtico, y cuando un Ocho está rodeado de personas que considera poco auténticas, tiende a ser más autoprotector. Como ambos tienen un carácter fuerte, su relación puede convertirse rápidamente en una batalla por la autonomía. Crezcan juntos frenando lo suficiente para notar sus reacciones emocionales y preguntarse si estas reacciones son constructivas. Estate presente con tus emociones y aprende a procesarlas de forma más saludable.

Tipo 7 y Tipo 9: Con un Nueve, la relación es tranquila, estable y flexible. El Nueve ofrece una calma muy tranquilizadora, ya que te hace sentir aceptado y amado tal y como eres. Tú aportas un sentido de diversión y vivacidad que ayuda al Nueve a salir de su caparazón y a probar cosas nuevas.

Un desafío común al que podrías enfrentarte se debe a tu terquedad, especialmente cuando las cosas no van bien. Es más probable que seas el primero en aflorar un conflicto, ya que odias sentirte atrapado por las emociones negativas. Por desgracia, tu tendencia a dejar atrás los conflictos con demasiada rapidez puede hacer que tu pareja se sienta pisoteada. Los Nueve se toman su tiempo para procesar las cosas, y cuando no se les anima a decir su verdad, tienden a retraerse y a volverse pasivo-agresivos. Crezcan juntos aprendiendo a trabajar a la par en los conflictos. Tengan esas conversaciones difíciles con compasión. Después de una conversación desagradable exitosa, recompénsate con algo divertido. También es una buena idea recordarse mutuamente que el conflicto no pondrá en peligro la relación.

AFIRMACIONES

- Estoy satisfecho y agradecido por cada experiencia
- Cada obstáculo es sólo una oportunidad de aprendizaje
- Elijo ser feliz y estar contento
- Estoy dispuesto a confiar en los tiempos de mi vida
- Puedo ir más despacio y seguir divirtiéndome

CONSEJOS SOBRE EL ESTILO DE VIDA DIARIO PARA CRECER Y SER FELIZ

Evita los estimulantes

La adicción es un problema común en los Siete, así que quiero animarte a que evites el uso de estimulantes en la medida de lo posible. Además, ya tienes una energía ilimitada. ¿Realmente necesitas 5 tazas de café? En lugar de más café u otras sustancias adictivas, busca formas de elevar aún más tus hormonas del bienestar, ya sea mediante el ejercicio diario o dándote caprichos saludables como un día de spa cada semana.

Aprende algunas técnicas de respiración profunda

Las técnicas de respiración profunda son una forma estupenda de procesar las emociones. Puedes encontrar vídeos en YouTube de varios profesores con numerosas técnicas para aplicar. Quédate con el profesor con el que mejor resuenes.

Confía en un amigo de confianza

Cuando aparezcan el aburrimiento, las distracciones y las emociones negativas, en lugar de evitarlas, habla con un amigo de confianza o un entrenador para que te apoye y te haga responsable, especialmente si estás trabajando en un proyecto importante.

Dedica tiempo a practicar la quietud y a estar en el momento presente

Busca prácticas diarias de soledad, ya sea sentándote a solas con música relajante, escribiendo un diario o paseando por la naturaleza. Aprende a enamorarte de ti mismo y a disfrutar de tu compañía. Tu camino hacia la curación comienza con la soledad.

CHAPTER 19
ENEAGRAMA TIPO 8

EL RETADOR O EL PROTECTOR

Los dos capítulos siguientes cubren todo lo que necesitas saber sobre el Eneagrama Tipo 8, a menudo conocido como el retador o el protector. Al igual que los Nueve y los Uno, los Ocho forman la tríada corporal del centro de inteligencia de las entrañas. Acertadamente, este tipo del Eneagrama es seguro de sí mismo, asertivo y le gusta estar al mando. A los Ocho les preocupa sobre todo protegerse a sí mismos y a los que están a su cargo. No les gustan las autoridades que les imponen ideologías o normas, por lo que buscan constantemente liderar el grupo/familia/empresa. Eso significa que tienen problemas para procesar y manejar los sentimientos de ira. Pero a diferencia de los Nueve y los Uno, los Ochos del Eneagrama no reprimen ni ocultan su ira. En todo caso, la utilizan a su favor como técnica de intimidación.

Los Ocho creen que deben tener siempre el control de todo. Su principal objetivo es controlar la situación interna y externamente en el ámbito personal o profesional. Esto hace que la vulnerabilidad sea uno de los puntos más desagradables para un Ocho. Bajar la guardia y dejarse influir por alguien en quien confían es difícil, pero puede ocurrir con madurez y mucho trabajo interior. Los Ocho no se disculpan en su comportamiento y comunicación. Son francos y a veces se muestran arrogantes e insensibles. Una cosa en la que puedes confiar es que un Ocho siempre será honesto y directo, y espera lo mismo de los demás.

PUNTOS FUERTES DEL TIPO OCHO

Uno de los puntos fuertes de un Ocho es encontrar el equilibrio entre las cosas que le gustan y el cuidado de las personas que le importan. Los Ocho pueden relajarse y desconectar cuando es el momento de hacerlo.

El ingenio también es un punto fuerte del Ocho porque sabe aprovechar lo que tiene para conseguir lo que quiere. Si hay algo que necesitan pero les falta, los Ocho son excelentes para formar aliados y aprovechar los recursos de otras personas.

Otra gran característica de los Ocho es su audacia y valentía. Les encanta defender a los desvalidos y a los pequeños de su mundo y no temen utilizar su poder para proteger a los débiles. Este comportamiento se basa en la idea de que el mundo es injusto y los débiles están en desventaja. Así que los fuertes deben defender a los indefensos.

Rasgos clave de la personalidad de un Ocho

- Confianza en sí mismo
- Ingenioso
- Asertivo
- Decisivo

- Fuerte
- Dominante

Aficiones comunes para un Ocho

- Hablar en público
- Debatir
- Hacer ejercicio
- Deportes extremos

MIEDOS Y DEBILIDADES

El miedo principal del Tipo Ocho es ser controlado o dañado por otros. Este individuo ve la vulnerabilidad como una debilidad que podría conducir a la impotencia, a la pérdida de control y a salir herido. El Tipo Ocho intentará remediar este miedo evitando todas las situaciones que puedan hacerle sentir vulnerable o impotente.

Para la mayoría de los Ocho, el asunto se vuelve complejo porque niegan sus miedos y debilidades. Como no quieren admitir que tienen miedo a bajar la guardia, sus relaciones tienden a ser bastante difíciles, especialmente con los que más quieren. En niveles medios y poco saludables, su intensidad y pasión por la vida y los objetivos pueden ser abrumadoras e intimidantes para los demás. El control y la dominación pueden volverse oscuros, y pueden mezclar su necesidad de justicia con la venganza. Dado que el poder es un punto central para un Ocho, deben ser conscientes de cómo adquieren y utilizan el poder que anhelan. Si se utiliza bien, el poder de un Ocho puede hacer mucho bien, pero si se utiliza mal, puede traer mucho dolor y devastación a los demás. Muchas personas que interactúan con Ochos promedio o no saludables también describen una falta de respeto y demasiada confrontación por parte del Ocho.

¿Cuál es el miedo básico que impulsa este comportamiento? El miedo a ser controlado y perjudicado por los demás.

Los Ocho creen que uno es lo que hace. En algún momento de su vida, fueron condicionados a creer que el mundo es un lugar duro donde sólo los fuertes sobreviven. Así que decidieron estar entre los supervivientes tomando la iniciativa y esforzándose siempre por estar al mando para poder mantener su poder.

¿Cómo se manifiesta a menudo este miedo básico?

Este miedo se expresa en un comportamiento demasiado insistente, dominante e incluso centrado en el ego. La persona puede mostrarse agresiva, conflictiva, grosera, maleducada e intensa. En algunos casos, especialmente en los Ocho muy poco saludables, son famosos por crear un drama a su alrededor, lo que dificulta las conexiones reales con cualquier persona.

DESEOS Y MOTIVACIONES

El deseo básico de un Tipo Ocho es la independencia. Quieren protegerse a sí mismos y mantener el control de sus propias vidas. Ser autónomo y estar a cargo es el objetivo principal de un Tipo Ocho, y nada debe ponerlo en peligro. Esto suele hacer que un Ocho sea increíblemente valiente, fuerte y fiable.

Los Ocho del Eneagrama marchan al ritmo de su propio tambor, sin dejarse llevar por las exigencias de fuentes externas y las obligaciones percibidas. Una vez que se sienten seguros de sus acciones y planes, atacan de frente con fuerza y determinación hasta que consiguen hacer el trabajo.

También les encanta cuidar de las personas que les importan, aunque lo hacen de forma autoritaria. Como desafiantes, no temen imponer sus ideas y voluntades a los demás. Aunque suele funcionar bien para todos los que están a su cargo, las cosas pueden calentarse rápidamente si uno está en el lado opuesto del tipo Ocho.

Valores fundamentales

- Poder
- Influencia
- Logro
- Perseverancia
- Fuerza

Entre las celebridades y personas famosas del Tipo Ocho que podrías conocer se encuentran el ministro Martin Luther King, Jr., el multimillonario y ex presidente Donald Trump, el autor Ernest Hemmingway, el comediante y actor Jack Black, el cantante Frank Sinatra, el actor Sean Penn, la actriz Susan Sarandon, el actor Alec Baldwin, la cantante Aretha Franklin, el ex primer ministro del Reino Unido Winston Churchill y el presidente Franklin D. Roosevelt.

¿Te preguntas si podrías ser un Tipo Ocho? He aquí algunos indicadores de personalidad

1. Cuando te enfrentas a un problema, tu primer instinto es afrontarlo sin ayuda y de frente. Pedir ayuda ni siquiera se te pasa por la cabeza.
2. Te niegas a permitir la autocompasión o el autosabotaje en las personas que quieres. Quieres ver a tus seres queridos prosperar, incluso si eso significa que tienes que ser el que reparte un poco de amor duro.

3. No eres de los que se doblegan tratando de complacer a la gente. Eres justo y equitativo a la hora de tomar decisiones, pero también sabes que no puedes contentar a todo el mundo todo el tiempo.

4. Es esencial tener límites firmes en tus relaciones. De este modo, sigues sintiendo que tienes el control de todos los demás aspectos de tu vida si la relación se acaba.

5. A menudo, tu actitud resulta intimidatoria o abrasiva para los demás. Pero sabes que el mundo necesita absolutamente gente como tú, y en esa crisis, eres la primera persona que todos querrían tener a su lado.

TUS ALAS

Las alas son los números adyacentes a tu Tipo de Eneagrama. Como Tipo Ocho, tienes...

- Eneagrama Ocho con Ala Siete: "El inconformista"
- Eneagrama Ocho con Ala Nueve: "El Oso"

Aunque puedes tener tendencias que se inclinan hacia ambas alas en varias etapas de tu vida, es probable que seas más dominante en un que en la otra. Esta será tu Ala más influyente y dominante.

Significado de tu ala

Si eres un 8w7 (Ocho con Ala Siete), eres más extrovertido que el Ocho con Ala Nueve. La combinación de la personalidad divertida, extrovertida e impulsiva del Siete, combinada con tu asertividad y energía naturales, te convierte en una supernova. También significa que eres menos reservado y tienes más ganas de disfrutar de la vida. Por supuesto, la desventaja de esta poderosa combinación es que el 8w7 puede convertirse rápidamente en un maníaco opresivo, indiferente y cruel que se cree omnipotente cuando opera a niveles no saludables. Pero por otro lado, un individuo maduro y altamente desarrollado será todo lo contrario, con gran fuerza, vitalidad y compasión. Básicamente imparable. Estos individuos pueden tener un impacto duradero, a veces legendario.

Como 8w7, es probable que quieras estar en un entorno empresarial. Tanto si trabajas para ti mismo como para el consejo de administración, es esencial que estés al mando y dirijas al resto de la gente. Te sientes más realizado cuando puedes crear planes optimistas e innovadores, compartir tus pensamientos y opiniones abiertamente e ir en busca de grandes cosas. Las carreras más adecuadas para ti incluyen, entre otras, las siguientes:

- Político
- Abogado
- Emprendedor
- Asesor financiero
- Director de ventas
- Piloto
- Intérprete

Si eres un 8w9 (Ocho con Ala Nueve), eres más cooperativo, menos intenso y más orientado a la familia, gracias a la influencia del Ala Nueve. Aunque el Nueve del Eneagrama es prácticamente lo opuesto a un Ocho del Eneagrama, el efecto de tener esta Ala amante de la paz que evita los conflictos suaviza la naturaleza agresiva del Ocho. El término "Oso" proviene de esa visión de tener una figura poderosa totalmente equipada con garras que te destruirá, pero acogedora a su manera y menos propensa a usar su poder innecesariamente. Por supuesto, esto puede variar de una persona a otra. Algunas personas con esta ala pueden estar más influenciadas, por lo que la calidad pacífica puede variar. Como regla general, el 8w9 será más abierto a las opiniones de los demás, tranquilo, tranquilizador y tenderá a utilizar menos la mano dura en su estilo de liderazgo. La combinación de agresividad e indiferencia puede ser complicada en niveles medios y no saludables. En niveles poco saludables, la influencia de esta Ala Nueve conduce a un individuo impredecible: tranquilo y amistoso un minuto, y explosivo y temperamental al siguiente. En el caso de un 8w9 sano, ocurre lo contrario y, de hecho, vemos que este individuo es extremadamente sabio, generoso y protector de las personas que ama. Se convierten en grandes y benévolos patriarcas y matriarcas, a gusto consigo mismos, de carácter fuerte pero de modales suaves. La gente disfruta siendo dirigida por un individuo así.

Como 8w9, es probable que quieras estar en un entorno de trabajo en el que tengas el espacio y la libertad para ser autónomo y a la vez estar rodeado de otras personas a las que puedas ayudar.

Las carreras más adecuadas para ti incluyen, entre otras, las siguientes:

- Empresario
- Juez
- Activista
- Consejero
- Director
- Profesor

Las flechas y su significado

Tu tipo de personalidad del Eneagrama está vinculado a las líneas o flechas que muestran el camino de crecimiento o desintegración dependiendo de dónde te encuentres en la vida. Cuando se mueve en el camino de la desintegración, un Tipo Ocho caerá en los golpes negativos de la flecha Cinco (5), donde de repente se vuelve reservado y temeroso. Esto se conoce como la Dirección del Estrés o la Dirección de la Desintegración y típicamente ocurre ante un estrés elevado y prolongado. La otra flecha indica cómo reacciona y crece una versión sana de tu personalidad en entornos más saludables. En este caso, el Tipo Ocho se integra en la flecha Dos (2), adoptando los aspectos saludables del Dos. Esto convierte al Ocho lujurioso y controlador en un individuo de corazón más abierto, atento y accesible. Para entender el concepto que hay detrás de los niveles saludables y no saludables, hablemos de los nueve niveles de desarrollo de un Tipo Ocho.

LOS 9 NIVELES DE DESARROLLO, DE MENOR A MAYOR

Los niveles de desarrollo surgen de las enseñanzas de Riso y Hudson y de los fundadores del Instituto del Eneagrama, que es un gran lugar para hacer el test del Eneagrama. Su teoría postula que todos los individuos caen en uno de los nueve niveles de funcionamiento. El nivel más bajo es el nueve, y el más alto es el nivel uno. Los niveles se dividen en una tríada que subcategoriza estos niveles como saludables (1, 2, 3), niveles medios (4, 5, 6) y niveles no saludables (7, 8, 9).

Niveles no saludables

Nivel 9: Este es el nivel más bajo y peligroso para un adulto Ocho. Normalmente, todos estamos en este nivel durante la infancia. Si no nos elevamos a niveles más altos, experimentamos expresiones y comportamientos muy poco saludables con consecuencias devastadoras. Para un Ocho, esto es donde la persona se siente vengativa y asesina. Son bárbaros con tendencias sociópatas. Lo único que le importa a esta persona es conseguir lo que quiere. Cuando algo o alguien se interpone en su camino, puede destruir brutalmente todo lo que no se ajuste a su voluntad. La rendición nunca es una opción.

Nivel 8: En este nivel, el Ocho delira sobre su poder, su invencibilidad y lo que puede conseguir. Se sienten omnipotentes e invulnerables y pueden extralimitarse imprudentemente para conseguir lo que quieren.

Nivel 7: Este nivel no saludable para un Tipo Ocho muestra a una persona de corazón duro, inmoral y potencialmente violenta. Odian cualquier intento de ser controlados por algo o alguien y creen que la fuerza hace el bien. Este Ocho es completamente despiadado y dictatorial en su enfoque.

Niveles medios

Nivel 6: En este nivel medio, vemos a un Ocho no saludable progresando hacia la madurez, pero todavía son combativos, intimidantes, agresivos y usan amenazas y represalias para conseguir la obediencia de los demás. Todo es una prueba de voluntad para un Tipo Ocho en este nivel de expresión, y no son muy buenos para tener relaciones saludables porque utilizan el miedo para controlar a los demás.

Nivel 5: El Tipo Ocho es fanfarrón, contundente y centrado en el ego en este nivel. Ser "el jefe" y hacer que todo el mundo siga las órdenes le importa a este individuo, y quiere imponer su voluntad y visión en todo. No ven a los demás como iguales, por lo que tratar a la gente con respeto es un reto. Lo que más desean es el dominio total de su entorno.

Nivel 4: Un Tipo Ocho en este nivel de desarrollo es más emprendedor, pragmático, autosuficiente y desea tener suficientes recursos. Son personas que asumen riesgos y no temen saltarse las reglas para conseguir lo que quieren. Aunque son muy trabajadores y se manejan mejor con la gente, tienen problemas con las emociones, y a menudo niegan y descuidan sus necesidades emocionales.

Niveles saludables

Nivel 3: El individuo de este nivel ha crecido hasta convertirse en una versión saludable de sí mismo, exhibiendo más su liderazgo y su buen don de gente. Este Ocho es más decisivo, autoritario y dominante, pero de una manera más saludable, defendiendo a la gente y protegiendo a los que están bajo su ala. Son más honorables y llevan a los demás con su fuerza.

Nivel 2: En este nivel saludable, somos testigos de un individuo maduro que es autoafirmativo, seguro y fuerte, y a la gente le encanta admirar a este Ocho. Un Tipo Ocho en este nivel ha aprendido a defender lo que necesita y quiere sin sofocar a los demás, y tiene respeto por la gente que le rodea. Son extremadamente ingeniosos y tienen una actitud de "sí se puede" que es contagiosa.

Nivel 1: El Tipo Ocho se encuentra en su mejor y más saludable versión. La curación y la trascendencia dan lugar a un individuo que se contiene y es magnánimo, misericordioso e indulgente. Son valientes, apasionados, impulsados y están dispuestos a ponerse en serio peligro para lograr su visión. Lo que les importa es una influencia duradera. En muchos casos, estos individuos alcanzan la grandeza histórica y el verdadero heroísmo.

LA PASIÓN DEL OCHO DEL ENEAGRAMA

La pasión o el pecado mortal del Ocho es la lujuria. Se expresa típicamente como intensidad y exceso. El Ocho tiende a pensar que todo lo que vale la pena hacer, vale la pena exagerarlo.

Lo que el Ocho necesita es inocencia. Esta es la virtud que aportará la tan necesaria apertura y calma. Permitirá al Ocho ser más vulnerable y responder (en lugar de reaccionar) de manera fresca a cada momento sin juzgar ni forzar. Si estás leyendo esto y reconoces que eres un Ocho, este es el trabajo que debes hacer. Devuélvete a la plenitud abrazando tu inocencia.

PATRONES EMOCIONALES Y DE LA INFANCIA PARA UN TIPO OCHO

La creencia del Ocho de que la vulnerabilidad es un signo de debilidad probablemente comenzó en la infancia. Para la mayoría de los Ocho, el entorno de su infancia era muy agitado y el conflicto o el combate eran necesarios para sobrevivir. Tal vez debido a la violencia, el abandono o simplemente por ser el más joven o el más pequeño de una gran familia, el niño Ocho vio la necesidad de adoptar una personalidad dura. Decidieron crecer rápidamente y representar una personalidad "fuerte" porque la vulnerabilidad o la "blandura" los llevaría al rechazo, al dolor o a la traición. Si tuvieron una infancia relativamente enriquecedora, es probable que adopten un fuerte papel protector (sobre todo si se han criado con una madre soltera). Y si provienen de una infancia abusiva, vivirán en constante anticipación del rechazo y la traición. Cuanto más rechazados se sientan, más endurecerán su corazón y se volverán agresivos.

Cuando son adultos, los Ocho tienen la misma visión del mundo y hacen todo lo posible para mantener la ventaja en todas las circunstancias. Son las personas a las que se recurre y en las que se confía cuando se necesita orientación y fuerza. Aunque esto los hace bastante formidables, también dificulta el desarrollo de una conexión íntima porque nunca quieren bajar la guardia. La herida de la infancia se manifiesta en el comportamiento incluso en la edad adulta a través de la ira, la evitación del afecto, la imposición del control y la voluntad a los demás, etc.

Para sanar la herida de la infancia, un Ocho debe reconectarse con su Yo Superior y reconocer que la vulnerabilidad es la fuerza. Debe aprender a practicar la autocompasión y reconocer que está bien confiar y bajar la guardia con un pequeño grupo de personas de confianza. Como tipo Ocho del Eneagrama, tu camino hacia la curación comienza en el momento en que te das cuenta de que tienes la necesidad de ser visto como una fuerza imparable e impenetrable en todo momento.

SUBTIPOS DEL TIPO OCHO

El sistema de perfiles del Eneagrama permite 3 subtipos en cada tipo. Se trata de las variantes de Autoconservación, Social y Uno a Uno (Sexual). Recuerda que las tres variantes instintivas existen en todos nosotros, pero el orden en que se apilan determina su influencia en nuestras vidas. Una de ellas será la más dominante y la que más fácilmente resuene en ti y la observes como patrones de comportamiento y pensamiento en tu vida. La segunda se sentirá neutral y menos influyente, y la tercera será la menos significativa. El tercer instinto se convierte en un punto ciego para muchos porque está subdesarrollado y fuera de su reconocimiento consciente. Dependiendo de qué instinto sea el más dominante, dará forma a tu personalidad única y a la forma en que te enfrentes a la vida como un Ocho.

Ocho de Autoconservación (SP)

El Ocho SP posee la cualidad de buscar la satisfacción a toda costa. Los Ocho SP son fuertes, directos, agresivos y muy productivos. Son excelentes para obtener resultados y a menudo son los pilares de la fuerza para muchos, ya que asumen el papel de guardián, padre o figura materna. Son protectores de su familia y de sus seres queridos y se preocupan sobre todo por la supervivencia y por satisfacer sus necesidades. Si sus condiciones no se cumplen de forma satisfactoria, los Ochos SP impulsan las cosas con fuerza y sin culpa hasta conseguir lo que quieren.

Ocho Social (SO)

El Ocho SO es el más rebelde de los subtipos y disfruta siendo rebelde y pionero. Les gusta ser el líder del grupo porque son intensos en su deseo de crear un cambio y destacar auténticamente. Los Ocho son bastante impulsivos y su cualidad clave es la posesión. Los mueve la necesidad de acumular poder e influencia para poder servir a una causa digna.

Uno a Uno/Ocho Sexual (SX)

El Ocho SX es el contratipo de los Ocho y su cualidad clave es la solidaridad. Es fácil confundir este Ocho con un Tipo Dos porque, a diferencia de los Ocho SP y los Ocho SO, estos individuos utilizan su poder e influencia más al servicio de los demás que para hacer valer sus propias necesidades. Son extremadamente sensibles a la injusticia y a las normas sociales injustas. Los Ocho SX son leales y protectores y creen que es su deber proteger y amparar a su pueblo de los daños, la autoridad injusta y otros poderes abusivos. Aunque no les gustan las emociones ni la vulnerabilidad, tienden a ser más abiertos, receptivos a las opiniones y tienen aliados cercanos en los que confían.

CHAPTER 20

CONSEJOS PARA EL TRABAJO Y EL ESTILO DE VIDA DEL ENEAGRAMA TIPO 8

C omo parte de tu descubrimiento y transformación, es esencial que reconozcas tus desencadenantes, las áreas con las que más luchas y dónde están tus oportunidades de crecimiento. Comencemos con algunas de las luchas asociadas a tu Tipo de Eneagrama.

LUCHAS DE UN ENEAGRAMA OCHO

Impaciencia

Todos los Ocho odian estar rodeados de personas que procrastinan o se distraen fácilmente. Tampoco soportan esperar demasiado tiempo por los resultados, porque quieren resultados inmediatamente. Esta cualidad de impaciencia puede convertirse en una lucha si no se encuentra una mejor perspectiva a la hora de abordar los grandes objetivos. La mayoría de las veces, se necesita el trabajo en equipo para lograr grandes visiones.

Qué hacer: Sé consciente de los objetivos e hitos que te fijas a ti mismo y a tu equipo. Date cuenta de que las personas se mueven a ritmos diferentes y que algunos logros requieren tiempo. Céntrate en el progreso en lugar de enfadarte e impacientarte por los resultados que faltan.

Intimidar a los demás

Muchas personas te consideran muy intimidante y quizás demasiado agresivo. Eso es probablemente porque odias endulzar las cosas o irte por las ramas. Algunos lo llaman "intenso", otros lo llaman "agresivo", y tú no lo entiendes. Pero es algo que va a repercutir en todas tus relaciones.

Qué hacer: Reconoce que eres intenso por naturaleza y quizás demasiado directo. Con esa conciencia, aborda tus interacciones con atención y comprueba si puedes reconocer los casos en los que es mejor estar más tranquilo y soltar un poco. ¿Qué pasaría si trabajaras en traer un poco más de zen y armonía? ¿Estarías menos estresado o más sano? ¿Agradecido?

Vulnerabilidad y bajar la guardia

Tener una conversación sincera y bajar la guardia es difícil. Desde que tienes uso de razón, siempre has necesitado mantener las defensas altas para sobrevivir. Las emociones y la vulnerabilidad son signos de debilidad, ¿verdad? Resulta que eso no es del todo cierto. Esta lucha es real para todos los Ocho hasta que aprenden a elevarse a los niveles superiores de desarrollo y a sanar.

Qué hacer: Sé que una parte de ti anhela la intimidad y la ternura. Hay una manera de ser fuerte y permitir que algunas personas de confianza entren en tu lado más suave y gentil. Así que permíteme que te anime a explorar más sobre este tema.

Poner demasiada presión sobre ti mismo

Con grandes objetivos ambiciosos y la necesidad de ser el líder y protector de tu universo, es fácil poner mucha presión sobre ti mismo. Pedir ayuda es algo con lo que todos los Ocho del Enea-grama luchan porque podría llevar a sentimientos de insuficiencia o debilidad. Así que no te sugiero que te conviertas en un bland-engue, pero te animo a que delegues cuando sea necesario. Tener el control de tu vida no significa llevar el mundo entero sobre tus hombros. Esa necesidad de "dirigir las cosas" constantemente puede resultar agotadora para ti y para los demás.

Qué hacer: Invierte un poco de tiempo cada día para tener un rato de tranquilidad en el que puedas reflexionar, resetear y regener-arte. Este tiempo de tranquilidad te ayudará a ordenar tus priori-dades y pensamientos y a sentirte más lúcido y tranquilo. Ponte en contacto con la naturaleza nadando en el mar, haciendo senderismo, montando en bicicleta o paseando por el parque local.

EL ENEAGRAMA TIPO OCHO BAJO ESTRÉS

Los Ocho del Eneagrama suelen estresarse cuando sienten que son microdirigidos y tienen que seguir en lugar de liderar, o no pueden ver el progreso hacia un objetivo. También odian estar rodeados de personas indecisas, perezosas o manipuladoras. Por muy fuertes que sean, sentir que no tienen el control de las cosas o enfrentarse al fracaso puede resultar muy estresante. Pero quizás lo que más rápidamente provoca una espiral de desintegración es la falta de desafíos.

Si eres un Ocho y el estrés va en aumento, no esperes a que las cosas se te vayan de las manos. En lugar de eso, distánciate de lo que te estresa y permítete descomprimir. Aclara tu mente sobre la situación y no permitas que la ira o los sentimientos de injusticia o rechazo se apoderen de tu pensamiento. Sintoniza con tu respiración y ayuda a tu cuerpo a calmarse. Si hay alguien en quien confías, éste sería un buen momento para bajar la guardia y compartir lo que te estresa. Recuerda que dejar entrar a alguien no te hace débil. Te ayuda a ganar perspectiva. Y una vez que tengas perspectiva y claridad, da el siguiente paso. Es posible que no resuelvas todo el problema al instante con un solo movimiento, pero deberías estar bien mientras se produzcan avances.

RELACIONES

Los Ocho del Eneagrama son apasionados, protectores, atrevidos, intensos, decididos, auténticos, dinámicos y se implican en sus relaciones.

En las relaciones románticas, a los Ocho les interesa tener una pareja que les rete a convertirse en su mejor yo. Buscan parejas leales e independientes que no tengan miedo de ir por lo que quieren en la vida. Para algunos, esto puede ser demasiado intenso. De hecho, algunos perciben a los Ocho como demasiado competitivos y un poco intimidantes. Pero si tú eres un Ocho, también sabes que hay una capa oculta más suave que sólo permites experimentar a unos pocos elegidos y los que lo hacen se quedan contigo durante mucho tiempo.

Consejos para las relaciones

Los Ocho necesitan ser el líder en el lugar de trabajo, y quieren ser responsables de los retos y problemas importantes. Necesitan un entorno de trabajo dinámico con personas que confíen en que su líder obtendrá los resultados.

CONSEJOS PARA RELACIONARSE CON OTROS TIPOS

He aquí algunas formas de mejorar tus relaciones con otros Tipos de Eneagrama.

Tipo 8 y Tipo 1: Con un Tipo Uno, la relación se basa en la veracidad, la imparcialidad y muchas intencionalidades. El Uno ofrece un enfoque sistemático y detallado de la vida y de la relación. Tú y tu pareja están orientados a la justicia, son responsables y firmes en sus convicciones. Al mismo tiempo, tú aportas un sentido de protección y profunda lealtad que resulta reconfortante para tu pareja. Tu relación puede ser muy hospitalaria, familiar y vibrante cuando funciona a niveles saludables. Como pareja, se mantienen activos, tienen éxito en sus carreras, viajan y aprovechan cualquier oportunidad para cambiar el mundo a mejor.

Un reto que podría crear tensiones es cómo priorizas tus energías. Estás más abierto y expresas tu ira. Al mismo tiempo, el Uno está más autocontrolado, eligiendo cuidadosamente sus palabras e intentando reprimir la ira. Tu pareja puede frustrarse fácilmente con tus arrebatos, y tú puedes sentir que te controlan. Crezcan juntos recordando al otro que están en el mismo equipo.

Tipo 8 y Tipo 2: La relación es apasionada y enérgica con un Tipo Dos. Ambos ven algo necesario en el otro. Tú necesitas esa calidez compasiva y suave que quieres proteger, y tu pareja se siente atraída por tu poder y tenacidad. El Dos suaviza sus bordes, y tú le permite establecer límites saludables y aprender a ser más asertivo. En niveles saludables, sacan lo mejor del otro.

Un reto al que podrían enfrentarse es cuando tienen una diferencia de opinión o un desacuerdo. También podrían tener problemas por ser demasiado autosuficientes y reservados, especialmente si todavía están en niveles medios en los que abrirse a la intimidad es un problema. Podrías sentirte abrumado o asfixiado por la necesidad de afecto constante del Dos. Por otro lado, tu vena independiente podría ser interpretada como una pérdida de amor por parte de tu pareja, lo que le haría ser exigente. Crezcan juntos, continuando con el desarrollo de niveles más altos y abrazando la seguridad que se proporcionan el uno al otro.

Tipo 8 y Tipo 3: Con un Tres, tienes una poderosa relación dinámica construida sobre el respeto mutuo, la confianza y el amor. Ambos son intensos, influyentes y vivaces. Esa clase de pasión y asertividad les permite ir tras cualquier cosa que deseen en la vida. La relación es muy satisfactoria porque finalmente encuentras a alguien que puede igualar tu energía y que te complementa en muchos aspectos. El Tres encuentra un lugar seguro para aterrizar porque tú no te dejas llevar fácilmente y disfrutas de la alta energía de tu pareja. Nunca se sienten intimidados por tu poder, lo que es muy reconfortante. Por fin puedes soltar un poco el control porque sabes que tu pareja es competente y responsable.

Cuando sus personalidades chocan, pueden experimentar un desafío, especialmente cuando caen en niveles medios y poco saludables. De la misma manera que se compenetran positivamente con la energía del otro, lo mismo ocurre cuando las cosas se oscurecen. Es fácil que veas la máscara exterior de un Tres, lo que puede crear dudas sobre la autenticidad de tu pareja. Tu miedo a la traición puede crear tensión, y desafortunadamente, cuando los Tres leen esta tensión, tienden a retirarse. Crezcan juntos aprendiendo a dejarse llevar, a confiar más en el otro y a añadir más diversión a la relación. Las cosas no tienen que estar siempre controladas y cerradas.

Tipo 8 y Tipo 4: Con un Cuatro, tu relación está llena de pasión e intensidad. Es auténtica y profunda. El Cuatro ofrece sensibilidad y vulnerabilidad emocional, y tú aportas practicidad, fuerza y protección a la relación. Existe una atracción magnética entre ustedes, ya que buscan constantemente comprender y conquistar el misterio del otro.

Un desafío que encontrarán es durante el conflicto. Los temperamentos explosivos y los desacuerdos pueden salirse rápidamente de control, dado lo emocionalmente reactivos que son. Ni a ti ni a tu pareja les gusta que los controlen, y ambos son muy expresivos, lo que significa que es fácil decir cosas de las que luego se pueden arrepentir. Como ambos son reactivos y disfrutan de la emoción, es fácil entrar en ciclos de peleas y maquillajes. Aunque eso puede mantener las cosas interesantes durante un tiempo, no es saludable para una relación duradera. Crezcan juntos aumentando el nivel de compasión que expresan, especialmente durante los conflictos. Trabajen en elevar los niveles de desarrollo para ser menos reactivos y recuérdense mutuamente que lo que quieren es ser plenamente escuchados y comprendidos.

Tipo 8 y Tipo 5: Con un Cinco, la relación es profunda, leal y autónoma. Ambos comparten esa vena independiente y encuentran algo necesario en el otro. El Cinco a menudo se siente tan incomprendido en el mundo como tú y eso los une de una manera extraña. El Cinco te ofrece conversaciones profundas que te hacen reflexionar y te hace tomar conciencia del conocimiento superior y del impacto que tienen tus acciones en la vida. Tú ayudas a los Cinco a ser más prácticos y a estar en sintonía con su poder e intuición.

Un desafío en esta relación proviene del hecho de que ambos buscan aislarse de diferentes maneras. Tú deseas ser totalmente autosuficiente mediante la obtención de recursos físicos y materiales. El Cinco se enorgullece de no necesitar nada y de querer menos apegos físicos o materiales. Cuando esto va demasiado lejos, puede abrir una brecha entre ustedes, especialmente cuando se niegan a admitir sus necesidades el uno al otro. Crezcan juntos aprendiendo a reconocer que tienen necesidades. Está bien tener necesidades, ya sean físicas, emocionales, intelectuales o espirituales. Reconozcan que ambos anhelan una conexión más profunda que sólo puede venir de la intimidad y de abrazar juntos la vulnerabilidad. Da miedo pero merece la pena si lo hacen juntos.

Tipo 8 y Tipo 6: Todo es un libro abierto con un Seis. El Seis anhela la seguridad y la protección. Tu pareja siente que puede confiar y depender de ti por su naturaleza protectora, decisiva y transparente. Te gusta la lealtad y la fiabilidad del Seis. Ambos son directos en la comunicación y ponen todo sobre la mesa.

Un reto al que podrían enfrentarse en esta relación es la desconfianza y la reactividad durante los conflictos. Las cosas van mal cuando no sienten que pueden confiar el uno en el otro. El Seis podría encontrar tu enfoque optimista desagradable y desestabilizador. Tú podrías ver el constante cuestionamiento y la preocupación como una falta de confianza. En este punto, podrías alejarte, especialmente si sospechas que te rechazan. Crezcan juntos asegurando al otro que se cuidan mutuamente y que su relación es segura. Evita intentar controlar siempre la situación. En su lugar, trabaja para crear seguridad y mantener la comunicación abierta.

Tipo 8 y Tipo 7: Con un Siete, la relación está llena de diversión, aventura, optimismo y energía ilimitada. La combinación de las energías de ambos es explosiva en un sentido positivo. El Siete te ayuda a relajarte y a divertirte; tú ayudas al Siete a ser más práctico, atento y a estar en el momento presente. Ambos son asertivos, dinámicos y cautivadores. Nunca hay un momento aburrido en su relación.

Un desafío en esta relación proviene de sus valores y de cómo abordan los conflictos. Puede que veas la disposición alegre del Siete como una falta de madurez y autenticidad. Y cuando alguien no es auténtico, te cuesta bajar la guardia. El Siete podría considerarte demasiado controlador, lo que llevaría a una batalla por la autonomía. Crezcan juntos frenando lo suficiente como para darse cuenta de sus reacciones. Pregúntense si reaccionar de forma exagerada es útil o saludable para la relación. Estén más presentes y atentos. Anímense mutuamente a trabajar con las emociones desagradables e incómodas.

Tipo 8 y Tipo 8: La relación es de espejo con un compañero del Tipo Ocho. Ambos son de carácter fuerte, intensos, poderosos y protectores, y simplemente se entienden. Saben que pueden confiar plenamente el uno en el otro, y les encanta el respeto que tienen en su relación. Llevan un estilo de vida dinámico porque se desafían constantemente a crecer y mejorar. Nunca hay una temporada aburrida en su mundo.

Un reto que puede surgir aquí es lo similares que son sus temperamentos. Dada su intensidad y naturaleza explosiva, sobre todo si el enfado no se ha resuelto, es fácil que las cosas se les vayan de las manos. Si te sientes controlado por el otro, puedes cerrarte y retirarte de la relación. Crezcan manteniendo un diálogo abierto. Trabajen juntos para alcanzar niveles más altos de desarrollo y acepten la vulnerabilidad. Afírmense mutuamente de forma genuina. Háganlo con frecuencia.

Tipo 8 y Tipo 9: Con un Nueve, la relación es estable, tranquila, nutritiva y autónoma. El Nueve te ayuda a aprender cuándo retirarte y cómo relajarte. Te hacen sentir amado y aceptado tal y como eres. Es seguro ser uno mismo, y la relación es seria y respetuosa. Ayudas al Nueve a encontrar su voz, a ver su valor y a reafirmarse más. Ambos disfrutan de la conexión, el compañerismo y la seguridad que se ofrecen mutuamente.

Un reto común aquí es cómo ambos manejan la ira y el conflicto. Aunque los dos están en la tríada del cuerpo, tú te enfrentas a la ira expresándola, mientras que un Nueve se enfrenta a ella evitándola a toda costa. Por eso, cuando surgen los conflictos, un Nueve se retrae, se vuelve distante y se desentiende. Esto probablemente te frustrará enormemente y, con su temperamento acalorado, el Nueve se resentirá de tu comportamiento. Nunca se mantendrán firmes y lucharán por muy ofendidos que se sientan, y es fácil que lo malinterpretes. Crezcan juntos dándose espacio para procesar las emociones negativas. Sean abiertos al respecto y comuniquen cómo van a afrontar los desacuerdos. Creen tiempo suficiente para realizar actividades divertidas juntos con regularidad para mantener esa conexión fuerte.

AFIRMACIONES:

- Tengo el control de mi propio destino.
- La vida sucede por mí, no para mí.
- Valoro más la colaboración que la competencia.
- Estoy aprendiendo a bajar la guardia y a confiar en mis seres queridos.
- Aspiro a liderar e inspirar a otros.
- Lo que juzgo en los demás es lo que juzgo en mí mismo.
- Soy amable conmigo mismo y con los demás.

Recuerda que las afirmaciones sólo funcionan cuando lo que dices resuena profundamente con lo que sientes. Asegúrate de elegir afirmaciones que se alineen con tus emociones para obtener los mejores resultados.

CONSEJOS DIARIOS PARA EL CRECIMIENTO Y LA FELICIDAD

Programa tiempo de reflexión

Es esencial tener un poco de tiempo de inactividad en el que puedas simplemente "ser". Permitirte un tiempo para despejar la mente y volver a centrarte te dará más energía y te abrirá a perspectivas más elevadas. También te mantendrá tranquilo. Hablando de calma, hablemos de algunas prácticas de atención plena.

Practica la atención plena a diario

Encuentra algunas prácticas de atención plena que te permitan procesar las emociones, mantener la calma y conectarte con la tierra en cualquier momento. Algunas pueden formar parte de tu rutina matutina o vespertina, mientras que otras pueden ser pequeños trucos que puedes utilizar siempre que sea necesario. Considera la posibilidad de escribir un diario, la meditación, el yoga, los paseos por la naturaleza, los baños o duchas de atención plena y la respiración profunda. Encuentra lo que mejor te funcione. Estas prácticas de atención plena te mantendrán en calma y en el momento presente. Cuanto más presente estés, más poderoso serás.

Acepta la vulnerabilidad y tu lado más suave

Al principio te dará miedo. No es necesario que te vuelvas vulnerable con todo el mundo. Estudia algunos materiales para aprender más sobre lo que significa ser vulnerable, sintoniza con tus emociones y elige a algunas personas a las que puedas dejar entrar. Brené Brown es una experta en vulnerabilidad, así que quizá quieras buscarla en Google y ver uno de sus muchos vídeos que describen qué es la vulnerabilidad y sus beneficios. Lo más importante es cambiar esa creencia central en torno a la vulnerabilidad para que te des cuenta de que te hace más fuerte, no más débil. Tómate tu tiempo para trabajar en esto y confía en que incluso un poco de vulnerabilidad afectará positivamente a tus relaciones.

CHAPTER 21

ENEAGRAMA TIPO 9

EL PACIFICADOR O MEDIADOR

Los dos últimos capítulos de este libro están dedicados a descubrir los detalles del Eneagrama Tipo Nueve, comúnmente conocido como el pacificador o mediador. Como habrás adivinado, este tipo de personalidad valora el mantenimiento de la paz por encima de todo. La paz interna y externa debe mantenerse a toda costa, incluso si esto significa evitar o conformarse. Los Nueve son absolutamente adorables, y a todo el mundo le gusta estar cerca de ellos porque siempre los aceptan, aseguran, son cariñosos, fáciles de llevar y simplemente es agradable estar con ellos. Son muy estables en su comportamiento y a menudo están demasiado dispuestos a dejarse llevar por la corriente, incluso cuando no sirve para su bien. Los Nueve forman parte de la tríada corporal junto con los Ocho y los Uno, lo que significa que confían principalmente en su instinto para navegar por la vida. Su emoción principal no resuelta es la ira, pero a diferencia de los Ocho, que no tienen dificultad para expresar su temperamento, los Nueve hacen todo lo posible para reprimirla.

No la redirigen hacia el interior como hacen los Uno, sino que intentan fingir que no existe. Puede haber una fuga a menudo, y se pueden notar ataques de mal genio, que pueden ser chocantes para los demás a su alrededor, ya que dan la impresión de ser fríos y tranquilos. Son un océano de ira y resentimiento almacenados.

Los Nueve siempre se esfuerzan por lograr la armonía y la paz. Su principal objetivo es la comodidad. Impulsados a conectar con la gente que les rodea y a formar parte de un grupo o una comunidad, los Nueve tienen tendencia a hacer un esfuerzo adicional para formar parte del grupo, incluso si eso significa prescindir de sus propias necesidades o sentimientos. Por lo tanto, no es raro que un Nueve sienta que ha perdido su identidad o que no tiene voz en una relación o grupo, especialmente si las personas involucradas son más fuertes en opinión y personalidad. Cuando operan en niveles altos de desarrollo y en su mejor momento, los Nueve son optimistas, creativos, integradores y excelentes para unir a las personas y sanar los conflictos. Los Nueve se vuelven tercos, letárgicos e indecisos en niveles medios y poco saludables.

PUNTOS FUERTES DE UN NUEVE

El Nueve puede ver las perspectivas de varias personas a la vez. Es una cualidad única que no posee ningún otro Tipo de Eneagrama. Los hace grandes pacificadores y mediadores.

Otro punto fuerte que poseen es escuchar activamente sin juzgar, ofreciendo una sensación de aceptación y amor. Cuando uno confía en un Nueve, se siente "escuchado y visto", lo que hace que la gente adore estar cerca de ellos.

Rasgos clave de la personalidad de un Nueve

- Comportamiento tranquilo y sosegado

- Amable y tranquilizador
- Simpático
- Amplio círculo de conocidos

Pasatiempos comunes para un Tipo Nueve

- Meditar
- Explorar la naturaleza
- Dormir la siesta
- Relajarse con amigos
- Practicar la espiritualidad

MIEDOS Y DEBILIDADES

Los Nueve tienen un miedo básico a la pérdida y a la separación. No soportan estar separados de los demás y realmente temen una pérdida de cualquier tipo, los conflictos no resueltos y la tensión relacional. Los Nueve son conocidos por evitar cualquier cosa que pueda poner en peligro su sentido de la armonía porque nunca quieren sentirse fragmentados. En el fondo, todo lo que un Nueve quiere es sentirse en paz todo el tiempo.

Otro problema de los Nueve es el miedo a ser demasiado necesitados y, por tanto, a alejar a la gente. Por eso los Nueve siempre se esfuerzan por ser el pegamento de un grupo o de una relación. Hacen todo lo posible por mantener un estado de armonía, aunque eso anule sus deseos. A menudo este miedo proviene de la creencia de que sus opiniones y necesidades no importan tanto como las de los demás. Esto tiende a convertirse en una debilidad para los Nueve porque, al evitar todas las perturbaciones y confrontaciones, pueden volverse resentidos. Los Nueve promedio y no saludables también desarrollan tendencias agresivas pasivas.

En algún momento de su educación, recibieron el mensaje de que sus opiniones, necesidades, deseos y sueños no importan. Por lo tanto, a menudo encontrará a los Nueve luchando por expresar sus propias ideas o incluso por decir "no" a algo.

¿Cuál es el miedo básico que impulsa este comportamiento? El miedo a perder su conexión y a fragmentarse.

¿Cómo se manifiesta a menudo este miedo básico?

De todos los tipos del Eneagrama, los Nueve son los que más se olvidan de sí mismos. Es la expresión más pronunciada de su miedo. Olvidan sus pensamientos, sus prioridades en la vida y sus objetivos. Cuando se enfrentan a un conflicto o a una confrontación, la reacción natural del Nueve es desentenderse de la gente y de sus emociones, incluso cuando le conviene participar.

Otra expresión de este miedo es el resentimiento interno y el comportamiento agresivo pasivo externo que es bastante común en los Nueve medios y poco saludables. A veces, su necesidad de evitar cualquier cosa que perturbe la armonía puede hacer que se insensibilicen ante las situaciones y las emociones negativas, lo que les lleva al retraimiento.

DESEOS Y MOTIVACIONES

El deseo básico de un Nueve es tener estabilidad interior, paz mental y sentirse completo y conectado. Les motiva mantener la paz a su alrededor, lo que les hace ser muy agradables. Desgraciadamente, apoyarse demasiado en esta motivación lleva a un comportamiento poco saludable que crea una confusión interior para el Nueve. Por eso es crucial que un Nueve sea lo suficientemente intencionado y valiente como para decidir qué tipo de paz y armonía quiere en la vida, y luego practicar el hablar cuando su paz es violada en lugar de retirarse.

Los Nueve desean sentirse seguros, aceptados y escuchados, aunque no lo expresen. Este deseo influye en su forma de existir en el mundo, en cómo se ven a sí mismos y en sus relaciones con los demás. Sentirse visto, escuchado y aceptado da energía a un Nueve y profundiza su conexión con los demás.

Valores fundamentales

- Armonía
- Amabilidad
- Compasión
- Equilibrio

Entre las celebridades y personajes famosos del Tipo 9 que puede conocer se encuentran el ex presidente Barack Obama, el ex presidente Ronald Reagan, el ex presidente Bill Clinton, el actor Morgan Freeman, la actriz Audrey Hepburn, la actriz Whoopie Goldberg, el ex presidente Abraham Lincoln, Su Majestad la Reina Isabel II, el actor Clint Eastwood y el 14º Dalai Lama.

¿Te preguntas si eres del tipo 9? He aquí algunos indicadores de personalidad

1. Los conflictos de cualquier tipo son lo peor del mundo.
2. El café es la bebida mágica y milagrosa sin la que no puedes vivir.
3. Te resulta fácil ver todas las perspectivas en cualquier momento. Una de tus mayores fortalezas es que puedes mantener y comprender múltiples perspectivas.
4. Luchas por creer que importas y que tu presencia es importante.

5. Las rutinas son lo mejor, y no puedes entender cómo otras personas viven sin rutinas.

6. Procrastinas con facilidad, sobre todo cuando el agobio hace acto de presencia. La comodidad te importa mucho.

7. Eres naturalmente muy testarudo cuando quieres.

8. Empezar un nuevo proyecto es difícil para ti, pero lo llevas a cabo una vez que empiezas.

9. Eres muy fácil de llevar y siempre te dejas llevar por la corriente.

10. El aire libre es muy calmante y pacífico para ti. Te encanta el aire libre.

TUS ALAS

Las alas son los números adyacentes a tu Tipo de Eneagrama. Como Nueve, tienes...

- El Nueve del Eneagrama con Ala Ocho: "El árbitro"
- El Nueve del Eneagrama con Ala Uno: "El soñador"

Aunque puedes tener tendencias que se inclinan hacia ambas alas en varias etapas de tu vida, probablemente serás más dominante en una que en la otra. Esta será tu Ala más influyente y dominante.

Significado de tu ala

Si eres un 9w8 (Nueve con Ala Ocho), eres más enérgico y confiado. La combinación de ser una personalidad que trata de evitar el conflicto a toda costa y a la vez está influenciada por un ala que ama absolutamente el conflicto es bastante compleja. Sin embargo, resulta que esta combinación funciona a tu favor porque el Ala Ocho te da más acceso a tu ira, por lo que ya no tienes miedo de expresar esa emoción. Sin embargo, como eres fundamentalmente un Nueve, nunca dejas que se te vaya de las manos y restableces rápidamente la paz una vez que has expuesto tu punto de vista. En niveles poco saludables, la influencia de esta Ala puede llevar a un montón de comportamientos contradictorios. Puedes ser muy enérgico en un área de tu vida mientras eres negligente y perezoso en otras partes. También puedes volverte demasiado terco, deprimido y resistente a cualquier ayuda, para luego arremeter con inesperados estallidos de violencia. Sin embargo, cuando operas a niveles saludables, la influencia del Ala Ocho te hace asertivo, fuerte y aún amable. Sigues siendo amable y fácil de llevar, pero puedes dar un golpe fuerte cuando la situación lo requiere.

Los tipos de carrera más comunes que se adaptan a un 9w8 incluyen:

- Juez
- Trabajador social
- Trabajador religioso
- Veterinario
- Vendedor
- Diplomático
- Editor

Si eres un 9w1 (Nueve con Ala Uno), eres más idealista y disciplinado. La combinación de un Nueve y un Uno (dependiendo de su fuerza) puede convertirte en un individuo con muchos principios, centrado y a menudo más seguro de ti mismo. La influencia del Ala Uno te da un mayor sentido del bien y del mal y una visión más idealista del mundo. Tu paciente franqueza, combinada con la objetividad de un Uno, te convierte en un magnífico consejero sin prejuicios y con unos niveles de integridad extraordinarios. En niveles menos sanos, la evitación de conflictos típica de un Nueve puede mezclarse con el resentimiento latente de un Uno para producir una forma de ira particularmente sarcástica e indirecta. Cuando las cosas se ponen bastante mal, este Nueve no saludable puede sentirse moralmente superior a los demás, y el perfeccionismo puede apoderarse de ciertas partes de su vida mientras se vuelve totalmente negligente en otras áreas.

Pero, por supuesto, también existen las versiones más saludables de un 9w1, y es cuando te vuelves realmente organizado, racional en tu pensamiento y altamente productivo. Te vuelves más eficaz y estás más dispuesto a compartir tus ideas con los demás. Tu capacidad de escucha activa y tu habilidad para ver las cosas desde múltiples perspectivas se ven reforzadas por la influencia del Ala Uno, lo que te convierte en un poderoso consejero o mediador.

Los tipos de carrera más comunes que se adaptan a un 9w1 incluyen:

- Curador de museo
- Consejero
- Enfermero
- Diplomático
- Científico medioambiental
- Director de recursos humanos
- Farmacéutico

Las flechas y su significado

Tu tipo de personalidad del Eneagrama está vinculado a otras dos "líneas" o puntos que merece la pena destacar. Estas líneas se denominan flechas, y cada una de ellas indica cómo te muestras en tu mejor y peor momento. Una de las flechas, llamada Flecha de la Desintegración, muestra las líneas del estrés (tu camino de destrucción), y para ti, ese camino se encuentra en el número 6. A medida que te desintegras, adquieres los hábitos poco saludables de un Seis del Eneagrama y te vuelves más ansioso y preocupado. Hablaremos más sobre el estrés y cómo evitar caer en la desintegración en el próximo capítulo.

La otra línea conectada a tu tipo de Eneagrama es la 3, que es la Flecha de la integración. Esto significa que al avanzar en el camino del crecimiento y la integración, adoptas rasgos saludables de un Tres que te hacen autodesarrollarte, ser productivo y tener energía como los Tres sanos. Para entender la relación entre estas flechas y cómo caemos en patrones no saludables o nos elevamos a los saludables, vamos a discutir los nueve niveles de desarrollo. El objetivo aquí es identificar dónde puedes estar y avanzar hacia el nivel más alto, es decir, el nivel 1 saludable.

LOS 9 NIVELES DE DESARROLLO, DE MENOR A MAYOR

Los niveles de desarrollo surgen de las enseñanzas de Riso y Hudson y de los fundadores del Instituto del Eneagrama, que es un gran lugar para hacer el test del Eneagrama. Su teoría postula que todos los individuos caen en uno de los nueve niveles de funcionamiento. El nivel más bajo es el nueve, y el más alto es el nivel uno. Los niveles se dividen en una tríada que subcategoriza estos niveles como saludables (1, 2, 3), niveles medios (4, 5, 6) y niveles no saludables (7, 8, 9).

No saludable

Nivel 9: Este es el nivel más bajo y destructivo para un adulto Nueve. Por lo general, todos estamos en este nivel durante la infancia, así que no hay nada malo en eso. Los problemas surgen si no crecemos, nos desarrollamos y maduramos espiritualmente porque entonces nos quedamos atascados expresando comportamientos asociados con este nivel, lo que lleva a consecuencias terribles. Para un Nueve, aquí es donde se vuelven completamente auto-abandonados, severamente desorientados y catatónicos. Algunos incluso luchan con personalidades múltiples, sintiéndose como cáscaras vacías y destrozadas.

Nivel 8: En este nivel, un Tipo Nueve está entumecido, despersonalizado e incapaz de funcionar como un miembro productivo de la sociedad. En un intento de bloquear cualquier cosa que pueda afectarles, se desconectan completamente de sí mismos y del mundo.

Nivel 7: Los Nueve en este nivel se sienten incapaces de afrontar los problemas. Todo es simplemente demasiado abrumador, lo que les hace estar muy reprimidos, poco desarrollados e ineficaces. Algunos son tan negligentes hasta el punto de ser un peligro para los demás.

Promedio

Nivel 6: En este nivel, los Nueve han crecido lo suficiente como para no estar completamente desconectados e insensibles. Sin embargo, siguen siendo bastante malos a la hora de lidiar con los disturbios y los conflictos. La terquedad es una cualidad clave en esta etapa de su crecimiento, y tienden a minimizar los problemas. Algunos son fatalistas y se resignan como si no se pudiera hacer nada para cambiar las cosas, mientras que otros se frustran y se enfadan por su tendencia a dejar las cosas para más tarde y a evitar los conflictos.

Nivel 5: En este nivel, el Nueve es activo pero desatento y desvinculado. Se aleja de los problemas y prefiere barrer las cosas bajo la alfombra para evitar el malestar. Este Nueve es emocionalmente indolente y totalmente indiferente a cualquier cosa que amenace la armonía que anhela.

Nivel 4: Este Nueve es el clásico hombre o mujer de "sí" despreocupado que hará cualquier cosa para evitar el conflicto y mantener las conexiones con los demás. Son muy negligentes con sus propias necesidades y tienden a caer en los roles y expectativas convencionales, perdiendo su identidad para acomodarse a los demás. Este tipo de Nueve a menudo se desvía y puede ser conocido por ser bastante filosófico como un mecanismo de afrontamiento para apaciguar a los demás.

Saludable

Nivel 3: En este nivel, los Nueve han crecido hacia los niveles maduros de desarrollo más saludables. Aquí somos testigos de un individuo optimista, comprensivo, tranquilizador y con una gran capacidad de comunicación. Eso facilita la conexión y la unidad en todas sus relaciones. Tienen una influencia sanadora y calmante que une a las personas y facilita una gran mediación.

Nivel 2: En este nivel, el Nueve es emocionalmente estable, sereno, se acepta a sí mismo y está más en sintonía con su identidad. Se siente a gusto con la vida, consigo mismo y con los demás. Su expresión y comportamiento son sencillos e inocentes. Todo el mundo quiere a los Nueve en este nivel de desarrollo porque son genuinamente agradables, sin pretensiones, de buen carácter y confían en sí mismos y en los demás.

Nivel 1: Este es un Nueve en su mejor y más alta expresión. En este nivel, el individuo es autónomo, satisfecho, contento y está intensamente vivo. Tiene una gran ecuanimidad y está plenamente presente para sí mismo, lo que lo hace aún más poderoso y presente en sus relaciones. Este Nueve ha encontrado la unidad consigo mismo y una profunda conexión con los demás simultáneamente.

LA PASIÓN DEL ENEAGRAMA NUEVE

La pasión o pecado mortal del tipo Nueve es la pereza. Normalmente se expresa como indiferencia. A los Nueve les gusta gastar energía en mantener el mundo exterior fuera y el mundo interior dentro en lugar de prestar atención al yo. Parecen tener pereza psicoespiritual, lo que desgraciadamente les hace perder el contacto con su ser central.

Lo que el Nueve necesita es la acción correcta. Esta es la virtud que traerá la tan necesaria vitalidad, compromiso y voluntad de actuar sobre lo que saben que es correcto. Si estás leyendo esto y reconoces que eres un Nueve, este es el trabajo que debes hacer. Vuelve a la plenitud y reconecta con tu núcleo. Vuelve al momento presente, a la acción correcta.

PATRONES EMOCIONALES Y DE LA INFANCIA PARA LOS NUEVE DEL ENEAGRAMA

Uno podría preguntarse, ¿cómo desarrollaron los Nueve esta creencia de que su presencia no importa? La mayoría de las veces, comienza en la infancia. De niño, un Nueve puede haber estado profundamente conectado con las figuras paternas, pero de alguna manera se sintió ignorado. El Nueve puede haber aprendido que es más fácil mantener la paz no siendo asertivo en algún momento. Es posible que haya sido un niño mediano o pequeño que no ha conseguido la atención que necesitaba o una voz tranquila cuya opinión se perdió en un mar de voces fuertes o contundentes. Independientemente de los detalles, los Nueve se han acostumbrado a integrarse y a seguir la corriente para evitar enfadarse o crear disturbios. La mayoría de los Nueve son niños tranquilos que se adaptan a las necesidades de la familia, no causan problemas, nunca piden nada y son excelentes para mantener la paz cuando surgen conflictos.

Debido a que los Nueve están tan conectados con las personas que aman, tienen dificultades para diferenciar sus propios sentimientos de los de los demás. La conexión con sus padres les da un sentido de identidad. Por eso, crecen sin estar en sintonía con sus propios sentimientos y siempre en el fondo de las historias de los demás.

De adultos, aparecen los mismos patrones, ya que los Nueve asumen que es mejor reservarse su participación y adormecerse ante el dolor. Como nada es importante para ellos, nada puede defraudarlos. Esta es una perspectiva que tienen muchos Nueve heridos. Sus heridas de la infancia se manifiestan en forma de procrastinación, indecisión, sueño prolongado e indiferencia.

Para curar la herida de la infancia, un Nueve debe reconectarse con su Yo Superior y darse cuenta de que sus ideas, opiniones y presencia son importantes. Necesita cultivar una nueva mentalidad en relación con su valor y su valía. Como un Nueve, necesitas recordarte a ti mismo que tienes una identidad única para ti y que tu verdadera identidad es completa, siempre pacífica y segura.

SUBTIPOS DEL TIPO NUEVE

El sistema de perfiles del Eneagrama permite 3 subtipos en cada tipo. Se trata de las variantes de Autoconservación, Social y Uno a Uno (Sexual). Recuerda que las tres variantes instintivas existen en todos nosotros, pero el orden en que se apilan determina su influencia en nuestras vidas. Una de ellas será la más dominante y la que más fácilmente resuene en ti y la observes como patrones de comportamiento y pensamiento en tu vida. La segunda se sentirá neutral y menos influyente, y la tercera será la menos significativa. El tercer instinto se convierte en un punto ciego para muchos porque está totalmente subdesarrollado y fuera de su reconocimiento consciente. Dependiendo de qué instinto sea el más dominante, dará forma a tu personalidad única y a tu forma de abordar la vida como un Nueve.

Nueve de Autoconservación (SP)

Los Nueve SP se preocupan más por satisfacer sus necesidades físicas. Les gusta mantener una rutina en torno a sus actividades y crear comodidad en sus vidas. La paz y el tiempo a solas son vitales para ellos, y a menudo se vuelven irritables y obstinados cuando los demás alteran su equilibrio. Los Nueve SP prefieren coleccionar cosas para llenar ese vacío y así evitar lidiar con sus estados internos.

Nueve Social (SO)

Los Nueve SO se esfuerzan por apoyar a sus grupos para encontrar pertenencia y comodidad. Su cualidad esencial es la participación porque les gusta sentirse parte de algo. Como el contratipo del subtipo Nueve, estos individuos trabajan muy duro para mantener a las personas en su vida felices. A veces, esto les lleva a trabajar en exceso, a sentir dolor o estrés, que tienden a ocultar poniendo una fachada de felicidad para no agobiar a los demás.

Uno a Uno/Nueve Sexual (SX)

Los Nueve SX tienen la cualidad de la fusión porque son los más propensos a fusionarse con una persona significativa como estrategia para alimentar su sentido del yo y garantizar la comodidad. Los Nueve SX tienden a sentirse más seguros cuando se asocian con otras personas y pueden encontrar difícil estar solos. ¿Límites? ¿Qué límites? Para un Nueve SX, lo que importa es alinear sus deseos y actitudes personales con los del otro, incluso si eso significa sacrificar su Verdad y su identidad personal.

CONSEJOS PARA EL TRABAJO Y EL ESTILO DE VIDA DEL ENEAGRAMA TIPO 9

C omo parte de tu descubrimiento y transformación, es esencial que reconozcas tus desencadenantes, las áreas con las que más luchas y dónde están tus oportunidades de crecimiento.

LUCHAS DE UN NUEVE DEL ENEAGRAMA

Enterrar la voz bajo la cortesía

Aplacar a los demás es perjudicial para tu felicidad, pero muchos Nueve son culpables de ello. Dicen "está bien" o "tú decides" sólo porque quieren evitar el conflicto. Desgraciadamente, optar por ser educado y no hablar, especialmente cuando alguien te ofende, sólo conduce a un resentimiento enterrado, a la soledad y a la ira reprimida. Te hace sentir invisible, no escuchado y no amado, incluso cuando la persona no tenía intención de hacerlo.

Qué hacer: Habla de tus intereses con los demás e invita a la gente a hacer contigo las cosas que te gustan. Niégate a decir "lo que quieras" durante una semana y nota cómo te sentirás mucho mejor. Las personas que te quieren no se ofenderán cuando tengas una opinión. Te respetarán y querrán aún más por tu presencia.

Dejar las cosas para el último momento

La procrastinación es real para los Nueve. Aplazar las cosas hasta el último momento parece ser algo natural, pero, por desgracia, no es ni sano ni productivo.

Qué hacer: Haz una pequeña lista de lo que quieres conseguir cada día. Divide los grandes objetivos o proyectos en mini-objetivos y luego establece algunos plazos para ellos. A medida que vayas completando cada mini objetivo, recompénsate con un pequeño capricho. Cuando consigas el gran proyecto o meta, haz algo maravilloso para celebrarlo.

Indecisión

Esta es una lucha que todos los Nueve experimentan. El don de ver y mantener múltiples perspectivas al interactuar con los demás también significa que puedes tener dificultades para elegir un bando o tener una opinión clara. No eres el único. La mayoría de los Nueve dicen que es difícil saber lo que realmente quieren o creen, especialmente cuando se les presentan opciones igualmente buenas. Los Nueve de nivel medio a no saludable luchan aún más con esto porque, además, tampoco están en sintonía con sus propios deseos.

Qué hacer: Dejar de intentar hacer feliz a todo el mundo. Es imposible llevar una vida en la que hagas feliz a todo el mundo todo el tiempo. Al final, te olvidas de tu propia Verdad. Cuando te sientas indeciso o inseguro sobre lo que quieres, di: "Necesito un tiempo para pensarlo". Practica un poco de asertividad y observa la magia que añadirá a tus relaciones.

Negar la ira

Todos los Nueve desean paz interior y exterior. Quieren ser auténticos y comprendidos. Ser el calmado y el que nutre es de gran importancia para ellos y, por desgracia, eso tiende a crear una evasión del conflicto. También puede conducir a la negación, porque en lugar de reconocer esta emoción o la ofensa que han recibido, tratarán de suprimirla.

Qué hacer: Ser más consciente de esa rabia y resentimiento que se está gestando en tu interior desde la infancia, cuando aprendiste que tu presencia no importaba. Estar tranquilo por fuera pero irritado por dentro no te hace ningún bien. Desde luego, no te acerca a la plenitud duradera que buscas. Así que es hora de dejarlo pasar. Fíjate en la frecuencia y rapidez con la que te sientes juzgado, irritable o tenso. ¿Qué cuestiones subyacentes están en juego cuando sientes estas emociones? Intenta expresarlas cuanto antes para evitar que se produzcan arrebatos de los que te arrepientas.

EL ENEAGRAMA TIPO NUEVE BAJO ESTRÉS

Los Nueve del Eneagrama suelen estresarse cuando se enfrentan a la presión de sus compañeros, cuando se ven obligados a adoptar una posición con la que no se sienten cómodos o cuando hay conflictos a su alrededor. Odian estar con personas que disfrutan del drama o con divas que disfrutan de ser el centro de atención. También es súper estresante para un Nueve tener demasiadas exigencias en su tiempo. Pero quizás el hábito más peligroso para un Nueve es reprimir su ira durante demasiado tiempo.

Si eres un Nueve, ya sabes que te estresas cuando dices "sí" a cosas que realmente no quieres hacer. También sabes que las relaciones son esenciales para ti, así que debes encontrar la manera de ser tú mismo y seguir manteniendo esas relaciones saludables. Todo se reduce a desarrollar el valor suficiente para ser uno mismo. Permítete ser dueño de tu voz y utilizarla en tus relaciones. Empieza por encontrar formas sanas de "dejar salir" toda la ira, la frustración y el resentimiento que has reprimido. Procesa esta rabia por tu cuenta mediante un diario y prácticas de atención plena o con la ayuda de un profesional. Aprende a sintonizar con tu cuerpo y tus emociones. ¿Cuáles son tus necesidades físicas, emocionales y espirituales? ¿Qué es lo que quieres? Reconoce que eres un individuo único con fortalezas, talentos y sueños únicos. Sé lo suficientemente valiente como para perseguir las cosas que te gustan y permite que otros te apoyen en este viaje. Confía en que tus seres queridos seguirán queriéndote incluso cuando digas que no a sus peticiones.

RELACIONES

Los Nueve son solidarios, pacientes, alentadores, agradables y aceptan todas sus relaciones. Como valoran la armonía y la comodidad, todas sus relaciones son fáciles y ofrecen un confort y una estabilidad relajantes. Los Nueve anhelan ser amados y atendidos de una manera que apoye su paz y cree un amor genuino, profundo y conectado.

Los Nueve pueden fusionarse tan fuertemente con su pareja que pierden su individualidad e identidad personal en las relaciones románticas. Suelen estar dispuestos a ir más allá para crear un espacio de amor para que la relación prospere.

La creación de un entorno que fomente la buena voluntad y la unión es importante para los Nueve. Son muy buenos para mantener la paz en un entorno de equipo. Son firmes y equilibrados en su enfoque de los proyectos y las relaciones en el trabajo. Sin embargo, su principal reto es mantenerse centrados en las prioridades y hablar cuando tienen que defender su postura, especialmente cuando es incómodo o se produce un conflicto potencial.

CONSEJOS PARA LAS RELACIONES CON OTROS TIPOS

He aquí algunas formas de mejorar tus relaciones como Nueve del Eneagrama.

Tipo 9 y Tipo 1: Con un Uno, tienes una relación estable y reconfortante. Como un Tipo Uno también forma parte de la tríada corporal, ambos se entregan físicamente a los demás, a menudo con una mínima atención a ustedes mismos. Los satisface mucho amar a los demás en la comunidad y darse generosamente los unos a los otros. El Uno aporta un sentido del deber y está más orientado a las tareas, lo que te resulta muy útil porque te permite crear rutinas que facilitan la paz que deseas. Tu naturaleza bondadosa y aceptante es atractiva para el Tipo Uno y le hace ser más indulgente y aceptarse a sí mismo. También le recuerdas al Tipo Uno que debe elegir a las personas por encima de los principios, y el Uno te ayuda a decir más tu verdad. Ambos valoran ser éticos y considerados. Es una relación muy útil y enriquecedora.

Un desafío que podrían encontrar aquí, especialmente si ambos están operando en niveles medios o bajos de desarrollo, es su ira no resuelta. Tanto tú como el Tipo Uno tienden a lidiar con la ira de manera poco saludable. Tú te preocupas por reprimir la ira para mantener la paz y evitar el conflicto. Al mismo tiempo, el Tipo Uno se preocupa por reprimirla adecuadamente. Esa rabia reprimida puede salir en forma de temperamento explosivo o de resentimiento/testarudez/silencio, todo lo cual no es saludable para una relación duradera. Crezcan juntos encontrando formas sanas de manejar la ira y otras emociones negativas. Trabajen para alcanzar niveles más altos de desarrollo como pareja y afírmense el uno al otro y a la relación durante las situaciones de tensión.

Tipo 9 y Tipo 2: Con un Dos, te encuentras en una relación cálida, nutritiva, cariñosa, serena y confortable. Es una relación muy atractiva y recíproca. No eres exigente y siempre aceptas, lo que permite al Dos tener libertad para atender sus propias necesidades. También ofreces al Dos una sensación de seguridad y estabilidad en la que se siente amado por lo que realmente es. Tu pareja te ayuda a sintonizar con tus propios deseos y te ofrece un cálido abrazo para que los expreses.

Es posible que te encuentres con un desafío si la energía de ayuda del Dos te resulta abrumadora. Tal vez los encuentres demasiado emocionales, lo que podría crear una perturbación interna. Los Dos también están muy orientados a la acción, mientras que tú eres más tranquilo y te gusta moverte por la vida de forma relajada. Cuando te alteras, tiendes a volverte pasivo y distante, mientras que los Dos se vuelven resentidos e indignados. Para solucionar todos estos problemas, crezcan juntos aprendiendo a reconocer y resolver los conflictos a medida que van surgiendo. Tómense el tiempo necesario para procesar, pero no repriman las emociones negativas. Recuérdense mutuamente que la verdadera paz se cultiva cuando el conflicto se aborda de forma saludable.

Tipo 9 y Tipo 3: Con un Tres, estás en una relación dinámica, con propósito, alentadora e impulsada. Le das a tu pareja el espacio para ser ellos mismos con total aceptación y amor. El Tres te ofrece estímulo para encontrar tu voz y seguir tus sueños. Ven el potencial en ti y se convierten en tus mayores animadores. Hay un gran equilibrio y reciprocidad en esta relación, y disfrutan de la paz, el respeto y la confianza que ambos se proporcionan.

Un desafío que pueden experimentar, especialmente cuando ambos están en niveles medios o bajos de desarrollo, es durante el conflicto. Los Tres pueden sentir que les estás impidiendo alcanzar sus objetivos, y tú puedes sentir que te están descuidando y que no dedican tiempo a la relación. Tu naturaleza fácil puede convertirse en una frustración para los Tres, que lo ven como inacción. Puede que te sientas presionado y apurado para seguir moviéndote más rápido y persiguiendo objetivos. En lugar de retirarse, crezcan juntos recordando que hay algo bueno en ambos. La velocidad a la que trabajan no es ni mala ni buena, así que sólo tienen que encontrar un equilibrio que funcione. Mantengan un diálogo abierto y anímense mutuamente a crecer a niveles superiores.

Tipo 9 y Tipo 4: Con un Cuatro, la relación es profunda, sensible, empática y sin prejuicios. Ambos valoran la independencia y quieren tener una conexión profunda. El Cuatro ofrece esa aguda conciencia emocional que te anima a profundizar y expresar tus experiencias emocionales. Tu naturaleza no prejuiciosa permite a los Cuatro avanzar hacia el amor propio en lugar de ahogarse en la duda. Como pragmático en la relación, ayudas a mantener la estabilidad, lo que mantiene a los Cuatro con los pies en la tierra. También te vuelves mucho más enérgico y extrovertido bajo la influencia de los Cuatro.

Un desafío que pueden enfrentar aquí proviene de sus reacciones opuestas al estrés. Cuando te estresas o surge un conflicto, tu respuesta natural es desentenderte para mantener la paz. Por su parte, el Cuatro reacciona emocionalmente ante el estrés y el conflicto. Por eso, cuando tú te retiras, tu pareja lo ve como una falta de presencia y una falta de voluntad para resolver las cosas porque cree que es importante expresar todos los sentimientos. Mientras eso se convierte en una experiencia abrumadora e inquietante para ti. Crezcan juntos aprendiendo a darse la oportunidad de procesar el estrés de una manera que se adapte a su personalidad. Considera la posibilidad de encontrar actividades saludables para liberar el estrés que puedas utilizar, por ejemplo, escribir un diario. Cuando discutan el tema, háganlo con compasión y consideración.

Tipo 9 y Tipo 5: Con un Cinco, tienes una relación reflexiva, tranquila, estable, aceptante y autónoma. Dado que ambos pueden verse fácilmente abrumados por las exigencias del mundo, establecen estructuras que les permiten mantener la paz que desean. Como los Cinco ponen su atención en ti con gran curiosidad, eres capaz de poner en palabras tus pensamientos e ideas. Eso crea más conciencia de ti mismo y un sentido de conexión. Tú ayudas a los Cinco a sentirse más relajados y a gusto, lo cual es significativo porque a menudo los Cinco sienten que no pueden estar cómodos en este mundo.

Un desafío que podrían enfrentar en esta relación es, por supuesto, cuando las cosas se ponen difíciles. Tu naturaleza fácil puede volverse pasivo-agresiva y bastante obstinada durante el conflicto. Por otro lado, los Cinco son racionales y objetivos, por lo que les costará entender tu reacción. Por otra parte, ambos prefieren tomarse un tiempo a solas para procesar los pensamientos y sentimientos antes de verbalizarlos, lo que puede hacer que el conflicto se cocine a fuego lento durante días antes de ser abordado por completo. A veces, es posible que afronten los conflictos de forma separada y nunca se reúnan realmente para discutirlos y resolverlos como pareja. Crezcan juntos encontrando formas de mantenerse con los pies en la tierra y presentes, especialmente cuando las cosas se ponen difíciles. Consideren la posibilidad de sentarse juntos para escribir sus sentimientos y discutirlos hasta que se resuelva el problema.

Tipo 9 y Tipo 6: Con un Seis, estás en una relación estable, reconfortante, predecible y amorosa. El Seis ofrece lealtad, seguridad, unidad, afecto, rapidez mental y acción, lo que te permite ser una fuerza más activa en tu vida. Tu comportamiento tranquilo estabiliza al Seis, que tiende a ser más escéptico y a estar más alerta ante los problemas. La interdependencia saludable está asegurada en una relación como ésta, y ambos la disfrutan.

Un reto al que podrían enfrentarse con esta relación es de nuevo durante los momentos de estrés. Los cuestionamientos del Seis pueden parecerte acusadores, mientras que tu retirada puede parecerle un abandono a tu pareja. Otro problema es que los Seis tienden a ser reactivos durante el conflicto, principalmente si operan en niveles inferiores de desarrollo, lo cual, como sabes, es muy incómodo para tu personalidad. Crezcan juntos manteniendo un diálogo abierto y apoyándose mutuamente para expresar sus necesidades y deseos. Tengan claro lo que realmente quieren en la vida y cómo quieren que sea su relación.

Tipo 9 y Tipo 7: Con un Siete, la relación está llena de energía, aventura y optimismo. El Siete aporta diversión, asertividad y autoconfianza y te ayuda a salir de tu caparazón y a probar cosas nuevas. Tú aportas firmeza, calma y un toque personal que el Siete encuentra atractivo. A ambos les gusta ver el lado bueno de la vida y sus diferencias se complementan.

Un reto al que podrían enfrentarse es la terquedad que ambos tienen. Cuando asoma su fea cabeza, las cosas pueden salir mal, especialmente si no se toman el tiempo necesario para resolver los problemas a medida que van surgiendo. El Siete es más propenso a sacar el conflicto a la superficie, ya que no quiere verse atrapado en lo desagradable. Desgraciadamente, esta necesidad de superar rápidamente los asuntos negativos a menudo puede hacer que te sientas pisoteado o pasado por alto porque no te dan el tiempo suficiente para procesar completamente el asunto. Otro problema es que, como te gusta evitar los conflictos, a veces tu pareja puede no darse cuenta de que algo va mal hasta que es casi demasiado tarde. Eso puede ser muy perjudicial para los siete. Los temas negativos y las emociones incómodas son un reto para ambos, así que después de la dura charla, recompénsense con algo divertido. Afírmense mutuamente con regularidad. Crezcan juntos aprendiendo a resolver los conflictos más pronto que tarde.

Tipo 9 y Tipo 8: Con un Ocho, la relación es dinámica, seria y autónoma. El Ocho ofrece protección, y tú admiras lo tenaz y poderoso que es. Tú ayudas al Ocho a aprender a relajarse, a bajar la guardia y a abrazar su lado más suave, y él te ayuda a ver tu valor y a ser más asertivo. Dados tus fuertes valores de equidad, justicia, respeto y confianza, la relación se siente segura. Disfrutan del compañerismo y la conexión que comparten.

Un reto al que podrían enfrentarse en esta relación tiene su origen en el hecho de que ambos pertenecen a la tríada corporal, pero manejan la ira de forma muy diferente. Cuando las cosas se ponen difíciles, tiendes a retirarte y a volverte pasivo-agresivo y desvinculado, lo que enfada al Ocho, que preferiría enfrentarse al problema de frente. El Ocho presiona más cuando las cosas se ponen difíciles, y quiere que te mantengas firme y luches. Este tipo de intensidad puede resultarle abrumadora. Crezcan juntos manteniendo un diálogo abierto y encontrando un punto intermedio a la hora de afrontar los conflictos. También los animo a que planeen algo divertido juntos y se reafirmen regularmente.

Tipo 9 y Tipo 9: Con un Nueve, estás en una relación de espejo. Esto es armonioso, profundamente sereno y reconfortante. El compañerismo es hermoso, y se ofrecen mutuamente aceptación y estímulo constantes. Como a ambos les gusta la previsibilidad, han establecido una rutina que les funciona y han construido un espacio seguro y reconfortante para el otro. Son pacientes el uno con el otro y les gusta hacerse partícipes sin ser demasiado intrusivos. Aunque tienen tiempo para divertirse y hacer el tonto, lo que más les gusta es la conexión que han construido y la vida que tienen juntos, tomando los desafíos de la vida con calma.

Un reto que pueden encontrar, especialmente si operan en niveles de desarrollo medios o bajos, es la lucha por conocer su identidad, sus deseos únicos y sus opiniones. Les lleva un tiempo procesar las cosas y, como les gusta ser positivos, el conflicto puede ser algo aterrador. Cuando las cosas no van bien, ambos se retraen y se desentienden. Crezcan juntos eligiendo no ignorar el comportamiento de retraimiento del otro. En lugar de aceptar un comportamiento pasivo y agresivo, tomen la iniciativa. Recuerden que la verdadera paz suele requerir una buena comunicación. Se recomienda un poco de conflicto sano y abordar juntos las emociones desagradables. Abórdenlo con compasión y sean pacientes el uno con el otro mientras aprenden a trabajar a través del conflicto.

AFIRMACIONES

- Mis sentimientos son válidos e importantes
- Doy y recibo amor generosamente
- No soy responsable de la felicidad de los demás
- Estoy dispuesto a expresar mi verdad y mis deseos
- Los obstáculos son oportunidades de crecimiento

Recuerda que las afirmaciones sólo funcionan cuando lo que dices y sientes está sincronizados. Elige sólo las afirmaciones que resuenan profundamente en ti.

CONSEJOS DIARIOS PARA EL CRECIMIENTO Y LA FELICIDAD

Practica ser más asertivo al interactuar con los demás.

Esto requiere práctica y puede resultar muy incómodo al principio, así que empieza con pequeños pasos de acción. Por ejemplo, ponte delante de un espejo y di algo que siempre has querido decir a alguien en tu vida. Practica la postura segura y asertiva. Fíjate en tu lenguaje corporal y en tu tono al hablar. Una vez que te sientas cómodo con el espejo, ponlo a prueba con tu madre, tu hermano o alguien en quien confíes. Ve aumentando tu asertividad poco a poco.

Procesa tu ira y tus emociones negativas

Prométete a ti mismo que trabajarás continuamente con todas las emociones negativas. Esto te ayudará a mejorar el manejo de los problemas sin ser conflictivo. Puedes llevar un diario, hablar con un amigo o cualquier otra forma de expresión saludable que prefieras.

Sé más activo en la vida y explora cosas nuevas

Sé que te gusta ceñirte a las rutinas y permanecer en tu zona de confort, pero te vendrá muy bien añadir un poco de aventura planificada de vez en cuando. Prueba a ir de excursión solo, a darte un chapuzón en el lago o en el mar más cercano. Ninguna de estas actividades puede dar lugar a un conflicto humano. Si te gusta pescar, hazlo a menudo. Encuentra algo aventurero que disfrutes haciendo solo.

Ejercicio diario

Haz algo de ejercicio diario para mover tu cuerpo y sudar. Te dará un impulso de energía y permitirá que tu cerebro no caiga en la procrastinación. ¿Disfrutas haciendo footing en el barrio? ¿Levantar pesas en el gimnasio? ¿Nadar? No importa lo que hagas. Simplemente haz algo que te apetezca y disfrutes, con regularidad.

CONCLUSIÓN

Hemos profundizado en todos los tipos de Eneagrama, sus miedos y deseos básicos. Has aprendido sobre los subtipos, las luchas de tu tipo de Eneagrama, las heridas de la infancia y los patrones emocionales que aparecen en la edad adulta, y consejos para las relaciones. Ahora que entiendes más sobre tu tipo de Eneagrama, es el momento de establecer paralelismos y manifestar cambios positivos en tu propia vida.

Como has aprendido, no hay ningún tipo de Eneagrama que sea mejor o peor que el otro. Todos tenemos puntos fuertes y débiles, rasgos positivos y negativos que necesitan mejorar. En diferentes fases de la vida, podemos funcionar a niveles poco saludables, medios o saludables, y depende de nosotros seguir subiendo.

Si has identificado con éxito tu Tipo de Eneagrama, puedes utilizar las sugerencias que se te dan para mejorar tu vida. Comienza por tomar conciencia de ti mismo. Vuelve a los capítulos que cubren tu tipo y descifra los entresijos que puedas haber pasado por alto para entenderte mejor. Conoce tus motivaciones, tus puntos débiles, tus valores fundamentales y cómo tiendes a reaccionar ante el estrés. Lee los diferentes niveles de desarrollo y comprueba si puedes identificar en qué punto te encuentras actualmente para poder seguir trabajando en el cultivo de hábitos que te lleven a tu mejor yo.

Puede que este libro haya terminado, pero tu viaje no ha hecho más que empezar. La conciencia y el compromiso con este viaje de autodescubrimiento son obligatorios si deseas experimentar la transformación. Toma estos conocimientos y ponlos en práctica. Encuentra pequeños cambios que puedas hacer para poder ver los beneficios del Eneagrama de primera mano. Recuerda que todos los libros del mundo no pueden aportarte la curación, la plenitud y el éxito que te mereces. Para que eso ocurra, se requiere tu participación y tu integración continua. El sistema del Eneagrama cambiará tu vida si lo trabajas. Da el siguiente paso y sigue aprendiendo, aplicando y creciendo.

Te deseo lo mejor.

RECURSOS

Traditional Enneagram (History). (s.f.). The Enneagram Institute. Recopilado Mayo 20, 2022, from https://www.enneagraminsti tute.com/the-traditional-enneagram

The Enneagram Personality Test. (s.f.). Truity. Recopilado Mayo 22, 2022, de https://www.truity.com/test/enneagram-personality-test

User, G. (2021, Mayo 13). *Enneagram: Arrows*. Cloverleaf. Recopilado Mayo 20, 2022, de https://cloverleaf.me/blog/enneagram-arrows

Cloete, D. (s.f.). *Wings, Arrow Lines, Integration and Self-Mastery*. Integrative9. Recopilado Mayo 20, 2022, de https://www.integra tive9.com/enneagram/wings-lines-integration/

A. (2021, Enero 14). *Arrows: Each Type at their Best & Worst*. Full & Free Enneagram Co. Recopilado Mayo 20, 2022, de https://kris tirowles.com/best-worst/

Learn More About All 9 Enneagram Types | Your Enneagram Coach. (s.f.). Enneagram Coach. Recopilado Mayo 20, 2022, de https:// www.yourenneagramcoach.com/types

The Nine Enneagram Types. (s.f.). THE ENNEAGRAM AT WORK. Recopilado Mayo 20, 2022, de https://theenneagramatwork.com/ nine-enneagram-types

LA GUÍA DEL ENEAGRAMA

PARA EL AUTODESCUBRIMIENTO, LA PLENITUD EN LAS RELACIONES Y EL DESPERTAR: EL USO DEL ENEAGRAMA PARA ENCONTRAR TU VERDADERA PERSONALIDAD, PROFUNDIZAR EN TUS RELACIONES Y CRECER PSICOLÓGICAMENTE

INTRODUCTION

Siento que mi vida se ha descontrolado desde que murió mi padre y he caído en esta madriguera de desesperación. Nada de lo que intento funciona, y al principio pensé que p1odría fingir hasta que las cosas mejoraran, pero ahora toda esta situación está empezando a afectar en mi matrimonio". Estas fueron las palabras de mi cliente, Sally, que acababa de empezar nuestro programa de coaching, con la esperanza de que salvara su relación.

Las palabras que pronunció resonaron con fuerza en mi mente mientras recordaba un pasado lejano en el que yo también me enfrenté a una frustración similar en mi vida. A pesar de mis conocimientos y mi formación en comportamiento humano y desarrollo personal, la experiencia de la pérdida me había dejado fuera de juego, y no sabía cómo volver a encarrilarme. ¿Sabes cómo se siente eso?

No te conozco ni sé qué te hizo escoger este libro, pero sí sé esto. Todos queremos sentirnos más en control de nuestras emociones, nuestro futuro y nuestras vidas.

La felicidad, la salud, las relaciones amorosas, una carrera satisfactoria, son cosas que a todos nos importan, y buscamos soluciones que nos permitan alcanzar estas cosas de diferentes maneras. La mayoría de la gente busca soluciones externas, pero tú no eres como la mayoría, ¿verdad? Por eso este libro ha despertado tu interés.

¿Cuántas veces te encuentras pensando "por qué he hecho eso" o "qué puede haber hecho para que esa persona se comporte de esa manera"? El condicionamiento social nos ha llevado a creer que estamos atrapados en una caja, y que no hay nada que podamos hacer para cambiar las cosas, pero ¿qué pasaría si te dijera que hay una manera de que seas totalmente consciente de esta supuesta "caja", y no sólo eso - podrías adquirir el conocimiento de ciertas técnicas que te permitan percibir por encima y más allá de ella? ¿Te interesaría?

LA LLAVE QUE HAS ESTADO BUSCANDO - UN SECRETO REVELADO

Nuestra sociedad nos anima a encontrar respuestas a las preguntas importantes que resuenan en el fondo de nuestra mente (por ejemplo, ¿cómo puedo sentirme realizado, feliz y en paz conmigo mismo y con los demás? ¿Cómo puedo sentirme amado y dónde puedo encontrar el verdadero amor? ¿Quién soy realmente?). Con frecuencia, solemos pensar que podemos encontrar las respuestas a nuestras preguntas mediante la adquisición de bienes materiales o entablando una relación con otro ser humano, así que salimos a buscar a ese otro que nos complete. Muy pronto nos damos cuenta de que ninguna cantidad de posesiones materiales ni ningún otro ser humano nos alcanzará. Si queremos sentirnos completos y experimentar la verdadera felicidad, tenemos que buscar respuestas en otra parte. No me malinterpretes, que tus deseos materiales se manifiesten es fantástico y una parte necesaria para disfrutar de la vida. Estar con alguien que te aporte una gran alegría y te haga sentir amado, también es fundamental para disfrutar de toda la experiencia humana. Pero esos dos factores no son la base de una vida plena, sino que la complementan. La base de una vida plena, sana, feliz y satisfactoria, comienza con una comprensión clara y profunda de uno mismo.

Entonces, ¿cuánto de ti mismo entiendes realmente?

¿Sabes cuál es la dieta, el estilo de vida, la carrera, la pareja romántica y las amistades adecuadas para ti? ¿Qué tan alineado te sientes con tu propósito?

Permíteme compartir por qué esto es importante. Piensa en el tema más básico y de moda en el mercado actual, la pérdida de peso. Es una industria de un billón de dólares con nuevas modas y dietas que salen cada día. Mucha gente quiere perder peso, así que supongamos, por si acaso, que te gustaría perder unos cuantos kilos antes del próximo verano. ¿Qué dieta o programa de entrenamiento elegirías? Basta una rápida búsqueda en Internet y te darás cuenta de que las opciones son abrumadoras. Cada una de ellas afirma que te dará esa solución mágica para conseguir por fin ese cuerpo torneado que siempre has deseado en secreto. Independientemente del producto que elijas, es probable que haya una tonelada de testimonios de clientes felices que se deshicieron con éxito de la grasa del vientre en un tiempo récord. Eso no garantiza que tú obtengas los mismos resultados. De hecho, tú podrías comprar un producto en particular con grandes esperanzas, sólo para terminar sintiéndote frustrado y decepcionado por la falta de resultados al final de los treinta días. Es posible que te haya gustado el gurú que te convenció de comprar el producto en primer lugar, y seguro que se veía robusto y saludable, pero si al final, no terminas pareciéndote en nada a él, ¿eso lo convierte en un estafador?

La mayoría de la gente diría que sí. Pero aquí es donde quiero compartir la primera perla de sabiduría que solo podrás aprender a través de esta búsqueda del Eneagrama.

La pérdida de peso, como todo lo demás, depende de mucho más que una dieta particular o una rutina de ejercicios. A menos que se aborden los problemas de raíz que provocan el aumento de peso, no encontrarás una solución duradera. No importa el esfuerzo que se haga o lo bueno que sea el programa. Cuando los gurús ofrecen recetas y soluciones para el desarrollo personal, la salud o el éxito empresarial, los consejos suelen basarse en prácticas que han funcionado bien para esas personas. Y ese mismo consejo probablemente funcionará igual de bien para alguien con una composición psicológica similar. En otras palabras, tiene que haber algún tipo de "coincidencia". Para entender mejor cómo se producen esas coincidencias o, por decirlo de otra forma, qué es lo que hace una buena combinación, tenemos que profundizar en el tema de la personalidad. Todos somos seres humanos únicos con personalidades diferentes. Informes recientes sobre el desarrollo infantil y las investigaciones del cerebro humano, han sugerido que las variaciones fundamentales en el temperamento entre los distintos tipos de personas, tienen una base biológica. Por ello, un buen consejo para una persona, podía resultar desastroso para otra. Sé que puede parecer que entender a otras personas es imposible, pero aquí es donde las cosas se ponen interesantes. Si sólo hiciéramos suposiciones sobre los demás basándonos en sus rasgos de personalidad superficiales, sería difícil entender o incluso llevarse bien con las personas que no son como tú, y créeme cuando digo esto; nadie es exactamente como tú. Pero si pudiéramos centrarnos en las capas que hay debajo de la superficie, podríamos encontrar mucha más sustancia que nos conecta y agrupa con otros, de manera que permita fomentar interacciones más armoniosas. Así que, en otras palabras, en lugar de buscar cualquier solución para perder peso o elegir una porque el gurú es famoso, buscaría una solución que se alinee con tu composición psicológica.

El filtro a través del cual experimentamos la vida

El principal filtro que utilizamos para descubrirnos a nosotros mismos y al mundo que nos rodea -lo que dicta cómo nos mostramos, reaccionamos e incluso amamos- es nuestra psicología. Nuestros deseos y anhelos pueden sonar similares, por ejemplo, la libertad, la salud, la felicidad y el amor, pero la forma en que se transmiten y expresan será diversa y mucho más específica según el filtro a través del cual observamos la vida. Los expertos modernos prefieren utilizar el término tipo de personalidad, por lo que es este filtro el que más nos preocupa en este libro. Porque después de mucho indagar, he aprendido que un factor esencial para las grandes relaciones y la comprensión de uno mismo y de los demás, es lo siguiente: ¿qué tipo eres? No se trata de raza, religión, orientación sexual o tradiciones culturales. Todo esto no son más que complementos que magnifican ese tipo psicológico subyacente. Al entender tu filtro, tenemos muchas más posibilidades de llevarnos bien, independientemente de nuestras diferencias externas. Para eso se ha diseñado el Eneagrama. El Eneagrama es una herramienta que nos ayuda a detectar nuestros filtros con mayor claridad. Aprendemos sobre nuestros problemas internos y nuestras fortalezas y deficiencias interpersonales. El Eneagrama no se centra en la fecha de nacimiento ni en los atributos externos, sino en la composición psicológica y el comportamiento humano. No sólo señala tu tipo de personalidad, sino también el núcleo de lo que eres y de lo que puedes llegar a ser.

Si has estado buscando una manera de descubrir, desarrollar y aprovechar tu máximo potencial para poder desbloquear la grandeza que sientes que hay dentro de ti, entonces has acudido al material adecuado. Y si estás aquí simplemente porque, al igual que mi cliente, algo se siente fuera de lugar, y quieres abordar un paso de acción que podría volver a ponerte en el camino, entonces este es también el lugar correcto para estar. En tus manos tienes ahora el único libro que necesitarás para conocer y entender el Eneagrama y cómo puedes utilizar esta herramienta para transformar cada área de tu vida. Eso es lo que el Eneagrama ha hecho por mí, eso es lo que ha hecho por innumerables personas, y si lo permites, cosecharás los mismos beneficios. ¡Abróchate el cinturón porque esto va a ser un viaje fantástico!

PART ONE
LA HERRAMIENTA DEL ENEAGRAMA

CHAPTER I

PRESENTACIÓN DEL ENEAGRAMA COMO HERRAMIENTA

Ya en el siglo IV encontramos ideas relacionadas con la herramienta del Eneagrama, aunque algunos podrían discutirlo. Tal vez no se refiriera al mismo término, y definitivamente no se parecía al dispositivo que conocemos y utilizamos hoy en día, pero es seguro asumir que el modelo del Eneagrama ha existido durante mucho tiempo. Y esta es una de las razones por las que es un modelo de confianza. Al ser una herramienta antigua y moderna a la vez, la sabiduría y el enfoque holístico que implica esta autoexploración, hacen posible que por fin aprendas la forma correcta de observar y soltar las prácticas y reacciones preocupantes de tu personalidad. El Eneagrama te ofrece una llamada de atención spiritual, si estás preparado para profundizar en esa exploración, pero incluso si no lo estás, podrás recibir todo lo que necesitas para desarrollarte como ser integral.

¿QUÉ ES EXACTAMENTE LA HERRAMIENTA DEL ENEAGRAMA?

Según Wikipedia, el Eneagrama es un modelo de la psique humana, principalmente entendido y enseñado como un sistema de clasificación de la personalidad en el que se distinguen nueve tipos de personalidades interconectados. El Eneagrama se representa en forma de un modelo geométrico que simboliza un mapa, lo que tiene sentido cuando se sabe que en la lengua griega, ennéa significa nueve y grámma significa algo escrito o dibujado.

La figura del Eneagrama se compone típicamente de tres partes, como verás en el capítulo tres, donde nos sumergiremos en los detalles de este diagrama de ennéa.

Para captar plenamente el poder del eneagrama, tendrás que abrir tu mente a nuevas ideas y suspender toda incredulidad y pensamientos limitantes respecto a la vida y a quién eres realmente. También tendrás que subir el volumen de la curiosidad para empezar a hacerte preguntas tales como, ¿cuál es mi personalidad? ¿Hay algo más en mí que mi personalidad? ¿Cómo puedo averiguar cuál es mi verdadera naturaleza y cómo puedo mejorar las áreas de mi carácter que no disfruto?

Si ya te has hecho estas preguntas, es excelente porque el Eneagrama es una herramienta perfecta de tipificación de la personalidad y de desarrollo personal para ayudarte a responder estas preguntas y muchas más.

¿Cuántos otros modelos más existen?

Por si no lo sabes, el modelo del Eneagrama no es el único que existe en el mercado. También se utilizan otros modelos de tipificación de la personalidad como el Indicador de Tipo Myers-Briggs (MBTI), el DISC y los Estilos Sociales. Al igual que el MBTI, el DISC y los Estilos Sociales, describen el significado del comportamiento típico, el Eneagrama enseña cómo se comportan los diferentes tipos de personalidad y cómo reconocer estos comportamientos en nosotros mismos y en los demás. Pero aquí es donde el Eneagrama difiere, en mi opinión. No se limita a dejar las cosas en ese nivel superficial psicológico y, en cambio, integra también el aspecto espiritual de nuestra naturaleza. Por el hecho de que se deriva de una enseñanza antigua que considera el desarrollo como una integración progresiva y un movimiento ascendente dentro del propio tipo, hace mucho más que hablar de los grupos inductivos de características que encontraríamos en los resultados de una investigación. En otras palabras, el Eneagrama identifica por qué hacemos lo que hacemos, es decir, la motivación de nuestro comportamiento. Observa los miedos y deseos básicos como impulsores clave del comportamiento. Dado que estos miedos y deseos son a menudo subconscientes o incluso inconscientes, este proceso de descubrir tu verdadero yo utilizando la herramienta del Eneagrama, se convierte más en una búsqueda que en un informe estandarizado. Y cuando nos vinculamos al Eneagrama, se nos planta en el interior la sencilla idea de que somos mucho más que tipos de personalidad. Somos, de hecho, seres espirituales encarnados a través del mundo material.

¿Es un Sistema religioso?

En absoluto. No se trata de la religión porque el Eneagrama se aparta de todas las diferencias doctrinales. Personas de todas las religiones, credos y estilos de vida se han beneficiado del uso de esta herramienta. No importa si te identificas como un devoto católico, cristiano, musulmán, ateo, mormón, judío, hombre, mujer, LGBTQ, rico, pobre, negro, blanco o moreno, esta herramienta puede funcionar para ti. A medida que te sumerjas en la estructura y el funcionamiento de esta herramienta, te darás cuenta de que todos los Seis del Eneagrama, por ejemplo, son prácticamente iguales en todo el mundo. Así, un católico devoto que es un tipo Seis es mucho más parecido a los Seis que son musulmanes de lo que podrían imaginar. Y lo mismo ocurre con todos los demás tipos. Al final, cambia nuestra perspectiva, y nos damos cuenta de lo similares que somos todos en ese nivel más profundo y humano, creando mucha más compasión y empatía en todo el mundo. Imagínate lo diferente que podría ser nuestro mundo y la cantidad de malentendidos, agravios y dolor que podríamos eliminar si un mayor número de personas se diera cuenta de lo parecidos que somos a aquellos a los que tendemos a discriminar.

CHAPTER 2

ḶOS ORÍGENES

E l misterio que rodea al Eneagrama y sus orígenes sigue acumulando mucha especulación y disputa para los practicantes. Aunque es bueno cuestionar la autenticidad de esta herramienta, y haré lo posible por ofrecer algunas ideas, no permitas que esa curiosidad se convierta en duda. La historia que rodea al Eneagrama está algo enturbiada (como muchas herramientas antiguas), pero la eficacia del modelo como marco y mapa para el autodescubrimiento es sólida.

Entonces, ¿cuál es el origen real del Eneagrama y podemos decir con absoluta certeza de dónde procede?

Bueno, esto es lo que sabemos. Está relacionado con diferentes tradiciones espirituales y orales y con ciertas tradiciones filosóficas y matemáticas. Algunos creen que las variaciones del símbolo del Eneagrama pueden remontarse a la geometría sagrada de los matemáticos pitagóricos y a las matemáticas místicas. Plotino, en las Enéadas, habla de las nueve cualidades divinas que se manifiestan en la naturaleza humana. También vemos aparecer variaciones del símbolo del Eneagrama en la tradición sufí, con referencia específica a la Orden Naqshbandi. Es posible que también haya entrado en el judaísmo esotérico a través del filósofo Filón, y que más tarde se incorpore a las ramas del Árbol de la Vida en la Cábala. Existe una posible relación con el cristianismo a través de las referencias medievales al catálogo de Evagrio sobre las diversas formas de tentación (Logismoi), que mucho más tarde, en la época medieval, se tradujo en los siete pecados capitales. El místico franciscano Ramon Llull enseñó la filosofía y la teología de los nueve principios en un intento de integrar diferentes tradiciones de fe, y en un texto del siglo XVII encontramos un dibujo similar al Eneagrama realizado por el matemático jesuita Athanasius Kircher (Adoptado de Wagner, 2010).

LA VERSIÓN MODERNA E INTEGRADORA DEL ENEAGRAMA

La evolución del Eneagrama tal y como lo conocemos hoy en día tuvo lugar recientemente en el siglo XXI. Un místico y maestro ruso llamado George Gurdjieff reintrodujo este anticuado símbolo en la forma que identificamos como el diagrama del Eneagrama (que se analizará en detalle en el capítulo 3). Sólo que Gurdjieff no lo dibujó, sino que lo enseñó principalmente a través de una serie de danzas o movimientos sagrados. Creía que era mejor cuando la gente percibía directamente el significado del símbolo y los procesos que representa. Aunque las enseñanzas de Gurdjieff no incluían un sistema de tipos de personalidad asociados al símbolo (eso llegó más tarde a través de otro colaborador, como se verá en breve), sí reveló a los estudiantes avanzados que todos tenemos lo que él denominó "rasgo principal". Este rasgo principal es el eje de la estructura del ego de una persona y es la característica fundamental que define a ese individuo. Cuando se le preguntó dónde conoció el Eneagrama, dijo que lo conoció durante una visita a un monasterio de Afganistán en los años 20, pero no se sabe nada más sobre el origen de este símbolo. Lo que sí sabemos es que desde entonces, Oscar Ichazo tomó el timón de los estudios del Eneagrama y acuñó el término "Eneagrama de la Personalidad". A Ichazo se le atribuye el mérito de ser la persona que originalmente armó el sistema en la forma en que lo usamos hoy. Este maestro y sanador nacido en Bolivia, que también pasó una parte importante de sus primeros años en Perú, se trasladó primero a Buenos Aires en Argentina para aprender de una escuela de trabajo interior. Después viajó a Asia para adquirir más conocimientos antes de regresar a Sudamérica, donde empezó a elaborar un enfoque sistemático de todo lo que había aprendido. Tras muchos años de estudio, investigación y práctica, Ichazo creó la Escuela Arica (fundada en 1968) como medio para compartir los conocimientos que había recibido a lo largo de los años. En los años 70, mientras vivía en Chile, Ichazo recibió a un grupo de destacados psicólogos y escritores de América que querían estudiar y experimentar de primera mano los métodos de autorrealización de Arica. Entre estas personas estaban Claudio Naranjo y John Lilly (The Enneagram Institute).

El resultado final de las semanas pasadas en la Escuela de Arica estudiando con Ichazo fue la introducción de esta herramienta en América y en el resto del mundo donde se practicaba la psicología moderna. Individuos como Ochs, Almaas y Maitri estudiaron con Claudio Naranjo. Ochs introdujo el Eneagrama en las comunidades cristianas de Estados Unidos, lo que hizo que autores como Jerry Wagner, Don Riso y Russ Hudson se entusiasmaran con la idea de seguir difundiendo las enseñanzas del Eneagrama (Historia integrativa9 del Eneagrama). Gracias a estos teóricos contemporáneos, nuestro conocimiento y desarrollo de las herramientas del Eneagrama siguen creciendo mucho más allá de lo que cualquiera, incluido Ichazo (que falleció en 2020), podría haber previsto.

¿ES CIENTÍFICO O MÍSTICO?

No hay una respuesta binaria a esta pregunta. Teniendo en cuenta lo popular y recomendada que se ha vuelto esta herramienta en el ámbito del desarrollo personal y profesional, no podemos etiquetarla como puramente científica o mística. Me gusta pensar que es un poco de ambos. Aunque el sistema del Eneagrama tal y como lo conocemos se remonta a los años 60, cuando Ichazo empezó a enseñarlo, la filosofía que hay detrás de esta herramienta contiene componentes de todas las tradiciones que se remontan a miles de años atrás. Por eso podemos emplearlo con confianza para ayudarnos a desbloquear nuestro potencial oculto, descubrir nuestros puntos ciegos y permitirnos crecer en todos los ámbitos de la vida. Utiliza los siguientes capítulos como pistas que te permitan descubrir quién eres realmente para sentirte más a cargo de tu destino y de la historia de tu vida. Lo mejor es que cuanto más te conozcas a ti mismo, más fácil te resultará entender y predecir el comportamiento de los demás.

La versión americana del Eneagrama frente al sistema original enseñado por Ichazo:

Ichazo enseñó un sistema de 108 eneagramas, pero el movimiento americano encabezado por Claudio Naranjo, que sigue enseñando el Eneagrama hasta la fecha, se basó en los cuatro primeros eneagramas. Estos se llaman Eneagrama de las Pasiones, Eneagrama de las Virtudes, Eneagrama de las Fijaciones y Eneagrama de las Ideas Santas. ¿Por qué se han clasificado así? En una entrevista con Ichazo, dijo: "Tenemos que distinguir entre un hombre como es en esencia y como es en ego o personalidad. En esencia, toda persona es perfecta, sin miedo y en unidad amorosa con todo el

356

cosmos; no hay conflicto dentro de la persona entre la cabeza, el corazón y el estómago o entre la persona y los demás. Entonces sucede algo; el ego comienza a desarrollarse, el karma se acumula, hay una transición de la objetividad a la subjetividad; el hombre cae de la esencia a la personalidad". (Entrevistas con Ichazo, página 9)

¿DE QUÉ TRATAN LAS VIRTUDES, LAS PASIONES, LAS IDEAS SAGRADAS Y LAS FIJACIONES?

Más adelante en el libro, nombraremos las virtudes de cada tipo de Eneagrama para que puedas ver hacia qué te llama tu yo superior en esta vida.

Según la teoría de Ichazo, las ideas sagradas y las virtudes son nuestras cualidades espirituales superiores, y cuando el ego las distorsiona, se convierten en fijaciones (cabeza) y pasiones (corazón), respectivamente. Esta relación entre el yo superior y el ego es el verdadero trabajo que debemos emprender. En eso consiste nuestra búsqueda de autodescubrimiento.

Acercarse a este libro y al Eneagrama con el deseo de etiquetarse a sí mismo con una personalidad particular sólo porque se siente bien es un esfuerzo desperdiciado y una comprensión perdida de la finalidad de esta herramienta. Tu propósito en el autodescubrimiento debería ser conseguir ese equilibrio entre tu ego y tu yo superior que te ha faltado. Cuanto más sientas que has perdido tu centro y te has distorsionado en tu pensamiento, sentimiento y comportamiento, más necesitas trabajar en esa relación con el yo. Utiliza tu creciente autoconciencia para reconocer los patrones de distorsión que oscurecen tu conexión y crean desarmonía en tu vida. Conoce tu tipo para poder dirigir tu trabajo interior y facilitar la transformación que está esperando ocurrir dentro de ti.

Si te das cuenta de que tus virtudes están apagadas, no te obligues a convertirte en una persona virtuosa. No funciona así. Para llegar a ser virtuosos, necesitamos relajarnos, reconectar con nuestro ser superior y estar más despiertos para poder ver a través de los miedos y deseos de nuestro ego. Sólo entonces las cualidades virtuosas se manifestarán de forma natural. Y cuando se trata de reconciliar nuestros pensamientos sobre la pasión, hay que darse cuenta de que tener deseos no es malo. Las pasiones simplemente nos señalan una realidad subyacente de que nos falta algo; hemos perdido algo, y necesitamos recuperarlo. Lo que tenemos que recuperar para sanar, completar y saciar esa pasión no es lo que normalmente perseguimos. Nuestro ego puede distorsionar nuestro pensamiento y hacernos trabajar hasta la muerte, sacrificando todo en nuestro camino sólo para llegar a ser poderosos, exitosos o ser amados por otro, pensando que eso nos hará completos. Sin embargo, una vez que estamos ahí, el vacío sigue existiendo. Esta es una de las piedras angulares que Ichazo quería que sus alumnos comprendieran. Las estrategias de afrontamiento equivocadas que nuestro ego utiliza bajo el disfraz de la pasión no son más que una distorsión de la virtud esencial inherente. Lo que buscamos es restablecer el contacto con nuestra naturaleza esencial y nuestra verdadera identidad como Espíritu.

La otra gran idea aquí es que la fijación del ego de un individuo tiene sus raíces en la pérdida de su idea sagrada. Perdemos la capacidad de reconocer la unidad del ser. Nos quedamos atascados en la dualidad y la segregación, y nuestra mente está en constante tormenta. De forma similar a lo que hemos aprendido sobre la virtud y las pasiones, cuando nos desconectamos de nuestro ser superior, esa sensación de libertad que sabemos innatamente que deberíamos tener se convierte en una fijación del ego.

Sin embargo, todo esto se puede restaurar a medida que usamos el conocimiento del Eneagrama para trabajar en nosotros mismos. Lo profundo que quieras ir en este viaje depende de ti, pero puedo asegurarte que cuanto más profundo vayas, más rica, satisfactoria y agradable será esta experiencia humana.

CHAPTER 3

EL DIAGRAMA DEL ENEAGRAMA

P ara utilizar la herramienta del Eneagrama con eficacia, hay que aprender a leerla con precisión. Este capítulo te dará una visión general de los nueve tipos de Eneagrama, te ofrecerá una ilustración visual del diagrama del Eneagrama y sus partes, y luego te enseñará a leer el diagrama. Sólo entonces estarás preparado para sumergirte en los detalles de cada tipo de Eneagrama.

Hay nueve tipos de personalidad que se sitúan alrededor del diagrama del Eneagrama, a saber: el Reformador, el Ayudante, el Triunfador, el Individualista, el Investigador, el Leal, el Entusiasta, el Desafiante y el Pacificador.

Cada uno de los eneatipos representa un arquetipo y una visión del mundo con la que se identifica el tipo en cuestión. Es su base y el marco a través del cual piensa, siente, actúa y se relaciona con su entorno, con otras personas y consigo mismo. Pero esto es mucho más que un simple perfil de personalidad. De hecho, si sólo utiliza el Eneagrama para detectar personalidades, podría decepcionarse al descubrir que diferentes eneatipos pueden mostrar un comportamiento similar. Esto se debe a que el modelo del Eneagrama funciona bajo la premisa de que el comportamiento por sí solo no es suficiente para saber quién es realmente una persona. De hecho, enseña que el comportamiento exterior puede ser engañoso cuando se trata de descubrir a las personas o incluso la eficacia de esta herramienta para el autodescubrimiento. Por tanto, debes identificarte a ti mismo y a los demás explorando la motivación. Siente más curiosidad por saber "por qué" tú u otro elige actuar de una determinada manera. Ese es el verdadero valor de utilizar este modelo y la mejor manera de descubrir por qué hacemos lo que hacemos en la vida.

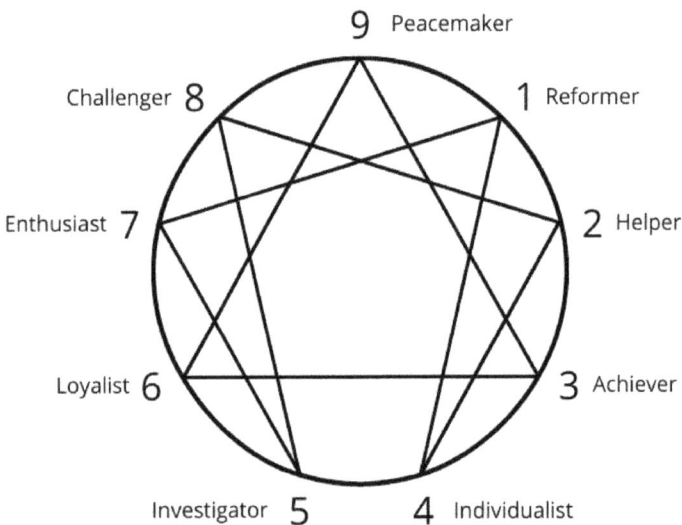

CHAPTER 4

ENTENDER EL SÍMBOLO DEL ENEAGRAMA

E l símbolo actual del Eneagrama se dibuja como una forma geométrica con nueve puntos. Hay un círculo exterior en el que se numeran, en el sentido de las agujas del reloj, los nueve puntos que representan los nueve tipos de personalidad. El Eneagrama utiliza un sistema horizontal para designar un número a cada tipo, por lo que ningún número es mejor que otro.

Dentro del círculo, hay un triángulo entre los puntos 9, 3 y 6 y un hexágono irregular que conecta todos los demás puntos. Si te preguntas qué representa el círculo, los maestros del Eneagrama han dicho que representa la totalidad y la unidad de la vida humana, es decir, la esencia de la vida. Las formas interiores representan las divisiones, pero aún así, podemos ver puntos de conexión. Es importante recordar esto a medida que avanzas en tu autodescubrimiento. Aunque seas diferente de todos los demás tipos, sigues estando conectado y formando parte del todo.

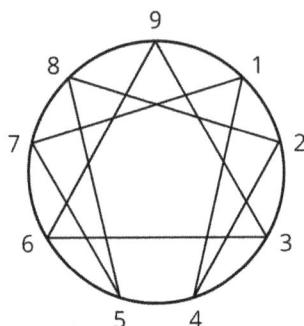

Encontrarás lo que llamamos alas a ambos lados de cada punto (personalidad). Las enseñanzas del Eneagrama nos dicen que las alas representan estilos de personalidad relacionados que permanecen latentes en nuestro interior. Podemos elegir la transición a una cualidad o silenciar un rasgo de carácter que pertenece a cualquiera de las alas a las que está conectado nuestro tipo y, al hacerlo, desarrollar nuevas facetas de nosotros mismos. Por ejemplo, un Eneagrama tipo Uno tiene el ala Nueve y Dos a cada lado. El tipo Uno puede extraer cualidades del Nueve del Eneagrama (el pacificador) o del Dos (el dador). En un próximo capítulo identificaremos cada ala del tipo de Eneagrama y cómo pueden afectar al comportamiento y la personalidad de una persona.

CÓMO FUNCIONA EL ENEAGRAMA MODERNO

Si eres un principiante en este viaje de autodescubrimiento, encontrarás esta sección del libro especialmente útil porque desglosa los fundamentos en los que debes centrarte para sacar el máximo partido a la herramienta del Eneagrama. Aunque el Eneagrama puede ser bastante complejo, esto es lo que necesitas saber al principio de tus estudios. El conocimiento y la comprensión posteriores se irán desvelando a medida que vayas profundizando en tu búsqueda y a través del uso diario de esta herramienta.

Lo primero que debes aprender es tu tipo básico de personalidad. Cada uno de nosotros se identificará fuertemente con uno de los nueve tipos de personalidad del Eneagrama, dependiendo de los motivos y temores que nos impulsen. El tipo primario de uno está influenciado por factores biológicos y ambientales, que incluyen, entre otros, la dinámica familiar, las relaciones con los padres, los traumas de la infancia y cualquier otro acontecimiento significativo durante esos años de formación.

Es probable que descubra que se relaciona naturalmente más con un tipo que con otro. El consenso es que las personas no cambian de un tipo de personalidad del Eneagrama a otro. En cambio, resuenan con diferentes rasgos dependiendo de su nivel general de desarrollo y salud psicológica y espiritual.

La segunda cosa que necesitas aprender es sobre tus alas. Verás que hay dos alas asociadas a tu tipo de personalidad, así como diferentes niveles de desarrollo para tu tipo específico. También recibirás orientación sobre las direcciones que puede tomar tu tipo, que pueden conducir a la integración y el crecimiento o a la desintegración y el estrés.

La otra cosa súper importante que necesitas aprender son los tres centros de inteligencia y los tres instintos que impulsan a todos los tipos. Tomar conciencia de las motivaciones y los miedos clave que guían principalmente tus acciones y decisiones te dará un mayor conocimiento de ti mismo y la posibilidad de realizar cambios en tu personalidad.

Sólo entonces podrás tipificarse correctamente a ti mismo y a los demás. Recuerda que debes abstenerte de hacer suposiciones sobre ti mismo y los demás únicamente a través del comportamiento y el eneatipo. Profundiza y descubre primero los instintos y los niveles de desarrollo antes de determinar qué tipo eres tú o cualquier otra persona. Antes de sumergirnos en cada tipo de personalidad, veamos un poco más de cerca los tres centros e instintos.

LOS CENTROS DE INTELIGENCIA

El modelo del Eneagrama es una disposición 3 X 3 de nueve tipos de personalidad en los tres Centros (Instituto del Eneagrama). Estos centros se dividen en intelecto, instinto e intuición. Esta tríada se basa en cómo procesamos y respondemos habitualmente a los demás y a la vida en general. Hablemos un poco de ciencia antes de tachar la noción de demasiado "mística" para ti. Los neurobiólogos han descubierto que el cuerpo humano tiene tres "centros" en los que muchas células nerviosas se agrupan para servir al sistema nervioso y transmitir la información de forma más eficaz. Estos centros se encuentran en la cabeza, el pecho y el intestino o la parte inferior del abdomen. Los maestros del Eneagrama trabajaron con estos tres centros mucho antes de que los científicos los demostraran formalmente, y los denominaron "centros de inteligencia". En el contexto del Eneagrama, esta tríada nos permite comprender las emociones básicas que motivan a varios eneatipos, todos ellos agrupados dentro de ese modelo 3X3.

Algunos profesores prefieren etiquetarlos como el centro pensante (cabeza), el centro instintivo (tripa) y el centro sentimental (corazón). Solemos hablar de esta tríada en particular, aunque hay muchas más, porque ésta es fácil de entender para los principiantes. Aunque tenemos los tres centros de inteligencia, uno suele ser más dominante. Saber si estás en el centro pensante, en el sentimental o en el instintivo puede ayudarte a determinar con precisión tu tipo de personalidad. Eso puede ser especialmente útil cuando te debates entre varios tipos.

Los tipos de personalidad del Eneagrama se dividen en tres grupos, como se muestra en el siguiente diagrama. El centro instintivo tiene los eneatipos 1, 8, 9; el centro de sentimientos tiene 2, 3, 4, y el centro de pensamiento tiene 5, 6, 7.

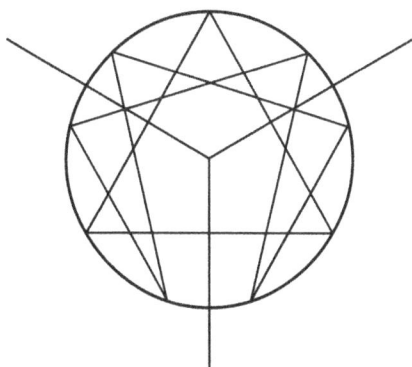

¿Cómo llegaron los profesores originales de este sistema a estas agrupaciones concretas? Creían que cada tipo es el resultado de una relación específica con un grupo de cuestiones que caracterizan a ese centro. En pocas palabras, cuando se pierde el contacto con el ser superior, surgen respuestas emocionales inconscientes desde el interior, y hasta que se puedan resolver estos problemas, estas emociones se convierten en la reacción por defecto.

Así, en el Centro de Pensamiento (cabeza), la emoción no resuelta es el miedo. Para el Centro de Sentimientos (corazón), la emoción es la vergüenza, y para el Centro Instintivo/Corporal (tripa), la emoción es la ira o a veces la rabia. Esto no quiere decir que uno sólo experimente la emoción asociada a su centro de inteligencia porque, como sabes, todos sentimos vergüenza, ira y miedo. En cambio, la lección aquí es que una de estas emociones nos afecta más. Es un tema común que parece seguirnos a todas partes.

Una ilustración podría ayudar a consolidar esta idea

Tengo una amiga que creció en las peores condiciones. Hoy es una conocida influencer de Instagram especializada en moda DIY y prendas de punto vintage. Ha aparecido en revistas y da charlas por todo Estados Unidos, motivando e inspirando a las jóvenes, especialmente a las que crecen en barrios pobres. Aunque su vida parece casi un cuento de hadas, su primera infancia y su juventud no fueron más que una pesadilla. Nació en un hogar mono-parental donde apenas había dinero para comer. Sus tíos abusaron sexualmente de ella y, cuando su madre se volvió a casar, el nuevo marido también abusó de ella. Se escapó a los dieciséis años, vivió en las calles de California durante un tiempo antes de conocer a alguien, quedarse embarazada y encontrarse repitiendo el mismo ciclo de abusos. Le costó mucho tiempo conseguir finalmente una relación sana y no abusiva. Sin embargo, gracias a esta herramienta del Eneagrama y a un amplio trabajo de autodescubrimiento, pudo empezar a hacer cambios permanentes. Cuando mi amiga trató de identificar su tipo de personalidad, estaba dividida entre tres tipos, pero después de aprender sobre los centros de inteligencia y darse cuenta de que su tema era predominantemente la vergüenza y que este tema la ha estado siguiendo como una sombra oscura que recrea las mismas pesadillas que tenía de niña, fue entonces cuando se le encendió una bombilla. Desde entonces, las cosas no han vuelto a ser lo mismo.

Por lo tanto, cuando se trata de tu centro de inteligencia, la idea es observar tu vida y determinar qué tema emocional es el más dominante y recurrente. Exploremos cada centro con un poco más de detalle:

El centro de pensamiento/cabeza:

El Centro de Pensamiento se alinea con los tipos 5, 6 y 7. Los números del Eneagrama pueden parecer diferentes y, de hecho, su comportamiento exterior y sus rasgos de personalidad difieren de un número a otro. Sin embargo, estos tres tipos comparten el mismo "pensamiento", en el sentido de que su enfoque más dominante en la vida es pensar con la cabeza en lugar de escuchar la intuición o los sentimientos viscerales. Estas son las personas que tienden a estar "demasiado en su cabeza" cuando procesan la información o reaccionan a las condiciones.

Todos los tipos 5, 6 y 7 están muy preocupados por las estrategias y buscan la seguridad y la protección por encima de todo. Su mayor problema subyacente y un tema que se repite a lo largo de su experiencia humana hasta que se resuelve es el miedo. Aunque todos se enfrentan al miedo y a la ansiedad, la forma en que lo hacen es muy diferente debido a sus diversos rasgos de personalidad. Los Cincos se muestran ansiosos y aprensivos ante el mundo exterior, por lo que prefieren aislarse. Los Seis manejan su ansiedad reprimiéndola, lo que se manifiesta en forma de estrés interno, imaginación desbocada y mucho pensamiento pesimista del "peor escenario". Son los más temerosos del grupo y a veces les cuesta confiar en sus propios pensamientos. Esto les lleva a buscar constantemente la aprobación y la validación externas. Los Sietes afrontan el miedo y la ansiedad mediante la negación y la evitación. Ya tienen la sensación de que hay demasiado dolor, pérdida, privación y miedo dentro de ellos, pero no quieren enfrentarse a ello, así que, en su lugar, hacen todo lo posible para estimular sus mentes con cosas que les emocionen. Esto se manifiesta en una actividad constante y en distracciones físicas para que sus mentes y cuerpos no se enfrenten a la inquietud y el miedo internos que están reprimiendo.

El centro de los sentimientos y del corazón:

El Centro de Sentimientos se alinea con los tipos 2, 3 y 4 del Eneagrama. Como se ha mencionado anteriormente, lo que conecta estos tipos aparentemente diferentes es una capa más profunda que los rasgos de personalidad o el comportamiento exterior. En cambio, es el hecho de que procesan la vida predominantemente a través de las emociones. Si has estado cerca de alguien a quien le gusta decir: "No me parece bien, así que no puedo hacerlo" o "No la contraté porque algo de ella no me parecía bien", entonces has interactuado con un individuo centrado en el corazón. Tal vez tú seas esa persona, en cuyo caso entenderás por fin por qué una determinada emoción persiste hagas lo que hagas. Los tipos de Eneagrama Dos, Tres y Cuatro se preocupan principalmente por cómo les perciben los demás, y les encanta llamar la atención. La cuestión subyacente que hay que resolver es un sentimiento de vergüenza.

¿Cómo maneja cada tipo su problema recurrente?

Los Dos tienden a centrarse en hacer cosas que parecen hacerles sentir mejor, pero que en realidad sólo enmascaran o silencian su vergüenza interior. Quieren convencerse de que son personas buenas y cariñosas centrándose en los sentimientos positivos hacia los demás mientras reprimen sus sentimientos no deseados. En las relaciones, esto crea una conexión muy frágil; mientras el Dos obtenga respuestas emocionales positivas de la otra persona, se sentirá querido y de alguna manera logrará domar ese sentimiento de vergüenza, pero es muy condicional.

Los Tres son más resistentes a su sentimiento interno de vergüenza y tratan de negar esta emoción en la medida de lo posible. En este grupo, los Tres son los que están más alejados de sus sentimientos de vergüenza e inadecuación. Utilizan mecanismos de afrontamiento y encuentran formas objetivas de evitar su vergüenza. Los cuatros son más introspectivos. Son conscientes de su lado oscuro, por lo que intentan controlarlo enterrándolo todo lo posible y centrándose en lo únicos y especiales que son. Como regla general, los Cuatros son muy creativos y utilizan esta capacidad para lidiar con los sentimientos vergonzosos. Por desgracia, también son los más propensos a sucumbir a los sentimientos de inadecuación y a tomar medidas drásticas para escapar de esa realidad no deseada.

EL CENTRO INSTINTIVO/CUERPO/INTESTINO:

El centro visceral se alinea con los tipos 8, 9 y 1. Estos tipos del Eneagrama no podrían ser más diferentes en cuanto a personalidad, pero una cosa que tienen en común es que realmente escuchan su instinto visceral. Así es como toman decisiones, procesan la información y afrontan las dificultades de la vida. Los Nueve y los Uno del Ocho se preocupan mucho por la justicia, les encanta tener autonomía, y uno de los principales temas subyacentes que a veces puede ser difícil de detectar es la ira. Cuando escuches a alguien decir: "Sólo uso mi instinto para tomar cualquier decisión en la vida", puedes estar seguro de que esa persona pertenece a esta tríada. Y aunque su lógica o su pensamiento le digan algo diferente, seguirá haciendo lo que su instinto le diga.

¿Cómo manejan estos tipos de personalidad su ira no resuelta?

Bueno, los Ochos parecen ser los más fáciles de detectar porque no ocultan su ira. Les encantaría controlarla y, de hecho, algunos lo hacen bastante bien, pero con un tipo Ocho, verás muestras de ira hacia el exterior con bastante frecuencia. Suelen ser bastante "temperamentales" o de mal genio. Los Nueve niegan sus problemas de ira, por lo que intentan reprimirla porque no quieren parecer temperamentales y molestar a nadie. En su deseo de ser

buenos, prefieren evitar admitir que tienen esta emoción negativa. De los tres tipos, los Nueve son los que más desconocen su ira
y a menudo se sienten amenazados por ella. Los Uno son bastante
intrigantes porque se preocupan tanto por alcanzar la perfección
(y, por supuesto, ven la ira como una imperfección) y el control
que se las arreglan haciendo todo lo posible por reprimir esta
emoción.

En la sección II de este libro, descubrirás algunas sugerencias para
resolver cualquier emoción dominante que notes en tu vida.

LAS ALAS Y LOS NIVELES DE DESARROLLO

Cuando empieces a aprender las distintas clasificaciones, te darás
cuenta de que hay ciertas cualidades que no están en tu tipo
dominante y con las que resuenas. Las alas son los dos tipos adyacentes situados junto a tu tipo de personalidad primario. Las alas
suelen complementar y apoyar o, a veces, contradecir tu tipo
básico, dándote esa personalidad general con la que te identificas.
Puedes pensar en esto como el "segundo lado" de tu personalidad,
y también influye en quién eres. Por eso es bueno conocer tus alas
y cómo influyen en tu comportamiento y experiencia vital.
¿Cuántas alas se pueden tener? Algunas escuelas de pensamiento
afirman que una, y otras afirman que tenemos dos alas.

Dado que hay dos tipos adyacentes para cada número, creo que
dos alas tienen sentido. Sin embargo, es posible que un ala
resuene con más fuerza a la hora de valorar las cualidades, y eso
está bien. Los expertos en la materia dicen que la mayoría de la
gente tiene un ala dominante, lo que hace que la otra sea menos
visible. Podrás ver las diferentes alas y lo que representan para
cada tipo cuando desglosemos los tipos y subtipos en los tres
capítulos siguientes.

Una última cosa que debemos mencionar aquí son los niveles de desarrollo. Dentro de cada tipo de personalidad existe un continuo de comportamientos, motivaciones y actitudes que se unen para expresar una personalidad completa. Un tipo Nueve puede estar en diferentes niveles de desarrollo en varias etapas de su vida. Lo mismo ocurre con todos los demás tipos. Lo que es aún más intrigante es que tú y tu amigo podrían identificarse como el mismo tipo pero darse cuenta de que están en diferentes niveles de desarrollo. En 1977, Don Riso descubrió y elaboró todos los rasgos que componen cada tipo, y los desarrolló aún más, en colaboración con Hudson, en la década de 1990. Son los únicos profesores del Eneagrama que incluyen este factor crítico en su tratamiento del Eneagrama (Instituto del Eneagrama).

Los niveles se dividen en rasgos sanos, medios y no sanos. Piensa en esto como una estructura esquelética que te permite profundizar en cualquier tipo particular para entender en qué punto de tu viaje te encuentras y hasta dónde necesitas llegar para desbloquear tu máximo potencial. Cada nivel nos ayuda a entender cómo cualquier tipo particular está alineado con la Presencia, así que cuanto más alineada esté una persona, mejor funcionará y más alto estará en su desarrollo. Puedes suponer que los niveles saludables de desarrollo indican que el individuo ha alcanzado la liberación espiritual y ya no está atado por el ego. Por lo tanto, el nivel más bajo y menos saludable indica que la persona ha perdido el contacto y la conexión con su ser superior y se siente más constreñida, atada vigorosamente por el ego. Una persona así estaría atrapada en las fijaciones de su tipo particular y gobernada por sus miedos y deseos básicos.

A medida que vayas conociendo tu tipo, presta mucha atención al nivel de desarrollo con el que más te identificas. Sé sincero contigo mismo. Sólo entonces podrás reconocer el trabajo interior que debe realizarse.

CHAPTER 5

SISTEMA DE TIPIFICACIÓN DE LA PERSONALIDAD DEL ENEAGRAMA PARTE I

TIPO 1: EL PERFECCIONISTA O EL REFORMISTA

Visión general del tipo Uno:

A los del tipo Uno se les llama perfeccionistas porque viven basados en una ideología de perfección, orden y mejora constante tanto de ellos mismos como de los que les rodean. A los Uno les encantan las reglas y tienen un poderoso sentido del bien y del mal. Necesitan sentir que tienen todo bajo control en todo momento. Serán muy profesionales y objetivos en el trabajo y prestarán mucha atención a los detalles y a los estándares de calidad. Los distintos tipos de Uno verán el mundo en función de su nivel de desarrollo, pero como regla general, aunque los Uno sanos ven una gran cantidad de situaciones que no son del todo correctas según sus ideales, aceptan las cosas tal y como son. A pesar de su fuerte sentido de la justicia y la equidad, son lo suficientemente serenos como para tolerar y comprender la diversidad de la humanidad. Los Promedio son más rígidos y menos tolerantes. Compartimentan como mecanismo de supervivencia y pueden reprimir las emociones para seguir sus estrictos ideales. Los insanos se han desconectado tanto de su yo superior que sus cualidades se vuelven negativas. Su rigidez e incapacidad para aceptar a los que no se ajustan a sus ideales crea mucha condena, ira y desprecio por la humanidad y el mundo en general.

Dentro de la tríada de los Centros de Inteligencia, los del tipo Uno caen en el centro "tripa", donde la ira es la emoción principal a resolver.

Un tipo Uno sano será responsable, ético, idealista, serio, autodisciplinado, ordenado y concienzudo. En realidad, estas son cualidades bastante distintivas que uno puede observar fácilmente en los tipos Uno.

También reconocerá que suelen tener un nivel de exigencia muy alto, lo cual es estupendo hasta que no lo es. Cuando las cosas no salen como las habían planeado o si las personas no cumplen con sus altas expectativas, los Uno pueden volverse resentidos, impacientes y muy críticos.

Sin embargo, en sus mejores momentos, los Uno son bastante nobles y sabios. Algunos incluso podrían decir que poseen la capacidad de ser moralmente heroicos en sus actitudes y comportamiento.

Deseo central: El deseo del Tipo Uno es ser bueno, perfecto y vivir con integridad.

Miedo central: Su mayor temor es convertirse en deshonroso o corrompido por el mal. Tienen mucho miedo de ser defectuosos o "malos".

¿Qué motiva a los de tipo Uno? Un tipo Uno quiere que el mundo y todos los que le rodean sean los mejores y lo hagan correctamente. El fuerte impulso es ser bueno y honorable y vivir según sus ideales más allá de las críticas para que nadie pueda encontrar fallos.

Alas:

El Tipo Uno tiene el Ala Nueve, que es "El Idealista", y el Ala Dos, que es "El Defensor".

Las flechas y su significado:

El tipo tiene dos flechas, la 4 y la 7. Cuando se mueve en la dirección de la desintegración y el estrés (cuatro), los Uno se vuelven malhumorados, irracionales y demasiado críticos. Sin embargo, la flecha que apunta al crecimiento y la integración (siete) muestra a un Uno enojado y crítico que se transforma en un individuo más espontáneo y alegre, como un Siete sano.

Ejemplos de personas famosas:

Algunas personas conocidas que comparten el tipo Uno del Eneagrama son Kate Middleton, Michelle Obama, Hillary Clinton, Nelson Mandela, el Príncipe Carlos, Martha Stewart, Osama bin Laden, Celine Dion, Jerry Seinfeld, Jane Fonda, Meryl Streep y George Harrison.

Niveles de desarrollo de tipo uno:

Hay diferentes expresiones de los tipos Uno que tendrás que aprender. En varias etapas de desarrollo, un tipo Uno exhibirá ciertos comportamientos y actitudes dependiendo de cuán desconectados estén de su Yo superior. Veamos cada nivel.

Niveles saludables

El nivel 1 es cuando el tipo Uno está en su mejor momento. En este punto, el individuo es extraordinariamente sabio y discernidor, se acepta a sí mismo y está sereno. Es realista, se guía por su misión y sabe cuál es la mejor acción que debe realizar en cada momento. Su interacción con los demás es inspiradora, humana y empática. Este tipo Uno es muy esperanzador y cree que la verdad siempre gana.

En el nivel 2, el tipo Uno es concienzudo y tiene fuertes convicciones personales. El sentido del bien y del mal es extremadamente alto, y a este individuo le gusta trabajar de forma estructurada y sistemática adhiriéndose a todos los valores religiosos y morales personales. Un tipo Uno en esta etapa de desarrollo es racional, razonable, autodisciplinado, maduro y moderado en todas las cosas.

El nivel 3 sigue siendo saludable, y un tipo Uno en esta etapa será de principios en sus acciones, objetivo, ético y justo en todo lo que hace. Este individuo está muy preocupado por la verdad y la justicia. Tiene un fuerte sentido de la responsabilidad y de la integridad personal, y a menudo busca formas de expresar y compartir con los demás un sentido más elevado, por ejemplo, enseñando o liderando un movimiento.

Niveles medios

El nivel 4 es la fase en la que un tipo Uno se convierte en un idealista de altas miras. Están insatisfechos con la realidad y creen que depende de ellos mejorar todo. La mayoría de los críticos, defensores y cruzados o los que se dedican a las "causas" se encuentran en este nivel de desarrollo.

El nivel 5 es donde el tipo Uno se vuelve súper rígido. Todo tiene que ser "perfecto" y no pueden permitirse cometer ningún error. Este individuo es muy organizado y atento, pero también puritano y emocionalmente constreñido. Oirá palabras como "anal-compulsivo" asociadas a una persona así.

El nivel 6 del tipo Uno es muy crítico, juzga y sufre de perfeccionismo. Según su perspectiva, son muy críticos con todo y del tipo que te acosará, interrumpirá y corregirá en medio de una frase o una acción sólo porque quiere que "hagas lo correcto". La impaciencia es más pronunciada en este nivel, e incluso puedes recibir una mirada de reprimenda o una charla abrasiva cuando no haces las cosas exactamente como ellos desean.

Niveles poco saludables

El nivel 7 tipo Uno es extremadamente santurrón y dogmático. Son intolerantes con los demás y creen que todos los que no piensan y actúan como ellos están equivocados. En este nivel, el individuo trata con absolutos y siente que sólo él conoce "La Verdad".

Nivel 8 tipo Uno está obsesionado con las imperfecciones que ve en sí mismo y en los demás. El individuo en este nivel quiere que todo el mundo arregle sus errores y, desafortunadamente, puede decir una cosa y hacer lo contrario, lo que los hace bastante contradictorios.

El nivel 9 es el más insano y el más bajo del desarrollo del tipo Uno. En esta etapa de desarrollo, el individuo es condenatorio y cruel consigo mismo y con los demás porque no puede soportar las imperfecciones que ve. El hecho de no estar a la altura del ideal que consideran perfecto es demasiado para soportarlo, y a menudo encontramos a esta persona profundamente deprimida, sufriendo crisis nerviosas, e incluso contemplando o intentando el suicidio.

Adicciones:

Para sobrellevar y suprimir parte del malestar emocional y psicológico al que se enfrenta este tipo, especialmente en los niveles de desarrollo poco saludables, los Uno pueden recurrir al alcohol. Algunos, sin embargo, intentan forzar su autocontrol mediante la ingesta de alimentos, lo que les lleva a la bulimia o a dietas extremas y vitaminas.

CÓMO RECONOCER SI ERES UN UNO DEL ENEAGRAMA

Veamos algunos rasgos fáciles de detectar para un Eneagrama tipo Uno, y asegúrate de tomar nota de con cuántos te identificas. Ten en cuenta que algunos de estos rasgos serán más pronunciados en los sanos, mientras que otros estarán más presentes en los no sanos.

- Te exiges a ti mismo un nivel de exigencia extremadamente alto en todo lo que haces.
- La mayoría de la gente, incluido tú mismo, tiende a utilizar el término "perfeccionista" o "estricto" al describirte.
- Eres increíblemente organizado, diligente, sistemático y prosperas en los sistemas y la estructura.
- ¿Reglas? Te encantan las reglas y crees que es la mejor manera de hacer las cosas.
- Tu estilo de comunicación es directo, honesto y reflexivo.
- Te gusta hacerte cargo de tus obligaciones y todo el mundo sabe que eres súper responsable.
- La paciencia no es uno de tus puntos fuertes, especialmente cuando las cosas no van como quieres.
- Te esfuerzas por controlar y civilizar tus impulsos naturales. La espontaneidad y la asunción de riesgos te parecen tontas e innecesarias.
- Hay un crítico interno súper ruidoso con el que tienes que lidiar todos los días, ya sea la voz de un padre o de otra persona, que te critica constantemente cuando fallas.

- Para ti es esencial tener los pies en la tierra y ser justo, por lo que haces todo lo posible por separar las emociones de un problema. Esto es especialmente cierto cuando el problema implica tomar una decisión importante que afecta a otros.

LUCHAS QUE PUEDEN TENER LOS DE TIPO UNO

Expectativas poco realistas

A todos los Uno les mueve la necesidad de mejorar el mundo que les rodea y de llevar una vida ética, honesta, honorable y responsable. Si un tipo Uno dice que hará algo, puede apostar todo a que lo hará.

Muchas personas respetan y dependen en gran medida de los Uno porque son totalmente fiables, éticos y se comportan con gran integridad. Establecen unos estándares muy elevados que sólo ellos pueden cumplir, y en algunos casos es bastante inspirador. Pero a veces, estos altos estándares pueden convertirse en una maldición. Cuanto más enfermizo sea un tipo Uno, mayor será esta maldición porque a menudo proyectará sus propias insuficiencias a los que le rodean. Un tipo Uno suele ser su peor crítico, e incluso los fracasos más pequeños pueden llegar a ser insoportables, lo que les lleva a tomar medidas drásticas, incluido el autocastigo.

Tomarse todo demasiado en serio

Los de tipo medio y enfermizo pueden dar la impresión de ser individuos rígidos y sin sentido que tienen poco gusto por la diversión. No saben relajarse ni disfrutar de la vida con un poco de espontaneidad. Las actividades de ocio les parecen indulgencias innecesarias e incluso inmorales. Su autocontrol es algo forzado porque no quieren lidiar con sus emociones, lo que dificulta que la persona exprese sus sentimientos con naturalidad.

No es suficientemente bueno

Los Promedio y los Insalubres suelen ser los que más luchan con esto. Consideran que sus fallos y defectos son inaceptables, por pequeños que sean. El autojuicio y la crítica son elevados en estos niveles de desarrollo, lo que hace que el individuo se sienta derrotado por la vida y no lo suficientemente bueno para lo que desea tener.

Llenar demasiado tu plato

Con esto, me refiero a asumir demasiadas responsabilidades y llevarnos al límite. Muchos tipo Uno creen que necesitan llevar el peso del mundo sobre sus hombros. Aunque parezca muy desinteresado, no suele ser una idea inteligente, ya que genera mucha ansiedad, agobio, frustración y estrés indebido. La necesidad de hacerlo todo a la perfección sólo agrava el asunto creando sentimientos de culpa, especialmente cuando no se cumplen sus elevados estándares o si fracasan en algo.

CONSEJOS DE CRECIMIENTO PARA UNOS

#1: Permítete "jugar" y sacar algo de tu infancia interior, sobre todo los aspectos fáciles de llevar.

Permítete ser tonto, divertido y de espíritu libre. Elige conscientemente reservar tiempo para una actividad divertida, ya sea jugar a tus juegos de mesa favoritos, bailar, pintar, hacer cerámica o simplemente ir al parque con un amigo y jugar al frisbee.

#2: Pedir ayuda

Es normal que un tipo Uno quiera llevar el peso del mundo sobre sus hombros, pero todo el mundo sabe que hacemos nuestro mejor trabajo cuando es un esfuerzo de equipo. No te quemes intentando ser perfecto en todo. En lugar de eso, observa tu carga de trabajo actual y las cosas que te resultan difíciles y pide ayuda a los demás. Y cuando otros vengan a ayudar, recuérdate que está bien que no sean perfectos o que no lo hagan exactamente como tú. Son únicos y harán su mejor trabajo cuando les des espacio para hacer lo suyo.

#3: Abandona ese crítico interno

Hay que controlar inmediatamente tu diálogo interior. Menospreciarte a ti mismo, buscar culpables y pensar demasiado en las debilidades, los fracasos y los defectos sólo destruyen la autoestima. Es hora de silenciar esa voz. No ocurrirá en un chasquido de dedos, pero las cosas mejorarán con la práctica y la acción deliberada para cambiar la conversación. Considera la posibilidad de crear un avatar tonto para ese crítico interior y cambiar el tono de voz para que coincida con un personaje de dibujos animados que te resulte gracioso. También puedes practicar más la compasión y el amor propio, de lo que hablaremos a continuación.

#4: Practicar el amor propio y la autoaceptación

La mejor manera de potenciar las cualidades positivas de tu tipo y sanar los aspectos que no te sirven es aumentar tu amor propio y tu aceptación. Aprende a amarte incondicionalmente, incluso las partes que no te gustan especialmente de ti. Cuando ese crítico interior te diga algo, responde con un "gracias por llamarme la atención sobre eso. Sigo pensando que he hecho un buen trabajo".

#5: Reconoce, abraza, procesa y sana tu emoción no resuelta

La ira no te sirve, así que fingir que no está ahí sólo te desconecta de tu ser superior. En lugar de reprimir o suprimir la ira, encuentra formas saludables de procesar y sanar. Por ejemplo, cuando alguien hiera tus sentimientos, no caigas en un comportamiento pasivo-agresivo, hazle saber que te ha herido o encuentra otra forma de abordarlo, como escribir una carta y luego quemarla. O, cuando sientas que se está gestando la ira, busca un lugar privado donde puedas gritar a pleno pulmón o golpear tu almohada hasta que se libere toda la emoción.

TIPO 2: EL DADOR/AYUDANTE

Visión general del tipo Dos:

A los Tipo Dos se les llama ayudantes porque están genuinamente invertidos en ayudar a los demás, especialmente en niveles saludables de desarrollo. E incluso si están poco desarrollados, siguen estando muy interesados en verse a sí mismos como personas que ayudan. Las relaciones son muy importantes para los tipos Dos. El sentido de pertenencia y de sentirse amado es esencial para un ayudante, lo que les lleva a buscar relaciones en las que puedan nutrir, cuidar y ayudar a los demás. Están deseosos de involucrarse en la vida de otras personas y les cuesta la palabra "No". De hecho, a veces pueden aceptar ayudar a alguien incluso a su costa porque sienten la necesidad de demostrar que son fiables. Los Tipo Dos son cálidos, amables, excelentes jugadores de equipo e irradian amabilidad a todo el mundo. En el trabajo, se centrarán en establecer relaciones, ofrecer apoyo y hacer todo lo posible para crear un entorno más pacífico y afectuoso.

Los diferentes tipos de Dos verán el mundo en función de su nivel de desarrollo, pero como regla general, los Dos sanos son desinteresados y encuentran su realización a través de diversos actos de dar amor incondicional. No sólo entienden el significado de la empatía, sino que la encarnan en su vida diaria. A los Dos medios les gusta adoptar un papel de mártires en sus relaciones. Necesitan una validación constante y sufren mucho por complacer a la gente. Los Dos enfermizos son excesivamente posesivos, disfrutan de las fiestas de compasión y a menudo utilizan la simpatía para llamar la atención de la gente. Algunos se vuelven pegajosos y dominantes. El aspecto nutritivo y generoso se envenena y manipula, haciendo que sus intenciones no sean sinceras.

Dentro de la tríada de los Centros de Inteligencia, los del tipo Dos caen en el centro del "corazón", donde la vergüenza es la emoción principal a resolver.

Un tipo Dos sano se mostrará amable, atento, compasivo, empático, gentil, paciente, solidario y cariñoso. En realidad, estas son cualidades bastante distintivas que se pueden observar fácilmente en los tipos Dos. También se puede observar que tienden a ser muy complacientes con la gente, especialmente en los niveles más bajos de desarrollo.

En su mejor momento, los Dos son considerados, generosos, cariñosos y centrados en las personas. Conocen su autoestima y logran un sano equilibrio entre el servicio desinteresado y la atención a su propio crecimiento y necesidades.

Deseo central: Los del tipo Dos quieren ser apreciados, valorados y deseados. Tienen una fuerte necesidad de pertenecer y ser amados.

Miedo central: Los del tipo Dos temen el rechazo, perder el amor o no ser queridos.

¿Qué motiva al tipo Dos? La necesidad de pertenecer y ser deseado por los demás. Los Dos quieren sentirse necesitados, y a menudo buscan que los demás expresen su acuerdo y reivindiquen su bondad.

Alas:

El Tipo Dos tiene el Ala Uno, que es "El Siervo", y el Ala Tres, que es "El Anfitrión/Anfitriona".

Las flechas y su significado:

El tipo tiene dos flechas, la 8 y la 4. Cuando se mueven en la dirección de la desintegración y el estrés (ocho), los Dos son necesitados, posesivos, muy agresivos y dominantes en sus relaciones. Tienen niveles de orgullo poco saludables. Sin embargo, la flecha que apunta hacia el crecimiento y la integración (cuatro) nos muestra que un Dos orgulloso y autoengañado puede transformarse en un individuo más autodidacta y emocionalmente consciente como un Cuatro sano.

Ejemplos de personas famosas:

Algunas personas conocidas que comparten el tipo Dos del Eneagrama son la Madre Teresa, Maya Angelou, Eleanor Roosevelt, Monica Lewinsky, Luciano Pavarotti, Lionel Richie, Elizabeth Taylor, el obispo Desmond Tutu, Paula Abdul, Priscilla Presley, Dolly Parton y Paramahansa Yogananda.

Niveles de desarrollo del tipo Dos:

Hay diferentes expresiones del tipo Dos que tendrás que aprender. En varias etapas de desarrollo, el tipo Dos mostrará ciertos comportamientos y actitudes dependiendo de cuán desconectados estén de su Yo superior. Veamos cada nivel.

Niveles saludables

El nivel 1 es el de un tipo Dos y su mejor versión. Un individuo que opera en este nivel es altruista, profundamente altruista y humilde. Esta persona ama genuinamente de forma incondicional y encuentra un equilibrio saludable entre el amor y la entrega a los demás y el cuidado de sí misma. Este tipo Dos da libremente sin esperar nada y siente que es un privilegio estar en la vida de los demás y tener el poder de alimentar relaciones tan poderosas. La conexión con el yo superior es óptima, y este tipo Dos sabe que siente que al dar a los demás, en realidad está dando al todo.

En el nivel 2, el tipo Dos irradia naturalmente empatía, consideración, perdón y compasión por los demás. Se preocupan mucho por las necesidades de los demás y son sinceros en sus intentos de cuidar y amar a los demás.

En el nivel 3, el tipo Dos se centra más en servir a los demás, alabar, apreciar y encontrar lo bueno en los demás. Son generosos y absolutamente fiables, pero saben encontrar el equilibrio entre el cuidado de los demás y la atención a sus propias necesidades.

Niveles medios

En el nivel 4, el tipo Dos cae en la trampa de complacer a la gente en un intento de ser considerado útil y razonable. Se vuelven demasiado amistosos, emocionalmente demostrativos y quieren demostrar que son fiables.

En el nivel 5, el tipo Dos comienza a ser servicial y se vuelve intrusivo. En este punto, el Dos comienza a enviar señales contradictorias porque su generosidad viene acompañada de expectativas. Necesitan que se les necesite, lo que hace que se entrometan y "controlen" en nombre del amor.

En el nivel 6, el tipo piensa demasiado en su naturaleza dadivosa y parece llevar un aire de autoimportancia y autojustificación. También son bastante necesitados, presuntuosos y condescendientes. Cuando se empieza a ver el declive de esa sana naturaleza dadivosa, este tipo dos es más un mártir que otra cosa, y exige que los demás alaben y reconozcan todo lo que hace.

Niveles poco saludables

En el nivel 7 se produce un giro hacia el lado oscuro del tipo dos, en el que esa capacidad de cuidar y crear relaciones se utiliza como herramienta de manipulación y engaño. Esta persona no tiene reparos en utilizar tácticas de culpabilidad y vergüenza para conseguir lo que quiere. Empieza a menospreciar a los que le rodean y a utilizar palabras despectivas. También han perdido el contacto con sus emociones. En lugar de atender a sus necesidades, este tipo Dos recurre a la comida y a la medicación como mecanismos de afrontamiento. La simpatía que obtienen por sus problemas es enormemente agradable, y es donde encontramos a algunos que se mantienen permanentemente en este estado como una forma de conseguir la atención y el amor de los demás.

El nivel 8 es un Dos muy dominante y coercitivo. Todo lo que quieren es "salirse con la suya", poseen un fuerte sentido del derecho, sintiendo que la gente les debe algo por ser tan dadivosos.

El nivel 9 es la etapa de desarrollo menos desarrollada para el tipo Dos, y prosperan en la mentalidad de víctima. Se consideran aprovechados, lo que les convierte en individuos enfadados, resentidos, amargados y agresivos. Esto suele conducir a problemas de salud crónicos.

Adicciones:

Para sobrellevar y suprimir parte del malestar emocional y psicológico al que se enfrenta este tipo, especialmente en los niveles de desarrollo poco saludables, los Dos pueden recurrir a los medicamentos sin receta y a los atracones. El comer en exceso o "comer por estrés" proviene de esta necesidad de llenar el vacío o la falta de amor que están experimentando.

CÓMO RECONOCER SI ERES UN ENEAGRAMA DOS

Veamos algunos rasgos fáciles de detectar para un Eneagrama tipo Dos, y asegúrate de tomar nota de con cuántos te identificas. Ten en cuenta que algunos de estos rasgos serán más pronunciados en los Dos sanos, mientras que otros estarán más presentes en los Dos no sanos.

- Te sientes fuertemente impulsado a crear relaciones significativas con los demás, y disfrutas haciendo que la gente se sienta valorada e importante.
- Los desconocidos tienden a acercarse a ti y pedirte indicaciones o ayuda. A todos tus amigos y familiares les resulta fácil pedirte consejo o discutir asuntos personales porque te sientes cálido y comprensivo.
- Estás muy atento a las necesidades de los demás y puedes saber rápidamente cómo se siente alguien aunque no te lo diga.
- Su estilo de comunicación es cálido, cariñoso, compasivo y empático.
- Inviertes mucho tiempo en estar en contacto con las personas de tu mundo. Las relaciones son lo que más valoras.
- Cuando se trata de tus relaciones románticas, te gusta desempeñar un papel más de apoyo y tiendes a ser el más afectuoso y afirmativo de la relación.
- Estás atento, comprometido y presente cuando interactúas con los demás, lo que a veces puede resultar abrumador, especialmente cuando están siendo dramáticos.
- No te gustan las críticas ni la competencia.
- En tu mejor momento, te sientes creativo, cómodo en tu piel y aceptas lo que eres.

- A veces, te preocupa que tener necesidades y expresárselas a otro esté mal. Tu miedo a ser egoísta es frecuente, y eso puede hacer que a veces descuides tus propias necesidades o incluso que digas "no" a cosas que no te gustan.

LUCHAS QUE PUEDE TENER EL TIPO DOS

Decir "No."

El egoísmo es un gran problema para un tipo Dos, y lo último que quiere es dar la impresión de serlo, por lo que nunca dice que no. A un Dos generoso le resulta difícil decir que no, incluso cuando sabe que es lo correcto. La mayoría de las veces, un Dos se excede porque no quiere parecer poco fiable o inútil. Debido a que la autoestima y el valor personal de un tipo Dos se centran en ser bueno y dar generosamente, a menudo tiene dificultades para equilibrar las demandas de los demás y atender sus propias necesidades, lo que me lleva al siguiente punto.

Atender tus necesidades

Los del Tipo Dos son notoriamente buenos en el auto-descuido, todo en nombre de servir a los demás. Su naturaleza abnegada a menudo puede crear muchos problemas internos porque nunca tienen tiempo para atender sus propias necesidades emocionales, espirituales o físicas. Esto es especialmente cierto en el caso de los Dos medios y poco saludables, que se debaten constantemente entre querer ayudarse a sí mismos y ayudar a los demás para poder seguir recibiendo amor.

Sentirse no querido

Los Dos medios y poco saludables temen no ser queridos, por lo que hacen todo lo posible para servir a los demás a cambio de ese amor que anhelan. No es raro que un tipo Dos se sienta vacío, no visto, incomprendido o incluso infravalorado, pero eso suele deberse a que "exagera" las cosas esperando puramente recibir la misma generosidad de vuelta.

CONSEJOS DE CRECIMIENTO PARA DOS

#1: Establecer límites saludables

Decir que no es difícil, lo sé, pero a menos que empieces a crear límites saludables para ti mismo, acabarás resentido con las mismas personas a las que intentas ayudar. Recuérdate a ti mismo que está bien decir "No, no puedo hacer eso ahora mismo" o No, [rellena el espacio en blanco]. Empieza con cosas pequeñas que te parezcan menos egoístas y ve subiendo. Y siempre que sientas que alguien está tratando de aprovecharse de ti, ten el valor de hablar y hacerles saber que no lo harás porque no se sienten genuinos. No tengas miedo de usar tus palabras y expresar tus sentimientos. Créeme, los que te quieren de verdad no quieren que seas un felpudo.

#2: Priorizar el autocuidado

¿Qué cosas puedes hacer para sentirte especial? Date un baño especial y largo cada semana, apúntate a una clase de pintura sólo por diversión o regálate masajes semanales en el spa. Todo lo que puedas hacer para cuidarte, como dormir bien, comer sano, dedicar tiempo al ejercicio, etc., son formas de practicar el autocuidado. Esto no es egoísta; es la forma de llenarse plenamente para poder tener la energía necesaria para dar y cuidar generosamente de los demás.

#3: Practica el amor propio, la autoaceptación y la compasión

El amor propio y la compasión son esenciales para todos los tipos de eneagrama, pero es primordial para ti porque tu tipo tiende a olvidar por completo que tú también tienes necesidades. Los niveles de desarrollo medio e insano requerirán mucho más trabajo porque la ira es fuerte en estos niveles inferiores, pero puedes aprender a amarte, aceptarte y curarte. Hay muchos maestros espirituales que enseñan muy bien las estrategias para el amor propio, como Louise Hay y Deepak Chopra. Encuentra un maestro espiritual que te haga eco y pon en práctica las prácticas de amor propio que te ofrecen. Sé paciente contigo mismo mientras realizas estas prácticas y, pase lo que pase, no te abandones.

#4: Afirmarte a ti mismo

Considera la posibilidad de dejarte pequeñas notas por toda la casa con afirmaciones que te hagan sentir bien contigo mismo. Por ejemplo, "Me quieren", "Soy querible", "Me quiero y me apruebo" o "Soy hermosa y todos me quieren y me aceptan por lo que soy".

#5: Dedica algo de "tiempo a solas" tan a menudo como sea posible

Te animo a que lo conviertas en una práctica diaria, aunque estés solo media hora. Es mejor que nada. Mientras estés solo, haz algunas "comprobaciones" para ver cómo te sientes, qué piensas y qué necesidades no están cubiertas. Tomarte regularmente un tiempo para estar con tus pensamientos y emociones hará que evites la trampa de pensar que tu fuente de alegría o amor viene de los demás.

TIPO 3: EL TRIUNFADOR/EJECUTANTE

Visión general del tipo Tres:

El tipo Tres se denomina competitivo porque le encanta ser el mejor y tener lo mejor en la vida. Los Tres son muy trabajadores, a menudo preocupados por su imagen, orientados a la consecución de objetivos y con un impulso interior casi imparable. Su carisma y su impresionante aspecto exterior les hacen muy atractivos, y eso causa una excelente primera impresión. Los Tres suelen gustar mucho a la gente porque poseen un montón de logros notables y de detalles sociales. Son hacedores enérgicos y están deseosos de producir cosas que les hagan sentir y ser percibidos como significativos.

En el trabajo, se mostrarán como personas con principios, ingeniosas, impulsadas, motivadas y alentadoras para los demás, especialmente cuando todos avanzan hacia un objetivo común.

Los diferentes tipos de Tres ven el mundo en función de su nivel de desarrollo, pero como regla general, los Tres sanos son auténticos, se aceptan a sí mismos y son grandes modelos de conducta. Los Tres medios se preocupan demasiado por su imagen y por lo que los demás piensan de ellos. Suelen tener problemas de adicción al trabajo y de "ajetreo". Los Tres insanos son excesivamente competitivos, despectivos y difíciles de tratar. Toda su autoestima y su identidad están ligadas a sus posesiones y logros.

Dentro de la tríada de los Centros de Inteligencia, el tipo Tres cae en el centro "corazón", donde la vergüenza es la emoción principal a resolver.

Un tipo Tres sano será ambicioso, valiente, confiado, carismático, optimista, trabajador, adaptable, inspirador y orientado al éxito. En realidad, estas son cualidades bastante distintivas que uno puede observar fácilmente en el tipo Tres.

PERSONALITY HUB

En el mejor de los casos, los Tres son grandes modelos de conducta, los mejores en sus campos y excelentes para inspirar a los demás a liberar su potencial.

Deseo central: Los Tres son los que más desean sentirse valiosos y dignos.

Miedo central: Los Tres luchan contra el miedo a no valer nada y a fracasar. El miedo a ser insignificante impulsa a este tipo a encontrar formas de tener éxito e influencia.

¿Qué motiva a un tipo Tres? La atención y la admiración son los mayores motivadores de este tipo de personalidad. Su necesidad de ser significativo e impresionante les lleva a esforzarse y hacer más y a ir más allá.

Alas:

El Tipo Tres tiene el Alas Dos, que es "El Encantador", y el Alas Cuatro, que es "El Profesional".

Las flechas y su significado:

El tipo tiene dos flechas, la 6 y la 9. Cuando se mueve en la dirección de la desintegración y el estrés (nueve), los Tres son vanidosos, desvinculados y apáticos. Sin embargo, la flecha que apunta hacia el crecimiento y la integración (seis) nos muestra que los Tres engañosos y competitivos pueden transformarse en individuos colaboradores y orientados al servicio, como los Seis sanos.

Ejemplos de personas famosas:

Algunas personas conocidas que comparten el tipo Dos del Eneagrama son Bill Clinton, Arnold Schwarzenegger, Muhammed Ali, Andy Warhol, Oprah Winfrey, Deepak Chopra, Tony Robbins, Madonna, Sting, Will Smith, Whitney Houston, Lady Gaga,

Brooke Shields, Tiger Woods, Elvis Presley, Jamie Foxx, Richard Gere, Cat Deeley, Anne Hathaway y Reese Whitherspoon.

Niveles de desarrollo del Tipo Tres:

Hay diferentes expresiones del tipo Tres que necesitarás aprender. En varias etapas de desarrollo, un tipo Tres exhibirá ciertos comportamientos y actitudes dependiendo de cuán desconectados estén de su Yo superior. Veamos cada nivel.

Niveles saludables

El nivel 1 es un tipo Tres en su mejor momento. Este individuo se acepta a sí mismo, es auténtico, caritativo, humilde, gentil, benévolo, y excelente para desbloquear la grandeza en sí mismo y en los demás.

El nivel 2 es cuando un Tres es enérgico, competente, seguro de sí mismo y cree en su propio valor. Su naturaleza encantadora y graciosa atrae a la gente hacia ellos.

El nivel 3 es cuando el tipo Tres está bastante arraigado en ciertas cualidades culturales admirables, dependiendo de lo que se le haya condicionado. Si la persona creció en una familia que valora el éxito en forma de fama, trabajaría para convertirse en un actor famoso, modelo, escritor o algún tipo de figura pública. Los que provienen de una familia religiosa podrían convertirse en algún tipo de figura religiosa o en alguien notable que sea admirado por su comunidad. En este nivel, el tipo Tres es ambicioso y está ansioso por demostrar que es el mejor.

Niveles medios

En el nivel 4 es donde empezamos a ver que se forma un matiz algo negador. El tipo Tres está muy preocupado por el rendimiento, por hacer bien su trabajo y por obtener crédito por su labor. Tienen una fuerte necesidad de alcanzar metas, y su autoestima está ligada a sus logros. A este tipo Tres le aterra el fracaso, y se comparan constantemente con los demás en busca de estatus y éxito. Nada les importa más que llegar lo más alto posible en su carrera y en la sociedad para que los demás vean que son los mejores.

En el nivel 5, los Tres promedio se consumen demasiado por su estatus social y su imagen pública. Se esfuerzan por tener el "paquete" adecuado según las expectativas de los demás. Aunque siguen siendo muy eficientes y pragmáticos, han empezado a perder el contacto con sus emociones y su verdadera identidad. Para salvar su imagen pública, a veces pueden hacer cosas cuestionables. La intimidad en este nivel de desarrollo es muy pobre, ya que les cuesta tener conexiones reales. Todo es escenificado y falso.

En el nivel 6, el tipo Tres se siente superior a los demás, pero también lucha contra la inferioridad cuando trata con quienes considera más exitosos. Son bastante narcisistas y tienen nociones infladas sobre sus talentos y logros. Algunos incluso adornan la información sobre sí mismos para parecer más impresionantes. Cuando tratan con personas que consideran menos competentes, pueden ser bastante despectivos y condescendientes. Los celos y el desprecio por los más exitosos empiezan a arraigar en este punto.

Niveles insanos

En el nivel 7 se produce un giro hacia el lado oscuro del tipo Tres, ya que se vuelven oportunistas, explotadores y celosos. Están dispuestos a hacer "lo que sea necesario" para preservar la ilusión de su superioridad y luchan profundamente con el miedo al fracaso.

En el nivel 8 es donde el tipo Tres se vuelve realmente tortuoso, malicioso y poco confiable. En este punto, el individuo traicionará a sus amigos, saboteará el éxito de otras personas y se abrirá paso a codazos hacia la cima. Se han vuelto mezquinos y excesivamente competitivos en todo. Cualquiera que lo haga mejor que ellos es percibido ahora como una amenaza, y sus celos están afectando a su juicio.

En el nivel 9, el tipo Tres se vuelve completamente malvado, convirtiéndose en una persona vengativa, despiadada y obsesiva que destruye todo lo que se interpone en su camino, especialmente cuando percibe a esa cosa o persona como una amenaza. Este tipo Tres exhibe un comportamiento psicopático, y su energía está completamente mal dirigida, haciéndolos bastante peligrosos para su propio bienestar y el de los demás. La mayoría de las personas que padecen el trastorno narcisista de la personalidad entran en esta categoría.

Adicciones:

Para sobrellevar y suprimir parte del malestar emocional y psicológico al que se enfrenta este tipo, especialmente en los niveles de desarrollo poco saludables, los Tres pueden recurrir a la ingesta excesiva de estimulantes, cocaína, esteroides o someterse a una cirugía radical para mejorar su aspecto. También es posible que trabajen hasta la extenuación tratando de probarse a sí mismos ante el mundo.

CÓMO RECONOCER SI ERES UN TRES DEL ENEAGRAMA

Veamos algunos rasgos fáciles de detectar para un Eneagrama tipo Tres y toma nota de con cuántos te identificas. Ten en cuenta que algunos de estos rasgos serán más pronunciados en los Tres sanos mientras que otros serán más identificables con los Tres no sanos.

- Tu impulso interno y todo tu ADN están orientados a la productividad. Parece que tienes un deseo innato y un sentido de urgencia por hacer más en la vida. Mientras que los eneagramas persiguen el "equilibrio entre el trabajo y la vida" y la paz a través del descanso de las relaciones, tú corres en la dirección opuesta. La tranquilidad para ti es saber que estás construyendo algo magnífico.
- Tiendes a ser demasiado competitivo incluso cuando no es necesario, especialmente en los niveles más bajos de desarrollo.
- Hay un don inherente a la capacidad de leer una habitación y cambiar tu persona en consecuencia. Algunos lo llaman cambio de forma y lo consideran algo maligno; tú no estás de acuerdo, por supuesto.
- Tienes aplomo, carisma y sabes intuitivamente qué decir en casi cualquier situación. Puedes hacer amigos y crear aliados a partir de casi cualquier persona.
- Tu imagen te importa mucho y te gusta acentuar tus mejores rasgos.
- Piensas constantemente en el futuro y en cómo podría ser mejor. Muchos llamarían a eso ser un visionario, ¡y tú estás de acuerdo!
- Luchas contra las inseguridades y los sentimientos de vacío, especialmente en esos niveles de desarrollo medios y poco saludables. Eso hace que a menudo cubras y "enmascares" esas debilidades, para poder seguir pareciendo impresionante.

LUCHAS QUE PUEDE TENER EL TIPO TRES

Tener que soportar la ineficacia y la incompetencia

Los tres son personas naturalmente trabajadoras que creen en el desarrollo de sus talentos y habilidades. No hay nada más insultante que la incompetencia, así que cuando tienen que trabajar con personas perezosas, desorganizadas o ineficientes, es simplemente insoportable. Para un tipo Tres es una locura que la gente pueda estar tan desconcentrada y distraerse fácilmente con cosas triviales. Trabajar con estas personas "normales" es toda una lucha.

Complejo de inferioridad y superioridad

Esto es más pronunciado en los niveles de desarrollo promedio y no saludable cuando un Tres es muy propenso a compararse con otros. Cuando está rodeado de personas menos exitosas, el Tres se siente muy orgulloso y superior. Por otro lado, cuando está rodeado de personas más exitosas, el Tres experimenta una abrumadora sensación de inseguridad e inferioridad. Superar esta lucha requiere un gran trabajo de desarrollo personal y autodescubrimiento para que un Tres pueda finalmente sentirse satisfecho con lo que es y lo que ha logrado.

Sentirse poco querido

Muchos Tríos sienten que los demás les quieren por sus logros y su éxito exterior. A veces, luchan por practicar el amor propio debido a esto mismo. Sin tu imagen pública, tu estatus especial y tus logros, ¿sabes quién eres? ¿Seguirías sintiéndote digno y querible si te quitaran todo eso? Ese miedo subyacente a que tu autoestima esté ligada a lo que haces y a lo que tienes es la principal razón por la que te obsesionas con competir y ganar a toda costa. En algún momento de tu desarrollo, te condicionaron a creer que para sobrevivir, tu enfoque debe ser el rendimiento y la acción. Y aunque no hay nada malo en la excelencia y el rendimiento, nunca debe ser la medida de tu valor.

Agotamiento

El Tipo Tres se centra obsesivamente en el éxito y los logros. Esto a menudo les impide satisfacer sus necesidades fisiológicas y psicológicas. Con el tiempo, luchan contra la fatiga, la falta de sueño y otros problemas de salud, todo ello en nombre de la persecución de ese sueño. Si algo o todo lo anterior le resulta familiar, es hora de tomar el control de su salud. Cuida tu mente y tu cuerpo si quieres conseguir más cosas en la vida. Utiliza la tecnología a tu alcance para establecer temporizadores que te permitan hacer una pausa durante el día e hidratarte o incluso hacer una siesta. ¿Necesitas trabajar muchas horas? No pasa nada. Sólo tienes que asegurarte de que comes bien, haces ejercicio, bebes mucha agua, evitas el exceso de cafeína y, en cuanto puedas, tómate unas vacaciones para resetear. También puedes aprender algunas de las técnicas y prácticas que se comparten al final del libro para que puedas integrar algunos rituales saludables en tu agitado estilo de vida. Nadie te pide que dejes de ser quien eres. Vivir el Eneagrama no consiste en renunciar a tus sueños, sino en perseguir los deseos que merecen la pena de una forma holística que te sirva positivamente a ti y a todos los demás.

CONSEJOS DE CRECIMIENTO PARA TRES

#1: Funda su valor en algo más que los logros

Aunque estés muy orientado al éxito y valores los logros, date cuenta de que nada de lo que hagas añade o resta valor a tu verdadera autoestima. Al principio será un concepto difícil de entender, pero cuanto más descubras tu verdadero yo, más fácil será cambiar tu ancla de las cosas terrenales y transitorias a una Fuente superior e indestructible. Eso te traerá una nueva sensación de seguridad, alegría y confianza para seguir desarrollándote y alcanzando logros en la vida, pero con menos egoísmo.

#2: Priorizar el descanso y el tiempo de inactividad

Es común que los Tres trabajen hasta el cansancio. Eso no es ni saludable ni necesario. Para lograr la grandeza en su vida y tener la influencia duradera y el legado que sueña, el descanso, la relajación, el tiempo de inactividad, y también debe priorizar el tiempo de la familia. Esfuérzate por bajar el ritmo con regularidad y disfrutar del momento presente. No tiene por qué interferir con tu trabajo si eres creativo al respecto. Por ejemplo, puedes elegir hacer de los viernes por la mañana un momento para conectar con la gente, llamar a los amigos, desayunar con la familia, hacer yoga, pilates o cualquier otra forma de actividad relajante y agradable. Encuentra una rutina que se ajuste a tu estilo de vida y a tus horarios, y cíñete a ella.

#3: Cultiva la empatía y la compasión

Es fácil dejarse llevar por el modo "hacer" y olvidar que el don de gentes es un factor esencial para el éxito a largo plazo. La empatía y el diálogo emocional no son naturales para muchos de los Tres, por lo que es posible que tengas que trabajar en ello. Ten la suficiente conciencia de ti mismo para reconocer lo bueno o malo que eres a la hora de mostrar compasión cuando interactúas con alguien. Deténgase cuando responda al dolor o a la queja de alguien sin empatía. Hay un montón de pequeñas cosas que puedes hacer para aumentar estas cualidades cuando te falten. Un buen punto de partida es practicar la atención plena. Hablaremos más de esto en la última sección del libro.

#4: Elige ser tu auténtico yo en lugar de lo que el mundo espera que seas

Una creencia común entre los Tres es que el mundo sólo se preocupa por los ganadores. Es necesario abordar las limitaciones de este tipo de pensamiento, especialmente si careces de la suficiente conciencia de ti mismo para mantener tu ser auténtico incluso mientras persigues el éxito. Es importante volver a centrar tu energía en convertirte en la mejor versión de ti mismo en lugar de competir para vencer a los demás o impresionarlos de alguna manera. Will Smith tiene una gran frase que dice algo así "Gastamos el dinero que no tenemos en cosas que no necesitamos para impresionar a gente a la que no le importa". No hay nada bueno en ese tipo de enfoque, así que es mejor centrarse en dar rienda suelta a tu mejor yo en lugar de impresionar a un mundo al que realmente no le importa.

CHAPTER 6

SISTEMA DE TIPIFICACIÓN DE LA PERSONALIDAD DEL ENEAGRAMA PARTE 2

TIPO 4: EL INDIVIDUALISTA/ROMÁNTICO

Visión general del tipo Cuatro

El tipo Cuatro es comúnmente llamado individualista porque está muy centrado en sí mismo y se ve como único y "diferente" de los demás. Son apasionados (a veces demasiado emocionales) y a menudo malhumorados. Muchos de los mejores artistas e intérpretes se identifican con este tipo de eneagrama.

Las personas que se identifican como tipo Cuatro tienden a ser muy conscientes de sí mismas, sensibles y a menudo muy creativas, o al menos no tienen miedo de expresar su creatividad. Como inconformistas y repelidos por el estatus social, a los individualistas les gusta destacar y mostrar al mundo lo diferentes que son, ya sea a través de sus elecciones de moda o de sus estilos de vida poco convencionales y su producción creativa. Pasan una parte importante de su vida reflexionando sobre el pasado y buscando siempre descubrir su verdadera identidad. Por ello, cada experiencia y sentimiento se considera valioso, como si ofreciera una pista sobre un significado más profundo de la vida y de ellos mismos. Esta autorreflexión a veces puede resultar peligrosa, especialmente si el individuo se identifica como más defectuoso que los demás en algún aspecto. Más que cualquier otro grupo, los Cuatro tienen dificultades para desprenderse de lo que consideran insuficiencias y carencias personales. Oscilan entre los sentimientos de verdadera "aristocracia" y los profundos sentimientos de vergüenza y los temores de que, de alguna manera, son profundamente defectuosos. Los Cuatros son emocionalmente complejos, por no decir otra cosa. En el trabajo, tienden a fluctuar, siendo a veces cálidos, compasivos y emotivos, mientras que otras veces pueden ser totalmente secos y fríos. A menudo hay un tono subyacente de tristeza en su comunicación, incluso cuando han hecho un buen trabajo.

Los diferentes tipos de Cuatros verán el mundo en función de su nivel de desarrollo. Sin embargo, como regla general, los Cuatros sanos son compasivos y conscientes de sí mismos. Han encontrado una manera de vivir e integrar tanto la alegría como el sufrimiento. Los Cuatros no sanos están atrapados en una cámara de tortura creada por ellos mismos y sufren de autovictimización, envidia y desesperanza. Esto los hace altamente destructivos.

Dentro de la tríada de los Centros de Inteligencia, los Cuatros se sitúan en el centro "corazón" junto a los Dos y los Tres. En mayor grado que los tipos Dos y Tres, los Cuatros son más propensos a abrazar plenamente los sentimientos de pena y tristeza. Los sentimientos de vergüenza también son más pronunciados y expresados en este tipo. Realmente les cuesta creer que pueden ser amados por lo que son. Aunque están en sintonía con sus emociones, es una relación muy compleja y no siempre saludable.

Algunas cualidades descriptivas que puede reconocer en el tipo Cuatro son la conciencia de sí mismo, la melancolía, la expresividad, el idealismo, la creatividad y la sensibilidad emocional.

En sus mejores momentos, los Cuatro son compasivos, creativos y de corazón abierto. Buscan el significado y la profundidad en todo lo que hacen y se esfuerzan constantemente por el descubrimiento personal y la expresión creativa.

Deseo principal: Los Cuatros anhelan sentirse significativos, ser únicos y encontrar su verdadera identidad. También anhelan experimentar la misma felicidad que a veces ven en los demás.

Miedo central: Existe una profunda y punzante sensación de pérdida de felicidad y conexión que corroe a los Cuatros. Esto se amplifica aún más por el hecho de que se sienten diferentes y únicos, lo que significa que no creen que nadie pueda entenderlos realmente o ver su genuina magnificencia.

¿Qué motiva a un tipo Cuatro? Todos los Cuatro, en mayor o menor medida, quieren expresar su creatividad e individualidad. Les impulsa esta necesidad de crear y rodearse de belleza (sin embargo, uno puede definir la belleza dependiendo de su nivel de desarrollo).

Alas:

El Tipo Cuatro tiene el Ala Tres, que es "El Aristócrata", y el Ala Cinco, que es "El Bohemio".

Las flechas y sus significados:

El tipo Cuatro tiene dos flechas de conexión, la 2 y la 1. Cuando se mueve en la dirección de la desintegración y el estrés (dos), los Cuatros distantes se vuelven demasiado implicados y pegajosos como un Dos poco saludable. Sin embargo, la flecha que apunta al crecimiento y la integración (uno) muestra a un Cuatro envidioso y emocionalmente turbulento que se transforma en un individuo más consciente y objetivo como un Uno sano.

Ejemplos de personas famosas:

Algunas personas conocidas que comparten el tipo Cuatro del Eneagrama son Piotr I. Tchaikovsky, Virginia Woolf, Miles Davis, Bob Dylan, Paul Simon, Rumi, Frédéric Chopin, Alanis Morrisette, Jonny Depp, Nicolas Cage, Cher y Gustav Mahler.

Niveles de desarrollo del Tipo Cuatro:

Hay diferentes expresiones del tipo Cuatro que tendrás que aprender. En varias etapas de desarrollo, un tipo Cuatro exhibirá ciertos comportamientos y actitudes dependiendo de cuán desconectados estén de su Yo superior. Veamos cada nivel.

Niveles saludables

El nivel 1 es cuando un tipo Cuatro está en su mejor momento. Son increíblemente creativos, expresando tanto la conexión personal como la universal. La mayoría de las veces, esto será en una obra de arte. Este tipo Cuatro está inspirado. Han encontrado ese equilibrio emocional interior y han comprendido adecuadamente su identidad. Eso les hace renovarse, regenerarse y ser casi caprichosos, ya que son capaces de hacer que cada momento parezca mágico. Cada experiencia se transforma de forma natural en algo significativo para ellos y los que les rodean.

En el nivel 2, el tipo Cuatro expresa su compasión y su naturaleza amable. Este Cuatro es muy consciente de sus impulsos internos y se vuelve sensible a sus sentimientos e intuición. Son introspectivos, muy conscientes de sí mismos y pasan la mayor parte de su tiempo a solas buscándose a sí mismos.

En el nivel 3 es cuando vemos a un tipo Cuatro luchando realmente por ese sentido de singularidad e individualidad. Son emocionalmente honestos, se revelan a sí mismos, son humanos y no tienen miedo de mostrar su vulnerabilidad. Su perspectiva de la vida y de quiénes son es bastante irónica, y tienen una extraña manera de ser serios y divertidos a la vez.

Niveles medios

En el nivel 4, el tipo Cuatro tiene una orientación romántica hacia la vida, y su principal objetivo es crear hermosos entornos estéticos que promuevan ciertos estados de ánimo internos. Están muy en contacto con su imaginación y poseen una realidad elevada basada en la fantasía y la pasión.

En el nivel 5 vemos a un Cuatro más ensimismado e introvertido. En este punto, el individuo es muy malhumorado, hipersensible, demasiado consciente de sí mismo, y a menudo se retira del ojo público para proteger su imagen. Este Cuatro se toma todo como algo personal y puede ser muy difícil de tratar en el trabajo. La razón es que es mejor estar aislado mientras intenta resolver su turbulento mundo interior.

El nivel 6 es donde la introspección empieza a crear sombras que persiguen al individuo. Un Cuatro en este nivel siente que es diferente a los demás y que no tiene acceso a las alegrías que todos los demás parecen tener. Este individuo se vuelve muy melancólico y a menudo cae en un mundo de fantasía creado por él mismo donde se siente más seguro. Utilizan mucha autocompasión y ya empiezan a mostrar signos de envidia. No se hace mucho a partir de este punto porque es difícil ser productivo cuando uno está renunciando a vivir.

Niveles no saludables

El nivel 7 es donde el tipo Cuatro entra en una espiral descendente hacia el lado oscuro de su personalidad. Un Cuatro en este nivel siente una envidia crónica de los demás, se avergüenza, se paraliza emocionalmente, se deprime y se enfada consigo mismo porque ninguno de sus sueños se materializa. Esto les drena toda su energía, haciéndolos súper improductivos.

El nivel 8 es donde comienza el tormento para un Cuatro. El engaño, el desprecio a sí mismo, el odio a sí mismo y la culpa son el centro de atención. Cuando no se odian a sí mismos, están ocupados culpando a los demás de su existencia llena de tortura.

En el nivel 9 es cuando un Cuatro toca fondo y está más desconectado de su ser superior. En este punto, el individuo se siente desesperado, impotente e incapaz de convertirse en algo más de lo que es ahora. Esto los hace altamente autodestructivos y extremos. Algunos utilizan el alcohol y las drogas para escapar de esta vida de tormento, y otros consideran el suicidio. Este es un nivel peligroso para el tipo Cuatro, y se aconseja obtener ayuda inmediata.

Adicciones:

Para hacer frente a la confusión emocional y psicológica a la que se enfrenta este tipo, especialmente en esos niveles insanos de desarrollo, los Cuatro pueden recurrir al alcohol, al tabaco, a los medicamentos recetados, a la heroína o incluso a la cirugía estética, dependiendo de su proceso de pensamiento y de lo que estén intentando borrar de sus vidas.

CÓMO RECONOCER SI ERES UN CUATRO DEL ENEAGRAMA

Veamos algunos rasgos fáciles de detectar para un tipo Cuatro del Eneagrama y tomemos nota de con cuántos te identificas. Ten en cuenta que algunos de estos rasgos serán más pronunciados en los Cuatros sanos mientras que otros serán más identificables con los Cuatros no sanos.

- Estás muy atento a tus emociones y eres sensible a los demás y a sus sentimientos.
- Es fácil para ti formar conexiones profundas con la gente.
- Eres imaginativo, creativo y un pensador profundo.
- La autenticidad y la vulnerabilidad son las palabras que mejor te describen cuando interactúas con el mundo.
- Te gusta expresarte a través de la danza, la escritura, la música, la poesía u otras expresiones creativas.

LUCHAS QUE PUEDE TENER EL TIPO CUATRO

Utilizar el dolor como combustible para la creatividad

Los Cuatros tienen fama de perseguir el dolor y la tristeza para alimentar su creatividad entre los tipos centrados en el corazón. Si eres un Cuatro, ¿te has encontrado haciendo eso en algún momento? La mayoría de los Cuatros creen que el arte o la originalidad sólo se consiguen a través de una emoción intensa (normalmente una emoción negativa). ¿Lo crees tú? Si es así, eso te mantendrá atrapado en un mar de negatividad. En contra de la creencia popular entre los Cuatros, no es necesario sufrir para crear algo valioso para el mundo.

Melancolía

En situaciones de estrés, casi todos los Cuatros luchan con sentimientos de melancolía que rápidamente conducen a la autocompasión y a la depresión para los Cuatros de tipo insano.

Sentirse incomprendido

Los Cuatros a menudo se sienten incomprendidos por otras personas. Puede ser que los demás estén simplemente confundidos por el estado de ánimo siempre cambiante del Cuatro o que simplemente no estén acostumbrados a tratar con una persona que comparte abiertamente sus emociones más vulnerables y dolorosas. Sea cual sea el caso, si eres un Cuatro y sientes que la gente no te aprecia o no te entiende lo suficiente, en lugar de hacer lo que harían los Cuatros poco sanos, es decir, retirarse del mundo, opta por encontrar una forma de conectar con los demás de manera que te desarrolle a ti y a ellos.

Envidia

Muchos Cuatros (especialmente los que se encuentran en niveles medios y poco saludables) luchan con profundos sentimientos de envidia porque ven en los demás lo que sienten que les falta a ellos, lo que despierta los celos. Si a menudo se comparan con los demás y se sienten menos en su propia vida, esto debe abordarse de forma saludable.

CONSEJOS DE CRECIMIENTO PARA LOS CUATROS

#1: Cuida tu autoconversación

El diálogo interior puede ser negativo o positivo. Para muchos de nosotros tiende a ser negativo, lo que puede envenenar la confianza y la autoestima. En el caso del tipo Cuatro, el diálogo interno negativo puede ser perjudicial, incluso destructivo.

Presta mucha atención a ese crítico interior y decide reeducar esa voz interior para convertirla en una voz más cariñosa, amable y de afirmación positiva. Esto requerirá esfuerzo y práctica por tu parte, así que empieza poco a poco. Cada vez que te sorprendas pensando mal de ti mismo o de otra persona, haz una pausa, respira un poco y dite a ti mismo: "Ya estoy otra vez. Tirándome al pozo de la desesperación. Esta vez no. Elijo pensar un pensamiento diferente".

Procede a encontrar el siguiente mejor pensamiento que sea más positivo que tu anterior pensamiento negativo.

#2: No creas cada pensamiento y sentimiento que tienes

Muchos cuatros se convierten en esclavos de sus mentes y asumen el papel de víctimas cuando los pensamientos y las emociones negativas y abrumadoras entran en acción. La cuestión es que, por muy atormentador que sea un pensamiento, sólo es un pensamiento. Puedes elegir un pensamiento diferente. El hecho de que la idea se te haya ocurrido no significa que deba instalarse en tu casa mental. Por ejemplo, si sientes envidia y tienes malos pensamientos, puedes negarte a mantener esa emoción. Puedes expulsarla de tu mente y de tu cuerpo inmediatamente y ordenarle que se aleje de tu hogar mental. Con tu imaginación, abre la puerta de tu casa mental, ordena a ese pensamiento o emoción que salga y cierra la puerta. Inténtalo la próxima vez que aparezca un sentimiento desagradable.

#3: Practica la autodisciplina

Dada la tendencia a la pasividad e incluso a la procrastinación, te animo a desarrollar rutinas saludables que te permitan practicar la autodisciplina.

Todo debe tener su tiempo y su lugar, por ejemplo, un momento para simplemente divagar con la imaginación y otro para ser objetivo, pragmático y productivo. La clave está en crear una rutina saludable que te guste y mantenerla. Al desarrollar tu propia rutina personalizada, no sólo estás ejerciendo tu poder de individualidad, sino que también te estás dando reglas de compromiso que fomentan la mejor calidad de vida posible.

#4: Encuentra puntos en común entre tú y los demás

La única forma de eliminar esa horrible sensación de ser "diferente" de los demás es entrenarse para encontrar puntos en común al socializar con la gente. Cuantas más cosas puedas encontrar en común, más fácil será crear conexiones con los demás y encontrar a las personas que te quieren y aceptan por lo que eres.

#5: Celebra tus victorias, por pequeñas que sean

Una forma de evitar la trampa de la vergüenza y la ineptitud es fijarse en las cosas que haces bien y en los puntos fuertes que posees. Siempre que te propongas un objetivo y lo consigas, celébralo, por pequeño que sea. Si tienes un objetivo de trabajo o de salud, crea mini-hitos que te mantengan responsable y también te ayuden a saber cuándo debes celebrarlo.

TIPO 5: EL INVESTIGADOR

Visión general del tipo Cinco:

A los del tipo Cinco también se les llama observadores o especialistas silenciosos porque les mueve el deseo de adquirir conocimientos y comprensión. Son de mente sobria, disciplinada y muy inteligente. Los Cinco se sienten más cómodos en el ámbito del pensamiento, donde pueden pensar, investigar, descubrir y resolver objetivamente problemas complejos. Se preocupan mucho por averiguar por qué las cosas son como son y cómo funciona el mundo, ya sea el entorno local, el planeta o el cosmos. Aunque muchos del tipo Cinco tienen una orientación científica, algunos se sienten atraídos por las humanidades y las artes. De hecho, no es raro que un Cinco tenga inclinaciones artísticas aunque se dedique a una disciplina científica.

Los Cinco pasan mucho tiempo observando y contemplando con curiosidad todo lo que les rodea para obtener nuevos conocimientos. No les importa mucho lo que ya es familiar y está establecido en la sociedad. En cambio, quieren estar a la vanguardia de esa nueva idea o descubrimiento. A un Cinco le suele llamar la atención lo inusual, lo que se pasa por alto, lo extraño o el territorio desconocido. Adquirir conocimientos que otros no tienen es emocionante para un tipo Cinco. Por eso, muchos de ellos optan por especializarse en áreas en las que pueden obtener la suficiente experiencia como para ser considerados una autoridad en ese tema. En el trabajo, los Cinco son reservados, prefieren trabajar de forma autónoma y tienden a abordar cada proyecto o tema de forma analítica. Es posible que notes que no les gustan las charlas triviales y que, por lo general, se abstienen de interactuar socialmente a menos que se trate de un tema que les interese mucho.

Los diferentes tipos de Cincos verán el mundo en función de su nivel de desarrollo, pero como regla general, los Cincos sanos son pioneros autosuficientes, seguros de sí mismos e influyentes, y se les da muy bien enfrentarse a las emergencias o a las crisis porque saben mantener la calma y analizar objetivamente la situación. Los Cincos no sanos son retraídos de la sociedad, radicales y carentes de conciencia emocional. Les cuesta entender sus propias emociones y desarrollan rápidamente una visión de túnel, lo que dificulta las relaciones sanas.

Dentro de la tríada de los Centros de Inteligencia, el tipo Cinco se sitúa en el centro de la "cabeza" junto a los tipos Seis y Siete. La emoción subyacente no resuelta para los pensadores es el miedo. Los Cincos intentan evitar la sensación de miedo y ansiedad replegándose y protegiendo sus recursos internos.

Algunas cualidades descriptivas que puede reconocer en el tipo Cinco son la curiosidad, la erudición, la perceptividad, la autonomía, la perspicacia y la privacidad.

En el mejor de los casos, los Cinco son pioneros curiosos y visionarios que tienden a adelantarse a su tiempo. Tienen una increíble capacidad de previsión y un comportamiento tranquilo que reconforta a los demás.

Deseo principal: ser autosuficiente, libre y con conocimientos. Los Cincos quieren entender por qué las cosas funcionan como lo hacen, y la mayoría desea ser competente y sentirse seguro de sus conocimientos y recursos internos.

Miedo al núcleo: Los Cinco temen ser incapaces o indefensos.

¿Qué motiva a un tipo Cinco? Todos los tipos Cinco, en mayor o menor medida y dependiendo de lo saludable que sea su desarrollo, anhelan comprender su entorno. Les inspira su curiosidad y su deseo de conocer y comprender todo lo posible.

Alas:

El Tipo Cinco tiene el Ala Cuatro, que es "El Iconoclasta", y el Ala Seis, que es "El Solucionador de Problemas".

Las flechas y su significado:

El tipo Cinco tiene dos flechas de conexión, la 7 y la 8. Cuando se mueve en la dirección de la desintegración y el estrés (siete), los Cinco desapegados se vuelven dispersos, distraídos e hiperactivos como un Siete poco saludable. Sin embargo, la flecha que apunta al crecimiento y la integración (ocho) muestra a un Cinco desapegado transformándose en un individuo más seguro y decidido como un Ocho sano.

Ejemplos de personas famosas:

Algunas personas conocidas que comparten el tipo Cinco del eneagrama son Albert Einstein, Stephen Hawkin, Friedrich Nietzsche, Stephen King, Siddhartha Gautama Buda, Eckhart Tolle, Emily Dickinson, Bill Gates, Mark Zuckerberg, Jane Goodall, Jodie Foster y Angela Merkel.

Niveles de desarrollo del Tipo Cinco:

Hay diferentes expresiones del tipo Cinco que tendrás que aprender. En varias etapas de desarrollo, un tipo Cinco exhibirá ciertos comportamientos y actitudes dependiendo de cuán desconectados estén de su Yo superior. Veamos cada nivel.

Niveles saludables

El nivel 1 es un tipo Cinco en su mejor y más alto desarrollo. En este nivel, el individuo tiene la mente abierta, está comprometido y ve el mundo como algo completo y abundante. Este Cinco ve las grandes cuestiones complejas con claridad y precisión. Esto les lleva a realizar descubrimientos pioneros y a encontrar formas totalmente nuevas de hacer y percibir las cosas. También han aprendido a reconocer, procesar e incluso abrazar su lado emocional, lo que les convierte en seres humanos completos y poderosos.

En el nivel 2, el tipo Cinco se centra intensamente en su objeto de atención. Son extraordinariamente perceptivos y curiosos sobre lo que estudian, y prefieren invertir la mayor parte de su tiempo en modo de observación.

El nivel 3 es cuando un Cinco invierte todo su tiempo en convertirse en un experto en un campo específico. Son innovadores, muy independientes y producen obras preciosas. El conocimiento les emociona y entusiasma.

Niveles medios

El nivel 4 es aquel en el que un Cinco dedica la mayor parte de su tiempo a pensar en las cosas y a construir modelos mentales y visuales para resolverlas. En este punto del desarrollo, el individuo tarda en pasar a la acción con sus ideas porque prefiere reunir todos los recursos posibles, preparar y probar sus ideas en su cabeza primero.

La mayoría de las personas tienden a sentirse fascinadas por los temas esotéricos poco convencionales, incluso por aquellos que implican elementos oscuros y perturbadores. Son intensos y muy nerviosos y pasan la mayor parte del tiempo solos. El nivel 5 es el punto en el que un tipo Cinco suele empezar a mostrar signos significativos de desapego.

El nivel 6 es cuando el tipo Cinco adopta una postura antagónica hacia cualquier cosa que amenace su mundo interior o su visión personal. Son cínicos, discutidores y tienen puntos de vista increíblemente radicales sobre la vida.

Niveles no saludables

En el nivel 7 vemos una espiral descendente hacia el lado oscuro de la personalidad. Este tipo 5 está aislado de la realidad, es excéntrico y nihilista. Su miedo empieza a ser el centro de atención, lo que les hace ser muy inestables y estar alejados de todo y de todos.

En el nivel 8, un Cinco se obsesiona y se asusta con sus propios pensamientos. Las ideas amenazantes les abruman y se convierten en horribles individuos delirantes que sufren fobias y distorsiones de la realidad. En este punto, muchos desarrollan malos hábitos de alimentación y sueño e incluso descuidan su higiene.

El nivel 9 es el más bajo para el tipo Cinco, y se vuelven muy susceptibles al suicidio. Algunas personas sufren un brote psicótico y otras se vuelven trastornadas, autodestructivas y totalmente desconectadas de sus emociones.

Adicciones:

Para hacer frente a la confusión emocional y psicológica a la que se enfrenta este tipo, especialmente en esos niveles insanos de desarrollo, los Cincos pueden recurrir a las drogas psicotrópicas para estimularse mentalmente y evadirse. Algunos pueden usar narcóticos para lidiar con su ansiedad.

CÓMO RECONOCER SI ERES UN CINCO DEL ENEAGRAMA

Veamos algunos rasgos fáciles de detectar para un Eneagrama tipo Cinco y tome nota de con cuántos se identifica. Ten en cuenta que algunos de estos rasgos serán más pronunciados en los Cuatros sanos, mientras que otros serán más identificables con los Cincos no sanos.

- Los demás suelen decir que tú das la impresión de estar desconectado emocionalmente, ser distante y demasiado analítico. ¿Quizá tu pareja se queja de algunos de estos rasgos?
- No te gustan las charlas triviales, pero disfrutas de las conversaciones profundas en torno a tus temas de interés.
- La privacidad es fundamental para ti y no es negociable. Es una de las razones por las que no te gustan las redes sociales.
- Ser autosuficiente, independiente y tener total autonomía sobre tu vida también es innegociable.
- Eres un minimalista.
- Sientes que el mundo es muy intrusivo y agotador. De ahí que hagas todo lo posible por crear límites firmes para proteger tu energía y tus recursos.
- Te gusta acaparar conocimientos, espacio e incluso tiempo a solas.

- No te gustan las grandes aglomeraciones, ni las grandes reuniones, ni muchos amigos. Tus relaciones son pocas pero muy fuertes.
- La curiosidad es una de las principales cualidades que se reconocen de uno mismo. Hay una sed insaciable de conocimiento y de averiguar cosas.

LUCHAS QUE PUEDE ENFRENTAR UN ENEAGRAMA 5

Quedarse atascado en la cabeza

Hay una afirmación común que puedes haber escuchado varias veces a lo largo de tu vida, especialmente si eres un tipo Cinco. "Sal de tu cabeza". Admitámoslo, los Cinco pasan mucho tiempo perdidos en sus cabezas. Aunque es agradable diseccionar todo y a todos los que te rodean o crear modelos internos del mundo, con el tiempo, esto creará una profunda lucha a medida que la brecha entre tu mundo mental interno y este mundo objetivo externo se amplía. Un Cinco sano aprende a integrar ambos mundos y a pasar una cantidad de tiempo saludable nadando en su océano de pensamientos y construcciones mentales sin descuidar el mundo objetivo.

Inseguridad subyacente

En el libro *"Tipos de personalidad: El Eneagrama como método de autodescubrimiento"*, Don Riso y Russ Hudson, afirman que el tipo Cinco "suele tratar de evitar involucrarse profundamente con los demás porque las personas son imprevisibles y potencialmente exigentes. Los niveles de desarrollo medio e insano son los que más luchan con este pensamiento porque creen que siempre hay una trampa. Se trata de una forma de inseguridad que a menudo se enmascara con un comportamiento distante y despreocupado. Puede que pienses que no te importan los demás, pero la cuestión subyacente es que temes no ser lo suficientemente competente para manejar cualquier desafío imprevisible que surja al relacionarte con los demás. Eso es algo que hay que resolver.

Distracciones

Tanto si eres tú un Cinco sano, medio o insano, apreciarás la mención de las distracciones porque es una lucha universal para todos los Cinco. Todos los que se identifican como un tipo Cinco odian ser interrumpidos u obligados a lidiar con el ruidoso mundo exterior. La tecnología es fantástica para un Cinco sediento de conocimientos. Pero también puede ser una fuente de angustia, sobre todo si tienes familiares y amigos que no paran de darte la lata fuera y dentro de la red. Cuando hay mucho ruido, obligaciones e interacciones demasiado frecuentes, da la sensación de que la gente no respeta tu intimidad ni tu personalidad. En lugar de sufrir en silencio o, lo que es peor, encerrarte en la gente, considera la posibilidad de hablar y hacer saber a los demás que necesitas un tiempo tranquilo y sin interrupciones. Si las aplicaciones tienden a irritarte, crea una estructura que te permita disfrutar de ellas cuando te convenga y cerrarlas cuando necesites paz y tranquilidad. Encuentra formas saludables de proteger tu espacio personal sin aislarte.

Conectar con tus emociones

El pensador que hay en ti lucha por conciliar el valor de las emociones, de ahí que se produzca la ruptura constante entre la razón y el sentimiento. Es fácil desprenderse de los sentimientos, bloquearlos y esperar que desaparezcan. Lo que necesitas es darte cuenta de que tus emociones tienen un propósito más elevado. Son tan importantes para tu crecimiento y realización como tu intelecto. Tus ideas y tu capacidad de ejecución crecerán exponencialmente cuando integres armoniosamente tanto el pensamiento como la emoción.

No tener suficiente tiempo a solas

Es bueno encontrar un equilibrio saludable entre estar solo y conectarse con los demás. Si eres un Cinco, sabes que necesitas más tiempo a solas que la mayoría de la gente. Eso puede crear fricciones en las relaciones, especialmente si tienes que tratar con alguien extrovertido. Forzarte a estar rodeado de gente no es saludable para tu desarrollo. Sin embargo, tampoco lo es separarse demasiado del mundo de las personas.

CONSEJOS DE CRECIMIENTO PARA LOS CINCOS

#1: Deja que el mundo entre

Vale, quizá no a todo el mundo, pero debes saber que está bien salir de tu zona de confort y confiar en la gente. El universo es benévolo. Está bien tener relaciones, confiar en los demás e incluso compartir tus sentimientos. Sé que se necesita práctica, así que empieza poco a poco. Un buen amigo a la vez es todo lo que necesitas para empezar.

#2: Invierte tiempo diariamente para conectar con tu cuerpo y tus emociones

Aunque es encantador pasar la mayor parte del tiempo en la mente, es aún más poderoso crear conscientemente esa conexión mente-cuerpo. Considera la posibilidad de experimentar con diferentes ejercicios y actividades que vinculen tus emociones, tu cuerpo y tu mente. Encuentra algo que te guste: pintar, tocar un instrumento, escribir de forma creativa, escribir un diario, hacer yoga o cualquier otra cosa a la que puedas dedicarte con regularidad.

#3: Practica la generosidad contigo mismo

Cuanto más puedas hacer y darte a ti mismo, más fácil será percibir la abundancia y, a su vez, dar generosamente, ya sea tu conocimiento, tiempo o recursos. Haz un poco de espacio para la abundancia en tu vida, de modo que puedas eliminar esa aterradora sensación de escasez que a menudo hace que los Cincos acumulen cosas.

#4: Crea una estructura de apoyo que promueva tu bienestar

Personas que te construyan y te desafíen a ser un mejor ser humano. Teniendo en cuenta lo obsesivo e intenso que puedes ser con algo que te importa, te animo a que tengas una estructura de apoyo. Elige a una o dos personas con las que puedas compartir absolutamente todo. Puede tratarse de una sola persona que tenga acceso a tus pensamientos y emociones más perturbadoras para que te ayude a mantener los pies en la tierra. Supongamos que pierdes el control de la realidad o te dejas llevar demasiado por una idea. En ese caso, estarán ahí para devolverte a una perspectiva saludable para que no te pierdas en la búsqueda del conocimiento. Puede que pienses que es innecesario, pero te hace mucho bien emocionalmente tanto a ti como a la persona que te quiere saber que os cubrís las espaldas mutuamente.

#5: Aumenta tu autoconciencia

Las prácticas diarias de autoconciencia te permitirán ir por la vida con la mente puesta en ello y ser más consciente de cómo te muestras y de cuándo estás empezando a caer en una espiral de desarrollo. Sé consciente de cuándo empiezas a encerrarte en ti mismo o cuándo te cierras a alguien. Entonces podrás actuar conscientemente para avanzar en una dirección más constructiva.

TIPO 6: EL LEAL/ESCÉPTICO

Visión general del tipo Seis:

A los Seis se les suele llamar leales porque están muy comprometidos con sus relaciones y valores. Los Seis son considerados los más leales, fieles y fiables de todos los tipos del Eneagrama. También se les conoce como escépticos porque suelen estar alerta y tratan de pensar varios pasos por delante para sentirse preparados para manejar los peores escenarios. Los Seises suelen ser increíbles en la resolución de problemas, pero en los niveles más bajos de desarrollo hay Seises que se paralizan por esta tendencia natural a anticiparse a que las cosas vayan mal. De hecho, en los niveles medios e insalubres, un tipo Seis suele estar abrumado por su constante preocupación por el futuro y por qué las cosas vayan mal.

En general, los Seis son muy trabajadores, competentes y se toman su tiempo para hacer las cosas bien. Aunque son los más leales, se necesita tiempo para desarrollar esa confianza. Pero una vez que un Seis confía en ti o se compromete con algo, lo cumple. También respetan las normas y la autoridad, siempre que confíen en esa fuente de autoridad y en su intención. A diferencia del tipo Cinco, que también son pensadores, a los Seis les gusta la colaboración y el trabajo en equipo. En el trabajo, prosperan en entornos de equipo sanos y no temen adoptar una postura en nombre del bien común del equipo a pesar de las preocupaciones y los riesgos. Son excelentes para cumplir los compromisos con las personas y los planes, y tienden a abordar los problemas tanto con lógica como con emoción. Para un tipo Seis, estar preparado, seguro y protegido es una prioridad absoluta.

Los diferentes tipos de Seis verán el mundo en función de su nivel de desarrollo, pero como regla general, los Seis normales y sanos son solidarios, generosos y trabajadores en equipo que disfrutan motivando a sus colegas y amigos. Se sienten muy orgullosos de servir a su organización, desarrollan un estilo de apego seguro y confían en los demás con facilidad.

Por otro lado, los Seises no saludables son muy paranoicos, desconfían de todo y se paralizan a la hora de actuar porque la ilusión del peligro constante es demasiado abrumadora. Desgraciadamente, a los Seises insanos les gusta proyectar sus inseguridades en los demás, lo que puede causar muchas fricciones en las relaciones.

Dentro de la tríada de los Centros de Inteligencia, los Seis se sitúan en el centro de la "cabeza" junto a los Cincos y los Sietes. Dentro de esta tríada, los tipos Seis son los que más luchan con su miedo no resuelto, y siguen oscilando entre la confianza y la desconfianza en las personas que les rodean y en el mundo. El miedo y la ansiedad de un Seis pueden manifestarse de diversas maneras, lo que hace que este tipo sea el más difícil de describir y tipificar. También hace que un Seis sea más susceptible de malinterpretar su verdadera personalidad. Muchos asumen que son un tipo Dos o un Nueve.

Algunas de las cualidades descriptivas que puedes reconocer en el tipo Seis son la responsabilidad, el compromiso, la persistencia, la lealtad, la fiabilidad, el valor, la atención a las personas y la estrategia en su pensamiento.

En su mejor momento, los Seis son internamente estables, autosuficientes, dignos de confianza y grandes jugadores de equipo.

Deseo principal: los Seis buscan seguridad y apoyo.

Temor central: Perder su terreno, no estar preparado y ser incapaz de defenderse de los peligros de este mundo.

¿Qué motiva a un tipo Seis? Los Seis se mueven por la necesidad de crear una sensación de seguridad a su alrededor.

Alas:

El Tipo Seis tiene el Ala Cinco, que es "El Defensor", y el Ala Siete, que es "El Compañero".

Las flechas y sus significados:

El tipo Seis tiene dos flechas de conexión, la 3 y la 9. Cuando se mueven en la dirección de la desintegración y el estrés (tres), los Seis obedientes son arrogantes y competitivos como los Nueve insanos. Sin embargo, la flecha que apunta al crecimiento y la integración (nueve) muestra a un Seis temeroso y pesimista que se transforma en un individuo más relajado y optimista como un Nueve sano.

Ejemplos de personas famosas:

Algunas personas conocidas que comparten el tipo Seis del Enea-grama son Mike Tyson, Diana Princesa de Gales, Marylin Monroe, Mel Gibson, Jennifer Aniston, Sarah Jessica Parker, Mark Twain, Woody Allen y Eminem.

Niveles de desarrollo del Tipo Seis:

Hay diferentes expresiones del tipo Seis que tendrás que aprender. En varias etapas de desarrollo, un tipo Seis exhibirá ciertos comportamientos y actitudes dependiendo de cuán desconec-tados estén de su Yo superior. Veamos cada nivel.

Niveles saludables

El nivel 1 es un tipo Seis en su mejor momento. Aquí el individuo es tranquilo, confía en sí mismo y en los demás, es valiente, opti-mista en su pensamiento y es un gran líder. Su capacidad para afirmarse a sí mismo y para guiar a los demás hacia su grandeza le hace extremadamente valioso en el mundo. Este tipo Seis ha encontrado su seguridad y protección y no busca fuentes externas que se las proporcionen. Encuentra un equilibrio entre la independencia y la interdependencia en relación con los demás.

El nivel 2 es un tipo Seis adorable, afectuoso y capaz de formar alianzas permanentes y relaciones sanas con los demás. La confianza es esencial y pueden establecer rápidamente vínculos con los demás.

El nivel 3 es un tipo Seis muy dedicado a las personas y a las cosas en las que cree. Este individuo suele ser un gran constructor de comunidades. Son dignos de confianza, trabajadores y excelentes en la resolución de problemas. Aportan ese espíritu de cooperación que une a las personas, ya sea en línea o fuera de ella.

Niveles medios

El nivel 4 es un tipo Seis que aún no está asentado en su propia estabilidad y seguridad. Eso significa que dedican la mayor parte de su energía y tiempo a intentar crear estructuras y alianzas que les den esa sensación de continuidad y seguridad. Este individuo está siempre en alerta y anticipando problemas.

El nivel 5 es un tipo Seis que lucha contra la ansiedad y la confusión interna. Cambian continuamente de sentimientos de confianza a desconfianza, seguridad y peligro. Este individuo se vuelve evasivo, indeciso, demasiado cauto y ambivalente. También puede volverse un poco pasivo-agresivo en sus relaciones.

En el nivel 6, los Seis se vuelven cada vez más inseguros. Se vuelven sarcásticos y culpan a los demás de sus problemas. En este punto, su visión de túnel les hace ser muy blancos y negros, creando divisiones y etiquetando a las personas como amigos o enemigos. A este tipo Seis le encanta ser autoritario, pero es muy desconfiado e incluso temeroso de la autoridad. Encuentran consuelo en infundir miedo a los demás como mecanismo de afrontamiento para silenciar sus propios miedos.

Niveles no saludables

En el nivel 7, el tipo Seis cae en una espiral hacia su lado oscuro. El miedo es muy pronunciado en esta persona, y se vuelve asustadiza, volátil y difícil de rodear. Se sienten indefensos y buscan desesperadamente una autoridad externa más fuerte o algo que les ayude a resolver sus problemas.

En el nivel 8, los Seis suelen sentir que los demás van a por ellos. Algunos pueden incluso volverse un poco violentos al arremeter y actuar de forma irracional. Irónicamente, sus acciones hacen que produzcan la misma cosa que temen.

El nivel 9 es el más insano para un tipo Seis. En este punto, se trata de una persona autodestructiva, histérica e incluso suicida. La mayor parte de su comportamiento es pasivo-agresivo, y son propensos a autosabotear incluso el poco bien que hacen.

Adicciones:

Para hacer frente a la confusión emocional y psicológica a la que se enfrenta este tipo, especialmente en esos niveles insanos de desarrollo, los Seises pueden recurrir al alcoholismo, al abuso de drogas o incluso a trabajar en exceso, todo ello en un intento de eliminar los peligros que perciben y fortificar su seguridad.

CÓMO RECONOCER SI ERES UN SEIS DEL ENEAGRAMA

Veamos algunos rasgos fáciles de detectar para un Seis del Eneagrama y tomemos nota de con cuántos te identificas. Ten en cuenta que algunos de estos rasgos serán más pronunciados en los Seis sanos mientras que otros serán más identificables con los Seis no sanos.

- Eres increíblemente leal a las personas que te importan.
- La estabilidad, la seguridad, la consistencia y la previsibilidad son realmente importantes para ti.
- En algunos aspectos, eres súper confiado, pero a veces también eres súper inseguro.
- Te gusta ser directo en tu comunicación y prefieres que la gente sea directa contigo.
- Te interesa más apoyar al grupo que ser la estrella o que los focos se centren en ti.
- Valoras la lealtad y la confianza en las relaciones.
- El deseo de hacer siempre las cosas de la "manera correcta" te provoca mucha ansiedad.
- Temes que te abandonen o que te dejen solo las personas en las que confías.
- Cuando crees en algo, te aferras a ello y rara vez cambias de opinión pase lo que pase.

LUCHAS QUE UN ENEAGRAMA SEIS PUEDE ENFRENTAR

Pesimismo y desconfianza

Plantear los peores escenarios es un gran obstáculo para todos los Seises. Aunque es bueno considerar todos los ángulos, permitir que tu cerebro caiga en la madriguera del pesimismo y la ansiedad sólo perjudicará tu trabajo y tu salud. Considera la posibilidad de traer el momento presente cada vez que te encuentres cayendo en el escepticismo.

Pensar en círculos

La mayoría de los Seis poco saludables y medios se encuentran pensando en círculos, sin llegar a ninguna parte. Es fácil quedarse atrapado en un bucle que genera ansiedad y miedo. Por eso tienes que descubrirte lo antes posible cuando tu pensamiento empiece a caer en espiral y detener ese impulso. En lugar de darle demasiadas vueltas a las cosas, haz una pausa y pregúntate: "¿Y si ocurre lo peor?". Una vez que te respondas a eso, sigue con "¿y luego qué?". Una vez que respondas a eso, sigue inclinándote en esa dirección hasta que te encuentres identificando los recursos que tienes para manejar cualquier cosa que tu cerebro te diga que va a salir mal. A veces, lo único que tienes que hacer es demostrarle a tu cerebro que anticiparse a las "cosas malas" no es muy productivo y que, por muy mal que piense tu cerebro, siempre hay una solución para cada problema. Demuéstrate a ti mismo que tu pensamiento puede ser lo suficientemente brillante como para crear ideas constructivas, no sólo las que generan ansiedad.

Fobias o comportamientos contrafóbicos

Algunos Seis evitan enfrentarse a sus miedos y se vuelven fóbicos a todo como mecanismo de defensa. Otros llegan al extremo polar y se muestran duros por fuera, poniéndose a menudo en situaciones de riesgo para demostrar que no tienen miedo. Esto se utiliza como una forma de enmascarar su incertidumbre interna. En cualquier caso, ninguna de estas expresiones es saludable, así que lo mejor es abordarlas y resolverlas de forma sana.

CONSEJOS PARA EL CRECIMIENTO DE LOS SEISES

#1: Asume riesgos seguros y prueba cosas nuevas a menudo

La constancia y la previsibilidad son estupendas, pero te harán demasiado rígido. Tienes que ser flexible y adaptable, así que haz algo que te saque regularmente de tu zona de confort. Empieza con cosas pequeñas, como pedir un sándwich diferente en tu cafetería favorita o cambiar tu rutina de ejercicios. Cuanto más te demuestres a ti mismo que algunos riesgos son razonables, más fácil será aceptar el cambio, y puede que te des cuenta de que el mundo no es tan malo como te imaginas.

#2: Cultivar la confianza en uno mismo

Esta es una de las cosas más importantes que puedes hacer para desarrollar y mejorar tu vida. ¿Cómo se puedes aumentar la confianza en ti mismo? Comienza con pequeños y constantes pasos diarios que aumenten tu autoestima. Considera la posibilidad de escuchar un podcast o leer un libro a diario que alimente tu mente con pensamientos nutritivos sobre quién eres y de qué eres capaz. También deberías fijarte objetivos grandes y pequeños hacia los que avanzar. A medida que vayas cumpliendo cada uno de ellos (especialmente los mini-objetivos), recuérdate que eres tú quien lo está haciendo y date permiso para sentirte bien por ello. Encuentra tu Verdad, y tendrás una base sólida para construirte a ti mismo.

#3: Crea prácticas y hábitos diarios que te ayuden a liberar la ansiedad

En lugar de pasar mucho tiempo con la cabeza, reenfoca esa energía en cosas constructivas que te permitan permanecer en el momento presente y liberar el estrés y la tensión. Si no estás seguro de qué actividades pueden ayudarte con la conciencia del momento presente, consulta la última sección. He compartido varias técnicas para ayudarte a convertirte en una versión más saludable de ti mismo.

#4: Trabaja en tu medidor de confianza

La confianza es un tema importante para ti como Seis, y eso significa que necesitas darla generosamente si deseas tenerla. Esa tendencia a ser escéptico con todo y con todos puede servirte algunas veces. Aun así, debes tenerla bien controlada porque, en su mayor parte, es más fácil construir relaciones sanas y duraderas cuando no eres pesimista y escéptico. No tengas miedo de dar tu confianza a alguien si te parece bien, y confía en tu criterio. Seguro que te encontrarás con algunos errores aquí y allá. El truco está en sintonizar más con tu guía interior y creer que puedes elegir a las personas adecuadas para que te rodeen.

CHAPTER 7

SISTEMA DE TIPIFICACIÓN DE LA PERSONALIDAD DEL ENEAGRAMA PARTE 3

TIPO 7: EL ENTUSIASTA

Visión general del tipo Siete:

Los Siete son entusiastas buscadores de placer porque aman la aventura y poseen una energía ilimitada. Siempre están persiguiendo la próxima gran cosa que creará sentimientos de placer y felicidad en sus vidas. Los sietes suelen ser prácticos con múltiples talentos y habilidades de alto nivel. Son pensadores rápidos, creativos y capaces de hacer varias cosas a la vez. Su energía positiva les hace muy atractivos, por lo que la gente disfruta mucho a su alrededor. El tema central de los Siete optimistas es planificar, preparar y buscar la siguiente novedad, porque generalmente están convencidos de que algo mejor está a la vuelta de la esquina. Y aunque su energía y personalidad son estupendas para establecer contactos, promocionarse y promover sus intereses en el trabajo, esta inquietud constante puede crear muchas fricciones. A los Siete no les resulta fácil concentrarse y les gusta mantener todas las opciones abiertas, por lo que les cuesta mucho comprometerse. Les gusta tener libertad creativa y disponer de opciones y horarios flexibles en el trabajo. Les encanta estar rodeados de gente, pero no puede ser bajo reglas y estructuras rígidas, ya que eso mataría la espontaneidad y la libertad que los Siete disfrutan más en las interacciones. Los Sietes prosperan en entornos que utilizan su pensamiento creativo y su imaginación. Serán ellos los que exploren y ofrezcan nuevas posibilidades e ideas de futuro. La mayoría de los Sietes son extrovertidos y disfrutan experimentando el mundo principalmente a través de sus sentidos físicos.

Los diferentes tipos de Sietes verán el mundo en función de su nivel de desarrollo. Sin embargo, como regla general, los Sietes sanos son más serenos, centrados y capaces de concentrar su energía sabiamente, produciendo resultados que les benefician a ellos mismos y a los demás. Poseen una energía positiva contagiosa que atrae de forma natural todas las oportunidades y personas adecuadas. Pueden encontrar fácilmente ese equilibrio perfecto entre trabajo y vida privada que les permite disfrutar de lo mejor de ambos. Los sietes poco saludables son ilógicos, irritables, grandes procrastinadores e improductivos. Les cuesta asumir responsabilidades y rendir cuentas y nunca pueden terminar lo que empiezan. Siempre saltando de una cosa a otra o de una relación a otra, los Sietes insanos no tienen los pies en la tierra ni controlan su necesidad compulsiva de placer. Esto los hace bastante malhumorados e inestables emocionalmente.

Dentro de la tríada de los Centros de Inteligencia, los Sietes se sitúan en el centro de la "cabeza" junto a los Cincos y los Seises. Al ser el miedo su emoción subyacente no resuelta, los Sietes reaccionan de forma diferente a esta desconexión. Eligen hacer todo lo posible para encontrar y mantener el placer a través de sus sentidos como forma de bloquear los estados negativos y el miedo con los que no desean lidiar. Buscan distracciones en entornos externos para asegurarse una estimulación constante, por lo que son más propensos que la mayoría de los tipos a caer en todo tipo de adicciones.

Su miedo y su evitación del dolor también se proyectan en los demás. Notarás que un Siete no querrá enfrentarse a las emociones oscuras de nadie, ni siquiera a las suyas propias. Prefieren minimizar o negar el dolor antes que reconocerlo. Por supuesto, el grado en que un Siete manifiesta esta negación y evasión depende totalmente de su nivel de desarrollo.

Algunas cualidades descriptivas que puedes reconocer en los Siete son la curiosidad, el optimismo, la espontaneidad, la versatilidad, el espíritu de aventura, la adaptabilidad, la agilidad y la apertura mental.

En su mejor momento, los Sietes están centrados y trabajan en objetivos que merecen la pena. Han aprendido a ser agradecidos, alegres y satisfechos consigo mismos y con la vida en general.

Deseo básico: El deseo más básico del tipo Siete es sentirse feliz, satisfecho y comprometido. Quieren empaparse de todo lo bueno que ofrece la vida y desean vivir toda su vida en ese placer.

Miedo básico: El miedo más básico de un Siete es que el miedo inherente y las emociones negativas no resueltas en su interior se apoderen de él y le causen un dolor ineludible. También temen verse privados de libertad y emoción en la vida, por lo que odian las reglas rígidas y los plazos estrictos.

¿Qué motiva a un tipo Siete? Su mayor motivación es evitar el dolor, el malestar y la negatividad a toda costa.

Alas:

El Tipo Siete tiene el Ala Seis, que es "El Entretenedor", y el Ala Ocho, que es "El Realista".

Las flechas y sus significados:

El tipo Siete tiene dos flechas de conexión, la 1 y la 5. Cuando se mueve en la dirección de la desintegración y el estrés (uno), los Siete dispersos se vuelven críticos y perfeccionistas como los Siete insanos. Sin embargo, la flecha que apunta al crecimiento y la integración (cinco) muestra a un Siete disperso transformándose en un individuo más centrado como un Cinco sano.

Ejemplos de personas famosas:

Algunas personas famosas que comparten el Siete del eneagrama son Amelia Earhart, Ram Dass, John F. Kennedy, Richard Branson, Katy Perry, Elton John, el 14º Dalai Lama, Bette Midler, George Clooney, Brad Pitt, Robin Williams, Jim Carrey, Robert Downey, Jr. y Leonardo DiCaprio.

Niveles de desarrollo del Tipo Siete:

Hay diferentes expresiones del tipo Sietes que tendrás que aprender. En varias etapas de desarrollo, un tipo Sietes exhibirá ciertos comportamientos y actitudes dependiendo de cuán desconectados están de su Yo superior. Veamos cada nivel.

Niveles saludables

El nivel 1 es un tipo Siete en su mejor momento. Este individuo vive asombrado y maravillado por la bondad que ofrece la vida. Asimilan las experiencias en profundidad y experimentan un profundo aprecio y gratitud por donde están y por lo que tienen. Han accedido al gozoso éxtasis de encontrar esa alineación espiritual tan necesaria que les proporciona el placer que buscaban externamente.

El nivel 2 es cuando un Siete es más extrovertido. Son alegres, resistentes, espontáneos, curiosos, excitables y quieren experimentar la vida al máximo. A este individuo todo le resulta estimulante.

En el nivel 3, un Siete es más generalista y sigue estando muy involucrado en sus intereses multifacéticos, pero de una manera enfocada, lo que lo hace muy productivo. Este individuo logra más que la mayoría y suele ser excelente en todo lo que pone su atención.

Niveles medios

En el nivel 4 es cuando un Siete empieza a ser inquieto. Quieren tener más opciones y elecciones relacionadas directamente con su sentido de la libertad. Su sentido de la aventura y la búsqueda del placer es más mundano, ya que buscan experiencias externas y cosas nuevas. Este Siete es un gran consumidor de las últimas tendencias.

En el nivel 5, el Siete se vuelve hiperactivo e incapaz de controlar su necesidad compulsiva de estimulación. Se ven desbordados y distraídos haciendo cualquier cosa que se les ocurra. En este punto, el miedo a aburrirse y a perderse algo comienza a ponerse en marcha. Siguen siendo optimistas, ingeniosos, chistosos y les encantan las cosas que les divierten. Las ideas creativas siguen fluyendo y, como siguen intentando perseguir todos sus intereses, pero sin un enfoque claro, no consiguen mucho. Puede que empiecen algo o desarrollen una gran idea, pero no habrá ningún seguimiento.

El nivel 6 es cuando un Siete se vuelve excesivo en su consumo. No pueden decirse "no" a sí mismos. Esto hace que se vuelvan egocéntricos, demasiado materialistas e incluso codiciosos, ya que buscan tener más y más. Nada es suficiente para ellos. En términos de comportamiento, este Siete se vuelve prepotente, hastiado y realmente exigente.

Niveles poco saludables

En el nivel 7 vemos una espiral descendente hacia el lado oscuro de un Siete. En este punto, la persona está desesperada por calmar su creciente ansiedad y su comportamiento excesivo. Desgraciadamente, no saben cómo crear disciplina porque nunca han creado ninguna estructura ni hábitos saludables, así que caen en adicciones y comportamientos abusivos. En un intento de escapar de los estados mentales negativos, caen más profundamente en el oscuro pozo de la adicción.

En el nivel 8 es donde un tipo Siete intenta huir de su propio y horrible yo. Su optimismo se ha desvanecido, y ahora todo lo que queda es una ansiedad interminable y cambios de humor erráticos.

El nivel 9 es el nivel más bajo de desarrollo y definitivamente el más bajo para el entusiasta. En este punto, los Siete han agotado toda su energía y a menudo renuncian a la vida y a sí mismos. Caen rápidamente en la depresión y la desesperación. Algunos desarrollan un comportamiento peligroso y autodestructivo y son propensos a sufrir sobredosis o intentos de suicidio.

Adicciones:

Para hacer frente a la confusión emocional y psicológica a la que se enfrenta este tipo, especialmente en esos niveles de desarrollo poco saludables, los Sietes pueden recurrir a todo tipo de estimulantes que van desde la cafeína hasta cosas más peligrosas como la cocaína. Son más propensos a consumir pastillas de éxtasis, psicotrópicos, narcóticos y alcohol. Los que se interesan por el aspecto físico también pueden recurrir a la cirugía estética en exceso.

CÓMO RECONOCER SI ERES UN SIETE DEL ENEAGRAMA

Veamos algunos rasgos fáciles de detectar para un Siete del Eneagrama y anota con cuántos te identificas. Ten en cuenta que algunos de estos rasgos serán más pronunciados en los Siete sanos. Por el contrario, otros serán más identificables con los Sietes no saludables.

- Estás apasionadamente obsesionado con el futuro y todas sus posibilidades. De hecho, prefieres centrarte en el futuro y encuentras el presente bastante aburrido.
- Te gusta tener muchas opciones en casi todo. Eso incluye tu vida social y profesional.
- El FOMO es real, y no puedes soportarlo.
- No hay gente que diga "encuentra lo que te gusta" porque te gustan muchas cosas y eres bastante polifacético.
- "Zen" es la última palabra que usarías para describirte.
- Tienes un entusiasmo y una curiosidad infantiles a pesar de tu edad.
- La gente te encuentra magnética y dice que tu energía positiva es contagiosa.
- Te gusta mucho planificar. De hecho, puedes trazar fácilmente un mapa de los próximos quince años... pero dentro de dos semanas, probablemente tendrás otro nuevo plan detallado.

LUCHAS QUE PUEDE TENER UN ENEAGRAMA SIETE

Falta de concentración

Ser capaz de enfocar y concentrarse es una habilidad que todos los sietes necesitarán dominar si quieren ser productivos y tener éxito. Es más difícil para los sietes promedio y no saludables concentrarse y enfocarse en una sola cosa el tiempo suficiente para llevarla a cabo. Si esa niebla mental y esa sensación de "descontrol" te afectan, trabaja en la creación de rutinas saludables que te permitan desarrollar más autodisciplina y concentración.

Sentirse constreñido y atrapado por la rutina y los horarios

Dado que la libertad es uno de tus valores fundamentales, es fácil que sientas que los compromisos, los horarios y las expectativas de los demás te enjaulan. Es posible que desees relaciones leales y duraderas, como el matrimonio o los contratos de trabajo a largo plazo. Sin embargo, al mismo tiempo, estas cosas te producen una sensación de ansiedad e inquietud. La clave aquí es replantear algunos de estos compromisos críticos en tu vida y llegar a la plena comprensión de que la libertad y las responsabilidades no son mutuamente excluyentes.

Un maestro de todos los oficios y un maestro de ninguno

A la mayoría de los sietes medios y poco sanos les costará quedarse con algo el tiempo suficiente para conseguir la maestría. Eso puede ser en sus intereses profesionales y personales. Su curiosidad en estos niveles inferiores de desarrollo les hace rebotar de una cosa a otra. Pueden adquirir fácilmente nuevas habilidades y destrezas, pero las abandonan rápidamente por la siguiente cosa nueva. Si éste ha sido uno de tus problemas, la solución es desarrollarte a ti mismo para llegar al punto en el que puedas dedicarte a lo que te gusta el tiempo suficiente para adquirir una verdadera experiencia.

El dolor y las emociones negativas son tus enemigos

Como Siete de tipo clásico, reconocer y procesar cualquier cosa que amenace esa vibración optimista va a ser obviamente difícil. Y

438

eso está bien. Los Siete son conocidos por racionalizar y justificar todo lo que amenaza su felicidad porque no quieren enfrentarse a esas emociones incómodas. Si te das cuenta de que esto es cierto en tu caso, empieza a pillarte en esos momentos en los que las cosas van mal y tratas de "pasarlas por alto" o "guardarlas" para más adelante. En lugar de eso, sal de tu cabeza y entra en tu cuerpo. Toma conciencia de esas emociones y dedícate a explorarlas. Permítete experimentar tanto el placer como el dolor, porque eso te permitirá ser más completo y resistente.

CONSEJOS DE CRECIMIENTO PARA LOS TIPO SIETES

#1: Aprende a ver el valor de todas tus emociones, incluyendo las oscuras

Sé que esto es difícil si eres un Siete porque evitas toda la negatividad y el dolor, incluso el de los demás. Te animo a que mantengas la mente abierta y te eduques un poco más sobre el propósito que tienen estas emociones. Será difícil sentirse completo si vas por la vida negando ciertos aspectos de ti mismo. Y si bien morar en el dolor y la negatividad no es saludable, reconocerlo cuando sucede es lo ideal.

#2: Permítete profundizar y procesar todas tus emociones

Date permiso para sentir todas tus emociones, no sólo las agradables. La próxima vez que te sobrevenga una emoción negativa, no huyas. Siéntate con ella y tómate tiempo para procesarla. Pregúntate: "¿Qué estoy sintiendo y en qué parte de tu cuerpo lo sientes?". Si puedes identificar exactamente qué es esa emoción negativa, eso te permitirá etiquetar y domar esa emoción. Bien hecho, y con mucha práctica, esto puede ser un proceso liberador.

#3: Integrar un poco más de disciplina en tu vida

Puede que asocies los horarios y la estructura con el aburrimiento y la constricción. Sin embargo, un poco más de disciplina y autocontrol mejorará tu vida y ayudará a tu desarrollo. Cuanta más disciplina aportes a tu trabajo y a tu vida, más concentración tendrás y mayor será la recompensa cuando por fin empieces a ver los resultados de tu duro trabajo.

#4: Baja el ritmo y estate más presente

Sé que es divertido estar centrado en el futuro y en las posibilidades ilimitadas, pero recuerda que tu poder reside en el momento presente. Es esencial que inviertas más tiempo en cultivar tu poder en el aquí y ahora. Esa es la verdadera clave para seguir creciendo y progresando. Consulta el último capítulo sobre las prácticas que pueden permitirte estar poderosamente presente, independientemente de tu nivel de desarrollo actual.

TIPO 8: EL RETADOR/PROTECTOR

Visión general del tipo Ocho:

Los Ochos son conocidos como desafiantes porque se rebelan contra el statu quo y no tienen ningún problema en desafiar algo que no se alinea con sus valores o se aprovecha de los demás.

Los Ochos son poderosos y de fuerte voluntad, con un carisma natural y una capacidad de persuasión que hace que los demás les sigan en todo tipo de empeños. Se sabe que disfrutan asumiendo nuevos retos, creando iniciativas que impulsan el cambio y estando al mando de todo lo que les rodea. A veces también se les llama protectores porque, en la medida en que les gusta desafiar a los demás para que salgan de su zona de confort, también son muy protectores de las personas a su cargo. Aunque los Ochos pueden parecer intimidantes, agresivos y a veces discutidores, sus intenciones suelen ser las correctas porque nada es más importante para ellos que defender lo que creen y proteger a los que están a su cargo. Todos los Ocho tienden a ser bastante dominantes, incluso los sanos. La diferencia es que con un Ocho sano, esa tendencia se mantiene bajo control.

La mayoría de los Ocho son muy trabajadores, competentes, pragmáticos y orientados a los objetivos. Suelen ser pioneros en nuestra sociedad y se enorgullecen de su independencia y agudeza mental. Su percepción es que el mundo se compone de personas "fuertes" y "débiles"; ellos, al estar en la categoría "fuerte", tienen la responsabilidad de proteger a los débiles. Una de las grandes pasiones de un Ocho es hacer justicia, acabar con la opresión y proteger a los vulnerables.

En el trabajo, los Ocho son mejores cuando tienen algún tipo de papel de liderazgo. La mayoría de la gente se refiere a ellos como "mandones" porque son asertivos, autoritarios y pueden enfadarse bastante cuando las cosas no salen como ellos quieren. Pueden ser bastante impacientes con las normas y reglamentos y les cuesta seguir las instrucciones de otras personas. Sin embargo, aportan gran energía y entusiasmo al equipo. Mientras las cosas se hagan a su manera, todos disfrutan trabajando con ellos.

Los distintos tipos de Ochos verán el mundo en función de su nivel de desarrollo. Sin embargo, como regla general, los Ochos sanos son valientes, carismáticos, generosos, protectores poderosos, ingeniosos y comprometidos con su equipo o misión. También son intensamente cariñosos y protectores de sus amigos y familiares cercanos. Los Ochos enfermizos, por el contrario, son tiranos. Están ávidos de poder y destruirán todo lo que se interponga en su camino. La ira es un gran problema para este tipo, y no temen dar rienda suelta a la misma, especialmente cuando no consiguen lo que quieren. En los niveles más bajos de desarrollo, los Ochos pueden volverse bastante vengativos y emocionalmente insensibles.

Dentro de la tríada de los Centros de Inteligencia, el tipo Ocho se sitúa en el centro "Tripa" junto con los tipos Nueve y Uno. La emoción central no resuelta de esta tríada es la ira, y el Ocho no teme mostrarla. A diferencia de los Nueve y los Uno, que intentan reprimir o ignorar su ira, los Ochos no temen la confrontación, amenazan y hacen berrinches en cualquier momento.

Algunas de las cualidades descriptivas que puede reconocer en el tipo Ocho son: valiente, entusiasta, enérgico, carismático, decidido, confiado, feroz, independiente, autosuficiente, asertivo y protector.

En su mejor momento, los Ochos son inspiradores, generosos y capaces de lograr grandes cosas. Su autodominio y su compromiso con la justicia y la creación de una buena vida para sí mismos y para los demás les fortalece y les impulsa hacia el éxito. Son líderes natos y a la gente le encanta seguirlos.

Deseo principal: Los Ochos desean tener una buena vida y controlar su propio destino. Quieren ser el héroe de su mundo.

Miedo al núcleo: Los Ochos temen ser controlados o perjudicados por otros.

¿Qué motiva a un tipo Ocho? Su mayor motivación es la necesidad de tener el control, ser poderoso e invulnerable a las fuerzas externas. Quieren tener suficiente poder, energía y recursos para protegerse a sí mismos y a los demás (especialmente a los desvalidos). Los Ochos también se ven impulsados por la necesidad de impactar y defender algo significativo.

Alas:

El Tipo Ocho tiene el Ala Siete, que es "El Maverick", y el Ala Nueve que es "El Oso".

Las flechas y sus significados:

El tipo Ocho tiene dos flechas de conexión, la 2 y la 5. Cuando se mueve en la dirección de la desintegración y el estrés (cinco), los Ochos seguros de sí mismos se vuelven repentinamente evasivos y temerosos como los Cines insanos. Sin embargo, la flecha que apunta hacia el crecimiento y la integración (dos) muestra a un Ocho lujurioso y controlador que se transforma en un individuo más afectuoso y cálido como un Dos sano.

Ejemplos de personas famosas:

Algunas personas famosas que comparten el Siete del eneagrama son Winston Churchill, Martin Luther King, Jr., Saddam Hussein, Aretha Franklin, Pablo Picasso, Frank Sinatra, Mae West, Barbara Walters, Clint Eastwood, Jack Nicholson, Serena Williams, Donald Trump, Alec Baldwin, Franklin D. Roosevelt y Ernest Hemingway.

Niveles de desarrollo del Tipo Ocho:

Hay diferentes expresiones del tipo Ocho que tendrás que aprender. En varias etapas de desarrollo, un tipo Ocho exhibirá ciertos comportamientos y actitudes dependiendo de cuán desconectados estén de su Yo superior. Veamos cada nivel.

Niveles saludables

El nivel 1 es un tipo Ocho en su mejor momento. Aquí el individuo posee excelentes niveles de autocontrol y se siente muy conectado con su yo superior. Este Ocho ha cultivado y desarrollado su lado bondadoso, y tiene un profundo sentido de gratitud y alegría. Son magnánimos, misericordiosos, valientes y generosos. Están dispuestos a ponerse en grave peligro para lograr su visión y tener una influencia duradera.

En el nivel 2, el tipo Ocho es fuerte, poderoso, seguro de sí mismo y asertivo. Tienen un fuerte impulso interior para lograr sus objetivos y satisfacer sus necesidades y deseos. Saben defender lo que imaginan y tienen una actitud inmejorable de "sí se puede". Y todo esto lo hacen desde un lugar de estabilidad emocional y autocontrol.

En el nivel 3, un Ocho es bastante decisivo, autoritario y dominante, y siempre quiere ser la persona a la que los demás admiran. Este individuo toma la iniciativa y sabe cómo hacer que las cosas sucedan. Se le considera un campeón del pueblo, un proveedor y un protector. Se comporta con honor e integridad y disfruta defendiendo a los demás.

Niveles medios

En el nivel 4 es donde el Ocho comienza a negar sus propias necesidades emocionales. Todavía no ha alcanzado el autodominio, especialmente de sus emociones. Sin embargo, son muy trabajadores, ingeniosos y autosuficientes. En este punto, el Ocho está más preocupado por la independencia financiera y por tener suficientes recursos para vivir la vida en sus propios términos. Este individuo suele ser bastante rudo, emprendedor y pragmático.

En el nivel 5 es donde vemos que los aspectos opresivos de un Ocho toman el control. Este individuo quiere controlar su entorno y a las personas que le rodean. Puede haber un poco de jactancia, orgullo y egoísmo en su comportamiento, ya que intenta imponer su voluntad y visión a los demás. En este punto, el Ocho ya no ve esa igualdad, y la desconexión interna y el conflicto emocional son más significativos, por lo que tendrán dificultades para respetar a los demás.

El nivel 6 es el nivel de desarrollo en el que un Ocho es agresivo, intimidante y conflictivo. Este individuo tendrá muchos adversarios. No tendrán miedo de lanzar amenazas y represalias para conseguir la obediencia de los demás. Incluso puede llegar a infundir inseguridad y miedo a los demás para domarlos, lo que genera mucho resentimiento y hostilidad. La competencia es el nombre del juego, y creen que todo es un campo de batalla y que las emociones son para los débiles.

Niveles poco saludables

En el nivel 7, el tipo Ocho cae en una espiral hacia el lado oscuro de su personalidad. Este Ocho es duro de corazón, inmoral y, en algunos casos, bastante violento. En un intento de controlar todo y a todos, suelen convertirse en despiadados dictadores por derecho propio.

El nivel 8 es cuando el Ocho se vuelve demasiado imprudente y se excede. En un intento de alimentar su adicción al poder, llevan a cabo acciones que asustan e incluso dañan a los que les rodean. Pueden desarrollar ideas delirantes sobre su poder, sintiéndose omnipotentes e imparables, lo que a menudo les lleva a cometer graves errores.

El nivel 9 es el más bajo para un tipo Ocho. Este Ocho tiene el rango emocional de una cucharilla, lo que lo convierte en un antagonista frío como una piedra y altamente antisocial. En este punto, el individuo es vengativo, casi bárbaro en sus pensamientos y acciones, y destruirá todo lo que no se ajuste a su voluntad.

Adicciones:

Para hacer frente a la confusión emocional y psicológica a la que se enfrenta este tipo, especialmente en esos niveles insanos de desarrollo, los Ochos pueden recurrir al alcoholismo, al tabaco y a otras sustancias narcóticas para aliviarse. También tienden a ignorar sus necesidades físicas y emocionales aunque sientan un problema.

CÓMO RECONOCER SI ERES UN OCHO DEL ENEAGRAMA

Veamos algunos rasgos fáciles de detectar para un Ocho del Enea-grama, y asegúrate de tomar nota de con cuántos te identificas. Ten en cuenta que algunos de estos rasgos serán más pronunci-ados en los Ochos sanos, mientras que otros estarán más presentes en los Ochos no sanos.

- Desprecias con vehemencia que te controlen o manipulen de cualquier manera.
- La vulnerabilidad es algo con lo que se lucha seriamente, incluso cuando se trata de alguien con quien se tiene una relación íntima.
- Tu actitud puede resultar a veces intimidatoria y abrasiva, incluso cuando no es tu intención. Pero eso no te molesta mucho porque crees que el mundo necesita absolutamente gente como tú.
- Aunque no sueles expresarlo abiertamente, nada te da tanta alegría como ver a las personas que has tomado bajo tu tutela prosperar en la vida.
- Te niegas a permitir el autosabotaje o la autocompasión en las personas que quieres. Por eso no temes dar un poco de amor duro de vez en cuando, especialmente a los que te importan.
- Cuando uno se encuentra contra la pared, su primer instinto es enfrentarse a ella sin ayuda.
- Odias pedir ayuda o depender de los demás.

- Dirigir a los demás y tomar la iniciativa es algo natural para ti. Y hay algo en tu personalidad que parece obligar a los demás a seguir tu ejemplo.
- Tú sientes un gran respeto por aquellos que muestran resistencia, valor y perseverancia ante la adversidad.
- Si tuvieras un mantra, probablemente sería "tú creas tu propia suerte a través del trabajo duro, un carácter fuerte y una búsqueda implacable".
- Crees que el respeto debe ganarse a través de la competencia y la razón, no del estatus o la edad.

LUCHAS QUE PUEDE TENER UN ENEAGRAMA OCHO

Impaciencia

Tienes un sentido agudo de que el tiempo es limitado y quieres aprovechar al máximo tu tiempo en la tierra logrando todo lo que puedas. Eso es un gran motor, y te permite hacer que las cosas sucedan. Pero también puede generar mucha impaciencia, especialmente con personas que parecen lentas. Los procrastinadores y los que pierden el tiempo tienden a sacarte de quicio, y puede que no les guste la reacción que obtienen de ti. Aunque es estupendo estar tan motivado, volverse demasiado impaciente contigo mismo, con los demás o con las condiciones que escapan a tu control puede ser perjudicial. Aprende a confiar en el proceso.

Dominar o incluso intimidar a otros sin quererlo

Como se ha dicho antes, la necesidad de estar al mando, de tener el control y de liderar el camino es algo natural para un Ocho. Incluso en los niveles más saludables de desarrollo, tendrás que mantener este rasgo bajo control para que los demás no se sientan demasiado controlados por ti. Este aspecto es bastante pronunciado y tiende a sofocar a los demás cuando se trata de los Ochos más promedio y poco saludables. Sé que no te gusta endulzar nada ni mimar a la gente, pero tendrás que ser consciente de lo directo que eres si no quieres resultar ofensivo. La lucha es real porque a veces sentirás que te ves obligado a elegir entre ser tu auténtico y audaz yo o jugar a ser diplomático (algo que no soportas). Aun así, te animo a que seas consciente de tus reacciones. Tómate tiempo para considerar los efectos de tus reacciones, especialmente cuando se trata de relaciones que valoras profundamente.

Presionarse demasiado a sí mismo

Con tanta fuerza, poder, audacia, ideas y la creencia de que puedes hacer realidad lo imposible, es fácil ser demasiado duro contigo mismo. Los Ochos son famosos por su autodescuido físico y emocional, especialmente en niveles medios y poco saludables. Puede que sientas que no necesitas ayuda de nadie o que no puedes permitirte bajar el ritmo y tomarte un descanso porque la misión es demasiado crítica. La cuestión es que, para construir un legado duradero, necesitarás toda la ayuda y el descanso que puedas conseguir. El descanso y la relajación son tan importantes como ir a por todas. Y aunque te cueste delegar, te sientas vulnerable o hagas cualquier cosa de forma menos que perfecta, entiende que no son signos de debilidad. Te animo a que te des permiso para dejar de correr todo el tiempo y disfrutar de tiempos de inactividad saludables con regularidad.

Lucha contra las emociones y la palabra V

Si hay una palabra que te genera conflicto, tiene que ser: vulnerabilidad. Es posible que durante mucho tiempo hayas asociado la vulnerabilidad y las emociones con la debilidad. Tener conversaciones de corazón a corazón es probablemente una de las cosas más difíciles que puedes hacer, incluso con las personas que más te importan. Tu fuerza e independencia parecen estar reñidas con la compasión, la dulzura y la vulnerabilidad. A muchos Ochos les preocupa que los demás se aprovechen de ellos o traten de controlarlos si comparten abiertamente sus sentimientos. Empieza despacio si te das cuenta de que te cuesta dejar entrar a alguien (como suele ocurrir con muchos Ochos). Abre tu mente lo suficiente como para empezar a desarrollar ese nivel de intimidad y ternura con unas pocas personas que se ganen tu confianza con el tiempo. No te sientas forzado a ello, pero pon algo de esfuerzo para que realmente pueda suceder. Ser vulnerable con otra persona, aunque sea una sola, acabará haciéndote más fuerte y con más fundamento. Puede dar miedo, pero siempre merece la pena.

CONSEJOS DE CRECIMIENTO PARA LOS TIPO OCHOS

#1: Priorizar el autocuidado

Este es uno de los cambios más significativos que te animo a hacer inmediatamente. Dedica un tiempo cada día a hacer algo que te fundamente y te lleve a la conciencia del yo. Descuidar tu cuerpo, tu mente, tus emociones y tu yo superior sólo debilita tu poder y crea obstáculos innecesarios en tu camino de grandeza. Piensa en esto, tienes grandes planes y necesitas una energía ilimitada para hacer realidad esos sueños. ¿Cómo se obtiene esta energía? ¿De dónde vendrá de forma ilimitada? Los Ochos promedio asumen que pueden depender de estimulantes externos para seguir adelante. Eso no sólo es muy perjudicial, sino que también es bastante temporal y poco fiable. Hay una manera mejor, y es a través de rituales de autocuidado y tiempo dedicado a conectar con tu ser superior. Tendrás que crear una rutina que incorpore prácticas que sirvan a los tres dominios de ti mismo, es decir, cuerpo, mente y espíritu. Busca cosas que te gusten como el deporte, la natación, los masajes, etc., para cuidar tu cuerpo;

aliméntate con comida mental nutritiva para cuidar tu mente, y realiza prácticas como el yoga, el Tai Chi y la meditación para nutrir los tres dominios. Cuanto más trabajen estos tres en armonía, más imparable serás.

#2: Conecta con tus pensamientos y emociones

Como tipo basado en el cuerpo o en el intestino, tiendes a actuar por instintos, lo cual es excelente pero no holístico. Podrías notar un gran cambio en tu temperamento con sólo hacer este movimiento: reconecta con tus pensamientos y sentimientos antes de actuar. Cuando combinas los tres, es decir, instinto, pensamientos y sentimientos, tus decisiones y acciones serán más precisas y poderosas.

#3: Ábrete al amor incondicional

La tendencia es ver a las personas como fuertes o débiles, contigo o contra ti. Esta forma de pensar puede hacer que seas intensamente cariñoso con tus amigos cercanos y miembros de la familia, pero que te adormezcas cuando se trata de los llamados extraños. Por desgracia, esto puede dificultar el establecimiento de relaciones sólidas basadas en la confianza y el respeto mutuo. Para hacer grandes cosas, necesitarás que mucha gente trabaje contigo, y la mejor manera de dirigir a esas personas y ganarte su lealtad es a través del amor y no de la intimidación y la fuerza. Practicar el amor incondicional y reconocer que puedes dar y recibir amor más libremente te liberará y te dará poder. Fortalecerá tus conexiones profesionales y personales. Sé que te gusta que todo esté en un sistema basado en los méritos, pero haz que el amor sea la excepción a esta regla.

#4: Prioriza el descanso y el tiempo de inactividad

Trabaja duro y recuerda que también debes descansar lo suficiente. Programa el tiempo de inactividad y el tiempo de sueño igual que el tiempo de trabajo. Todas las grandes decisiones, ideas y acciones se producen cuando la mente está fresca, aguda y alerta. Escucha a tu cuerpo y dale tiempo suficiente para descansar, no basándote en lo que digan los demás, sino únicamente en lo que tu mente y tu cuerpo te digan que es lo mejor para ti. Algunas personas, como Kevin Hart, pueden funcionar bien con cuatro horas de sueño, mientras que otras, como Gary Vee, necesitan siete horas. No hay nada bueno o malo en esto. Sólo asegúrate de hacer lo que es adecuado para tu cuerpo.

TIPO 9: EL PACIFICADOR

Visión general del tipo Nueve:

A los Nueve se les llama comúnmente pacificadores o incluso mediadores porque valoran la paz y la armonía por encima de todo. Estos individuos son desinteresados, fáciles de llevar y muy amistosos. Todos los Nueve prefieren evitar los conflictos, por lo que se muestran algo retraídos de la vida en diversos grados. Algunos Nueve son introvertidos, por lo que les resulta más fácil aislarse y evitar cualquier cosa que amenace su tranquilidad. Otros llevan una vida más activa y social, pero incluso en ese caso, siempre se observará cierto grado de desentendimiento y falta de participación, como si trataran de aislarse de las amenazas.

En su mayor parte, los Nueve serán optimistas, apoyarán a los demás y adoptarán una actitud de "seguir la corriente" en todo momento. Les gusta estar al aire libre y se esfuerzan por vivir en entornos serenos. Aunque los Nueve parezcan conservadores, pueden ser muy resistentes ante el cambio y la incertidumbre. De hecho, la mayoría de los Nueve son más resistentes y abiertos al cambio de lo que creen. Una lucha única que este tipo experimenta mucho más que cualquier otro en el sistema de tipificación del Eneagrama es su tendencia a perderse en las relaciones

PERSONALITY HUB

personales. A menudo adoptan las características de su pareja y silencian por completo sus propias cualidades y voz. Eso hace que sea fácil que un Nueve se malinterprete a sí mismo. Las madres también pueden entregarse por completo a la familia y perder su identidad única, lo que las lleva a confundirse con un Dos. Y aunque esa disolución de uno mismo está impulsada por la necesidad de armonía, a menudo engendra resentimiento e ira, que periódicamente estalla. Aunque no es fácil de detectar, a los Nueve no les gusta el control externo, al igual que a los Ochos. La única diferencia es que no lo demuestran abiertamente. En cambio, muestran su resistencia de forma pasiva, lo que da lugar a un comportamiento pasivo-agresivo.

En el trabajo, los del tipo Nueve se llevarán bien con todo el mundo y verán genuinamente la perspectiva de cada persona, facilitando que los demás se sientan comprendidos. Sin embargo, harán todo lo posible para evitar o acabar con los conflictos a su alrededor.

Los distintos tipos de Nueve verán el mundo en función de su nivel de desarrollo, pero como regla general, los Nueve sanos son tranquilos, honestos, solidarios, y utilizan sus superpoderes naturales de difusión de conflictos para mantener la armonía y la fluidez social en todos los entornos.

Los Nueve no sanos son letárgicos y luchan mucho contra la procrastinación. Pueden volverse excesivamente pasivos y muy autocríticos.

Dentro de la tríada de los Centros de Inteligencia, los Nueve se sitúan en el centro de la "tripa" junto a los Ochos y los Unos. La emoción principal no resuelta de esta tríada es la ira. Aunque los Ochos son excelentes para expresar su ira y los Unos se resisten a ella, los Nueve prefieren evitarla por completo. Su único objetivo es encontrar la paz interior.

Un Nueve sano se mostrará agradable, gentil, amable, calmado, estable, honesto, aceptante, optimista, creativo y confiado. En realidad, estas son cualidades bastante distintivas que se pueden observar fácilmente en los Nueve. Este tipo tiene el superpoder natural de curar los conflictos a su alrededor sin mucho esfuerzo. También son grandes persuasores, y los demás escuchan y siguen fácilmente sus consejos.

En su mejor momento, los Nueve son individuos robustos y unificadores que unen a la gente y curan las disputas.

Deseo central: Tener una estabilidad interior completa y paz mental.

Miedo central: Los Nueve temen la separación y la pérdida.

¿Qué motiva a un tipo Nueve? La necesidad de encontrar la paz y la armonía interior y exterior. Los Nueve quieren evitar el conflicto a toda costa.

Alas:

El Tipo Nueve tiene el Ala Ocho, que es "El árbitro", y el Ala Uno, que es "El soñador".

Las flechas y sus significados:

El tipo tiene dos flechas, la 3 y la 6. Cuando se mueve en la dirección de la desintegración y el estrés (seis), los Nueve se vuelven ansiosos, estresados y preocupados como los Seis insanos. Sin embargo, la flecha que apunta hacia el crecimiento y la integración (tres) muestra a un Nueve descuidado y letárgico que se transforma en un individuo más enérgico y con un propósito, como un Tres sano.

Ejemplos de personas famosas:

Algunas personas famosas que comparten el tipo Nueve del Eneagrama son Walt Disney, Audrey Hepburn, Sophia Loren, Kevin
Costner, la reina Isabel II, Abraham Lincoln, Carl Jung, Janet Jack-
son, George Lucas, Lisa Kudrow, Tobey McGuire, John F. Kennedy
Jr, George W. Bush y Ronald Reagan.

Niveles de desarrollo del Tipo Nueve:

Hay diferentes expresiones del tipo Nueve que tendrás que aprender. En varias etapas de desarrollo, un tipo Nueve exhibirá ciertos
comportamientos y actitudes dependiendo de cuán desconectados estén de su Yo superior. Veamos cada nivel.

Niveles saludables

El nivel 1 es el tipo Nueve en su mejor momento. Este individuo
es dueño de sí mismo, se siente realizado y es uno con todo.
Tiene una gran autonomía, ecuanimidad y disfruta de una
profunda sensación de satisfacción con lo que es y con la vida en
su conjunto. Al haber encontrado esa paz interior y su auténtico
ser, son capaces de establecer conexiones más profundas con los
demás y facilitar una gran curación a su alrededor. La gente
confía y sigue naturalmente sus sabios consejos. Este Nueve está
vivo y profundamente conectado consigo mismo y con los
demás.

En el nivel 2, el Nueve es emocionalmente estable y sereno. Su
nivel de confianza es alto y aborda la vida, las relaciones y los
desafíos con facilidad y una calma inquebrantable. Este tipo de
Nueve es receptivo, se acepta a sí mismo y a los demás, no tiene
ningún tipo de pretensión, es paciente y realmente encantador
con la gente.

El nivel 3 es un Nueve optimista que sigue siendo consciente de su
superpoder persuasivo y curativo y lo utiliza positivamente para
armonizar los grupos y unir a las personas. Este individuo es tran-

quilizador, solidario, un gran comunicador y excelente en las mediaciones.

Niveles medios

En el nivel 4, el tipo Nueve empieza a idealizar a los demás y a aceptar todo lo que la gente dice, esté o no de acuerdo. Tienden a desviar las cosas y les cuesta decir su verdad, sobre todo cuando no están seguros de que vaya a ser bien recibida.

El nivel 5 sigue siendo un Nueve activo pero algo desvinculado. Este individuo es irreflexivo y un poco despistado. Los que son sociales y extrovertidos seguirán estando cerca de la gente. Sin embargo, no responderán a los problemas de los demás y preferirán alejarse. En su mayor parte, este tipo Nueve está "desconectado" y ajeno porque prefiere ser indiferente a esforzarse o centrarse en problemas que sólo agudizarán sus problemas internos.

En el nivel 6, el tipo Nueve prefiere minimizar los problemas y buscar la paz a cualquier precio. Esto significa que estarán de acuerdo con las cosas sólo para mantener la paz e incluso se resignan en asuntos en los que sienten que no se puede hacer nada para crear un cambio. También empezamos a ver mucha procrastinación en el individuo, ya que prefiere posponer cualquier cosa del mundo real que aumente su perturbación interior y, en su lugar, recurre a las ilusiones y a las soluciones mágicas.

Niveles insanos

El nivel 7 es aquel en el que el Nueve da un giro hacia el lado oscuro de su personalidad. La persona es terca, obstinada y se siente impotente. Se aísla y se desvincula de todos los conflictos hasta el punto de alejarse y dejar a otra persona en peligro con tal de no verse envuelta en el conflicto.

En el nivel 8, el tipo Nueve busca formas de bloquear cualquier cosa que cause conflicto en su mundo. Son insensibles, negligentes y despersonalizados en todas sus interacciones, sin querer tener nada que ver con un mundo o un entorno inarmónico.

En el nivel 9, el tipo Nueve apenas puede concentrarse en ninguna tarea, ya que el letargo, la impotencia y la autocrítica se disparan. Sufren de un comportamiento pasivo-agresivo en cualquier relación que tengan, y la mayoría se vuelven severamente desorientados y catatónicos.

Adicciones:

Para sobrellevar y suprimir parte del malestar emocional y psicológico al que se enfrenta este tipo, especialmente en los niveles de desarrollo poco saludables, los Nueve pueden recurrir al alcohol, la marihuana, comer en exceso, los depresivos y los psicotrópicos. También pueden evitar cualquier actividad física.

CÓMO RECONOCER SI ERES UN NUEVE DEL ENEAGRAMA

Veamos algunos rasgos fáciles de detectar para un Nueve del Eneagrama, y asegúrate de tomar nota de con cuántos te identificas. Tenga en cuenta que algunos de estos rasgos serán más pronunciados en los Nueve sanos, mientras que otros estarán más presentes en los Nueve no sanos.

- Tu mayor deseo es tener un mundo sin violencia, enfermedades ni nada negativo.
- No puedes soportar ver la tristeza en otra persona.
- Todo el mundo te ve como ese amigo genuino que siempre es relajado y fácil de tratar.
- Te cuesta elegir un bando en una pelea.

- La gente confía y se abre a ti de forma natural.
- Siempre has sido la mediadora y pacificadora en las reuniones familiares.
- Te das cuenta de que tu personalidad tiende a cambiar cuando estás cerca de ciertas personas. Es casi como si te encastraras y te parecieras más a ellos.
- Tienes el hábito de lidiar con los problemas no haciéndolos, esperando que al no reconocerlos, de alguna manera desaparecerán.
- Pasar por el modelo del Eneagrama e identificar tu tipo se siente imposible porque te ves en todos ellos y no puedes decidir cuál es tu verdadero yo.

LUCHAS QUE PUEDE TENER UN ENEAGRAMA OCHO

Indecisión

A casi todos los Nueve les cuesta tomar decisiones, especialmente cuando hay varias partes implicadas. Su inclinación natural a mantener la paz y la armonía puede obstaculizar la toma de decisiones, incluso las más sencillas, como por ejemplo: "¿compramos comida china o italiana?".

Es difícil que un Nueve exprese su opinión porque es muy amable y se preocupa por los demás en su vida. En los niveles de desarrollo medios y poco saludables, esto puede llevar a una pérdida de identidad, ya que el Nueve se funde con el otro (especialmente con una pareja romántica). Además, la mayoría de los Nueve poco desarrollados nunca se han tomado el tiempo de saber lo que realmente quieren. Así que pueden ir por la vida haciendo cosas que otros sugieren porque no conocen su propia personalidad.

Aplazar las cosas porque te estresan y te alejan de tu zen

La procrastinación es un gran problema para los Nueve menos desarrollados. La necesidad de moverse a una velocidad lenta y tranquila puede hacer que a veces procrastinen, especialmente en cosas que requieren mucha energía. Los plazos suenan a muerte para un Nueve, y es fácil que el agobio y el letargo se apoderen de ellos.

Sentir la presión de ceder

¿Alguna vez has sentido que la gente se aprovecha de tu bondad? ¿Te han fastidiado los amigos una y otra vez? ¿Te preguntas a menudo si las personas de tu vida te quieren por lo que realmente eres o si sólo te quieren porque necesitan algo de ti? Estos son pensamientos comunes para los Nueve. Por muy problemático y molesto que parezca, la causa principal de esta experiencia es que no te sientes lo suficientemente seguro para ser tu auténtico yo. Eres tú quien deja que la gente te presione y tome decisiones en tu nombre porque nunca has hecho hincapié en tu voz. En nombre de la cortesía, has dicho que sí incluso cuando era una auto-traición, y ahora la gente se ha acostumbrado a eso. Pero no todo está perdido. Todavía puedes cambiar las cosas para mejor sin crear desarmonía en tu vida.

Tranquilo y fresco por fuera, ardiente por dentro

Los Nueve se consideran extremadamente tranquilos, pero sabemos que su emoción no resuelta es la ira. Por eso, aunque no lo veas externamente, los Nueve pueden albergar mucho resentimiento e incluso rabia. Dado que un Nueve típico no quiere causar conflictos, a menudo se mantendrá en silencio o incluso enterrará su opinión si ésta contradice lo que dicen los demás. A menudo les aterra perder los nervios, no sólo por la relación externa, sino porque se esfuerzan mucho por encontrar y mantener esa paz interior. Si eres un Nueve y has notado una oleada de ira incipiente, es hora de que sigas avanzando en tu desarrollo personal y aprendas formas sanas de lidiar con esta emoción. No reprimas la ira o el resentimiento. Utiliza la herramienta del Eneagrama para sanar y cultivar la confianza para decir tu verdad aunque nadie esté de acuerdo.

CONSEJOS DE CRECIMIENTO PARA LOS TIPO NUEVE

#1: Toma conciencia de tu ira

Date cuenta de cuándo empiezan a surgir el juicio, el resentimiento y la ira. En cuanto te pongas tenso o irritable, sé curioso y pregúntate: "¿qué cuestiones subyacentes se acaban de desencadenar?". Si puedes etiquetar y domar el problema, se hará más fácil con el tiempo. Pero incluso si no puedes obtener una respuesta clara, te animo a que encuentres formas saludables de expresar esa emoción en lugar de reprimirla.

#2: Pide tiempo para tomar tus decisiones

La indecisión es una gran lucha para ti, así que entrénate para convertirte en un mejor tomador de decisiones. Empieza con cosas pequeñas, como decidir de antemano dónde quieres ir a cenar con tus amigos este fin de semana. Cuando te pregunten y te hagan sugerencias, da también las tuyas. Si alguien en el trabajo te pide que elijas algo en un momento dado y necesitas tiempo para pensar, en lugar de decir "lo que quieras", pide algo de tiempo para pensarlo. Esto requerirá práctica, pero cuanto más lo hagas, mejor será.

#3: Comparte tus intereses, valores e ideas con los demás

Prométete ahora mismo que dejarás de aplacar a los demás sólo para evitar conflictos o esa sensación incómoda en el estómago. Y una vez que hagas ese compromiso contigo mismo, empieza a interesarte por las cosas que te gustan. Prueba cosas diferentes y, cuando encuentres algo que te guste de verdad, házselo saber a las personas que te importan, aunque no les guste esa actividad. Cuando tengas una nueva idea o alguien pise tus valores, hazlo saber. Ten el valor de hablar con amabilidad y franqueza (sí, estas dos cualidades pueden ir bien juntas). Dado tu comportamiento tranquilo, te resultará fácil estar en desacuerdo con alguien y expresar tu verdad sin necesidad de provocar sus nervios. Confía en que tu superpoder pacificador puede permitirte transformarte en un guerrero pacífico. Y si te preocupa perder a tus amigos y seres queridos, no lo hagas. Las personas que te quieren ya saben lo bueno que eres. Mostrarte como más de ti mismo sólo aumentará su respeto y amor.

#4: Establece mini objetivos diarios

A medida que continúes trabajando en tu desarrollo personal, establece mini-objetivos de cosas que te gustaría lograr. Escríbelos y selecciona fechas definitivas de finalización o de vencimiento. Mantén una pequeña lista de objetivos a corto y medio plazo, y una lista aún más pequeña de cosas diarias que quieras lograr. Cuando completes un proyecto importante o alcances un objetivo, recompénsate y celébralo. Este pequeño cambio en la forma de enfocar tu vida puede suponer un enorme cambio en tu energía y en tu crecimiento general.

PART TWO
TÚ Y EL ENEAGRAMA

CHAPTER 8
DESCUBRIR QUIÉN ERES REALMENTE

D espués de leer el contenido de la primera sección, es probable que tengas una idea del tipo de personalidad que más te representa. Si no es así, no pasa nada. A veces, encontrarte a ti mismo en el sistema del Eneagrama requiere más reflexión y un brutal autoanálisis. De hecho, siempre animo a todo el mundo a que lea exhaustivamente los nueve tipos antes de hacer el test para identificar su propio tipo. Hay que darse cuenta de que todos tenemos un tipo de personalidad básico, pero aprender sobre los nueve nos permite entendernos mejor a nosotros mismos y a los demás. También es esencial ver las conexiones de un tipo a otro porque, independientemente de nuestro número, existe una pequeña faceta de otros tipos en nosotros.

En esta búsqueda de autodescubrimiento y de descubrir más de tu verdadero Yo, vamos a abordar esto en dos niveles. En primer lugar, te ayudamos a descubrir tu tipo principal, algo bastante sencillo y fácil de hacer.

En segundo lugar, profundizamos para descubrir quién eres real-mente. ¿Te has preguntado alguna vez "quién soy yo"? Si es así, el segundo nivel no te dará tanto miedo y probablemente obtendrás algunas ideas nuevas que añadir a tu conocimiento actual. Para aquellos que nunca se han planteado esta sencilla pero profunda pregunta, prepárense para un despertar que les pondrá en el camino correcto del autodescubrimiento. No nos adelantemos. Lo primero es lo primero, ¿cómo se averigua el tipo de persona que uno tiene?

IDENTIFICANDO TU ENEAGRAMA

Hay innumerables pruebas que puedes realizar para determinar tu tipo de eneagrama. El más común es el Indicador de Tipo de Eneagrama de Riso-Hudson (RHETI) y está considerado por los expertos como uno de los mejores con una precisión de alrededor del 80%. También puedes realizar el cuestionario TAS. Incluiré enlaces en las secciones de recursos para algunos de los tests online recomendados, muchos de los cuales son de pago. Si todavía no quieres pagar por un test, puedes reflexionar sobre preguntas específicas de reflexión para tener más claro tu tipo.

- ¿Cómo reaccionas a diario ante el estrés, los desconocidos, las situaciones felices o desagradables?
- ¿Cuál es la emoción subyacente predominante de la que no te puedes librar desde que tienes uso de razón? ¿Es sobre todo miedo, vergüenza o ira?
- ¿Qué cualidades o rasgos de carácter te definen a ti y a los demás?
- ¿Cuál es tu visión del mundo y tu forma de pensar? ¿Podrías reconocer algunos de tus patrones de pensamiento en alguno de los tipos del eneagrama?

La clave para identificar tu tipo es la honestidad al 100%.

Tienes que identificar qué emociones y miedos básicos guían la mayor parte de tu comportamiento. De este modo, podrás evitar basar tu tipo puramente en rasgos externos. Así que repasemos brevemente cada uno de los nueve miedos según la lista de Don Riso y Russ Hudson en su libro *"La sabiduría del Eneagrama"*

- El tipo 1 teme ser malvado o corrupto.
- El tipo 2 teme no ser amado o no ser querido por los demás.
- El tipo 3 teme no tener éxito y no valer nada.
- El tipo 4 teme perder o no encontrar su identidad y expresar lo único y diferente que es.
- El tipo 5 teme ser inadecuado, incompetente e indefenso.
- El tipo 6 teme carecer de orientación y apoyo.
- El tipo 7 teme el dolor y las privaciones.
- El tipo 8 teme ser controlado y dañado por otros.
- El tipo 9 teme la pérdida y la separación.

La mayoría de nosotros tendrá más de un miedo básico. Sin embargo, como he dicho antes, a través de la observación, reconocerás el miedo básico dominante y el tema emocional subyacente que siempre te acompaña, vayas donde vayas.

Una vez que hayas identificado la tríada con la emoción primaria no resuelta y el miedo básico dominante, encontrarás fácilmente el número correspondiente, y el resto debería encajar. Tu miedo básico se sentirá más intenso, omnipresente y quizás incluso un poco horroroso. Es posible que empieces a reconocer que se manifiesta en forma de diferentes experiencias en distintos ámbitos de tu vida.

El Test del Eneagrama:

Siempre se recomienda realizar un test online. Te da una comprensión completa de tu personalidad, puntos ciegos, patrones de pensamiento y valida tus ideas existentes sobre tu tipo de eneagrama correcto. Así que, incluso después de identificar tu tipo, quiero animarte a hacer un test online. Si vas a buscar en Google un test de Eneagrama, te inundarán innumerables opciones, algunas de las cuales no son muy buenas. El mejor es el "Indicador de Tipo de Eneagrama Riso-Hudson" creado por el Instituto del Eneagrama. Consulta la sección de recursos para ver los enlaces que recomiendo.

¿QUIÉN ERES TÚ REALMENTE?

El objetivo de estudiar los tipos de personalidad y hacer un test de eneagrama es saber quién eres tú realmente. La mayoría de la gente no se atreve a iniciar esta búsqueda, y es comprensible. Da miedo y es difícil. Nuestra sociedad no nos anima a descubrir nuestro verdadero yo a una edad temprana. En cambio, se nos anima a completar y ser como los demás a nuestro alrededor. Las normas sociales en torno a lo que constituye un ser humano respetable y exitoso son bastante vanas y superficiales. Poseer un coche de lujo, conseguir un trabajo bien pagado, hipotecar una casa, comprar los últimos artilugios brillantes y tener una vida perfecta en Instagram: entonces te consideramos un ser humano de éxito. Por desgracia, esto es cualquier cosa menos una vida de éxito.

Martin tuvo éxito según esta medida superficial de la sociedad. A los veintinueve años, había hipotecado su primera casa, se había casado con una bella esposa y conducía el coche de sus sueños. Martin también tenía un despacho en la esquina de su bufete y veraneaba con frecuencia en los Hamptons. Hizo falta una enfermedad, perder el trabajo y divorciarse para que Martin se diera cuenta de que realmente no se conocía a sí mismo. Cuando por fin tocó fondo, tuvo la suerte de conocer los libros y los contenidos en línea de Deepak Chopra, que le obligaron por primera vez a plantearse las preguntas "¿quién soy? ¿En qué creo? ¿Cuál es mi propósito en la vida?". Estas preguntas le sirvieron de plataforma de lanzamiento para su viaje de autodescubrimiento. Le costó mucho trabajo y mucha terapia, meditación, estudio y reflexión diaria, pero finalmente Martin pudo transformar su vida y reconectar con su verdadero yo.

¿Cuál es la diferencia entre el verdadero yo y el yo-ego?

Tu yo del ego o tu yo cotidiano es el que se mezcla con las cosas cotidianas. Dentro de ti hay un yo más profundo, más sabio y más poderoso que a menudo es un observador silencioso. Si prestas atención, te darás cuenta de ese Yo. ¿Cómo sabrás que es tu verdadero Yo? Del mismo modo, puedes identificar la diferencia entre la sal y el azúcar. Cada una posee ciertas cualidades, y al probarlas, incluso con una venda en los ojos, puedes distinguirlas. Lo mismo ocurre con tu yo egoísta y tu verdadero yo. Cuando experimentes las cualidades de tu verdadero Yo y aprendas a cultivarlas como parte de tu bienestar, sabrás rápidamente cuándo estás operando desde el yo cotidiano o desde el Yo superior.

- El verdadero Yo es estable y seguro. ¿Alguna vez has tenido esos momentos en los que te has sentido más sólido que una roca y sólido en tu pensamiento? Has accedido a una cualidad de tu Yo superior. Tu Yo superior es siempre fiable y seguro, pero tu Yo egoico está cambiando constantemente.

- El verdadero Yo siempre está en paz. Hay un conocimiento interno de que todo está bien que sólo posee tu verdadero Yo. Por otro lado, tu ego se perturba fácilmente, duda, se agita y es tumultuoso.
- El verdadero Yo tiene las cosas claras y seguras. En cada momento, no importa a qué te enfrentes, tu Yo superior sabe qué paso dar a continuación. Desgraciadamente, lo contrario puede decirse de tu ego, que siempre está confundido, se distrae fácilmente y se deja influir por las circunstancias externas. De nuevo, hay un conocimiento fundamental que sólo posee tu Yo superior.
- El verdadero Ser es el amor. Podemos identificar rápidamente esta cualidad porque la mayoría de las veces, al vivir desde la perspectiva del ego, buscamos el amor fuera de nosotros. Nos volvemos dependientes de fuentes y personas externas para sentirnos amados. Esa es una clara señal de que no estamos viviendo desde el verdadero Ser. Cuando vives desde tu verdadero Ser, no hay vacío que llenar, ni soledad ni pérdida, y no buscas encontrar amor. En cambio, anhelas dar desde tu desborde.

Observando estas cualidades, puedes empezar a averiguar desde qué perspectiva vives en el día a día. Y eso se convierte en un buen indicador de cuánto desarrollo necesitas para desbloquear tu mejor y más elevado Yo. En los tipos de Eneagrama, hablamos de los diferentes niveles de desarrollo para que pudieras saber en qué trabajar para ascender al nivel más alto en el que consigues vivir principalmente desde tu Yo más elevado. Eso no significa que destruyas o niegues el yo-ego. Significa que lo has transformado en su versión más saludable, donde sirve a tu Alma y al propósito de la vida.

Nuestra sociedad opera principalmente en niveles medios y bajos de desarrollo en los que esa conexión con el verdadero Ser está significativamente cortada. Es por eso que la negatividad parece ganar el día, y nuestras acciones son más egoístas, despiadadas y divisivas. Pero una vez que cada uno de nosotros pueda aprender a reconocer y fomentar las cualidades del verdadero Ser para que surjan dentro de nosotros, se producirá un cambio positivo. Todo lo que se necesita es que un individuo asuma esa responsabilidad en su vida para ampliar su conciencia, tomar mejores decisiones y saber más sobre quién es realmente. Al leer este libro, has tomado esa decisión para tu vida. Si sigues haciéndote las preguntas correctas y avanzas en tu camino de autodescubrimiento, no sólo tendrás un impacto positivo en tu vida, sino también en la de los que te rodean.

10 PREGUNTAS QUE TE AYUDARÁN A DESCUBRIR MÁS SOBRE TU PERSONALIDAD

Aunque la búsqueda de tu verdadero yo no puede completarse con un simple cuestionario, responder a las siguientes preguntas te ofrecerá un claro punto de partida, te aportará una nueva perspectiva y te guiará en los siguientes pasos. Estas preguntas han sido desarrolladas por el Dr. Phil y supervisadas por Lifehack (Chui). Enciende tu documento de Word o tus notas y empecemos. Encontrarás los puntos de cada pregunta y lo que indican al final de las mismas.

Pregunta 1: ¿Cuándo te sientes en tu mejor momento?
a) en la mañana
b) durante la tarde o temprano en la noche
c) tarde en la noche

Pregunta 2: Por lo general, prefieres caminar...

a) bastante rápido, con pasos largos
b) bastante rápido, con pequeños pasos
c) menos rápido cabeza arriba, mirando al mundo a la cara
d) menos rápido, con la cabeza baja
e) muy despacio

Pregunta 3: Cuando hablas con la gente, tu...
a) te mantienes de pie con los brazos cruzados
b) tienes las manos unidas
c) tienes una o ambas manos en la cadera o en los bolsillos
d) tocas o empujas a la persona con la que estás hablando
e) juegas con tu oreja, te tocas la barbilla o te alisas el pelo

Pregunta 4: Cuando te relajas, te sientas con...
a) las rodillas dobladas con las piernas ordenadas una al lado de la otra
b) tus piernas cruzadas
c) las piernas estiradas o rectas
d) una pierna acurrucada debajo de ti

Pregunta 5: Cuando algo realmente te divierte, reaccionas con...
a) una gran carcajada notoria
b) una risa, pero no muy fuerte
c) una risa silenciosa
d) una sonrisa tímida

Pregunta 6: Cuando vas a una fiesta o a una reunión social,...
a) haces una entrada ruidosa, para que todo el mundo se fije en ti
b) haces una entrada silenciosa, buscando a alguien conocido
c) haces la entrada más silenciosa, tratando de pasar desapercibido

Pregunta 7: Cuando estás trabajando o concentrándote mucho, y te interrumpen...
a) bienvenida la pausa
b) te sientes extremadamente irritado
c) varías entre estos dos extremos

Pregunta 8: ¿Cuál de los siguientes colores te gusta más?
a) rojo o naranja
b) negro
c) amarillo o azul claro
d) verde
e) azul oscuro o púrpura
f) blanco
g) marrón o gris

Pregunta 9: Cuando estás en la cama por la noche, en esos últimos momentos antes de quedarte dormido, te acuestas...
a) estirado sobre la espalda
b) estirado boca abajo sobre tu estómago
c) de lado, ligeramente curvado
d) con la cabeza en un brazo
e) con la cabeza bajo las sábanas

Pregunta 10: A menudo sueñas que estás...
a) cayendo
b) luchando o peleando
c) buscando algo o a alguien
d) volando o flotando
e) sueles tener un descanso sin sueños
f) tus sueños son siempre placenteros

Puntos para cada pregunta
1. (a) 2 (b) 4 (c) 6

2. (a) 6 (b) 4 (c) 7 (d) 2 (e) 1
3. (a) 4 (b) 2 (c) 5 (d) 7 (e) 6
4. (a) 4 (b) 6 (c) 2 (d) 1
5. (a) 6 (b) 4 (c) 3 (d) 5 (e) 2
6. (a) 6 (b) 4 (c) 2
7. (a) 6 (b) 2 (c) 4
8. (a) 6 (b) 7 (c) 5 (d)4 (e) 3 (f) 2 (g) 1
9. (a) 7 (b) 6 (c) 4 (d) 2 (e) 1
10. (a) 4 (b) 2 (c) 3 (d) 5 (e) 6 (f) 1

Ahora suma todos los puntos para ver tu resultado:

MÁS DE 60 PUNTOS

Los demás te ven como alguien a quien deben "tratar con cuidado". Te ven como alguien vanidoso, egocéntrico y extremadamente dominante. Otros pueden admirarte, deseando ser más como tú, pero no siempre confían en ti, dudando en involucrarse demasiado contigo.

DE 51 A 60 PUNTOS

Otros te ven como una personalidad excitante, muy volátil y bastante impulsiva, un líder natural, alguien que es rápido para tomar decisiones, aunque no siempre las correctas. Te ven como una persona audaz y aventurera, alguien que prueba todo una vez, alguien que se arriesga y disfruta de la aventura. Les gusta estar en tu compañía por el entusiasmo que irradias

41 A 50 PUNTOS

Los demás te ven como alguien fresco, vivo, encantador, divertido, práctico y siempre interesante; alguien que está constantemente en el centro de la atención pero lo suficientemente equilibrado como para que no se le suba a la cabeza. También te ven como alguien amable, considerado y comprensivo, alguien que siempre les anima y les ayuda.

31 A 40 PUNTOS

Los demás te ven como una persona sensata, prudente, cuidadosa y práctica. Te ven como una persona inteligente, dotada o con talento, pero modesta. No eres una persona que haga amigos con demasiada rapidez o facilidad, sino alguien que es extremadamente leal con los amigos que hace y que espera la misma lealtad a cambio. Los que te conocen de verdad se dan cuenta de que hace falta mucho para hacer tambalear tu confianza en tus amigos, pero también de que tardas mucho en superarlo si esa confianza se rompe alguna vez.

DE 21 A 30 PUNTOS

Tus amigos te ven como alguien meticuloso y exigente. Te ven como una persona muy cautelosa, extremadamente cuidadosa, una persona lenta y constante. Les sorprendería mucho que alguna vez hicieras algo de forma impulsiva o improvisada, ya que esperan que lo examines todo con detenimiento desde todos los ángulos y que, por lo general, decidas no hacerlo. Creen que esta reacción se debe, en parte, a tu naturaleza cuidadosa.

MENOS DE 21 PUNTOS

La gente piensa que eres tímido, nervioso e indeciso, alguien que necesita que lo cuiden, que siempre quiere que otro tome las decisiones y que no quiere involucrarse con nadie ni con nada. Te ven como una persona preocupada que siempre ve problemas que no existen. Algunos piensan que eres aburrido. Sólo los que te conocen bien saben que no lo eres.

¿Cuántos puntos has conseguido?

UN CONSEJO PARA ENCONTRAR TU VERDADERO YO

Aunque los test de personalidad y los cuestionarios son un buen punto de partida, recuerda siempre que tu verdadero yo es mucho más grande y que hace falta mucho más que identificar tu personalidad. Utilízalos como pistas, pero nunca te detengas ahí. Cuanto más profundices, más descubrirás tu verdadero yo. Un gran enfoque que ha sido útil en mi búsqueda ha sido el énfasis en encontrar lo que es significativo para mí. Lo aprendí leyendo el libro de Viktor E. Frankl "El hombre en busca de sentido", que transformó mi forma de enfocar la vida. Frankl sobrevivió a algunas de las circunstancias más horribles durante la guerra nazi. Estuvo prisionero en un campo de concentración nazi y vio cómo mataban a toda su familia, incluidos su mujer y sus hijos. El hecho de que sobreviviera se debió principalmente a que pudo mantener el sentido de la vida. Frankl dijo: "La vida nunca se hace insoportable por las circunstancias, sino sólo por la falta de sentido y propósito".

¿Cómo nos ayuda eso en nuestra búsqueda de autodescubrimiento?

Cuanto más busquemos nuestro sentido personal de propósito y vivamos desde un lugar fundamentado en los valores personales y los principios que consideramos verdaderos para nosotros mismos (no corrompidos por la sociedad y la influencia de los padres), más cerca estaremos de vivir desde nuestro verdadero Ser. Pero no asumas que será una hazaña fácil.

Una cosa es entender tu personalidad e identificar los rasgos y peculiaridades que te hacen ser tú. Pero sin una limpieza más profunda de las influencias que han dado forma a esa personalidad y la capacidad de ver quién eres debajo de esa tela social, te costará acceder a ese "Yo" más grande del que hablábamos antes.

El propósito y el significado parecen ser las energías que convocan a ese Yo superior. Quizá por eso personas como Viktor Frankl, Nelson Mandela y otros fueron capaces de soportar cosas que nuestros egos consideran imposibles. Vivían desde su verdadero Yo, no desde sus personalidades, lo que marcó toda la diferencia del mundo.

CHAPTER 9

SUBTIPOS PARTE 1

A lgo extraño ocurrirá cuando te familiarices con el sistema de tipificación de la personalidad del eneagrama y empieces a utilizarlo para entenderte a ti mismo y a los demás. Uno de estos días, te encontrarás con alguien del mismo tipo de eneagrama, pero que actuará de forma totalmente diferente. La primera vez que me ocurrió, pensé que el sistema estaba roto o que la persona se había equivocado. Resulta que ninguna de las dos cosas era correcta. Compartíamos el mismo tipo de Eneagrama pero diferíamos significativamente en nuestras expresiones, principalmente debido a nuestros subtipos. En los capítulos siguientes, veremos qué son los subtipos, por qué son importantes y los diferentes subtipos de cada tipo de Eneagrama.

¿QUÉ SON LOS SUBTIPOS DEL ENEAGRAMA?

Los subtipos son formas ricas y matizadas de entender más sobre ti mismo y las cosas que influyen en tu comportamiento. Combinan tu tipo de Eneagrama y tus instintos naturales, es decir, cómo estás conectado para sobrevivir. Se denominan comúnmente subtipos instintivos o variantes instintivas y tienen todo que ver con tus instintos básicos de supervivencia. ¿Por qué nos importan los instintos de supervivencia en la sociedad moderna actual? Puede que no seamos cazadores y recolectores o que corramos el riesgo de que nos coma un león de camino a casa desde el trabajo, pero esa parte de nuestro cerebro sigue activa y operativa. Los impulsos y motivos que nos permitieron sortear aquellos tiempos peligrosos siguen influyendo en nuestras experiencias cotidianas más de lo que creemos. Quizá por eso podemos ver a un político muy educado y bien vestido comportándose como un cavernícola. En lugar de fingir que tus instintos no están ahí, es mejor ser más consciente de cómo influyen en tus reacciones. Cuanto más consciente seas de tus subtipos, más fácil será ponerlos en equilibrio y crear una alineación con tu Yo superior.

LOS TRES SUBTIPOS INSTINTIVOS:

Las tres clasificaciones son autoconservación (SP), social (SO) y sexual (también conocido como íntimo o uno a uno). Todos poseemos cada uno de los tres instintos, pero uno dominante se combina con nuestro tipo específico de Eneagrama para formar un subtipo. Veamos la diferencia entre estos tres subtipos. Piénsalo de la misma manera que tienes dos brazos, pero uno es más preferido y es probablemente la razón por la que te refieres a ti mismo como diestro o zurdo (dependiendo del brazo en el que confíes más). En el caso de los subtipos, tienes tres, pero uno es más influyente y lo utilizas como tu configuración por defecto. La mayoría de nosotros puede identificar rápidamente el instinto dominante. Sin embargo, podemos sentirnos indiferentes o neutrales ante el instinto que ocupa el segundo lugar y apenas reconocer el tercero y menos influyente.

Autoconservación (SP)

Como su nombre indica, la autoconservación consiste en dar prioridad a las necesidades físicas como la comida, el refugio, la salud, la familia y las finanzas. En otras palabras, la seguridad es la máxima prioridad. La mayor parte de la atención se centra en preservar los recursos y la energía como estrategia para, básicamente, pasar por la vida y sentirse seguro y protegido. Si tiene este instinto como dominante, tiende a priorizar el bienestar familiar, físico y mental. Es probable que gestiones tus niveles de energía y tus recursos de forma que te ayuden a evitar sentirte abrumado o demasiado estresado.

Social (SO)

El instinto social da prioridad a la pertenencia y a ser aceptado por el grupo o la comunidad. Se trata de trabajar para conseguir objetivos compartidos con otros como estrategia para salir adelante en la vida y sentirse seguro y protegido. Si este es tu instinto dominante, lo que más te gusta es formar parte de un grupo o trabajar en equipo con otras personas que comparten un objetivo común. Valoras la sensación de pertenencia y de que te quieren los de tu grupo. Tu atención se centra a menudo en la forma en que los demás te responden, y te das cuenta rápidamente de tu posición en cualquier entorno grupal particular. Sentirte conectado con los demás y con el bien común es importante para ti.

Sexual (SX)

Como su nombre indica, los instintos sexuales o íntimos priorizan la conexión de tú a tú con las personas. Se trata de crear una chispa o "química" con los demás. Ten en cuenta que la conexión no tiene por qué ser de naturaleza sexual; puede ser, y a menudo es, puramente platónica. Si tienes esto como instinto dominante, valoras la pasión, la excitación y la intimidad. Es probable que tengas una energía desbordante, que te gusten las actividades y las experiencias que te permitan establecer un vínculo con otro individuo. Quizás tiendes a buscar amistades y relaciones que te completen de alguna manera y te ofrezcan esa sensación de seguridad y protección a medida que avanza en la vida.

¿Qué instinto es el que más te llama la atención? Piensa en cómo se apilan tus subtipos en primera, segunda y tercera posición.

Agrupamiento instintivo y subtipos:

Los subtipos son otra forma de profundizar en quién eres realmente (derivado del modelo del sistema de Claudio Naranjo). Todos tenemos un apilamiento de instintos por el que uno está sobreutilizado, otro infrautilizado y otro totalmente neutro. Pueden producirse cambios en distintas fases de nuestra vida para cambiar entre el instinto neutro y el sobreutilizado (por ejemplo, cuando te enfrentas a circunstancias difíciles). Pero, en general, tendemos a apilarlos en un orden concreto que da lugar a la forma específica en que expresamos nuestro tipo de Eneagrama. Saber qué instintos impulsan tus reacciones puede ser una forma inestimable de transformar tu carácter y gestionar tu energía. ¿Por qué es útil? Porque cuando tus patrones emocionales o "pasiones" y tu impulso instintivo dominante se unen, crean un foco de atención particular que suele reflejar una necesidad insaciable única que impulsa tu comportamiento.

Estudiamos los subtipos porque reflejan los tres subconjuntos diferentes de los patrones de los nueve tipos, lo que crea aún más matices en nuestra búsqueda para describirnos y comprendernos a nosotros mismos y a los demás.

También debes saber que para cada tipo del Eneagrama hay un contratipo. Un contratipo es una forma genial de nombrar el subconjunto que va en contra de la dirección energética principal de la "pasión" para cualquier tipo de eneagrama dado. Esto es especialmente importante si tienes dificultades para identificar tu tipo de eneagrama. Las personas que no parecen encajar en ningún tipo estereotipado del eneagrama suelen tener el subtipo contratipo. Eso significa que su instinto dominante choca con el patrón emocional de su tipo de eneagrama (pasión), lo que da lugar a un comportamiento atípico. Sin embargo, hay que tener en cuenta que la motivación del individuo seguirá siendo la misma (por ejemplo, si el miedo es algo importante para ese tipo y su comportamiento estereotípico es ser fóbico, el contratipo podría chocar, haciendo que la persona se enfrente a ese miedo asumiendo riesgos audaces). Esto puede hacer que el individuo se malinterprete a sí mismo. Aun así, si vuelven al deseo básico, al miedo y a la emoción no resuelta en su centro de inteligencia, encontrarán su verdadero tipo de eneagrama aunque lo expresen de forma diferente.

CÓMO ENCONTRAR TU SUBTIPO DE ENEAGRAMA:

Ahora que entiendes el concepto básico de los subtipos, estás preparado para emprender el trabajo práctico de identificar tu subtipo. La mejor manera de hacerlo es leer primero los 27 subtipos y notar lo que resuena. También es una buena idea ser más consciente de tus tareas diarias en los próximos días. ¿Adónde va tu atención y qué cosas te importan? Cuando vayas al trabajo o a cualquier reunión social, presta atención a lo que notas y priorizas. ¿Le das mucho valor a las conexiones de uno a uno o a todo el grupo? Cuando entras en una sala, ¿te fijas rápidamente en la disposición del lugar, las señales de salida, la temperatura, los extintores, etc.? Estas pistas te muestran qué instinto es el dominante en tu vida. Aquí no hay una respuesta incorrecta o correcta. El objetivo es el autoconocimiento y el autodescubrimiento. Si sigues sintiéndote perdido y confuso, prueba a pedir a personas de confianza su opinión objetiva sobre ti una vez que hayas terminado de repasar los subtipos.

LOS SUBTIPOS DEL ENEAGRAMA TIPO UNO

Autopreservación uno: la preocupación

El deseo principal del Eneagrama Uno es ser bueno y vivir con integridad. Diseccionando los sutiles matices del SP Uno, este subtipo suele estar plagado de preocupaciones. Su temor básico es ser corrupto o malvado. Tienen un patrón de ira.

Los autoconservadores son los verdaderos perfeccionistas. Reprimen su ira mediante el trabajo duro y las reglas rígidas, todo ello en un intento de producir la perfección. Este subtipo es el que más reprime la ira y tiene la extraña habilidad de transformar el calor de la ira en calidez, lo que resulta en un carácter amistoso y benévolo, especialmente cuando opera en esos niveles saludables de desarrollo.

Algunas características del Uno de Autoconservación:

- Tendencia a ser un fanático del control de su propia vida.
- A menudo reprime la ira o el resentimiento.
- Amable y gentil cuando se encuentra en niveles de desarrollo sanos o medios.
- Se centra en la predicción del futuro.
- Se esfuerza por alcanzar la perfección en todo momento.
- Tendencia a ser demasiado duros consigo mismos.
- Se esfuerza por ser indulgente, compasivo y tolerante con los demás.

Social Uno: Inadaptabilidad

En un intento de ser bueno y gestionar el miedo a corromperse o ser malvado, este subtipo disfruta reformando y abogando por el cambio. Los Sociales se creen perfectos.

Centran su energía en ser el modelo perfecto que pueden ser haciendo las cosas "de la manera correcta". Al poseer típicamente una mentalidad de maestro, existe una necesidad inconsciente de superioridad. En expresión, su tipo de personalidad es más bien un intelecto frío con una fuerte necesidad de control. Estos Tipos son bastante rígidos, idealistas y tienden a buscar roles de liderazgo dentro de un grupo para poder mostrar al "resto" cómo hacer las cosas bien. Los Sociales pueden ser extremistas y muy críticos a niveles poco saludables, con estándares poco realistas para ellos mismos y para los demás. También son bastante tercos, discutidores y testarudos.

Sin embargo, un Social Uno es ético, concienzudo, exigente y servicial a niveles saludables.

Algunas características clave del Social Uno:

- Tendencia al idealismo.
- Opiniones y convicciones fuertes.
- Vive con el ejemplo y disfruta siendo un modelo para los demás.
- Hábil en el razonamiento.
- Tendencia a tomarse las cosas como algo personal.

Sexual Uno: Celo

A estas alturas, ya sabes que todos los Uno desean vivir con integridad y temen ser malos o corruptos. Pero, ¿cómo se ve afectado esto cuando añadimos la riqueza del subtipo sexual? Como contratipo del Eneagrama Uno, los Sexuales son idealistas y apasionados, pero su impulso se centra exclusivamente en mejorar a los demás (especialmente a su/s pareja/s) y al mundo en general. Tienden a ser más reformistas que perfeccionistas y buscan encontrar a quienes comparten sus ideales y convicciones.

A diferencia de los otros dos subtipos, este tipo Uno no teme mostrar su ira. De hecho, suelen exteriorizar su ira a través de su intenso deseo de mejorar a los demás. Poseen un fuerte sentido del derecho y creen que tienen derecho a cambiar la sociedad y a conseguir lo que quieren porque tienen una mayor comprensión de la verdad. Como contratipo del tipo Uno, este individuo expresará su carácter como más impulsivo, prepotente, irritado, exteriormente enojado, y típicamente va en contra de la tendencia "contrainstintiva" de reprimir la ira y los impulsos estereotípicamente asociados con el tipo Uno. Los Unos sexuales no saludables son controladores, celosos, prepotentes y con derechos. Incluso pueden llegar a castigarse a sí mismos de forma poco saludable para purgarse de los deseos que consideran inmorales (recuerda que la perfección moral es de gran importancia para este eneatipo). Los Sexuales Sanos son más compasivos y pragmáticos. Siguen teniendo una moral elevada, pero saben moderar sus visiones e ideales idealistas.

Algunas características del Sexual Uno:

- Idealista y apasionado.
- Decidido y valiente.
- Tendencia a la impaciencia.
- A menudo son ordenados y responsables.
- Propenso a los celos.
- Más centrados en perfeccionar a los demás que a sí mismos.

CHAPTER 10
SUBTIPOS PARTE 11

LOS SUBTIPOS DEL ENEAGRAMA TIPO DOS

Autoconservación Dos: Privilegio

El deseo principal del Eneagrama Dos es ser amado por lo que es. Su miedo básico es no ser queridos o amados. Tienen un patrón de orgullo. Al diseccionar los sutiles matices del tipo Dos, este subtipo es quizás uno de los más difíciles de identificar porque el orgullo no es evidente. Es el contratipo del tipo Dos, lo que significa que se comportan de forma atípica. Como tal, los Dos autoconservadores "seducen" como lo haría un niño en presencia de los adultos. Es su forma de inducir a los demás a cuidar de ellos. Un Dos autoconservador adopta una postura juvenil como forma de conseguir un trato especial más allá de la infancia. Este Dos desea ser amado, priorizado y tratado con privilegio por ser quien es, no por lo que da a los demás. En su expresión, su carácter será juguetón, encantador, irresponsable y con muy poco orgullo.

Algunas características de la Autopreservación Dos:

- Juguetón, cálido e infantil.
- Quiere que le cuiden pero teme depender de los demás.
- Tendencia a teclear mal o a aparecer como tipo Sietes.
- Idealizar a las personas, especialmente al principio de las relaciones.
- Quieren ser amados sólo porque existen.
- Comúnmente atraído por el placer y la diversión.
- Más reservado que los otros dos subtipos del Eneagrama Dos.
- El miedo al rechazo hace que este subtipo se retraiga y se sienta herido.
- Extremadamente tierna y emocionalmente expresiva.

Social Dos: Ambición

En su empeño por ser amado y gestionar el miedo a no ser querido, este subtipo disfruta identificándose y conectando con las personas influyentes de su entorno.

Los Dos sociales son seductores que se enorgullecen de ser percibidos como líderes influyentes y de conseguir la atención de su público. El orgullo es un rasgo innegable en este subtipo Dos. Como su nombre indica, este individuo desea estar "en la cima", ser querido y recibir las ventajas y beneficios correspondientes a su elevada posición. Tienden a ser bastante competitivos y menos sensibles a las emociones de los demás en comparación con los otros subtipos de este eneatipo.

Al igual que el tipo Tres del Eneagrama, los Dos Sociales quieren destacar y tener éxito. Pueden hacer todo lo posible para alcanzar sus objetivos y causar un impacto. Pero de acuerdo con el deseo central de todos los Dos del Eneagrama, las metas siguen girando en torno a ser amados, queridos e incluidos en el grupo (a diferencia del típico Tres, cuya meta es ser el máximo triunfador).

Por lo tanto, aunque los Dos sociales son generosos y afectuosos, esa benevolencia viene acompañada de expectativas. En la expresión, observará mucho orgullo y una generosidad menos altruista. Los Dos sociales poco saludables son manipuladores, explotadores y disfrutan demasiado con los cotilleos. Los Dos sanos, sin embargo, son encantadores, empáticos, cariñosos y generosos.

Algunas características del Social Dos:

- Trabajador y competitivo.
- Se esfuerza por destacar.
- Tendencia a ser más introvertido que los subtipos sexual o de autoconservación Dos.
- Pretende estar cerca de los que están en el poder.
- Menos empáticos que los otros subtipos del grupo y muy conscientes de su imagen pública.

Sexual Dos: Seducción/Agresión

A estas alturas, ya sabes que todos los miembros del Eneagrama Dos desean amar y ser amados por lo que son y tienen mucho miedo de ser abandonados o no deseados. Pero, ¿cómo se ve afectado esto cuando añadimos el subtipo sexual?

Bueno, los Dos sexuales tienden a invertir toda su energía en personas clave con la intención de forjar conexiones íntimas y apasionadas. Disfrutan prestando mucha atención a las personas y no se avergüenzan de emplear los métodos clásicos de seducción para atraer a aquellos que satisfagan todas sus necesidades.

Los Dos sexuales son agresivos en su seducción. A diferencia de los Dos autoconservadores, poseen un enfoque más adulto porque quieren que se satisfagan sus necesidades y quieren tener cierto poder.

Además de su necesidad de ganarse el afecto y la cercanía, estos individuos también son grandes oyentes y disfrutan mucho de las conversaciones íntimas sobre los problemas de un amigo o pareja. Creen sinceramente que el amor lo conquista todo, pero bajo ese exterior apasionado se esconde una ansiedad muy arraigada sobre su conveniencia. Dependen de su encanto para ganarse a los demás, recibir validación y amor como forma de solidificar su autoestima.

En su expresión, el carácter de este Dos es enérgico, irresistible, e inspira grandes pasiones y sentimientos positivos, todo ello con el único propósito de satisfacer sus necesidades en la vida. Los Dos sexuales no saludables son insistentes, exigentes y muy propensos a la posesividad, los celos y el comportamiento obsesivo. Los Dos Sexuales sanos, sin embargo, son profundamente románticos sin ningún motivo ulterior. Rezuman amor incondicional.

Algunas características de una Sexualidad Dos:

- Encantador y muy seductor.
- Se avergüenza menos de tener necesidades que los subtipos Autoconservación o Social Dos.
- Generoso y solidario.
- Tiene como objetivo formar fuertes lazos íntimos.
- Cuidar, nutrir, ser empático y amar incondicionalmente.

LOS SUBTIPOS DEL ENEAGRAMA TIPO TRES

Autopreservación Tres: Seguridad

El deseo principal del Eneagrama Tres es ser deseable y tener mucho éxito. Lo que más temen es el fracaso o un sentimiento de inutilidad sin logros. Como el contratipo del Eneagrama tipo Tres, estos individuos trabajarán duro, se esforzarán por alcanzar el éxito y buscarán encubiertamente la admiración y el reconocimiento. Aunque sienten su vanidad, se esfuerzan por ocultarla y negarla.

Los SP Tres se preocupan más por ser buenas personas, no sólo por "parecer buenos". Eso, sin embargo, no significa que no les interese ser los "mejores" en lo que hagan. En todo caso, su concepto de ser el mejor está ligado al trabajo duro y a la modestia. Poseen un fuerte código de honor y una necesidad de ser autosuficientes y trabajadores. Un Tres autosuficiente se preocupará por su imagen y cultivará virtudes que modelen las cualidades que creen que conforman un buen ser humano. También pueden combinar el éxito material con el trabajo duro e incluso el servicio a los demás.

Algunas características de los Tres de Autoconservación:

- Quiere ser el mejor en todo.
- Cree en ganarse la admiración de los demás mediante el trabajo duro.
- Suele confundirse con un Seis o un Uno.
- Evita hablar de sus logros o éxitos en la vida.
- Trabaja duro para alcanzar un cierto nivel de seguridad.

Social Tres: Prestigio

En su empeño por ser exitoso, deseable y realizado, a la vez que gestiona el miedo al fracaso o la sensación de inutilidad, este subtipo se esfuerza por mantener una imagen pública poderosa. A los Tres Sociales sólo les importa una cosa: ascender en el mundo.

Son los más competitivos y agresivos del Eneagrama tipo Tres. Los Tres Sociales se mueven por la necesidad de ser los mejores, ya sea en la escuela, en un entorno de grupo o en el trabajo. La vanidad está presente y es evidente en estos Tres, y les gusta mucho ser el centro de atención. Con mucho encanto, gran energía, concentración y deseo de lograr sus objetivos, los Tres sociales tienden a hacer las cosas bien por sí mismos y suelen poseer una mentalidad de ventas o corporativa. En niveles insanos, los Tres sociales están desesperados por recibir atención y validación de los demás. Harán todo lo posible por recibir reconocimiento y vivirán para impresionar a los demás por cualquier medio. Esto a menudo les lleva a tomar decisiones insanas e imprudentes. Por el contrario, un Tres Social es bastante inspirador a niveles saludables y más bien un visionario al que la gente le encanta seguir. Su energía, competencia y encanto hacen que la gente apoye rápidamente sus grandes visiones.

Algunas características de los Cuatro Sociales:

- Encantador.
- Muy competitivo.
- Hábil en la creación de redes y en el establecimiento de relaciones estratégicas.
- Se preocupa mucho por su imagen pública y su estatus social.
- Orientación al éxito y a los objetivos.
- Niveles de confianza elevados.

Sexual Tres: Carisma

A estas alturas, ya sabes que todos los Tres desean tener éxito y temen fracasar o ser percibidos como inútiles. Pero, ¿cómo se ve afectado esto cuando añadimos la riqueza del subtipo sexual? A diferencia de los Tres sociales, que se centran principalmente en el éxito profesional y en ser considerados influyentes por su comunidad, los Tres sexuales están más interesados en el atractivo personal. Tienen un fuerte deseo de ser deseables, seductores y deseados por los demás, especialmente por su pareja ideal.

Los Tres sexuales no hacen alarde de su vanidad ni la niegan. En su lugar, toda su energía se destina a crear una imagen exterior atractiva e irresistible. A menudo son vistos como defensores de los demás, a los Tres Sexuales les gusta utilizar su encanto para promocionar y complacer a los demás, especialmente a aquellos a los que quieren ganar para su lado. Como resultado, sus habilidades y poder innatos suelen ser menos obvios para los demás, al igual que sus verdaderas intenciones. Es una forma más sutil de influencia porque, al final, siguen consiguiendo sus objetivos poniendo a los demás en primer lugar y haciéndoles sentir más importantes. Muchas personas confunden a este Tres Sexual con un tipo Dos debido a lo solidarios, serviciales y complacientes que son. Sin embargo, una observación más cercana revelará que este individuo está más enfocado en ser atractivo para los demás, y no necesariamente en satisfacer las necesidades emocionales de los demás.

A diferencia del Tres SP o del Tres Social, este tipo de Tres no se centra en el dinero o el prestigio. En su lugar, esa energía y deseo de logro será redirigida al atractivo y magnetismo personal. Sin embargo, debajo de todo ese atractivo exterior hay una profunda sensación de vacío. A los Tres Sexuales les cuesta mucho practicar el amor propio o reconocer sus propios puntos fuertes. Los Tres sexuales son vanidosos, narcisistas, celosos y vengativos a niveles insanos. Suelen volverse adictos a la búsqueda de encuentros sexuales para sentirse atractivos. Por el contrario, los Tres Sexuales sanos se aceptan a sí mismos, mejoran su mente y su cuerpo, se inspiran y se apoyan. Pueden centrarse en sus propios deseos y vivir con autenticidad en lugar de esconderse tras el disfraz de "apoyar a los demás".

Algunas características de los Tres Sexuales:

- Entusiasta.
- Anhela ser deseado y atractivo para los demás.
- Tendencia a complacer a las personas para conseguir lo que quiere.
- Pueden utilizar sus talentos y fortalezas para apoyar y elevar a los demás.
- Anhela ser y encontrar el amante/pareja perfecto.
- A menudo son inseguros de sí mismos pero no lo demuestran.

LOS SUBTIPOS DEL ENEAGRAMA TIPO CUATRO

Autoconservación Cuatro: Tenacidad

El deseo principal del Eneagrama Tipo Cuatro es ser auténtico en todos los sentidos posibles y encontrar su verdadera identidad. Lo que más temen es ser defectuosos y carecer de una verdadera identidad. Siendo la autopreservación el contratipo de los Cuatros, expresan su patrón de envidia a través de un comportamiento atípico. En lugar de vivir en la envidia y sentirse derrotados, los Cuatros SP se centran en ir tras sus objetos de deseo.

Los Cuatros SP sanos y medios serán persistentes, orientados a objetivos, creativos, resistentes, empáticos y muy conscientes de sí mismos. Tienen mucha resistencia y están dispuestos a tomar la iniciativa de buscar activamente la vida auténtica y la seguridad material que les falta. En lugar de aceptar ese vacío, estos individuos intentarán arreglarse a sí mismos.

Desde el punto de vista emocional, este Cuatro es probablemente más estoico ante el dolor y no comparte tanto sus sentimientos. En lugar de vivir en los celos, los Cuatro SP trabajarán duro para conseguir lo que les falta, lo que les hace ser un poco más masoquistas que melodramáticos.

Algunas características del Eneagrama Tipo Cuatro de autoconservación:

- A diferencia del resto de los Cuatros, SP Cuatro trabaja duro para conseguir las cosas que desea.
- No les gusta quejarse.
- Empáticos y compasivos consigo mismos y con los demás, especialmente con los que se encuentran en niveles de desarrollo sanos y medios.
- Quieren ser amados porque demuestran fuerza y firmeza.
- Pueden estar ensimismados y rechazarse a sí mismos si operan en niveles de desarrollo poco saludables.

El Cuatro social: La vergüenza

El Cuatro social es el clásico individualista que disfruta involucrándose y siendo sociable. Le gusta crear vínculos estrechos pero lucha contra la envidia y los celos, sucumbiendo fácilmente a estas emociones negativas. Impulsado por el deseo básico de descubrir su verdadera identidad, vivir con autenticidad y el miedo a carecer de importancia en este mundo, este subtipo lucha mucho con la vergüenza y el rechazo.

A diferencia del Cuatro SP o del Cuatro Sexual, este subtipo es mucho más sensible y se detiene mucho en sus "defectos arraigados" percibidos. Son melancólicos y a menudo se lamentan de su inferioridad y de lo diferentes que son de los demás. En un entorno de grupo, la persona se compara constantemente con los demás y muestra lo mucho que le "falta" en algo. No obstante, poseen un cierto encanto que los demás encuentran atractivo, por lo que se desenvuelven en entornos sociales. El profundo sentimiento de tristeza de este subtipo hace que utilicen el dolor y el sufrimiento como forma de atraer la atención y el afecto, con la esperanza de que atraiga a su salvador para que los rescate de su condenada existencia. En niveles poco saludables, el dolor y el sufrimiento se amplifican enormemente, y estos Cuatros sociales tienden a desempeñar el papel de víctimas todo el tiempo. Sin embargo, en niveles saludables, los Cuatros sociales son creativos, cariñosos, curiosos, profundos y empáticos.

Algunas características de los Cuatro Sociales

- Tendencia a compararse con los demás.
- Lucha por atender sus propias necesidades.
- Socialmente amables y encantadores a su manera.
- Tendencia a hacerse la víctima, especialmente en niveles poco saludables.
- Experimenta culpa por querer cosas o por querer encajar.
- Se siente como un inadaptado dondequiera que esté.
- Muy sensibles y muy centrados en sus emociones.
- Quiere reconocimiento.

Sexual cuatro: Competencia

A estas alturas, ya sabes que todos los Cuatros desean un sentido de identidad auténtica y temen no tener ningún significado o identidad en el mundo. Pero, ¿cómo se ve afectado esto cuando añadimos la riqueza del subtipo sexual? A diferencia de los Cuatro SP o los Cuatro Sociales, que a menudo se ven abrumados por la tristeza, los Cuatro Sexuales luchan principalmente contra la ira. Por ello, tienden a confundirse con los Ochos por lo intensos y emocionalmente "calientes" que parecen.

Los Cuatros sexuales niegan su sufrimiento e intentan reprimir su vergüenza. Se centran principalmente en hacer que los demás se sientan peor que ellos para intentar sentirse mejor. Por eso estos Cuatros se presentan como competitivos y dramáticos. En realidad, quieren ser los mejores y los más selectos en su esfuerzo basado en la pasión que han elegido. Este Cuatro se toma el poder de los demás como un reto personal, y su valor siempre fluctúa en función de con quién se compare. Y al igual que otros subtipos sexuales, el Cuatro sexual anhela ser el objeto de deseo de otro. Pero tienden a tener emociones encontradas, como la admiración, la envidia y el odio. En los niveles no saludables, esto será más pronunciado y, de hecho, harán todo lo posible por ser la única persona que le importa al individuo con el que están. Los cuatros sexuales no saludables pueden ser bastante salvajes y no tienen ningún problema en sabotear a otras personas para vengarse o simplemente por celos. Pueden ser arrogantes, elitistas, superiores y guardar rencor sin una buena razón. Los Cuatros Sexuales sanos son más serenos, conscientes de sí mismos, indulgentes, inspiradores y capaces de encontrar la armonía entre su mundo interior y exterior. Aprenden a aceptar tanto su individualidad como sus emociones, incluso las más oscuras, y encuentran mejores formas de manejarlas en lugar de exteriorizarlas en arrebatos de ira o de ofenderse.

Algunas características de los Cuatro Sexuales:

- Envidia y celos por el éxito de los demás.
- Muy competitivo.
- Lucha profundamente con los sentimientos de inferioridad y anhela sentirse superior a los demás.
- Romántico e individualista
- Muy creativo e imaginativo.
- Más asertivo que los Cuatros SP y los Cuatros Sociales.

- Tendencia a exteriorizar su sufrimiento a través de la ira.

LOS SUBTIPOS DEL ENEAGRAMA TIPO CINCO

Autopreservación Cinco: Castillo

El deseo principal del Eneagrama Tipo Cinco es ser competente y tener conocimientos. Temen la incompetencia y la falta de recursos adecuados para mantener su independencia. Cuando este tipo de eneatipo se combina con el instinto de autoconservación, hace que construyan gruesos límites y se aíslen para proteger su energía y recursos. De ahí el término "castillo", porque el comportamiento expresado es el de crear un pequeño santuario de su propia cosecha.

Los Cincos SP son los menos expresivos de los tipos Cincos y hacen todo lo posible por vivir dentro de los límites de sus recursos para poder seguir siendo completamente autosuficientes. Esta necesidad de tener suficientes provisiones detrás de los muros de su castillo puede conducir a veces a la acumulación y hacer que estos individuos sean muy tacaños y distantes. Los Cincos sanos respetan el espacio y las necesidades de los demás y no toman nada de los demás sin dar nada a cambio. Los Cincos no sanos son tacaños y no están dispuestos a abrirse a los demás.

Algunas características del Eneagrama Cinco de autoconservación:

- Típicamente introvertido.
- Tendencia a ver el mundo como hostil, intrusivo y abrumador.
- Intensamente privado.
- Luchar con sus emociones y comprenderlas.

- Tendencia a poner muchos límites entre ellos y el mundo exterior.

El Cinco social: Tótem

En su esfuerzo por estar bien informado, ser competente y controlar su miedo a depender de los demás o a la falta de recursos, este subtipo busca convertirse en un maestro en su campo y ser la persona a la que acudir en un tema concreto. Los Cinco Sociales encuentran su sentido de pertenencia siendo muy competentes y apoyando a los que necesitan ayuda académica. La mayoría de sus interacciones sociales se producen con personas que se sienten atraídas por sus temas de interés, que suelen ser científicos, filosóficos o educativos de algún otro modo.

Aunque los Cinco sociales se relacionan con otros en un grupo, siempre es a través de intereses comunes basados en el conocimiento y los valores compartidos más que en la conexión emocional. Son apasionados y están ávidos de conocimiento y de comprender el sentido de la vida. Aunque estos Cincos son más sociales que el resto de los Cincos del Eneagrama, siguen odiando las conversaciones triviales, los cotilleos o cualquier cosa que desperdicie sus preciosos recursos mentales o físicos. Los cincos sociales son condescendientes, antisociales y están fuera de contacto con la realidad en niveles poco saludables. Por el contrario, los cincos sociales sanos son observadores, dignos de confianza, imparciales, lógicos, auténticos y muy informados.

Algunas características de los Cinco Sociales:

- Quieres convertirse en alguien importante.
- Prefieren interactuar y relacionarse con personas a las que admiran intelectualmente.

- Socializar con personas que comparten los mismos ideales.
- Muy idealista.
- Impulsado a descubrir el sentido último de la vida.

El Cinco sexual: Confianza

A estas alturas, ya sabes que todos los Cinco desean el conocimiento y la independencia y temen ser incompetentes. Pero, ¿cómo se ve afectado esto cuando añadimos la riqueza del subtipo sexual? Los Cincos sexuales son apasionados, intensamente imaginativos, e incluso pueden poseer una vena romántica como el contratipo del Eneagrama Cinco. Les encanta crear utopías mentales y visiones de las parejas ideales. Los Cincos sexuales anhelan una unión mística (una fusión con alguien que resulte en un amor incondicional). Cuando encuentran esa conexión, son como un libro abierto. Para el mundo exterior, sin embargo, el Cinco Sexual seguirá siendo un misterio, pero para su pareja elegida, son transparentes, cariñosos y comparten todos sus secretos.

Los Cinco sexuales son los más sensibles emocionalmente de los Cinco. Aunque puedan parecer reservados y analíticos como los demás, en el fondo, los Cinco sexuales son emocionalmente intensos y románticos. ¿Son un poco extraños? Claro, pero para aquellos que pueden aceptar sus formas excéntricas, estos individuos son fantásticos. Sin embargo, si los Cinco Sexuales se sienten incomprendidos o poco apreciados, retroceden rápidamente y desaparecen. En niveles poco saludables, se aíslan, son imposibles de complacer y son propensos a realizar experimentos sexuales peligrosos. Por el contrario, los Cinco Sexuales sanos son cariñosos, auténticos, visionarios, sabios y están en constante aprendizaje y crecimiento.

Algunas características de los Cinco Sexuales:

- Profundamente imaginativo.
- Lado romántico y sensible que no está del todo presente en los otros subtipos Cinco.
- Innovador y perspicaz.
- Tendencia a la exuberancia de las fantasías.
- Valora las conexiones uno a uno.
- Quiere encontrar la relación ideal.

CHAPTER 11

SUBTIPOS PARTE 111

LOS SUBTIPOS DEL ENEAGRAMA TIPO SEIS

Autoconservación Seis: Calidez

El deseo principal del Eneagrama Tipo Seis es tener seguridad y orientación. Temen no estar preparados para afrontar una situación o carecer del apoyo adecuado. El Seis de autoconservación es el más "fóbico" de todos los demás Seis. Expresan su miedo buscando protección a través de alianzas amistosas y protectoras. Este Seis se esfuerza por ser cálido, amistoso y digno de confianza, pero debajo de esa conducta hay una profunda ansiedad. Se centran en las relaciones como medio para garantizar la sensación de seguridad que necesitan en el mundo, pero les preocupa constantemente perder esa alianza, ser rechazados y estar solos. Un Seis autoconservado a menudo se atascará en el análisis-parálisis porque duda demasiado de sí mismo y de los demás, especialmente en niveles de desarrollo poco saludables. Sin embargo, los Seis SP sanos tienden a confiar más en sí mismos y a sentirse conectados con el mundo que les rodea. Irradian serenidad y seguridad, que provienen de su interior.

Algunas características de los Seis autoconservados:

- Escéptico y dubitativo (aumenta exponencialmente en niveles de desarrollo poco saludables).
- Cálido y amigable, especialmente en los niveles de desarrollo sano y medio.
- Tiende a confundirse con el Eneagrama Tipo Dos.
- Orientado hacia las relaciones y los vínculos personales como mecanismo de supervivencia.
- Teme defraudar a la gente.
- Siente mucha responsabilidad y culpa cuando las cosas van mal.

Social Seis: El deber

En un intento de sentirse seguros y protegidos al mismo tiempo que gestionan su miedo a no estar apoyados ni preparados, este subtipo se preocupa mucho por encontrar una comunidad o grupo en el que puedan encajar y sentirse seguros y protegidos.

Los Seis sociales son leales, obedientes y se preocupan mucho por sus compromisos dentro del grupo. Les gusta seguir las reglas y directrices que ofrecen una forma de autoridad protectora. Los Seis sociales quieren sentir que forman parte de algo más grande que ellos mismos y están dispuestos a sacrificarse por esa experiencia. Tienden a pensar más en cómo reaccionarán los demás a sus elecciones y decisiones en la vida, lo que a menudo promueve el análisis-parálisis en su toma de decisiones.

Los Seis sociales se sienten más cómodos cuando están rodeados de personas con ideas afines en una comunidad en la que todos se ayudan mutuamente y quieren lo mejor para el conjunto.

Expresan su miedo en forma de ansiedad y no soportan la incertidumbre, por lo que tratan de manejar estas emociones mediante razonamientos abstractos e ideologías. Un Seis social se centra en la precisión y la eficacia en todos sus esfuerzos. Los Seis sociales son controladores, impacientes, sentenciosos y autocríticos a niveles poco saludables. Tienen un comportamiento pasivo-agresivo y suelen cuestionar sus propias creencias. Sin embargo, un Seis social sano es valiente y confía más en sus propios pensamientos, ideas y creencias. Son leales, dedicados y llenos de integridad.

Algunas características de los Seis Sociales:

- Tendencia a buscar reglas y estructuras que los guíen.
- Puntual y preciso.
- Prefieren confiar en la autoridad para obtener protección y orientación.
- Tratar de entender y cumplir su papel dentro de una estructura de grupo.
- Tendencia a convertirse en un fanático de su sistema de creencias, especialmente en los niveles de desarrollo más bajos e insalubres.

El Seis sexual: Belleza/Fuerza

A estas alturas, ya sabes que todos los Seis desean seguridad, protección, orientación y temen carecer de apoyo o guía de la autoridad. Pero, ¿cómo se ve afectado esto cuando añadimos la riqueza del subtipo sexual? Como el país del Eneagrama Seis, este subtipo se enfrenta a los miedos subyacentes convirtiéndose en personas agresivas que asumen riesgos. Los Seis sexuales adoptan la mentalidad "yo contra el mundo". Hacen todo lo posible para luchar contra sus miedos y casi nunca bajan la guardia. Los Seis Sexuales creen que la mejor defensa es un buen ataque, e intentan vivir con esa mentalidad. Debido a su constante desconfianza y al miedo a ser engañados, puede parecer que siempre están a punto de explotar.

Este Seis cree en la preparación y el desarrollo de habilidades como forma de evitar tanto la ansiedad como a sus enemigos, por lo que se esfuerza por parecer bueno y sentirse poderoso. Lo hacen aumentando su fuerza, tanto emocional como física. A menudo se someten a deportes extremos que aumentan su resistencia. En niveles poco saludables, son erráticos, combativos, dominantes, depresivos y pueden arremeter violentamente contra los demás. Suelen estar obsesionados con vigilar a sus supuestos enemigos en busca de cualquier señal de ataque. Los Seis sexuales sanos son más tranquilos, valientes, protectores, fiables y autosuficientes.

Algunas características de los Seis Sexual:

- Tendencia a la impulsividad.
- A menudo es contraria.
- Extremadamente leal y fiable, especialmente en niveles de desarrollo saludables.
- Se esfuerza por ser físicamente fuerte y atractivo.
- Tendencia a correr hacia el miedo para combatirlo.
- A menudo se confunde con el tipo ocho del Eneagrama.

LOS SUBTIPOS DEL ENEAGRAMA TIPO SIETE

Siete autoconservadores: Los guardianes del castillo.

El deseo principal del eneagrama tipo Siete es la libertad y la felicidad. Temen el dolor, la negatividad, el sufrimiento o perderse la vida. También les aterra sentirse atrapados en situaciones, relaciones, etc., que puedan hacerles perder su sentido de la libertad y la aventura. El matiz añadido como Siete autoconservador es que buscarán seguridad y protección en las cosas materiales y en las oportunidades de establecer contactos.

Los Siete SP son excelentes para establecer alianzas que sean ventajosas para su bienestar. El placer es algo que les encanta y parece que se salen con la suya en el trato con la gente, quizás debido a su naturaleza alegre y carismática. Un Siete autoconservador sano es pragmático y se conforma con lo que tiene, pero los Siete SP poco saludables tienden a ser exigentes, codiciosos e incluso manipuladores.

Algunas características del Eneagrama Siete de autoconservación

- Práctico y realista.
- Muy oportunista.
- Encantador y hablador.
- Hábil en la creación de redes.
- Gran sentido del humor.
- Disfrutar de las mejores y más novedosas cosas materiales.

Social Siete: Sacrificio

En un intento de perseguir su deseo de libertad y felicidad mientras suprimen su miedo al dolor o a ser enjaulados, este subtipo es el más idealista de los Siete. También son el contratipo del grupo, lo que significa que muestran el comportamiento opuesto al que suele expresar un Siete. Así, mientras que los demás Sietes sucumben a la glotonería, un Siete social suele ser altruista y centrarse en ayudar a los demás.

Son muy conscientes de su tendencia a explotar a los demás y se esfuerzan por purificarse de este paradigma sacrificando sus propias necesidades para apoyar a los demás. Su pasión es ser percibidos como buenos al hacer sacrificios personales. Un Siete social expresará entusiasmo e idealismo como forma de hacerse sentir valorado y activo en el mundo, demostrando que puede arreglárselas con muy poco. A menudo son visionarios, ven muchas oportunidades nuevas y disfrutan encontrando amigos y consejeros que comparten sus intereses y su entusiasmo. La mayoría de los Sietes sociales se posicionan en funciones que les permiten trabajar con otros para perseguir una causa que les entusiasma. Eso no elimina su afán por perseguir diversas cosas y adquirir más conocimientos. A veces, su velocidad puede ser demasiado irreal para los demás miembros del grupo. Esto puede causar una tensión, ya que el Siete Social se vuelve impaciente y puede incluso considerar la posibilidad de "seguir adelante" para hacer las cosas por su cuenta.

En niveles poco saludables, la impaciencia y la inquietud son elevadas. Se vuelven irresponsables, nunca terminan ningún proyecto que comienzan y dispersan su energía por todas partes mientras saltan de una cosa a otra. Sin embargo, en niveles saludables, los Sietes Sociales son audaces, visionarios, aventureros, resistentes y dedicados a su objetivo elegido. Han aprendido a domar a su niño interior y saben encontrar la libertad en los compromisos.

Algunas características de los Siete Sociales:

- Idealista.
- Entusiasta.
- Servicial y generoso.
- Visionario.
- Teme ser excesivo o indulgente.
- Ansía la admiración.
- Capaz de asumir grandes responsabilidades.

El Siete sexual: Sugestionabilidad

A estas alturas, ya sabes que todos los Sietes desean libertad y felicidad y temen perderse o sentirse atrapados. Pero, ¿cómo se ve afectado esto cuando añadimos la riqueza del subtipo sexual? Los Sietes sexuales no tienen reparos en expresar su gula y lo hacen imaginando algo mejor que su realidad actual. Son soñadores románticos con una pasión por vivir en sus estados imaginados. Algunos los califican de excesivamente ingenuos y sugestionables porque tienden a ver el mundo con gafas de color de rosa. Siempre optimistas y desenfadados, para un Siete sexual todo es posible. Su principal objetivo es experimentar tantas fantasías placenteras como sea posible. Se sienten rápidamente atrapados y abrumados por las rutinas mundanas de la vida, por lo que intentan crear más emoción a su alrededor. Esto les hace ser a menudo inquietos e impulsivos, embelleciendo la vida cotidiana sólo para que parezca más embriagadora. Los Sietes Sexuales son inconstantes, temerosos del compromiso y propensos a caer en planes descabellados a niveles poco saludables. Los Sietes Sexuales sanos, en cambio, son alegres, entusiastas, imaginativos, esperanzados y productivos. Han aprendido a contentarse con la vida cotidiana.

Algunas características de los Siete Sexuales:

- Pasa más tiempo fantaseando que en la realidad.
- Confianza y esperanza.
- Tendencia a saltar de una actividad a otra.
- La búsqueda constante de la siguiente cosa nueva, emocionante y extraordinaria que aporte más placer y magia a su vida.
- Idealista y muy imaginativo.

LOS SUBTIPOS DEL ENEAGRAMA TIPO OCHO

Autoconservación ocho: Satisfacción

El deseo del Eneagrama Tipo Ocho es tener el control y la autonomía. Lo que temen es ser controlados por otros. Cuando se trata de los matices de un Ocho autoconservador, son prácticos y están dispuestos a hacer lo que sea necesario para asegurar que se satisfagan sus necesidades. Eso les hace ser bastante agresivos en algunos casos. A estos Ocho les gusta dejar de lado las formalidades y las sutilezas e ir directamente al grano.

Los Ochos autoconservadores expresan su lujuria centrándose en sus necesidades y en las de sus seres queridos. Necesitan satisfacer sus necesidades materiales al instante y no manejan muy bien la frustración o la decepción. Los Ochos SP son los menos expresivos del grupo y suelen buscar símbolos de poder e impacto como coches de lujo, casas bonitas, etc. Los Ochos SP poco saludables pueden convertirse rápidamente en matones egoístas e impacientes que no se detienen ante nada para conseguir lo que quieren. Por otro lado, los Ochos SP sanos son fuertes, protectores de los demás y disfrutan motivando a los demás para que alcancen sus sueños.

Algunas características del Eneagrama Ocho de autoconservación:

- Práctico y realista.
- Directos en su comunicación.
- Trabajador y muy productivo.
- Exuda una fuerza silenciosa.
- Siempre va por lo que quiere.

El Ocho social: Solidaridad

En un intento de perseguir su deseo de autonomía y de tener un control total, a la vez que gestionan su miedo profundamente arraigado a ser vulnerables y a perder el control, este subtipo es el más intelectual entre los Ocho del Eneagrama. Como contratipo de los Ochos, estos individuos se presentan como cálidos y más suaves que los otros dos subtipos. Valoran profundamente las relaciones armoniosas y las amistades. Una vez establecida la lealtad, van más allá por sus amigos, cuidándolos y protegiéndolos contra cualquier amenaza. Les gusta ocuparse de sus propias necesidades, llevando una vida de intensa acción, diversas actividades y un mínimo de tiempo de inactividad para el autocuidado. A diferencia del típico Ocho, un Ocho social suele ser menos agresivo y realmente más servicial. En niveles poco saludables, los Ocho sociales son antisociales. Se vuelven autodestructivos, imprudentes y no ven el daño que causan a los demás. Por el contrario, los Ochos sociales sanos son carismáticos, impulsados por sus objetivos, intrépidos, autosuficientes y apasionados por cuidar y proteger a sus seres queridos.

Algunas características de un Ocho Social:

- Simpático y carismático.
- Disfruta debatiendo con los demás.
- Persigue la aventura y la emoción.
- Se mantiene ocupado con diferentes tipos de proyectos.
- Defiende a los demás.

Sexual Ocho: Posesión

A estas alturas, ya sabes que todos los Ocho desean el control y la autonomía, y que temen ser vulnerables o controlados por otros. Pero, ¿cómo se ve afectado esto cuando añadimos la riqueza del subtipo sexual? Los Ochos sexuales son los más rebeldes de los Ochos y odian naturalmente las reglas. Estos Ochos son intensos, encantadores y les encanta tener control e influencia. En lugar de buscar la seguridad material como un Ocho SP, un Ocho sexual prefiere obtener "poder" sobre las cosas y las personas. Su objetivo es ser poderoso y dominar todo su entorno. Aunque pueden ser cariñosos y entregados, tienden a luchar con la intimidad, ya que la ven como un riesgo que podría dar el control y el poder a otros. A los Ochos sexuales les gustan los retos y no les asusta ser directos, aunque eso les lleve al conflicto y a la confrontación. Los Ochos sexuales son posesivos, celosos, dominantes y controladores a niveles poco saludables. Los Ochos sexuales sanos son todo lo contrario. Son autosuficientes, indulgentes y protectores de los demás, casi hasta el punto de ser heroicos.

Algunas características de los Ochos Sexuales:

- Más emocional que el SP Ocho y el Social Ocho.
- Pragmático y emprendedor.
- Rebelde y antiautoritario.
- A menudo percibe la intimidad como una lucha por el control.
- Exige la lealtad de los seres queridos.
- Se esfuerza por alcanzar el placer.
- Orientado a la acción más que a la reflexión.

LOS SUBTIPOS DEL ENEAGRAMA TIPO NUEVE

Nueve de autopreservación: Apetito

El deseo principal del Eneagrama Tipo Nueve es la paz interior y la estabilidad. Lo que más temen es el conflicto y la fragmentación, especialmente a nivel interno. Todos los tipo Nueve expresan la pasión por la pereza. Los Nueve autoconservadores se preocupan más por buscar seguridad y comodidad en el mundo material. Son prácticos y orientados a la rutina, y prefieren centrarse en las cosas cotidianas en el momento presente antes que en el idealismo o las distracciones. Los libros, los programas de televisión, la buena comida, el descanso y la relajación son muy atractivos para este Nueve, por lo que invierten su energía en estas actividades. Algunos tienen bastante talento, pero su concentración en las recompensas menores inmediatas suele impedirles perseguir algo grande. En niveles poco saludables, los Nueve SP son apáticos y se cierran emocionalmente. Se enganchan a las comodidades de su creador y hacen oídos sordos a todo lo demás en su entorno. Sin embargo, en niveles sanos, son pacíficos, desinteresados, sensatos y pacientes.

Algunas características de los Nueve de Autoconservación:

- Le gustan las rutinas predecibles.
- Prefiere y busca las comodidades físicas.
- Amantes de la diversión y de la aceptación de sí mismos y de los demás.
- A veces, la comida y la bebida se utilizan como supresores de la ansiedad.
- Prefiere centrarse en el mundo real y concreto.

Social Nueve: Participación

En la búsqueda de la paz interior y la estabilidad, mientras gestiona el miedo al conflicto, la desconexión del Ser y la fragmentación, este subtipo es conocido por ser influyente, solidario y por entregarse a los demás sin reservas. Nada significa más para un Nueve social que formar parte de un grupo significativo. Como el contratipo de los Nueve, los Nueve Sociales son alegres con un exterior cálido. Les gusta participar y dar prioridad a las necesidades de los demás por encima de las suyas. Esto se debe a que debajo de toda esa entrega hay un miedo al abandono y a la exclusión.

Los Nueve sociales son los que más disfrutan de la fusión con los grupos y se esfuerzan por ser el personaje amante de la diversión, amistoso y que mantiene la paz en los distintos grupos a los que se unen. Existe un sentimiento subyacente de inseguridad respecto a su autoestima, lo que a menudo les lleva a "complacer a la gente" en un intento de encajar. En niveles poco saludables, los Nueve Sociales son necesitados, inseguros, no están en contacto con ellos mismos y tienden a caer en la depresión. Por el contrario, los Nueve Sociales sanos son enérgicos, reflexivos, no juzgan y son extremadamente amables.

Algunas características del Nueve Social:

- Da generosamente y sin condiciones.
- Anhela encajar.
- Tendencia a trabajar en exceso o a excederse en el grupo.
- Alegre y amigable.
- Prioriza las necesidades del grupo por encima de las propias.

Sexual Nueve: Fusión

Ya sabes que todos los Nueve desean la paz interior y temen la inestabilidad o el conflicto internos. Pero, ¿cómo se ve afectado esto cuando añadimos la riqueza del subtipo sexual? Los Nueve sexuales expresan su patrón de pereza fusionándose con las personas importantes de su vida. Sin saberlo, este Nueve adoptará las actitudes, opiniones y sentimientos de los demás. Aunque son personajes amables y gentiles que suelen carecer de asertividad, esta incapacidad para mantenerse en su propia identidad tiende a ser contraproducente a largo plazo. Suelen vivir sus sueños y fantasías a través de los demás y pasan la mayor parte de su tiempo imaginando su futuro con otras personas, pero nada más allá de eso. Su ira se desata con facilidad si su relación con ese otro significativo se ve amenazada, lo que sorprendentemente les convierte en el tipo descarado y pasivo-agresivo. Aunque la relación con la que se fusionan suele ser íntima, como con un cónyuge, también puede ser con un mejor amigo o con Dios. Los Nueve Sexuales están tan atados a otro individuo que se vuelven descuidados, reprimidos, codependientes y propensos al resentimiento en niveles poco saludables. Los Nueve Sexuales sanos, sin embargo, son empáticos, reconfortantes, pacíficos y aman desde un lugar de su propia y verdadera conexión e identidad personal. Han hecho el duro trabajo de erradicar la tendencia a fusionarse con la identidad de otro y vivir desde su verdadera personalidad.

Algunas características de los Nueve Sexuales:

- Tendencia a la falta de sentido del Yo, especialmente en aquellos niveles de desarrollo poco saludables.
- Empático y emocionalmente consciente.
- Tendencia a fundirse dentro de las relaciones y a perder el sentido del Yo.
- Amable, pacífica, y genuinamente amorosa.
- Siempre da prioridad a las necesidades de los demás.
- Calmado, equilibrado y con una poderosa presencia que puede ofrecer una sensación de confort y curación a los que están cerca.

El sistema del Eneagrama es realmente una gran cantidad de información que a veces puede resultar abrumadora. Puede parecer un poco abrumador cuando te encuentras por primera vez con estos conceptos, desde los tipos estándar del Eneagrama hasta las tríadas, las alas y ahora los subtipos. Sin embargo, entiende que todos estos aspectos diferentes son matices que están destinados a añadir riqueza a tu comprensión de ti mismo.

Al pasar por los subtipos en esta sección, espero que hayas desarrollado más conciencia y comprensión de por qué navegas por la vida como lo haces y por qué otra persona en tu mismo eneatipo parecerá tan radicalmente diferente. Cuanto más te entiendas a ti mismo, más fácil te resultará entender a los demás. Hablando de eso, es hora de empezar a aplicar tus conocimientos sobre el Eneagrama de forma práctica, empezando por las relaciones existentes.

PART THREE
PROFUNDIZACIÓN DE LAS RELACIONES

CHAPTER 12

CULTIVAR RELACIONES SANAS

L as relaciones son una parte integral de nuestro bienestar mental, emocional y físico. Las investigaciones demuestran ahora que tener relaciones sanas y fuertes puede contribuir a una vida larga, sana y feliz. Por el contrario, hay pruebas convincentes de que estar aislado o solo en la vida es comparable a los riesgos asociados con la obesidad, la presión arterial y el tabaquismo. Un porcentaje importante de personas que buscan por primera vez ayuda en el Eneagrama suelen estar impulsadas por la necesidad de mejorar sus relaciones personales o profesionales. Así que en este capítulo nos centraremos en cómo puedes mejorar tus relaciones personales. En el próximo capítulo, nos centraremos en las relaciones laborales.

POR QUÉ SON IMPORTANTES LAS RELACIONES SANAS

Una revisión de 148 estudios reveló que las personas con relaciones sociales sólidas tienen un 50% menos de probabilidades de morir prematuramente (Kreitzer, RN, Ph.D.). Y eso no es todo. Estar en una relación sana y comprometida está relacionado con una menor producción de cortisol (una hormona del estrés) y una curación más rápida. Los estudios demuestran que la recuperación de una enfermedad o procedimiento es más rápida en las parejas de larga duración que en los pacientes solteros. Por supuesto, no se trata sólo de sobrevivir a los momentos difíciles. También se trata de cultivar buenos hábitos juntos y, de nuevo, tener una relación sana está ligada a un estilo de vida saludable. Piénsalo: si tienes una relación con un amante o un mejor amigo que ocupa todo tu tiempo libre y que se dedica a comer sano, hacer ejercicio y desarrollar su mente, es más probable que tú también adoptes esos hábitos. Es mucho más fácil adoptar nuevos hábitos saludables cuando las personas que te rodean hacen lo mismo. Así que no se puede negar que las relaciones influyen en nuestro estilo de vida, y la calidad de esa relación afecta a nuestro bienestar. La autora Brené Brown explica: "Un profundo sentimiento de amor y pertenencia es una necesidad irreductible de todos los hombres, mujeres y niños. Estamos biológicamente, cognitivamente, físicamente y espiritualmente cableados para amar, ser amados y pertenecer".

¿Puede el Eneagrama ayudar realmente?

Kaley Warner comparte abiertamente cómo el Eneagrama le ayudó a salvar su matrimonio. Escuchémoslo de sus propias palabras.

"Estaba recién casada. Me había mudado a Nueva Jersey y tenía problemas. Mi marido estaba en un programa de doctorado y yo me sentía aislada. Había dejado a todos mis amigos y la perspectiva de hacer otros nuevos me parecía desalentadora. Mi marido y yo tuvimos un accidente de bicicleta, y el peaje físico y mental de aquellos manillares enredados pesaba mucho sobre nosotros. Su energía había desaparecido. Escapaba de mi dolor trabajando más y viajando. Cuanto más crítica y exigente me volvía con él, más se alejaba. Estábamos llegando a un punto muerto. Recuerdo que le dije a una amiga que él no era el hombre del que me enamoré y con el que me casé. Estoy segura de que yo tampoco era la mujer con la que él quería compartir su vida. Ese invierno, mientras estaba en casa para las vacaciones, mi madre sugirió que asistiéramos a la misma formación sobre el Eneagrama a la que ella y mi padre habían asistido unos años antes. No recuerdo los detalles de cómo lo hizo, pero tanto Nate como yo pensamos que era nuestra idea ir, y nos inscribimos. En una pequeña sala de Atlanta, mientras Russ Hudson describía cada uno de los Tipos de Eneagrama y la complejidad del sistema, sentí que me recordaban algo que ya sabía. Todos, dijo, tenían sentido. El Eneagrama describía patrones de comportamiento de las personas que había visto en mi vida mejor que cualquier otra cosa que hubiera aprendido. Cuando llegó al Tipo 1, mi marido se rió al reconocerlo. Y yo lloré. Russ puso palabras a la experiencia invisible de mi vida. Explicó mi crítica interior y mi afán de perfección de una manera que no me hizo sentir juzgada sino comprendida. Salieron a la luz todos mis intentos de mejorar nuestro matrimonio que, en cambio, nos habían estado separando. Me había estado esforzando mucho pero creando el resultado contrario. A medida que aprendía sobre mi personalidad, surgió una gracia para mí que no había experimentado antes. Cuando Russ llegó al tipo de Nate, ocurrió lo mismo, sólo que al revés. Me reí, comprendiendo los comportamientos que justo el día anterior me habían enfadado. Y Nate lloró, al tener su experiencia interna articulada de tal manera que ahora compartíamos un vocabulario para discutir lo que había estado sucediendo. Pasamos el resto del entrenamiento conversando en profundidad sobre nuestros tipos, sobre cómo nos habíamos desencadenado mutuamente y sobre cómo podíamos apreciar a la otra persona en lugar de perdernos en el conflicto." Kaley Warner Klemp

CÓMO EL ENEAGRAMA TE AYUDARÁ A PROFUNDIZAR Y SANAR TUS RELACIONES

Como en la historia anterior, el Eneagrama funciona porque es una herramienta perfecta para la comunicación con el otro. A medida que te comprendes a ti mismo y a la otra persona, puedes utilizar un lenguaje común para abordar los conflictos existentes, señalar los factores desencadenantes y los hábitos poco saludables, y aprender de verdad a ver el mundo a través de la lente del otro. Así que si has tenido problemas con las relaciones en el pasado o si ni siquiera sabes qué tipo de relación sería la adecuada para ti, es hora de comprender cómo tus puntos fuertes y débiles afectan a tus relaciones personales. Asume la responsabilidad de la energía que aportas a cualquier relación y las cosas cambiarán a mejor. Si lo utilizas adecuadamente, las ideas que aprendes en este libro te ayudarán de forma natural a cultivar relaciones saludables.

ENEAGRAMA TIPO 1 - EL PERFECCIONISTA EN LAS RELACIONES

Los del Tipo Uno son rigurosos con las reglas y con hacer las cosas de la manera correcta. Alcanzar la perfección es un gran factor impulsor, y estos individuos saben lo que quieren en todo momento. En las relaciones, los Uno son leales, dedicados y quieren que la relación avance en una dirección específica.

Si tú eres del tipo Uno, quizá notes que surgen fricciones al tratar con tipos más ambiguos y menos interesados en la estructura. Eres increíblemente organizado, tiendes a ver el mundo en tonos de blanco y negro y eres inflexible en tu fuerte código moral.

Tus puntos fuertes son la fidelidad, la conciencia y el crecimiento personal.

Tus puntos débiles en las relaciones son ser demasiado crítico, controlador e intransigente. Es posible que pongas demasiadas expectativas en tu pareja. En un intento de que todo sea perfecto, podrías abrir una brecha entre ustedes.

Cómo mejorar:

Para sacar lo mejor de ti y de los demás, acepta un poco de espontaneidad, juego y creatividad. Dile a tu pareja o amigo lo que necesitas en lugar de esperar que te lea la mente. Encuentra formas de relajarte y pulsa el botón de repetición de tus normas de vez en cuando, especialmente en cosas que sabes que alegrarán a tu pareja, amigo, hijo, etc. Por ejemplo, deja que tu hijo se tome un helado antes de cenar si se ha portado bien todo el verano, y permite que tu pareja te sorprenda con una escapada de fin de semana no planificada. No pasa nada si te pierdes y pierdes una reserva en tu restaurante favorito.

Lo que necesitas:

Como Uno, necesitas un compañero que te anime a ser un poco más juguetón y relajado. Alguien que pueda añadir un poco de espontaneidad a tu vida de forma que te guste. Alguien que entienda y respete tu necesidad de perfección y reglas, pero que facilite la diversión en su relación.

ENEAGRAMA TIPO 2 - EL DADOR EN LAS RELACIONES

Los del tipo Dos son cuidadores, ayudantes y les encanta apoyar a los demás. En las relaciones, ponen a los demás en primer lugar, aunque sea a costa de sus propias necesidades.

Si eres un tipo Dos, quizás te hayas dado cuenta de que te resulta más fácil dar amor y atención a otro, pero no es tan fácil proporcionarte lo mismo a ti mismo. Quiero recordarte que nunca se puede servir de una copa vacía. Cuanto más te llenes tú primero, más naturalmente tendrás para dar a los que te importan.

Entre tus puntos fuertes está el saber hacer que la gente se sienta querida y apreciada.

Entre tus puntos débiles en las relaciones se encuentra el volverte posesivo y demasiado dependiente de tu pareja. También puede ser que te cueste cuidar de ti mismo.

Cómo mejorar:

Para sacar lo mejor de ti y de los demás, resiste el impulso de arreglar los problemas de todos. A veces hay que sentarse y dejar que los demás resuelvan sus problemas. Y asegúrate de dar prioridad al cuidado personal y, cuando sea necesario, ponte a ti mismo en primer lugar, incluso si eso significa decir no a la petición de otro. Los que te quieren apreciarán y respetarán tu decisión de atender primero tus propias necesidades.

Lo que necesitas: Como Dos, necesitas una pareja que te respete, aprecie y demuestre lo mucho que te quiere tal y como eres. Tu pareja romántica debe animarte a crear límites saludables y a ocuparte de tu propio bienestar emocional.

ENEAGRAMA TIPO 3 - EL TRIUNFADOR EN LAS RELACIONES

Como tipo Tres, puedo decir que dedicamos mucho tiempo y energía a la carrera, los logros, el éxito y la construcción de un legado. En las relaciones, los Tres quieren ser apreciados por su duro trabajo y sus logros. A veces esto puede ser demasiado extremo hasta el punto de la negligencia emocional, lo que conduce a patrones de comportamiento poco saludables.

Quiero recordarte que puedes tener relaciones prósperas y una carrera exitosa. Si eres un Tres, tal vez te estés dando cuenta ahora de lo obsesivo que puedes llegar a ser con tu trabajo y tus logros. Sólo tienes que darte cuenta de que tu valor no está ligado a tus logros. Las personas que te quieren te querrán por lo que eres si puedes dedicarles un poco de tiempo para estar presente.

Tus puntos fuertes son la energía, el carisma, la creatividad y el afán por cumplir las expectativas de los demás.

Tus puntos débiles en las relaciones son la impaciencia, el ensimismamiento, el despiste y el estar demasiado centrado en tu carrera a expensas de tus relaciones personales.

Cómo mejorar:

Encuentra la manera de estar ahí para las personas que te quieren y que quieres alimentar en tu vida. Es posible luchar por el éxito, satisfacer tus necesidades emocionales y pasar tiempo con tus seres queridos. Personaliza un plan que funcione para tu situación particular y, en la medida de lo posible, ten un tiempo de inactividad en el que puedas desconectar del estrés laboral y simplemente divertirte con los que te quieren.

Lo que necesitas:

Como Tres, necesitas una persona que te anime y apoye a la hora de atender tus necesidades emocionales. Una pareja romántica que te ayude a desconectar y te dé razones de peso para poner el trabajo en silencio durante un rato y simplemente conectar con el otro.

ENEAGRAMA TIPO 4 - EL INDIVIDUALISTA EN LAS RELACIONES

El Tipo Cuatro es un tipo sensible y creativo que se preocupa más por vivir con autenticidad que por encajar en la sociedad. En las relaciones, quieren ser comprendidos y apreciados por su singularidad e individualidad.

Si tú eres un tipo Cuatro, es hora de dejar de lado esta tensión que te hace sentirte solo, incomprendido e intrínsecamente defectuoso. Eso no significa que todo el mundo "te entienda". Significa que algunos lo harán, y es esencial permanecer lo suficientemente abierto y positivo para reconocer cuando te encuentras con los pocos que te aceptarán, abrazarán, apreciarán y amarán en toda tu singularidad.

Tus puntos fuertes son la empatía, la intuición, el romanticismo, el juego y la apertura a nuevas experiencias. Tienes el don natural de comprender los verdaderos sentimientos de tu pareja, y probablemente quieras encontrar una pareja que te corresponda.

Tus debilidades en las relaciones incluyen una tendencia a ser bastante temperamental y dramática. Algunos Cuatros también son necesitados, súper sensibles a las críticas, y son propensos a ciclos recurrentes de depresión.

Cómo mejorar:

Aprende a equilibrar esa emoción común de la tristeza y la melancolía con la gratitud y la esperanza para que puedas aportar energía positiva al grupo.

Lo que necesitas:

Como Cuatro, necesitas una pareja romántica que sea abierta, comprensiva, autoconsciente y expresiva en su apreciación de ti y de todo lo que eres. Cuanto más estable emocionalmente y en sintonía esté tu pareja, más rica será su conexión.

ENEAGRAMA TIPO 5 - EL INVESTIGADOR EN LAS RELACIONES

Los Tipo Cinco son pensadores. Prefieren observar en la seguridad de su propia intimidad, preferiblemente donde muy pocos puedan acceder. Generalmente introvertidos, la mayoría de los Cincos prefieren el aislamiento y parecen reservados y misteriosos, pero una vez que encuentran a su pareja, se convierten en un libro abierto, a menudo compartiendo todo con su elegida. Si se profundiza en el tema, algunos Cincos pueden incluso tener una vena romántica en las relaciones. Sin embargo, necesitan tiempo a solas para procesar, pensar y resetearse incluso de sus seres queridos.

Si tú eres un Cinco, quizá hayas notado lo difícil que es relacionarse con los demás. Puede que pienses que estar aislado y distanciado es la mejor solución. Quiero recordarte que una vida verdaderamente satisfactoria pasa por disfrutar de todo lo que la vida ofrece. Eso incluye también las relaciones sanas. El sentido y la comprensión de la vida que buscas no pueden encontrarse si descuidas tus emociones o te niegas la posibilidad de tener unas cuantas relaciones prósperas.

Entre tus puntos fuertes está el ser un curioso que aprende durante toda su vida, amable y perspicaz. Tu gran interés por las actividades que fomentan el crecimiento y satisfacen tu sed de conocimiento puede ser muy atractivo para alguien con intereses compartidos.

Tus debilidades en las relaciones incluyen ser distante y retraído del mundo. También puedes tener tendencia a volverte cínico e irritado con tu pareja, especialmente cuando interfiere en tu espacio o te saca de tu zona de confort.

Cómo mejorar:

Para sacar lo mejor de ti mismo y de los demás, ábrete un poco más a tu pareja elegida y permítete salir a veces de tu zona de confort (con cuidado, por supuesto).

Lo que necesitas:

Como Cinco, necesitas una pareja que se sienta cómoda dándote todo el tiempo posible para ti. Alguien con pasiones similares en la vida que no tenga miedo de hablar de "cosas profundas".

ENEAGRAMA TIPO 6 - EL LEAL EN LAS RELACIONES

Los del tipo Seis son conocidos por su lealtad, integridad, dedicación y honestidad. Les gusta saber que están en una relación estable y segura.

Si eres un Seis, es hora de empezar a confiar en ti mismo ante todo. Es fácil ir por la vida siendo escéptico y desconfiando de todo el mundo, y es valioso tener esa mente alerta. Pero no dejes que arruine toda tu existencia. Baja el ritmo y respira antes de responder a los demás. Eso te ayudará a salir de tu cabeza y a tomar decisiones con fundamento. Haz de esto tu verdad: el mundo no es del todo malo. De hecho, muchas personas buenas y honestas desean conectar conmigo".

Tus puntos fuertes incluyen ser digno de confianza, fiable, solidario, cálido, comprometido y estar interesado en relaciones a largo plazo, aunque sean puramente platónicas.

Tus puntos débiles en una relación incluyen estar a la defensiva, ser demasiado consciente de ti mismo y tener dificultades para confiar rápidamente en los demás. Algunos Seis pueden volverse ansiosos, temerosos, inseguros y controladores.

Cómo mejorar:

Trabaja en el desarrollo de tu confianza y autoestima. Cuanto más te sientas bien con lo que eres y llegues a conocer tu verdadero valor, menos inseguro te sentirás con tu pareja. Los expertos del Eneagrama también sugieren aumentar tu capacidad de ser vulnerable. El libro de Brené Brown "Atreverse a lo grande" puede ser un buen punto de partida si quieres fortalecerte y al mismo tiempo abrazar la vulnerabilidad.

Lo que necesitas:

Como Seis, necesitas un compañero de confianza que te sea leal. Alguien que reconozca lo valioso que eres y que no tenga miedo de ser vulnerable contigo y de jugar a largo plazo en vuestra relación romántica.

ENEAGRAMA TIPO 7 - EL ENTUSIASTA DE LAS RELACIONES

El eneagrama tipo Siete es enérgico, apasionado, lleno de ideas y casi siempre feliz. Son las personas que tienen esa energía electrizante con la que sólo quieres estar. En las relaciones, aportan esa chispa especial y saben cómo pasarlo bien.

Si eres un Siete, ser optimista y de mente abierta es algo natural. Sin embargo, quizás hayas notado que en tu búsqueda de la novedad y la libertad, te cuesta construir algo sustancial. Estar orientado al futuro es excelente, y sé que sólo te gusta lo mejor de la vida. Quiero animarte a que también encuentres fuerza, libertad y poder en el momento presente. Aprende a ser más consciente y paciente contigo mismo. Cuando lleguen las dificultades (y lo harán) permítete la gracia de explorar en lugar de escapar de esos sentimientos. Si realmente quieres vivir la vida plenamente, debes aprender a experimentarlo todo (el placer y el dolor).

Tus puntos fuertes son la espontaneidad, el entusiasmo, las grandes vibraciones positivas y la aventura.

Tus debilidades en las relaciones incluyen una tendencia a ser narcisista, distraído e incapaz de mantener el compromiso en cualquier relación. Tal vez tengas dificultades para terminar cualquier proyecto que empieces, y tu pareja suele quejarse de que tienes poca capacidad de atención.

Cómo mejorar:

Trabaja en encontrar ese equilibrio entre la aventura y la estabilidad. Hay una manera de tener ambas cosas. La libertad y el compromiso van de la mano si cambias de perspectiva. Supón que puedes resistir el impulso de huir o abandonar el barco, aunque las cosas se pongan difíciles. En ese caso, por fin empezarás a experimentar las alegrías de una relación comprometida.

Lo que necesitas:

Como Siete, tu mejor pareja romántica es alguien estable, seguro de sí mismo, paciente y que esté dispuesto a guiarte a medida que vas bajando el ritmo de la vida. Confía en tu pareja lo suficiente como para permitirle ser serio y opinar de vez en cuando, especialmente en asuntos importantes.

ENEAGRAMA TIPO 8 - EL RETADOR EN LAS RELACIONES

Los Ochos del Eneagrama son seguros de sí mismos, rebeldes por naturaleza y contrarios, pero son bastante extrovertidos. En las relaciones, pueden ser muy protectores de los suyos hasta el punto de la arrogancia.

Si eres un Ocho, quizás hayas notado lo difícil que te resulta bajar la guardia y volverte vulnerable con otro. Incluso la intimidad te asusta un poco, ¿no es así? Tu capacidad para ver los juegos de poder dinámicos en cada relación es un don, pero no dejes que se convierta en una maldición. Quiero animarte a que dejes entrar a alguien. Recuerda que no todo el mundo quiere aprovecharse de ti o controlarte de alguna manera.

Tus puntos fuertes son la honestidad y la comunicación directa, lo que es ideal para cualquier tipo de relación. También tiendes a ser generoso, solidario y muy protector con las personas que te importan.

Tus debilidades en las relaciones incluyen ser demasiado exigente, inflexible, demasiado intenso y querer controlar a todos y todo. Eso puede ahogar a tu pareja sentimental y crear una desconexión entre ustedes.

Cómo mejorar:

Ser vulnerable no te hace débil. Fortalece tu relación. Trabaja para permitir que tu lado más suave se muestre, al menos a tu pareja. También deberías mejorar tu capacidad de escucha activa y permitir que tu pareja opine sobre asuntos que los conciernen a ambos.

Lo que necesitas:

Como Ocho, necesitas una pareja romántica que ame tu intensa energía y comparta tus pasiones y tu visión de la vida. Alguien a quien le guste lo feroz que eres y te anime.

ENEAGRAMA TIPO 9 - EL PACIFICADOR EN LAS RELACIONES

Los Nueve del Eneagrama son pacíficos, amables, gentiles y excelentes mediadores. En las relaciones, suelen desempeñar el papel de apoyo, amabilidad y ausencia de juicios.

Si eres un Nueve, tienes un don extraordinario y es hora de utilizarlo. Tu capacidad de ver todas las partes en cualquier conversación hace que tu presencia sea poderosa y un antídoto para muchos conflictos. Sin embargo, eso no significa que todos los conflictos sean destructivos. En lugar de hacer la vista gorda o evitarlos a toda costa, cultiva más tu confianza y aumenta tu autodominio para poder servir a los demás sin perderte a ti mismo. Encuentra tu voz, vive tu verdad y conviértete en la inspiración que has nacido para ser.

Entre tus puntos fuertes se encuentran ser fácil de llevar, tranquilo, leal, estable y emocionalmente sensible a los sentimientos de tu pareja.

Tus puntos débiles en las relaciones son la pasividad-agresividad, la terquedad, la defensa y, a veces, el resentimiento. Quizás hayas notado que has perdido tu identidad en esta relación. Eso es algo muy común en los Nueve, que se convierten en personas complacientes sólo para evitar el conflicto.

Cómo mejorar:

No todos los conflictos tienen que terminar en una discusión. Siempre hay una manera de mantener la paz, incluso durante un desacuerdo. Trabaja en tener conflictos saludables y aprende a ver el valor de expresar tus ideas aunque no sean agradables.

Lo que necesitas:

Como Nueve, necesitas una pareja romántica que te apoye y te anime a hablar y encontrar tu voz.

¿QUÉ TIPOS DE ENEAGRAMA COMBINAN BIEN?

Aunque no creo en una "compatibilidad perfecta" porque el éxito de una relación se basa en dos individuos y en el trabajo que realizan, los expertos del Eneagrama tienen sugerencias. La idea detrás de esta compatibilidad del Eneagrama no es restringir a un tipo para que sólo se relacione con alguien de un tipo específico, sino más bien hacerles conscientes de las tendencias y patrones comunes que han observado. Dado lo granular que puede ser el sistema del Eneagrama y el hecho de que se centra más en los motivos subyacentes que en el comportamiento exterior, creo que dos tipos cualesquiera pueden juntarse y producir una relación feliz, sana y próspera. En el libro *"El Eneagrama en el amor y en la guerra"*, la investigadora Helen Palmer señala que su estudio descubrió combinaciones más comunes que otras. Sin embargo, es importante mencionar que la investigación no tuvo en cuenta la satisfacción o la compatibilidad de la combinación. ¿Y cuáles son estas combinaciones comunes?

Los tipos Uno se combinan naturalmente bien con los Dos y los Siete.

Como perfeccionistas concienzudos y orientados al detalle, los Uno se sienten atraídos por quienes pueden ayudarles a aligerar y encontrar la belleza en los momentos imperfectos de la vida.

En una pareja romántica Uno-Dos, el Dos atento y cariñoso puede aportar cierta calidez a un Uno rígido y orientado a las tareas. El tipo Dos puede ayudar a animar al tipo Uno a ser más suave y relajado, incluso cuando persigue valientemente sus ideales perfectos en el mundo. Del mismo modo, el tipo Uno puede aportar una sensación de estructura, seguridad y consistencia al Dos. Esto puede ser muy atractivo para el Dos, ya que a menudo tiene problemas de abandono. Estos tipos de Eneagrama también comparten alas, por lo que notarán cierta coincidencia en sus rasgos.

En una relación romántica entre el Uno y el Siete, los dos tipos conectan a través de su línea del Eneagrama. Los Uno pueden sentirse atraídos por el espíritu aventurero y alegre de los Siete. Esto es especialmente bueno para ayudar al Uno trabajador y autocontrolado a soltarse y divertirse. Asimismo, los Siete pueden encontrar muy atractivo el sentido de propósito y dirección del Uno. Ayuda a los Siete a sentirse con los pies en la tierra.

El tipo Dos, naturalmente, también hace buena pareja con los Tres y los Ochos.

Una de las áreas clave que identificamos para mejorar en el tipo Dos es priorizar e incluso vocalizar sus propias necesidades. Tener una pareja romántica que pueda corresponder a la intimidad, fomentar el autocuidado y no aprovecharse de la generosidad del Dos es vital.

La pareja romántica del Dos-Tres tiene un alto nivel de energía porque estos dos comparten un carisma e intereses similares. Los encantadores Tres suelen impulsar a los Dos a alcanzar su potencial en lugar de centrarse en los demás. Asimismo, los Dos apoyan a los Tres con amor y aprobación incondicionales, lo que les ayuda a sentirse más seguros de sí mismos en lugar de luchar por demostrar su valía a los demás mediante el trabajo o el estatus.

En una pareja romántica Dos-Ocho, estos dos comparten una línea del Eneagrama y crean una atracción natural. A los Dos les gusta la fuerza, la pasión, la intensidad y la convicción que el Ocho aporta a la relación. Les anima a dar un paso adelante y a abrazar su propio poder. Del mismo modo, los Ochos encuentran este tipo de conexión atractiva porque estar cerca de un Dos permite al Ocho derribar sus muros y abrazar ese lado amable, cariñoso y más suave que tiende a ocultar. Los Dos son excelentes para facilitar este tipo de afecto vulnerable que es súper esencial para un Ocho sano.

Naturalmente, el tipo Tres también combina bien con los Nueve.

El tipo Tres tiene una fuerte personalidad orientada a la imagen, lo que dificulta su vulnerabilidad y autenticidad. En una pareja romántica de Tres-Nueve, un Nueve tranquilo, equilibrado y estable puede permitir al Tres aceptarse a sí mismo por lo que es, no por lo que puede hacer. Este cambio del éxito exterior a la autoestima interior reconecta al Tres con sus emociones. Del mismo modo, los Tríos ayudan a los Nueve, que son fáciles de llevar, a acercarse al centro de atención y a encontrar el respeto y el valor de su propia identidad.

Los Cuatros, naturalmente, se combinan bien con los cincos y los nueves.

Los Cuatros tienen una inclinación artística, son muy conscientes de sí mismos, son emocionalmente sensibles y reflexivos. Les encantan las personas auténticas que viven su verdad única.

En una relación romántica entre Cuatro y Cinco, los Cuatros, emocionalmente expresivos, se sienten cómodos con la naturaleza natural de los Cinco de "hablar claro" y sin rodeos. El marco mental de "la lógica primero" que posee un Cinco es muy atractivo y fundante para un tipo Cuatro. ¿Por qué? Porque admiran la autenticidad y la ausencia de miedo de los Cinco a la hora de explorar las cosas profundas de la vida, ya sea la ciencia, las emociones o el arte.

En una pareja romántica de Cuatro y Nueve, los Cuatros vuelven a encender la pasión en los suaves Nueve, creando una intensidad que puede ser muy emocionante para los Nueve. Asimismo, el Nueve es atractivo para un Cuatro por su naturaleza amable y sin prejuicios. Este tipo de aceptación de sí mismo es muy atractivo para un Cuatro que lucha con las emociones y con la búsqueda de su identidad.

El tipo Cinco se combina naturalmente con Unos y Dos.

Además de la compatibilidad con un tipo Cuatro, estos Cincos objetivos e intelectuales también suelen emparejarse bien con los Unos y los Dos.

En una pareja romántica de Cinco a Uno, los Cinco se sienten muy atraídos por la curiosidad, la independencia y la integridad de los Uno. Cuando encuentran un interés mutuo, puede haber una conexión instantánea. Asimismo, los Uno aprecian la falta de criterio de los Cinco y su compromiso con el aprendizaje y la mejora permanentes. Su asociación puede crear una base sólida de confianza y seguridad.

En una relación romántica entre el Cinco y el Dos, asistimos a un verdadero escenario de "los opuestos se atraen". El Dos, emotivo y cariñoso, no se consideraría viable para un Cinco objetivo e intelectual. Sin embargo, ocurre más a menudo de lo que se cree. Los Dos se sienten muy atraídos por los límites firmes del Cinco, su naturaleza independiente y objetiva. Además, al saber el tiempo que necesitan los Cinco para estar solos, los Dos son más capaces de cuidarse y atender sus propias necesidades. Los Cinco también se benefician de esta conexión porque tener un Dos cerca crea una atmósfera acogedora y doméstica que colorea a los Cinco.

El tipo Seis, naturalmente, hace buena pareja con el Nueve.

Los Seis leales, dignos de confianza, seguros y orientados a la estabilidad son los que más se benefician de una relación estable y sin dramas. En una relación Seis-Nueve, pueden tener todo eso y más. La presencia amable, complaciente y pacífica de un Nueve es muy tranquilizadora para un Seis. Asimismo, este tipo de relación crea esa conexión predecible y rutinaria que los Nueve encuentran más atractiva.

El tipo Sietes se empareja naturalmente bien con los Nueve.

Parece que muchos de los eneatipos consideran que los Nueve son irresistibles por naturaleza, incluidos los Siete entusiastas, juguetones y que buscan la aventura. En una pareja romántica Siete-Nueve, se crea una atmósfera optimista y positiva cuando el agradable y siempre pacífico Nueve se une al Siete de espíritu libre. Los Nueve son excelentes para ayudar a los Siete a reducir la velocidad y disfrutar más del momento presente, lo cual es fundamental para un Siete saludable. Asimismo, el enérgico Siete enciende el fuego en el Nueve, a menudo pasivo y demasiado frío.

Los Ochos, naturalmente, hacen buena pareja con los nueves.

En una pareja romántica de Ocho y Nueve, el factor de atracción es bastante alto en ambas partes, porque un Nueve suele sentirse atraído por personalidades fuertes. Al Ocho poderoso y autoritario, a veces agresivo y contundente, le gusta emparejarse con un Nueve. El Nueve ve la gran energía y la competencia que irradia un Ocho como algo muy atractivo. Admiran la capacidad del Ocho para asumir retos. Para el Ocho, el atractivo radica más en la calma del Nueve y en lo tranquilizadora que es su energía para la relación.

El tipo Nueve se combina naturalmente con el Uno y el Dos.

Como pacificadores, su naturaleza tranquilizadora y armonizadora atrae obviamente a la mayoría de los tipos del

Eneagrama.

En una pareja romántica del tipo Nueve-Uno, la naturaleza tranquila y pacífica del Nueve es muy reconfortante y atractiva para el tipo Uno. La crítica interna y el autojuicio se encuentran con la autoaceptación y la dulzura del Nueve, lo que calma la ansiedad y reduce la necesidad de tener siempre la razón. Asimismo, los Nueve se benefician enormemente de la estructura, el sentido de propósito y la claridad que un tipo Uno aporta a su relación.

En una pareja romántica Nueve-Dos, el Nueve cariñoso y que se acepta a sí mismo valora y muestra afecto al Dos sin aprovecharse de él. Valoran al Dos por lo que es y no por lo que da. Eso es muy reconfortante para un tipo Dos que anhela eso. Del mismo modo, la naturaleza cariñosa y atenta del Dos puede ayudar a motivar al Nueve a la acción. Eso le hace pasar de esa tendencia pasiva y letárgica a un estilo de vida más activo y productivo.

Ninguno de estos tipos de emparejamiento es inamovible. A menudo se puede encontrar el éxito en emparejamientos del mismo tipo o incluso de un tipo de Eneagrama que no se haya mencionado anteriormente. El grado de autoconciencia que tú y tu pareja aportáis a la relación es importante. Es el factor determinante de lo satisfactoria y saludable que puede ser una relación.

Ahora que conoces tu número de Eneagrama, tus alas y tus subtipos, empieza a notar cómo tus instintos y motivaciones influyen en tus reacciones y tu comportamiento. Tu temperamento, tu infancia temprana y tus experiencias únicas están siempre presentes cuando comienzas una nueva relación. El amor es más que esa atracción inicial. Es lo que ocurre después de que esa fase inicial de "luna de miel" se apaga. Cuanto más trabajo de crecimiento realicen juntos e individualmente, más posibilidades tendrán de tener una relación sana y próspera.

CHAPTER 13

CÓMO UTILIZAR EL ENEAGRAMA EN EL TRABAJO

A medida que el entorno empresarial cambia y aumenta la volatilidad del mercado, muchas organizaciones de Estados Unidos y del extranjero consideran necesario ajustar sus enfoques de liderazgo y gestión de personas. La tecnología, las expectativas de los clientes y muchos otros factores añaden una tensión adicional a los empleados de cualquier tipo y tamaño de empresa. Los propietarios de empresas y los empleados inteligentes buscan soluciones diferentes que les permitan mejorar la productividad, el trabajo en equipo y la inteligencia emocional. El Eneagrama se ha convertido en una de esas herramientas a las que acuden los profesionales que buscan la iluminación, la eficiencia y un mejor resultado en su organización.

¿Por qué las empresas se interesan por una herramienta que tiene sus raíces en el misticismo antiguo y las enseñanzas espirituales?

Comprender lo que impulsa a las personas y descubrir sus puntos fuertes y débiles puede influir en el rendimiento de la empresa. De hecho, influye en el rendimiento mucho más de lo que crees. Si tú eres un líder o trabajas en una estructura de equipo que parece tener muchas lagunas e incongruencias, ésta es una de las mejores maneras de provocar un cambio positivo en el lugar de trabajo. El Eneagrama no trata de promover una creencia religiosa o psicológica concreta. Por el contrario, se trata de celebrar la diversidad humana y de dar prioridad al autoconocimiento y al desarrollo personal como habilidades previas al crecimiento profesional.

BENEFICIOS DE UTILIZAR EL ENEAGRAMA EN EL TRABAJO

Resolución saludable de conflictos

Los conflictos forman parte de un equipo sano, y ya es hora de que aprendamos a discrepar con respeto. El Eneagrama ayuda a las personas a comprender mejor sus desencadenantes, sus miedos, sus motivaciones y la mejor manera de comunicarse con los demás.

Mayor sentido y productividad

A medida que los empleados se sienten más atendidos, valorados y comprendidos en el trabajo, sus niveles de compromiso aumentan. En un estudio de Gallup de 2017 dirigido por la Dra. Amy Edmondson, descubrieron que los entornos que mejoraron su seguridad psicológica experimentaron un aumento del 12% en la productividad y menos rotación de empleados. Pero fomentar un entorno en el que todos se sientan seguros y valorados es difícil si no se cuenta con una herramienta como el Eneagrama. Lo que un empleado percibe como una señal de atención puede amenazar a otro dependiendo de su tipo de Eneagrama. Al desplegar esta herramienta en toda su organización, tendrás claridad sobre los movimientos estratégicos a realizar que asegurarán que todos experimenten su versión de "seguridad psicológica".

Diversidad y maximización del potencial

Después de experimentar con la herramienta del Eneagrama, uno de los principales beneficios que han obtenido diferentes empresas es la facilidad con la que los altos cargos pueden aprovechar la singularidad y el mayor potencial de cada individuo. Identificar con precisión dónde puede situarse mejor cada persona en un proyecto determinado y permitir que varios tipos aborden el mismo problema desde distintos ángulos puede maximizar la contribución y el rendimiento del equipo.

CADA TIPO DE ENEAGRAMA EN EL TRABAJO

Ya hemos repasado los detalles de cada Eneagrama a nivel personal. Ahora vamos a ver cómo puedes relacionarte con los distintos tipos de Eneagrama en el lugar de trabajo para mejorar la comunicación y la creación de equipos.

Eneagrama 1 - El perfeccionista

Si quieres establecer una relación con un tipo Uno, aprende a respetar su integridad y seriedad. Sé un poco más serio cuando interactúes con ellos y sabe que valoran los detalles que muchos de nosotros tendemos a pasar por alto.

Para promover una conexión profesional sana, participa en discusiones sobre cómo se pueden mejorar las cosas.

Evita tomar atajos o descuidar los procedimientos adecuados cuando estés cerca de ellos. Tampoco está de más mantener los buenos modales, ya que se preocupan mucho por hacer las cosas correctamente. Cuando hagas promesas o arreglos, sólo acepta lo que sabes que puedes cumplir hasta el final.

Durante los conflictos, pídeles que sean directos con su enfado, para que no alberguen resentimiento. Reconoce genuinamente tu error si te equivoca. Recuerda que su estilo de hablar es preciso y detallista. Cuando te dirijas a ellos, hazlo con convicción y autoridad personal. Si sabes que hay más de una forma correcta, desafíales a que lo vean también, pero hazlo con amabilidad. Cuando te comuniques con un Uno, sé siempre claro con tus expectativas. Ten en cuenta que están tratando de responder a esta pregunta tácita. "¿Cómo puedo cumplir con mi responsabilidad con integridad y de manera perfecta?" Todo lo que puedas hacer para apoyar la respuesta a esa pregunta contribuirá en gran medida a garantizar el éxito.

¿Quieres apoyar su crecimiento? Si diriges a un tipo Uno, lo mejor que puedes hacer es animarles a ser menos críticos consigo mismos y a aceptar más sus errores y las aparentes imperfecciones de los demás. También puedes animarles a compartir responsabilidades con otros miembros del equipo y, de vez en cuando, a relajarse y divertirse incluso mientras trabajan en proyectos serios.

Eneagrama 2 - El ayudante

Si quieres establecer una relación con el tipo Dos, toma la iniciativa y establece ese primer contacto. Muestra regularmente tu aprecio y aprobación.

Para promover una conexión profesional sana, anímalos a construir asociaciones y amistades que sean cálidas y satisfactorias para ellos.

Evita ser demasiado crítico, aprovecharte de su generosidad o ignorarlos, ya que eso hiere profundamente sus sentimientos. Los niños de dos años son muy emocionales y es esencial para ellos que los demás los quieran y los acepten.

Durante los conflictos, insiste en que asuman la responsabilidad de conseguir lo que quieren en lugar de pasarles la culpa o evocar la culpabilidad. Tienden a resentirse, así que asegúrate de tratar este tema con toda la empatía posible. El estilo de hablar de un Dos es simpático y agradable. Les encanta dar consejos y estar rodeados de mucha gente. Recuerda comunicar regularmente su aprecio y decir cosas sencillas como: "Realmente aprecio lo que hiciste ahí".

¿Quieres apoyar su crecimiento? Anímale a desarrollar límites saludables y a prestar atención a sus propias necesidades y sentimientos.

Eneagrama 3 - El triunfador

Si quieres establecer una relación con un tipo Tres, reconoce el duro trabajo que han realizado. Sé rápido y eficiente en tu comunicación, para que no sientan que estás perdiendo el tiempo.

Para promover una conexión profesional saludable, se más proactivo en los proyectos en los que trabajan juntos y concéntrate en obtener resultados.

Evita interponerte en su camino hacia adelante. Los tres tienen mucha energía y no soportan el fracaso ni que nadie obstaculice su éxito.

Durante los conflictos, tienes que estar de acuerdo con ser un poco más agresivo en tus intercambios, especialmente cuando las cosas no van bien. Pero no dejes que eso te disuada de mantenerte en el camino de los objetivos generales. Los Tres son muy entusiastas y disfrutan motivándose a sí mismos y a los demás para alcanzar el éxito. Aprovecha esto en su comunicación. Si quieres que hagan cosas, ofréceles incentivos, incluyendo recompensas monetarias y reconocimiento público. A veces, los Tres pueden olvidar el valor de las personas en la búsqueda del éxito, así que se asertivo y recuérdales que las personas tienen un papel esencial en el éxito. Desafía su retórica y permíteles salvar la cara cuando la situación lo requiera.

¿Quieres apoyar su crecimiento? Valóralos por lo que son, no por lo que hacen, y asegúrate de que lo sepan. Anímales a que bajen el ritmo de vez en cuando y presten atención a su salud. Crea un ambiente de trabajo en el que el fracaso se considere una buena oportunidad de aprendizaje para que dejen de demonizarlo.

Eneagrama 4 - El individualista

Si quieres establecer una relación con un tipo Cuatro, aprende a expresar tu aprecio por su creatividad y sensibilidad emocional. A menudo estas personas son brillantes en su producción y aunque no estés de acuerdo con su arte o sentido del estilo, simplemente reconócelo.

Para promover una sana conexión profesional, valora su individualismo y su esfuerzo por ser único y diferente.

Evita que todo se ajuste a la lógica y al razonamiento si quieres conquistarlos. Tampoco les gusta hacer cosas del statu quo, así que intenta no forzarles al conformismo.

Durante los conflictos, reta a la persona para que no se retire de la conversación no resuelta y, al mismo tiempo, no entretenga sus arrebatos dramáticos. Lo mejor que puedes hacer durante los desacuerdos es encontrar un punto intermedio y abstenerte de tomarte a pecho todo lo que te digan. La mayoría de las veces, los Cuatro dicen cosas que no quieren decir cuando sus emociones se desbordan. Recuerde siempre que. El estilo de hablar de un tipo Cuatro es a veces cálido y lleno de sentimientos positivos, y a veces es seco y plano. Para que su comunicación sea eficaz, te animo a que valides y reconozcas sus puntos de vista únicos con frecuencia. Y trata de no tomarte sus fluctuaciones de humor como algo personal.

¿Quieres apoyar su crecimiento? Fomenta los desacuerdos sanos y respetuosos en tu entorno y hazles saber que pueden expresar sus emociones con seguridad, siempre que lo hagan con atención. Haz que presten atención a lo que dicen y consideren las implicaciones de sus palabras y acciones en los demás miembros del equipo. Promueve las prácticas de atención plena y las técnicas de auto-conciencia que pueden permitirles crear un mayor equilibrio emocional en su interior y silenciar la crítica interna.

Eneagrama 5 - El investigador

Si quieres establecer una relación con un tipo Cinco, se reflexivo en tu enfoque y asegúrate de darles mucho espacio para pensar y procesar la información.

Para promover una conexión profesional sana, reúnete para discutir intereses e ideas profundas y significativas. Nada de conversaciones triviales, por favor.

Evita presionarles para que tomen decisiones inmediatas o realicen acciones rápidas sin el debido tiempo de reflexión.

Durante los conflictos, puedes aceptar estar en desacuerdo con un Cinco. Son racionales, técnicos y no soportan la cháchara, lo que significa que te dirán directamente lo que sucede si tú preguntas de la manera correcta. Estate atento a los signos de retraimiento, especialmente durante un desacuerdo. Cuando te comuniques, mantén la profesionalidad y céntrate en su área de experiencia. Dale a la persona mucha información y datos, y dale tiempo para que los procese. No te metas en su vida personal y, si tu empresa es flexible, considera la posibilidad de permitir cierta flexibilidad en su entorno de trabajo, por ejemplo, el trabajo a distancia.

¿Quieres apoyar su crecimiento? Anímales a ser más cálidos, generosos y a forjar relaciones sólidas con algunas personas clave del equipo o la organización. Haz que se sienta seguro para compartir tanto o tan poco de sus emociones como se sienta cómodo haciéndolo. Recuérdale que debe hacer saber a los demás miembros del equipo que te preocupas por él, pero que necesita mucho tiempo para estar solo y espacio para trabajar en soledad.

Eneagrama 6 - El Leal

Si quieres establecer una relación con un tipo Seis, haz un esfuerzo por apreciar la tendencia natural a preocuparse y centrarse en los problemas. Hazle saber que comprendes su necesidad de vigilar y crear una sensación de seguridad. Acuerda normas y procedimientos que ayuden a cumplir ese objetivo.

Para fomentar una conexión profesional sana, acepta sus opiniones y reconoce que tú ves el valor de diseccionar todos los peores escenarios antes de seguir adelante con un proyecto determinado.

Evita cambiar las normas de forma demasiado brusca u ocultar información a los Seis. Como escépticos por naturaleza, la falta de transparencia o la omisión de detalles críticos genera dudas, lo que lleva al conflicto.

Durante los conflictos, no seas ambiguo. Habla claramente sin descartar las preocupaciones de la persona. Al mismo tiempo, se niegan a asumir sus proyecciones e insisten en que la persona se responsabilice de la situación en cuestión en lugar de crear excusas externas. Los Seis están naturalmente llenos de preguntas, así que en su comunicación, hazles saber que está abierto a responder incluso a la pregunta más tediosa, siempre y cuando ayude a tranquilizar su mente.

¿Quieres apoyar su crecimiento? Los seis necesitan mucha seguridad psicológica en el trabajo para relajarse mentalmente y dejar de buscar amenazas en cada conversación. Si consigues crear una "zona segura" en la que puedan relajarse más, hablar abiertamente de sus miedos y obtener un control de la realidad sin sentirse juzgados, es más probable que saques lo mejor de este individuo tan leal.

Eneagrama 7 - El entusiasta

Si quieres establecer una relación con un tipo Siete, aprende a abrazar su vibrante energía y su entusiasmo por la vida. Aprende a apreciar sus infinitas historias e ideas.

Para promover una conexión profesional saludable, fomenta discusiones divertidas, orientadas al futuro y llenas de posibilidades.

Evita ser demasiado negativo o "razonable" en tus objetivos o ideas en torno a los sietes. También te animo a que busques siempre varias opciones para resolver los problemas; desafía a los Siete a que te ayuden a encontrarlas.

Durante los conflictos, reta a la persona a responsabilizarse de sus actos e insiste en escuchar la versión de los demás en lugar de hablar por encima de ellos. Es posible que tengas que repetirlo a menudo. También es importante ser claro sobre lo que se espera y lo que la persona debe cumplir, porque los sietes pueden desviarse fácilmente. Cuando te dirijas a un Siete, cambia un poco el tono de tu comunicación y muéstrate más optimista y entusiasmado con el proyecto. Pero no finjas.

¿Quieres apoyar su crecimiento? El mayor apoyo que puedes ofrecerle a un Siete es ayudarle a tener un poco más de fundamento y equilibrio entre su constante deseo de novedades y su capacidad para ver las cosas antes de pasar a la siguiente. Destaca la importancia de la retroalimentación y la escucha activa, especialmente con los compañeros de equipo. Teniendo en cuenta lo mucho que odian el dolor, considera la forma en que tú repartes los comentarios negativos.

Eneagrama 8 - El desafiante

Si quieres establecer una relación con un tipo Ocho, establece un contacto directo, sé asertivo y no te eches atrás ante su fuerza.

Para promover una conexión profesional saludable, se proactivo y ayúdales a crear un impulso hacia el resultado deseado.

Evita mostrarte controlador o irrespetuoso. Teniendo en cuenta lo enérgicos y dominantes que son, evitaría darles tareas que les hagan quedarse quietos durante demasiado tiempo.

Durante los conflictos, hay que ser lo suficientemente audaz como para tener confrontaciones sanas. Sé auténtico contigo mismo, pero trata con ellos directamente y prepárate para aceptar la energía de la ira que seguramente te llegará. Permíteles expresar su ira, pero no dejes que se te vaya de las manos. Si empiezan a mostrar un comportamiento destructivo o violento, no lo toleres en absoluto. Como los Ochos son habladores asertivos, son más receptivos al mismo estilo de comunicación directo y audaz. Establece objetivos, plazos y expectativas claros en tu comunicación, y luego déjelos estar. Si eres lo suficientemente inteligente, descubre formas de plantar ideas en su mente para que puedan "sentirse" más en control de tomar la acción deseada. Cuanto más persuasivo seas, más lejos llegarás con un Ocho.

¿Quieres apoyar su crecimiento? La mejor manera de apoyar a los Ocho es encontrar formas saludables de expresar su energía y sus emociones.

Eneagrama 9 – Pacificador

Si quieres establecer una relación con un tipo Nueve, tómate el tiempo de escuchar, y me refiero a escucharles de verdad. Anímalos a compartir lo que les preocupa para que puedan encontrar un terreno común.

Para promover una conexión profesional saludable, mantén la paz. Los Nueve no soportan los conflictos internos o externos, así que si puedes encontrar formas de mantener una relación pacífica en el trabajo, te los ganarás. Es así de sencillo.

Evita presionar a la persona o hacerla sentir mal por no avanzar tan rápido como los demás. De todos los tipos del Eneagrama, los Nueve son los que tienen menos energía, por lo que es probable que su ritmo de ejecución sea el más lento. Impacientarse o ser demasiado insistente será contraproducente para tus objetivos empresariales.

Durante los conflictos, haz lo posible por demostrar equidad en todos los asuntos. Encuentra formas de discrepar de manera sana y no amenazante. Al tratar con un Nueve, vale la pena ir más despacio y profundizar, pidiéndole que comparta lo que realmente está pasando en su interior. A veces, un Nueve tendrá un arrebato de ira o se volverá pasivo-agresivo en su comportamiento. Hazle saber que no tolerará ninguno de estos comportamientos y anímale a colaborar contigo para resolver el problema. Los Nueve hablan con mucha amabilidad e inclusión. Intenta utilizar el tono adecuado en tu comunicación, para que no te interpreten como duro y despectivo, lo que provocaría una retirada. También debes establecer prioridades claras y dar a la persona el tiempo suficiente para contemplar y procesar la tarea/el encargo.

¿Quieres apoyar su crecimiento? Una de las mejores cosas que puedes hacer para apoyar a un Nueve es trabajar con él para crear una estructura y unos horarios en torno a su trabajo para mantenerlo en el buen camino. Encuentra pequeñas formas de empujarlos constantemente fuera de su zona de confort de maneras muy sutiles para que puedan seguir creciendo y contribuyendo más a la organización.

PART FOUR
UTILIZAR EL ENEAGRAMA PARA CRECER EN TODAS LAS ÁREAS

CHAPTER 14

ACELERAR TU CRECIMIENTO PERSONAL PARTE 1

Ahora que has aprendido bastante sobre el sistema del Eneagrama y, con suerte, has identificado tu tipo de personalidad, ¿qué ocurre si deseas cambiarlo? ¿Y si no estás contento con lo que has descubierto? ¿Y ahora qué? Esta es una experiencia bastante común, así que no te preocupes si buscas respuestas sobre cómo cambiar tu personalidad. Antes de poder dar la respuesta en versión larga y corta, probablemente deberíamos ponernos de acuerdo en una definición de personalidad.

Personalidad tiene su origen en la palabra latina "persona", que se refiere a una máscara teatral que los actores llevan para proyectar diferentes papeles durante una obra. Los artistas también la utilizaban para disfrazar su verdadera identidad durante la representación. Tu verdadera identidad es mucho más grande, real y duradera que el personaje que acostumbras a llevar en el día a día. Basándonos en esto, convengamos en que la personalidad no tiene nada que ver con lo que realmente eres.

Y aunque, en el nivel más fundamental, la personalidad tiene que ver con los patrones de pensamiento, los sentimientos y los comportamientos que te hacen único, en realidad no son lo que eres. Según los expertos que estudian la personalidad humana, el consenso es que la personalidad surge del interior del individuo y permanece bastante constante a lo largo de la vida. Los expertos en Eneagrama parecen creer lo mismo, y por eso dicen que el tipo de Eneagrama de un individuo no puede cambiar realmente. Intentar cambiar tu personalidad o tu tipo de Eneagrama es una batalla perdida en la que yo no animaría a nadie a participar. Pero no todo está perdido si deseas crecer y transformarte en una mejor versión de ti mismo.

POR QUÉ ES CASI IMPOSIBLE CAMBIAR LA PERSONALIDAD

Nuestras personalidades surgen y se moldean en función de muchos factores que interactúan y que podemos resumir en dos grandes categorías: la genética y el entorno. La autora y psicóloga Carol Dweck afirma que, en su mayor parte, nuestras personalidades están fuera de nuestro control porque, aunque cambiemos el entorno, la genética sigue influyendo significativamente en nosotros. Por eso, si estás predispuesto a ser de mal genio y tenso, pero acabas pasando mucho tiempo en un entorno zen y amistoso, es probable que veas algunos cambios en tu temperamento que se ajusten a ese entorno. Dweck suele contar una historia sobre gemelos para explicar este punto. Dos niños nacidos como gemelos idénticos fueron separados al nacer. Criados en entornos totalmente diferentes, cabría esperar que no tuvieran rasgos de personalidad similares. Sin embargo, de adultos, los dos hombres se casaron con mujeres con los mismos nombres de pila, compartieron aficiones idénticas y tuvieron niveles similares de características específicas que los expertos podían medir en las evaluaciones de personalidad. Dweck demuestra el sesgo de la noción de que no tenemos control sobre nuestra personalidad, pero me gusta que siga explorando la solución que existe para los que deseamos cambiar.

El secreto del cambio y el crecimiento:

Si quieres mejorar tu personalidad actual y la calidad de tu vida, no te centres en lo que no puedes controlar, por ejemplo, tu eneatipo o tu genética, y céntrate en cambio en lo que sabemos que está bajo tu control. Y eso es tu comportamiento. Dweck cree que al cambiar los hábitos, los patrones de comportamiento y las creencias bajo la superficie de tu tipo de personalidad general, puedes experimentar una transformación personal duradera. Ahí es donde el Eneagrama resulta muy útil porque te da acceso a los aspectos de ti que se encuentran bajo la superficie de tu personalidad general. También te enseña a pasar de una versión inferior y poco desarrollada de tu carácter a una versión superior y más "alineada" de tu personalidad. ¿Qué quiero decir con alineada? La alineación y la conexión entre tu personalidad y tu yo superior. Al fin y al cabo, tu verdadera identidad reside en tu yo superior y no en tu personaje. Tienes la capacidad de cambiar tu sistema de creencias, hábitos, estrategias de afrontamiento y cerrar la brecha que es responsable de toda tu angustia e inquietud.

CÓMO APROVECHAR LA HERRAMIENTA DEL ENEAGRAMA PARA EL CAMBIO POSITIVO Y EL CRECIMIENTO PERSONAL

Abraza y acepta tu número

Es común sentir resistencia sobre tu tipo de Eneagrama una vez que has hecho el test. Si te sientes incómodo y expuesto, si tal vez rompiste a llorar después de leer algunas de las emociones y tendencias negativas asociadas a tu número, está bien. Sé que puede parecer intrusivo, pero el objetivo de esta búsqueda es que tomes conciencia de tu vida y que finalmente conozcas quién eres. Tu tipo de personalidad no es mejor ni peor que la mía. Cada tipo de Eneagrama es perfecto tal y como es y lo mejor que podemos hacer es reconocer, aceptar y hacer las paces con donde estamos. Lo que descubrimos sobre nosotros mismos no debería ahogarnos en la autoderrota o la lástima. Debería darnos el poder de trazar consciente y deliberadamente cómo vamos a enfocar el resto de nuestras vidas. Todos los tipos de Eneagrama poseen grandes fortalezas, ofertas únicas y un montón de potenciales sin explotar que pueden aportar mucho bien al mundo. Concéntrate en liberar más de ese potencial dentro de ti.

Identifica las áreas que te gustaría mejorar

Ahora que has aceptado y abrazado tu tipo de Eneagrama, es el momento de echar un vistazo honesto a tu vida. Observa el estado de tu salud, tus finanzas, tu carrera, tu bienestar mental y emocional, tus relaciones y cualquier otro ámbito que te importe. ¿Dónde necesitas crecer en los próximos 12 meses? ¿Hay algún patrón negativo que hayas identificado y que tengas que cambiar? ¿Buscas reconectar con tu naturaleza espiritual? ¿Sientes que ha llegado el momento de encontrar tu propósito o quizás de estar más en sintonía con tus emociones? Lo que sea que te haya llevado a coger este libro y a estudiar la herramienta del Eneagrama es lo primero que debes mejorar. A medida que vayas mejorando en un área y perfeccionando tus habilidades, añade más y más objetivos que te aporten alegría.

Pon en práctica estos conocimientos

Una cosa es leer un libro o asistir a un seminario de fin de semana y otra muy distinta es poner en práctica lo aprendido. Muchas personas que leen este libro lo terminan con orgullo y se dan palmaditas en la espalda. Pero, por desgracia, volverán a hacer exactamente lo que hacían antes de leerlo y dirán que el libro fue una pérdida de tiempo. El Eneagrama y todos los contenidos de este libro funcionan si estás dispuesto a esforzarte y aplicar las lecciones a tu vida diaria.

La herramienta del Eneagrama no debe utilizarse como un arma para atacar o manipular a los demás. Está pensado para ser utilizado como una herramienta de autodescubrimiento para que, a medida que te entiendas a ti mismo, puedas enfrentarte a los demás con más compasión. En lugar de estar a merced de tus miedos y debilidades fundamentales, puedes aprender a domarlos y seguir mostrando la mejor versión de ti mismo, incluso en las situaciones más difíciles. Cuando te sorprendas a ti mismo desviándote del camino o volviendo a viejos hábitos que ya no te sirven, vuelve a centrarte con suavidad, sin juzgarte a ti mismo ni pensar en los errores del pasado. Este es el verdadero propósito de las enseñanzas del Eneagrama, y sólo puedes cosechar los beneficios cuando aplicas el conocimiento en tu propia vida y haces un seguimiento de los progresos que estás haciendo.

Si no sabes en qué centrarte para que tu tipo de Eneagrama específico vea el progreso, vamos a desglosar algunas de las cualidades esenciales que puedes cultivar, además de cómo agilizar tus puntos fuertes.

ENEAGRAMA TIPO UNO - EL PERFECCIONISTA - CAMINO DE CRECIMIENTO

Tus cualidades esenciales son la integridad, la bondad y lo sagrado.

A medida que creces y te despiertas, la virtud que vas a realizar es la serenidad.

Cuando se trata de acelerar tu crecimiento personal como Uno, es el momento de familiarizarte profundamente con tu crítico interior. Es decir, esa pequeña voz en tu cabeza que nunca se calla. Al medirte siempre con ciertos ideales que a menudo no son realistas, es fácil asumir que llegar a ser perfecto es el camino hacia la autorrealización. Por desgracia, esto no podría estar más lejos de la realidad. La forma de utilizar el Eneagrama para acelerar el crecimiento y la autorrealización es centrarse menos en perfeccionarse y, en cambio, practicar la autoaceptación. Haz un esfuerzo por renunciar a la necesidad constante de juzgarte a ti mismo y a los demás. Esto te transformará en una persona más compasiva, empática y elegante.

Para que puedas entrar en un estado más sereno y de aceptación de ti mismo, he aquí algunas afirmaciones tranquilizadoras que pueden permitirte practicar la conciencia del momento presente.

Que me sienta a gusto conmigo mismo.

Que suelte los juicios y me perdone a mí y a los demás, sabiendo que esto no significa que esté de acuerdo con ningún comportamiento en particular.

Que esté a gusto con las cosas que considero imperfectas comprendiendo que la serenidad viene de saber que el momento presente es perfecto tal y como es.

Una vez que hayas estabilizado esta forma de pensar y sentir, aquí tienes algunas afirmaciones positivas para añadir a tus rituales diarios.

- Estoy a gusto con la vida.
- Me abrazo a mí mismo por completo.

- Soy amable con los demás.
- Cada uno hace lo mejor que puede en su nivel actual de conciencia, y yo lo acepto.
- Elijo ser compasivo, comprensivo y aceptar a los demás.
- Me perdono a mí mismo.
- La vida es perfecta tal y como es.
- Elijo ser flexible, adaptable y aceptar el cambio.

ENEAGRAMA TIPO DOS - EL AYUDANTE - CAMINO DE CRECIMIENTO

Tus cualidades esenciales son el amor, el afecto y la crianza. La virtud hacia la que te diriges a medida que creces y despiertas es la humildad.

Cuando se trata de acelerar tu crecimiento personal, es hora de dejar de complacer a la gente y empezar a atender tus propias necesidades y vivir con el ejemplo. La forma de utilizar el Enea-grama para autorrealizarse es invertir tiempo a diario para poner los pies en la tierra y reconectar con tus emociones antes de lanzarte a ayudar a los demás. Date cuenta de cuándo los sentimientos de orgullo te empujan a hacer cosas por los demás. Y cuando el miedo a no ser querido te tienta a traicionarte a ti mismo y te niegas a actuar desde esa perspectiva. Pregúntate regularmente: "¿Estoy atendiendo a mis propias necesidades?" y "¿Mi entrega es auténtica o se basa en las expectativas de obtener algo a cambio?" Hazte emocionalmente presente contigo mismo. Cultiva tu confianza para poder empezar a hacer el cambio hacia el autocuidado y la humildad.

Para empezar a recorrer el camino de la humildad y el amor incondicional, he aquí algunas afirmaciones tranquilizadoras que pueden permitirte practicar la conciencia del momento presente.

Que aprenda a amarme genuinamente y a ver mi propio valor independientemente de los pensamientos de los demás.

Que me dé tanto amor a mí mismo como a los demás.

Que aprenda a dar generosa y auténticamente desde un lugar de abundancia.

Que renuncie a mi envío de orgullo y camine por la senda de la humildad.

Una vez que hayas estabilizado esta forma de pensar y sentir, aquí tienes algunas afirmaciones positivas para añadir a tus rituales diarios.

- Se me quiere por lo que soy.
- Tengo confianza en mí mismo.
- Tengo necesidades emocionales sanas.
- Doy sinceramente de corazón.
- Establezco límites saludables entre mí mismo y los demás.
- Me siento aceptado por lo que soy.
- Soy capaz de expresar y pedir lo que quiero.

ENEAGRAMA TIPO TRES - EL TRIUNFADOR - CAMINO DE CRECIMIENTO

Tus cualidades esenciales son el valor, la gloria y la preciosidad. La virtud hacia la que te diriges a medida que creces y despiertas es la autenticidad.

Cuando se trata de acelerar tu crecimiento personal, céntrate menos en el estatus y la máscara que llevas en público y más en tu verdadero yo. Crear una ilusión de lo que crees que hará que los demás te perciban como exitoso es contraproducente a largo plazo y te llevará a las mismas cosas que temes. En su lugar, apóyate en tu verdad, tu fuerza y tu capacidad para hacer más que los demás. Pero hazlo desde un lugar holístico en el que no se sacrifiquen tus necesidades emocionales. Abraza tus cualidades naturales de liderazgo y, al mismo tiempo, cultiva relaciones enriquecedoras. Comprueba regularmente tus sentimientos y date un tiempo de inactividad para restablecerte cuando lo necesites.

Para empezar a recorrer el camino de la práctica de la conciencia del momento presente, he aquí algunas afirmaciones tranquilizadoras.

Que pueda cultivar la quietud y reconectar con mis verdaderos sentimientos.

Que pueda tener más paciencia en mi día.

Que tenga compasión ante el sufrimiento propio y ajeno.

Una vez que hayas estabilizado esta forma de pensar y sentir, aquí tienes algunas afirmaciones positivas para añadir a tus rituales diarios.

- Estoy abierto a reconocer mis sentimientos.
- Yo soy suficiente.
- Inspiro el liderazgo en los demás.
- Soy amado por otros que me aprecian tal y como soy.
- Estoy alineado con mi verdadero yo.
- Estoy dispuesto a reconocer los esfuerzos de mi equipo.
- Celebro los logros de los demás.

CHAPTER 15

ACELERAR SU CRECIMIENTO PERSONAL PARTE 11

ENEAGRAMA TIPO CUATRO - EL INDIVIDUALISTA - CAMINO DE CRECIMIENTO

Tus cualidades esenciales son la belleza, la intimidad, la profundidad y el misterio. La virtud hacia la que te diriges a medida que creces y despiertas es la ecuanimidad.

Cuando se trata de acelerar tu crecimiento personal, es el momento de dejar de aferrarte a la ruptura que ves en el mundo y empezar a convertirte en la solución. Encarna lo que veas que falta o que se ha perdido en el mundo. Tal vez, de niño, anhelabas la compasión y el liderazgo justo. Ahora que eres un adulto, es el momento de cultivar esas cualidades para convertirte en el cambio que deseas ver en el mundo. Utiliza la herramienta del Eneagrama para practicar el amor propio y reconectar con tu verdadera identidad. Encontrar tu verdadero yo y sentirte profundamente amado te importa, y con razón, el conocimiento del Eneagrama puede permitirte darte cuenta por fin de que no estás roto, y encontrarte a ti mismo sólo puede lograrse yendo hacia tu interior. Tómate el tiempo necesario para darte cuenta y atraparte cuando empieces a pensar en lo que te falta o te sobra. Tráete al momento presente. Cultiva una alta autoestima y practica un poco más de entusiasmo. Te hará mucho bien permitir que tus sentimientos giren hacia el lado bueno de la vida.

Para empezar a recorrer el camino de la ecuanimidad y la gratitud, he aquí algunas afirmaciones tranquilizadoras que pueden permitirte practicar la conciencia del momento presente.

Que me deleite en la felicidad de los demás.

Que aprenda a apreciar lo que es, en lugar de fijarme en lo que no es.

Que pueda apreciar y alegrarme de mí mismo al aumentar mi conciencia sobre cómo funciona realmente la vida.

Que aprenda a tratar a todos los seres con igualdad y consideración positiva.

Una vez que hayas estabilizado esta forma de pensar y sentir, aquí tienes algunas afirmaciones positivas para añadir a tus rituales diarios.

- Estoy centrado en mi verdadera esencia.
- Aprovecho mis dones para inspirar al mundo.
- Soy más que mis emociones y mi experiencia humana.
- Elijo vivir el momento presente.
- Elijo liberar el pasado y encontrar la gracia.
- Estoy feliz de ser yo.

ENEAGRAMA TIPO CINCO - EL INVESTIGADOR - CAMINO DE CRECIMIENTO

Tus cualidades esenciales son la claridad, la iluminación, la perspicacia y la soledad. La virtud hacia la que te diriges a medida que creces y despiertas en el desapego.

Cuando se trata de acelerar tu crecimiento, es el momento de pasar a la acción y utilizar tu conocimiento y comprensión enormemente profundos para determinar qué cambios hay que hacer en el mundo. Deja que tu competencia esté al servicio de tu misión en lugar de hacer que tu investigación y tus conocimientos sean la misión. Tienes la capacidad de hacer grandes cosas y de influir positivamente en el mundo, y es hora de apoyarte más en esta capacidad. Utiliza la herramienta del Eneagrama para poder abrazar el mundo físico y así poder canalizar más conocimientos. Ofrece libremente tus conocimientos sin miedo. Aprende a distinguir entre conocimiento, sabiduría y perspicacia.

Para empezar a recorrer el camino de la apertura, el desapego y el estar en el flujo del universo, he aquí algunas afirmaciones tranquilizadoras que pueden permitirte practicar la conciencia del momento presente.

Que me dé cuenta de que el universo es abundante.

Que me sienta seguro dentro de mí mismo y confíe en que recibiré lo que necesito.

Que pueda estar en paz con el no saber, al mismo tiempo que me doy cuenta de que ya tengo un amplio conocimiento.

Que abra mi corazón para participar plenamente en la energía de la vida.

Una vez que hayas estabilizado esta forma de pensar y sentir, aquí tienes algunas afirmaciones positivas para añadir a tus rituales diarios.

- Estoy arraigado en mi ser.
- Estoy tranquilo, sereno y en paz incluso en medio de las incertidumbres de la vida.
- Me desenvuelvo bien en este mundo.
- Elijo conectar con los demás.
- Experimento la vida plenamente.
- Desarrollo relaciones sanas con las personas que me rodean.
- Aprecio el asombro de estar en mi cuerpo.
- Tengo una confianza general en las personas que me rodean.
- Me quiero a mí mismo.
- Me siento abundante.

ENEAGRAMA TIPO SEIS - EL LEAL - CAMINO DE CRECIMIENTO

Tus cualidades esenciales son la verdad, la orientación y la intuición. La virtud hacia la que te diriges a medida que creces y despiertas es el valor.

Cuando se trata de acelerar tu crecimiento, es hora de que te des cuenta de que tu búsqueda constante de confianza y seguridad en realidad está ocultando tus inseguridades. A la larga, se vuelve contraproducente porque el miedo sólo crece. Utiliza las herramientas del Eneagrama para abordar por fin las inseguridades internas. Comprende que tu imaginación tiende a dramatizar las situaciones, así que sorpréndete a ti mismo y date cuenta de que éste es un punto ciego cada vez que quedas atrapado en el peor de los escenarios. Entonces actúa en consecuencia, inclinándote más hacia la situación con curiosidad en lugar de huir temerosamente de la situación o de la persona, porque la mayoría de las veces, nada es tan malo como lo ves en tu imaginación. A medida que vayas mejorando en el uso de la herramienta y la enseñanza del Eneagrama, confiarás más en tu guía interior y dejarás de lado los patrones de miedo.

Para empezar a recorrer el camino de la valentía, he aquí algunas afirmaciones tranquilizadoras que pueden permitirte practicar la conciencia del momento presente.

Que pueda convertir el miedo en un amigo en lugar de convertirme en una víctima y estar preso de su historia.

Que cultive la valentía en lugar de cambiar constantemente en busca de seguridad y certeza.

Que tenga fe en mí mismo y en la vida misma.

Que aprenda a vivir más en el momento presente y a notar mi tendencia a magnificar las situaciones.

Una vez que hayas estabilizado esta forma de pensar y sentir, aquí tienes algunas afirmaciones positivas para añadir a tus rituales diarios.

- Estoy tranquilo y centrado.
- Elijo confiar en mí mismo y en mi guía interior.
- Los miembros de mi equipo y mis amigos me apoyan mucho.
- Mi consejo interior es sabio.
- Me quiero a mí mismo.
- El mundo es un lugar seguro y el universo me apoya.
- Tomo decisiones independientes y claras para mí.

ENEAGRAMA TIPO SIETE - EL ENTUSIASTA - CAMINO DE CRECIMIENTO

Tus cualidades esenciales son la alegría, la esperanza y la libertad. La virtud hacia la que te diriges a medida que creces y despiertas es la sobriedad.

Cuando se trata de acelerar tu crecimiento personal, lo mejor que puedes hacer es aumentar tu curiosidad sobre lo que realmente significa ser libre. La tendencia es buscar el crecimiento y la libertad persiguiendo un nuevo reto, aventura u oportunidad. Por desgracia, esto rara vez conduce al cambio que realmente anhelas. Utiliza la herramienta del Eneagrama para ir a tu interior y aumentar tu comprensión de ti mismo. Sumérgete en la naturaleza del ser y encuentra allí tu libertad duradera. Aprende a procesar tanto las emociones positivas como las negativas.

Para empezar a recorrer el camino de la sobriedad y el dominio emocional, he aquí algunas afirmaciones tranquilizadoras que pueden permitirte practicar la conciencia del momento presente.

Que me permita sentir todas mis emociones, incluyendo la tristeza, el sufrimiento y la pena, y que reflexione sin juzgarme ni ser duro conmigo mismo.

Que tenga compasión por mí mismo y por todos los demás seres.

Que aprenda a encontrar la libertad desde dentro, lo que me permitirá tener libertad en todo lo que haga, incluso cuando sea mundano o repetitivo.

Que aprenda a encontrar la alegría en las actividades ordinarias del momento presente.

Una vez que hayas estabilizado esta forma de pensar y sentir, aquí tienes algunas afirmaciones positivas para añadir a tus rituales diarios.

- Soy abundante.
- Estoy contento, satisfecho y alegre.
- Soy libre de expresar quién soy.
- Estoy arraigado en mi ser y comprometido en todo lo que hago.
- Estoy en contacto con mis emociones y mi guía interior.
- Encuentro la alegría en el momento presente.
- Elijo concentrar mi energía y mi atención.

ENEAGRAMA TIPO OCHO - EL RETADOR - CAMINO DE CRECIMIENTO

Tus cualidades esenciales son la fuerza, la vivacidad y el poder. La virtud hacia la que te diriges a medida que creces y despiertas es la inocencia.

Cuando se trata de acelerar tu crecimiento, no se trata de renunciar a tus retos deseados y tomar una acción masiva. Se trata de alinearse primero. La necesidad de controlar todo e imponer tu voluntad sobre los demás tiende a ser más contraproducente que útil para tu desarrollo. También luchas con la creencia de que la vulnerabilidad significa debilidad, pero la verdad es que permitirte ser vulnerable, especialmente con tus relaciones más cercanas, sólo te hará más fuerte. Para ser verdaderamente valiente y fuerte, uno debe también sintonizar con sus emociones.

Como líder natural, tus instintos poderosos, autoritarios y decisivos se verán amplificados a medida que utilices la herramienta del Eneagrama para ponerte en sintonía con tu lado emocional. También te permitirá estar más abierto a recibir consejos de la persona que más quieres y que también busca tu bienestar. En lugar de ser despectivo, detente un momento y sé más receptivo. Escucha con la cabeza y con el corazón antes de rechazar la opinión de un ser querido.

Para empezar a recorrer el camino de la inocencia, he aquí algunas afirmaciones tranquilizadoras que pueden permitirte practicar la conciencia del momento presente.

Que aprenda a encarnar la dulzura y la compasión.

Que sea receptivo a la verdad de todos los seres.

Que pueda cultivar una mentalidad de crecimiento y la inocencia de una mente de principiante para poder entrar en cada nueva situación con una perspectiva fresca.

Una vez que hayas estabilizado esta forma de pensar y sentir, aquí tienes algunas afirmaciones positivas para añadir a tus rituales diarios.

- Estoy en paz y tranquilo.
- Estoy en contacto con mis necesidades emocionales.
- Respeto la decisión de los demás.
- Soy sensible a las necesidades de los demás.
- Puedo ser suave y firme al mismo tiempo.
- Practico la paciencia.
- Acepto cada parte de mí, incluso lo que percibo como debilidad.

ENEAGRAMA TIPO NUEVE - EL PACIFICADOR - CAMINO DE CRECIMIENTO

Tus cualidades esenciales son la armonía, la integridad y la interconexión. La virtud hacia la que te diriges a medida que creces y despiertas es el compromiso.

El mejor regalo que puedes hacer al mundo es utilizar tu capacidad natural para crear paz y plenitud en tus relaciones. Pero para ello, tendrás que activar más tus poderes innatos y encarnar las soluciones que otros se esfuerzan por ver. Cuando se trata de acelerar tu crecimiento personal, es hora de dejar de seguir la corriente o de integrarte cuando sabes que no es lo mejor para evitar el conflicto. Haz lo mejor que puedas para notar cuando la resistencia entra en acción, y te retiras simplemente porque quieres evitar crear un conflicto al decir tu verdad. Cultiva el coraje de hablar y encuentra formas saludables de afrontar los desacuerdos. Utiliza la herramienta del Eneagrama para darte cuenta de tus hábitos improductivos y de tu tendencia a adoptar un comportamiento pasivo-agresivo en lugar de hablar con valentía y buscar activamente soluciones a los problemas. Permite que los conocimientos adquiridos en el estudio del Eneagrama te ayuden a explorar el mensaje subyacente que te hace retraer e ignorar tu propia voz.

Para empezar a recorrer el camino de la integridad y la acción correcta, he aquí algunas afirmaciones tranquilizadoras que pueden permitirte practicar la conciencia del momento presente.

Que pueda descubrir mi propósito y vivir más intencionadamente.

Que sea más consciente de mi inercia hacia mí mismo, sabiendo que la acción correcta proviene de valorarme a mí mismo igual que valoro a los demás.

Que me concentre en lo que es importante, especialmente ante el malestar y el conflicto.

Que recuerde mis prioridades y valores.

Una vez que hayas estabilizado esta forma de pensar y sentir, aquí tienes algunas afirmaciones positivas para añadir a tus rituales diarios.

- Estoy en paz y completo.
- Puedo honrar mi voz y decir mi verdad incluso cuando no es cómodo.
- Puedo aportar una presencia sanadora a los demás sin descuidarme.
- Se me quiere tal y como soy.
- Estoy agradecido y participo activamente en las alegrías de la vida cotidiana.
- Reconozco y valoro mi propia identidad.

CHAPTER 16

DESBLOQUEA TU POTENCIAL Y VIVE UNA VIDA PLENA

¿Elegirás vivir el Eneagrama? Demasiadas personas se quedan atascadas en la teoría y el estudio de este maravilloso sistema. Eso es bastante desafortunado porque, sin la práctica diaria y la integración, las enseñanzas del Eneagrama nunca pueden traducirse en resultados. Un punto débil importante en los tests de personalidad y en el desarrollo personal es la falta de énfasis en la práctica de lo que se aprende.

Considero que el Eneagrama es una de las mejores herramientas para cambiar las perspectivas sobre la vida, nuestro pasado, presente y futuro. La herramienta del Eneagrama nos permite descubrir más de lo que realmente somos. Se trata de crecer y desarrollarse, ayudándonos a encarnar lo que nos hace ser claramente quienes somos. Nuestra vida personal y profesional se beneficia enormemente cuando empezamos a mostrarnos más como nuestro verdadero yo. Utiliza el modelo del Eneagrama como un mapa que te indica la dirección de tu mejor y más elevado yo. Toma nota de tus puntos fuertes y débiles, para poder tomar mejores decisiones mientras sigues navegando por la vida.

¿CÓMO QUIERES QUE SE DESARROLLEN LOS PRÓXIMOS 12 MESES?

Independientemente de los factores externos o de lo que digan las noticias, el próximo año puede ser lo que tú decidas que sea. Esto se debe a que tú tienes el control de tu mente y, a su vez, de la forma en que vas a manejar las experiencias y las circunstancias. Piensa en esto: Independientemente de lo que ocurra con el gobierno o la economía, algunas personas tendrán grandes dificultades y otras tendrán un gran éxito. Incluso durante una crisis, algunas personas siguen prosperando. ¿No sería bueno que tú estuvieras entre los que prosperan en todas las épocas?

La clave para asegurar que los próximos doce meses sean significativamente diferentes de los anteriores está en ti. Puedes utilizar el Eneagrama para ayudarte a desbloquear todo el poder y el potencial latentes que permanecen sin utilizar para que puedas finalmente tomar las riendas de tu vida. Esto no significa esforzarse por conseguir más, esforzarse más o forzar las cosas en su lugar. Cuanto más consciente seas de tus limitaciones condicionadas y de tus oportunidades no aprovechadas, más fácil será tomar las decisiones correctas para tu vida.

Hasta ahora, hemos repasado las recomendaciones de crecimiento personal para cada tipo de Eneagrama. Vuelve a leer todo lo que puedas sobre tu tipo de Eneagrama y los sencillos pasos de acción que puedes dar para hacer avanzar tu vida. Además de comprender lo que tu tipo específico de Eneagrama necesita y desea para seguir desarrollándose de forma saludable, hay algunas prácticas universales que nos sirven a todos, independientemente de nuestro tipo. Algunas son prácticas antiguas transmitidas por maestros espirituales y sabios, mientras que otras han sido investigadas y descubiertas científicamente. Elige un puñado de prácticas de esta lista, conviértelas en un hábito diario y comprométete a vivir el Eneagrama, no sólo a estudiarlo.

PRÁCTICAS Y TÉCNICAS QUE DEBES CONOCER

Cultivar el amor propio

Hemos mencionado el amor propio varias veces a lo largo de este libro. Pero la mayoría de la gente tiende a malinterpretar su significado. No se trata sólo de sentirse bien o de tomarse tiempo para descansar y cuidarse. El amor propio es mucho más profundo y fundamental que eso. Es un estado de total asombro y aprecio por uno mismo que crece a partir de las acciones que apoyan tu crecimiento físico, psicológico y espiritual. El amor propio es una de las prácticas más importantes que puedes incorporar a tu vida diaria si vives el Eneagrama. Te permite aceptar tanto los puntos fuertes como los débiles, enfrentarte a tus fracasos con compasión y encontrar el sentido personal y la plenitud en la vida. Cuando se mira a través de la lente del amor propio, tu vida y el mundo adquieren un tono diferente, más en armonía con las leyes universales. La forma en que ves el mundo e interpretas a los demás no viene de fuera, sino de dentro. Cuanto más bajos sean tus niveles de amor propio, más oscura será tu visión, y a la inversa, cuanto más alto sea tu amor propio, más brillante será tu visión.

¿Cómo se empieza a cultivar el amor propio?

Como todas las cosas buenas de la vida, es cuestión de crear un hábito. Da pequeños pasos a diario para reconectar con todo tu ser, cuidando y atendiendo tus necesidades físicas, psicológicas y espirituales. Con el tiempo, esas pequeñas acciones se convertirán en hábitos que se convertirán en tu nueva norma. También debes fijarte en cómo te comunicas contigo mismo. ¿Tu diálogo interior es constantemente negativo? ¿Dudas a menudo, te reprendes y apuestas contra ti mismo? Cuanto más tiempo dediques a comprobar tu estado de ánimo de forma compasiva, más fácil te resultará detectar y eliminar todos los pensamientos y emociones rebeldes.

El perdón como práctica

Una de las mejores herramientas que puedes utilizar en este viaje de autodescubrimiento es la práctica del perdón diario. Date cuenta de que perdonar no significa abdicar de la responsabilidad o incluso justificar un mal. Simplemente significa darte a ti mismo (o a otro) compasión y cambiar tu perspectiva de cómo son las cosas a cómo te gustaría que fueran. ¿Por qué tienes que hacer esto? Porque tu punto de poder siempre estará en el momento presente. Pero cada vez que te aferras a cualquier tipo de culpa o resentimiento, estás atascado en el pasado. Te roba tu poder y te saca del camino de vivir el Eneagrama.

La cuestión es que cometerás muchos errores en este viaje, y también te darás cuenta de cuánto te ha perjudicado tu ignorancia a ti y a los demás. Una vez que nos damos cuenta de lo poco que nos hemos alejado de nuestro verdadero potencial, tendemos a autodespreciarnos y autocastigarnos. Ese es el peor movimiento que podemos hacer. Lo correcto es ejercer el perdón. Aprende a practicar la autocompasión cuando te quedes corto de lo que quieres ser. Lo mismo ocurre con aquellos que crees que te han maltratado. Como dice Louise Hay: "No importa lo justificado que te sientas, no importa lo que "ellos" hayan hecho, si insistes en aferrarte al pasado, nunca serás libre".

Algunas afirmaciones para practicar el perdón:

Me perdono por no ser perfecto. Sé que estoy haciendo lo mejor que puedo y viviendo de la mejor manera que sé.

Perdono a todas las personas de mi pasado y mi presente por todos los males percibidos. Libero a todas las personas con amor.

Me amo y me apruebo a mí mismo.

Gratitud

Tan importante como practicar el perdón a diario, independientemente de tu tipo de eneagrama, es el hábito de sentirte agradecido. Los seres humanos tenemos un sesgo negativo (no puedo decirte por qué, pero tendemos a recordar más las cosas malas que las buenas de nuestra vida). Eso significa que es probable que te detengas en tus insuficiencias o problemas o en las cosas que van mal durante mucho más tiempo que en todo lo que va bien. El antídoto contra este sesgo es la gratitud.

La gratitud transforma nuestras experiencias cotidianas (personales y profesionales) en experiencias más positivas y agradables. Hay pruebas convincentes que demuestran que la práctica diaria de la gratitud hace que todo el mundo se sienta mejor y tiene un impacto positivo en su salud, creatividad, relaciones y productividad. Utiliza la gratitud para neutralizar el sesgo de negatividad de tu cerebro y como herramienta para permitirte vivir el modelo del Eneagrama. Empieza eligiendo un momento del día (a primera hora de la mañana o a última antes de dormir) para escribir de tres a cinco cosas por las que te sientas agradecido en ese día concreto.

Esfuérzate por encontrar cosas únicas que alabar y apreciar, por pequeñas que sean. Algunas mañanas lo que más agradezco es el sonido de un pájaro cantando fuera de mi ventana al despertarme. Otros días estoy muy agradecida por el aire que respiro. Encuentra la magia en las cosas que a menudo das por sentadas, y eso te permitirá comprender lo que es la vida de manera más profunda.

Prácticas de atención plena

Mucha gente oye la palabra "mindfulness" e inmediatamente asume que significa sentarse a meditar en silencio con la mente en blanco. Esa es una visión muy limitada de lo que significa la atención plena. Tanto si te gusta meditar como si no, añadir prácticas de atención plena a tus rutinas diarias en casa y en el trabajo será fundamental para tu crecimiento. A menos que encuentres la manera de incorporar ese factor de atención plena a tus actividades, no experimentarás todos los beneficios de la atención plena. Pero, ¿cómo se puede ser consciente en el contexto de un día de trabajo ajetreado o un estilo de vida exigente?

Elige estar más presente en tu vida. Hazlo momento a momento, hora a hora al principio, hasta que se convierta en un hábito. La atención plena no consiste en dejar la mente en blanco. Se trata de ser intencional mientras te mueves por tu vida. Se trata de ser más consciente de tu mente, tu entorno y tu mundo interior.

Cuando estás distraído en el trabajo o durante una reunión (o una cita), te falta atención plena, y es entonces cuando los impulsos preprogramados suelen intervenir y causar estragos. Funcionar con el piloto automático no siempre es bueno, sobre todo si quieres introducir nuevos cambios en tu vida. Así que aquí tienes una idea que puede ayudarte a dejar de estar sin sentido en el ámbito profesional y personal. Elige entrenarte en la conciencia del momento presente. Cada mañana, antes de empezar a interactuar con el mundo, decide con la intención de estar lo más presente posible en todas tus actividades. Haz una pausa de unos minutos antes de pasar de una actividad a otra y recuérdate esta decisión. Por ejemplo, cuando entres en tu coche para ir al trabajo, decide que sólo te centrarás en esa actividad. Mantente en el momento presente escuchando el sonido del motor del coche mientras aceleras. Fíjate en el tacto de tus manos contra el cuero y en lo apretado o relajado que está tu agarre. Presta atención a lo que tienes delante y a tu alrededor mientras conduces. Intenta fijarte en cosas que normalmente no mirarías con demasiada atención, como el tiempo que tardan los semáforos en cambiar o la velocidad a la que se mueve la señora que cruza el paso de peatones delante de ti. Evita pensar en Helen y su nuevo ascenso o en la tendencia de John a procrastinar los proyectos.

Cuando llegues al trabajo, antes de entrar en el despacho de tu jefe, haz una pausa intencionada y recuérdate a ti mismo que debes estar lo más presente posible con él. Si llevas esta intención contigo a cada actividad, tarde o temprano, empezarás a ver algunos cambios.

¿Y si me cuesta recordar que debo practicar la atención plena?

Utiliza las herramientas que tienes a tu disposición para mantenerte al día. Programa la alarma de tu teléfono para que, al menos tres veces al día, hagas una pausa de 30 segundos para "registrarte" y ver cómo lo estás haciendo. Si estás en el trabajo, asegúrate de que la alarma sólo vibre, para que no moleste constantemente a los demás. Cada vez que suene la alarma, excúsate y busca un momento de silencio en el balcón, el baño o tu oficina. Respira profundamente y con atención. Observa cómo te sientes. Reflexiona sobre cómo está transcurriendo el día hasta ahora. ¿Has actuado desde tu nivel más alto de conciencia? ¿Notas patrones de pensamiento o reacciones impulsivas y emocionales que tal vez deban abordarse durante tu tiempo libre? Cuanto más consciente seas de ti mismo, más fácil te resultará recuperar el autocontrol y el autodominio que buscas.

CONCLUSIÓN

Finalmente, llegas al final de este primer paso en lo que será una búsqueda de autodescubrimiento para toda la vida. A estas alturas, debería ser evidente que vivir el Eneagrama es tu camino más seguro hacia la libertad, el sentido de unidad y la sensación de plenitud que has estado buscando toda tu vida. Has aprendido tu tipo de Eneagrama y la riqueza de las alas, los subtipos y la tríada que enseña el modelo. Y también has aprendido sobre tu virtud y la llamada interior de tu espíritu. Si decides seguir ese camino de despertar espiritual, tendrás que seguir desarrollándote y sumergirte con valentía en el estudio del modelo del Eneagrama.

Comprenderte mejor a ti mismo también debería dotarte de la capacidad de comprender mejor a los demás y mostrar más empatía y compasión. Recuerda que todo el mundo está librando una dura batalla mientras se esfuerza por encontrar esa unidad del ser y sanar sus fijaciones y pasiones del ego. El filtro a través del cual los demás ven el mundo determina que sus reacciones y comportamientos sean como son. Supongamos que deseas establecer y fortalecer relaciones ricas en nutrientes. En ese caso, es esencial tener en cuenta que su nivel de desarrollo y su nivel actual de conciencia les limita a actuar como lo hacen. Tu responsabilidad es perdonar, abrazar y practicar la aceptación. Ya que sabes cómo ser y hacerlo mejor, gracias a tu inversión en las enseñanzas del Eneagrama, da un paso adelante y sé ese brillante ejemplo en la relación.

En última instancia, vivir el Eneagrama consiste en crecer hacia tu mejor yo. Y aunque no puedes cambiar de un tipo a otro, hay mucho espacio para que crezcas y más que suficiente potencial para que lo desbloquees. Una vez que descubras toda la magnificencia que posees, nunca querrás ser de otro tipo. Aún más notable es cómo la herramienta del Eneagrama permite transformar las relaciones profesionales y personales. Con tu nueva comprensión de ti mismo y de los demás, comprenderás mejor por qué una persona se comporta como lo hace y otras no. Pero eso no significa que tengas todas las respuestas a por qué tu jefe es tan agresivo en las reuniones o por qué tu nueva novia quiere que vayas a las discotecas todos los fines de semana. Lo que sí tendrás es una mejor comprensión de las motivaciones que hay detrás de esos comportamientos.

Otra cosa fundamental que hay que recordar es que no puedes asumir el tipo de Eneagrama de nadie, eso lo tienen que averiguar ellos. Si estás en una posición de liderazgo en el trabajo y puedes abogar por que todo el mundo haga el test, entonces genial. Sólo después de que la persona confirme su tipo real de Eneagrama, puedes acercarte a ella de la manera indicada en este libro. No presiones a nadie para que haga el test, especialmente a tu pareja sentimental. Tiene que ser algo que la persona quiera hacer.

Una vez que te rodees de personas que conozcan su tipo de Eneagrama y estén dispuestas a mejorar al igual que tú, ¿qué es lo siguiente? Pues seguir creciendo, aprendiendo y experimentando para desarrollarse aún más. Vivir el conocimiento del eneagrama no tiene fin. Pero hay dos últimas pepitas que dejaré para ti.

En primer lugar, no te compliques contigo mismo. Acepta tanto las cosas positivas como las negativas que has descubierto al leer este libro. Empezaste a leerlo por una razón. Querías conocerte mejor, y ahora estás en el camino hacia el autodominio. Respira profundamente, un día a la vez, y cultiva un nuevo hábito a la vez mientras te empapas de esta información. El viaje humano está lleno de baches y obstáculos imprevistos, pero siempre que te des la gracia de volver a levantarte cuando te caigas, el viaje será satisfactorio. Si eres un Eneagrama Uno, esto puede ser difícil de escuchar porque quieres que todo sea perfecto todo el tiempo. Sigue trabajando en ese crítico interior para poder ser un poco más suave contigo mismo. Sé que puedes hacerlo. Para el eneagrama dos, ser indulgente consigo mismo significaría invertir tiempo en el cuidado de sí mismo, no sólo en atender las necesidades de los demás. Para el Eneagrama Tres, por muy difícil que sea para ti, es hora de reconocer que el éxito no consiste sólo en conseguir cosas. No seas demasiado duro contigo mismo. Eneagrama Cuatro, recuérdate constantemente que hay quienes te entienden y te quieren en toda tu singularidad, y que no cambiarían nada de ti. No seas tan duro contigo mismo mientras encuentras a esas personas con las que conectar y aprendes a ver lo bueno que hay en ti.

Eneagrama Cinco, este mundo necesita urgentemente tu conocimiento e ingenio, pero por favor, sé más abierto y amable contigo mismo. Sé fácil con tus emociones y encuentra el valor de tener una relación rica con otro. Eneagrama Seis, tu ansiedad, preocupación y desconfianza se apoderan de ti con demasiada frecuencia, pero no importa cuántas veces te sorprendas cayendo, levántate y sigue avanzando. Identifica tus desencadenantes, y con el tiempo los contrarrestarás. Eneagrama Siete, sé que la negatividad, el dolor y el sufrimiento parecen insoportables. Sin embargo, te prometo que si practicas sentarte con esas emociones y procesarlas (permitir que fluyan como lo haría un río), con el tiempo también agrietarás ese aspecto de ti. Eneagrama Ocho, sé paciente contigo mismo hacia el camino de abrazar la vulnerabilidad. No es fácil, pero sé que eres lo suficientemente fuerte para hacerlo. Eneagrama Nueve, sé que los conflictos son un reto para ti, pero encuentra el valor para afrontar conversaciones incómodas y decir tu verdad. No te compliques durante este proceso y empieza poco a poco.

La segunda y última palabra de sabiduría que te animo a hacer, independientemente de tu tipo de eneagrama, es ser fácil con los demás. La compasión y la empatía están muy ausentes en nuestra población, y es hora de que tomemos medidas para cultivarlas personalmente. Ahora que sabes cómo interactúan los diferentes tipos en las relaciones, sus motivaciones y comportamientos, ¿es demasiado pedir un poco más de paciencia y empatía? No estoy sugiriendo que excuses o incluso aceptes el mal comportamiento. Pero insisto en que aumentemos nuestra tolerancia y comprensión mutua. El perdón se convierte aquí en el ingrediente mágico. Cuando aprendas a perdonarte a ti mismo y a los demás, encontrarás formas mejores y más humanas de comunicarte y llevarte bien con los demás. Ese es el tipo de crecimiento al que todos deberíamos aspirar porque fomenta el tipo de futuro que promueve una población sana. Que la herramienta del Eneagrama te guíe en este viaje para convertirte en tu mejor versión.

Disfruta del viaje de despertar a tu verdadero Yo.

RECURSOS

Pruebas de Eneagrama en línea:

Eneagrama. (s.f.). The Enneagram Institute. Extraído el 17 de enero de 2022, de https://tests.enneagraminstitute.com/

The Enneagram Personality Test. (2021, 25 de octubre). Truity. Extraído el 17 de enero de 2022, de https://www.truity.com/test/enneagram-personality-test

Otros recursos útiles:

Eneagrama tradicional (Historia). (s.f.). The Enneagram Institute. Extraído el 17 de enero de 2022, de https://www.enneagraminstitute.com/the-traditional-enneagram/

Christian, K. (2021, 20 de octubre). How To Cultivate Healthier Relationships Based On Your Enneagram Type. The Good Trade. Extraído el 17 de enero de 2022, de https://www.thegoodtrade.com/features/enneagram-in-relationships

Yuan, L. (2021, 23 de agosto). Breaking Down the Enneagram: A Guide for Total Beginners. Truity. Extraído el 17 de enero de 2022, de   https://www.truity.com/blog/breaking-down-enneagram-guide-total-beginners

SAGE Journals: Su puerta de acceso a revistas de investigación de primer nivel. (s.f.). SAGE Journals. Extraído el 17 de enero de 2022, de https://journals.sagepub.com/action/cookieAbsent

www.ingramcontent.com/pod-product-compliance
Lightning Source LLC
Chambersburg PA
CBHW032056040426
42335CB00036B/214